Dieter Hermann Schmitz
Die Dackel sterben aus

## Das Buch

Karls eingefahrenes Leben als rheinischer Lokalreporter ändert sich eines Tages schlagartig: Krankheitsbedingt fällt er einige Wochen von der Arbeit aus, seine Schwester liefert ihre Zwillinge im Kindergartenalter bei ihm ab, um sich in Ruhe von ihrem Mann trennen zu können, und kurz darauf übernimmt er auch noch für einen Nachbarn die Aufgabe, sich um den dickwanstigen Dackel »Professor Brinkmann« zu kümmern.

Für die Kinder kramt Karl alte Kasperle-Puppen heraus und spielt ein paar eigenwillige, politisch unkorrekte und keinesfalls pädagogisch wertvolle Stücke. Die Kleinen sind begeistert. Auch in der Seniorenresidenz seiner Mutter kommt eine Geschichte über Kasperles Oma und Sex im Alter gut an.

Nachdem die alleinerziehende Mutter der kleinen Essi ihn für einen Kindergeburtstag engagiert, ist es endgültig vorbei mit Karls altem Leben ...

Mit Tiefgang, Witz und einer Prise Lokalkolorit begleitet die »rheinische Dramödie« Karl auf seinem Weg in einen Neuanfang.

## Der Autor

Geboren im Rheinland und aufgewachsen im Dunstkreis der Domstadt Köln, studierte Dieter Hermann Schmitz in Aachen Germanistik und Soziologie, bevor er der Liebe wegen nach Finnland zog. Schmitz ist finnisch verheiratet, Vater von zwei »feutschen« Kindern und stolzer Besitzer einer eigenwilligen Miezekatze. Er arbeitet als Lektor an der Universität Tampere. Neben Deutsch-Lehrwerken für den finnischen Schulunterricht schrieb er Mundartgeschichten, historische Kurzkrimis, Kinderbücher und einen witzigen Reiseführer. 2011 erschien sein erster Roman »Die spinnen, die Finnen. Mein Leben im hohen Norden«. Für sein neues Buch »Die Dackel sterben aus« ließ er sich von seiner großen Leidenschaft, dem Puppenspiel, inspirieren.

DIETER HERMANN SCHMITZ

# Die Dackel sterben aus

ROMAN

Deutsche Erstveröffentlichung bei
Tinte & Feder, Amazon Media EU S.à r.l.
5 Rue Plaetis, L-2338 Luxembourg
Dezember 2016
Copyright © der deutschsprachigen Ausgabe 2016
By Dieter Hermann Schmitz
All rights reserved.

Umschlaggestaltung: semper smile, München, www.sempersmile.de
Umschlagmotiv: © Axel Alvarez/Shutterstock; © montego/Shutterstock;
© Westend61 Premium/Shutterstock
Lektorat: Bernadette Goebel
Korrektorat: Manuela Tiller/DRSVS
Printed in Germany
By Amazon Distribution GmbH
Amazonstraße 1
04347 Leipzig, Germany

ISBN: 978-1-503-94274-5

www.amazon.de/tinteundfeder

Gewidmet meinen Nichten und Neffen,
den echten wie den angeheirateten,
aus Deutschland, Schweden und Finnland:
Sabrina, Sandy und Mira,
Vera, Verner und Venla,
Anu, Sami & dem Rest der Gang.

# 1

# EINE NULL UND SEIN NACHBAR

Ich heiße Karl. Das ist an sich schon schlimm genug. Auch mein Nachname ist nicht viel besser, aber dazu später. Wenn ich überlege, wer und was ich bin, komme ich zu einer niederschmetternden Bilanz: Es gibt nichts Einzigartiges an mir. Durch nichts steche ich aus der Menge hervor. Ich bin zum Beispiel nicht sonderlich sportlich und gehöre zu der krassen Minderheit halbwegs zivilisierter Menschen, die nie in ihrem Leben an einem Marathon teilgenommen haben. Manchmal laufe ich abends keuchend um unseren Block. Zu viel mehr bin ich nicht in der Lage. Und hinterher tun mir immer die Knie weh. Auch Fußballspielen kann ich nicht, obwohl ich aus reinem Gruppenzwang in einer Thekenmannschaft alter Schulfreunde mitkicke, als Verteidiger ganz hinten links, wo man nicht auffällt und wenig Schaden anrichten kann. Tröstlich ist, dass wir nach jedem Spiel einen trinken gehen. Dann habe ich das Gefühl, dazuzugehören, und das Bier lindert die Schmerzen in meinen Knien.

Ich bin auch nicht musisch begabt, kann weder ein Instrument spielen oder gut singen, noch bin ich bewandert in der Musikgeschichte. Dabei wäre ich gerne so einer, der mit Brahms, Bach und Beethoven auf Du und Du ist, um als gebildeter Kulturmensch zu gelten. Eine Zeit lang hatte ich ein Saisonticket für die Konzerte unseres städtischen Symphonieorchesters. Es war wie verhext – sobald ein Konzert begann, musste ich gegen einen Hustenreiz ankämpfen. Und nur Kulturbanausen husten ungeniert bei einem Klassikkonzert. Vielleicht ist das ein angeborener Abwehrreflex bei mir gegen allzu viel Kultur und Bildung. Einmal hatte ich mich vor Konzertbeginn so vollgepumpt mit Anti-Husten-Drops und Beruhigungsmitteln, dass ich nach dem zweiten Satz eingenickt bin. Hinterher trafen mich die strafenden Blicke all derer, die mit Schubert, Schumann und Chopin auf einer Wellenlänge sind.

Wenn ich dagegen mit meinem Sohn im Kino sitze, um einen Superheldenfilm zu sehen, habe ich diese Probleme nie. Ich muss nicht husten und ich schlafe nicht ein und meine Knie tun auch nicht weh. Möglicherweise wäre ich in meinem tiefsten Inneren gerne ein Superheld – so einer, der nie an unpassenden Stellen einschläft, selten husten muss, mehr als zweimal um den Block laufen kann und bei dessen Auftreten immer ein schmetterndes »TAA-DAAA« zu hören ist. Aber das wahre Leben kennt keinen Soundtrack.

Ich bin auch nicht handwerklich begabt oder technisch versiert. Gerne wäre ich ein Computer-Genie, das sich aufs Hacken versteht und die geheimen Dateien des BKA knacken kann. Was ich mit den Dateien anstellen würde, weiß ich nicht. Wahrscheinlich würde ich sie nicht an eine fremde Großmacht verkaufen oder an eine Terroristenorganisation weitergeben. Ich wäre wohl genauso wenig ein Superschurke, der hämisch lachend versucht, die Weltherrschaft an sich zu reißen. Aber das Gefühl von Macht würde ich ein wenig auskosten. Leider stehen mein Computer und ich ständig auf Kriegsfuß miteinander. Er ist langsam, hat dauernd seine Hänger und manchmal schaltet er sich ohne erkennbaren Grund einfach ab. Ich habe es aufgegeben, begreifen zu wollen, warum mein Computer das macht. Vielmehr glaube ich, dass ein jeder im Leben den Computer erhält, den er verdient.

Ich sehe auch nicht sonderlich gut aus. Ich bin eher klein und unauffällig und etwas untersetzt. Wenn ich in der Bäckerei bei uns im Viertel anstehe, um Brötchen zu kaufen, werde ich gelegentlich übersehen. Meine Nachbarn grüßen mich oft erst beim zweiten Blick. Als Superheld wäre ich wahrscheinlich *The Invisible Man*, aber zum völligen Übersehenwerden ist die Massendichte meines Körpers doch zu hoch.

Wo ich gerade von meinen Nachbarn spreche: Links neben unserem Reihenhäuschen lebt Willi Seibock. Er ist dick, gehbehindert und Frührentner, aber immer gut gelaunt. Ein wahrer Wonneproppen, der an allem Spaß hat. Er gehört zu den wenigen Zeitgenossen, die mich nie übersehen, und grüßt mich freudig bei jeder Begegnung im Vorgärtchen. Dabei hat er immer einen fröhlichen Spruch auf den Lippen oder beglückt mich mit seinen Lebensweisheiten. Willi Seibock ist mein Idol, denn er ist glücklich. Er freut sich über alles: Im Advent freut er sich auf Weihnachten wie ein Kleinkind. Zu Karneval freut er sich darüber, eine Pappnase aufsetzen und Kappensitzungen besuchen zu können, wo er über jeden alten Witz Tränen lacht. Er freut sich, wenn im Sommer die Sonne scheint, weil er dann auf seinem kleinen Balkon sitzen und ein Bierchen nach dem anderen schlürfen kann, ohne je betrunken zu sein. Er verreist auch nie, weil er der Ansicht ist, dass er schon da ist, wo er am liebsten sein will. Alle vier Jahre freut er sich auf die Fußballweltmeisterschaft, von der er kein einziges Spiel verpasst. Willi

Seibock fährt ein altes Auto, das schon fast zwanzig Jahre hält und scheinbar nie zur Reparatur muss. Mein Auto hat dagegen dauernd seine Macken, und weil ich nicht technisch versiert bin, kann ich nicht mal ein Birnchen im Blinker auswechseln und fahre wegen jeder Kleinigkeit in die Werkstatt. Mein Auto muss um sieben Ecken mit meinem Computer verwandt sein.

Mein Nachbar Willi Seibock ist gehbehindert und darf daher die Parkplätze für Behinderte benutzen. Das freut ihn, als hätte er damit im Lotto gewonnen. Er fährt fast jeden Tag zum Einkaufen, das ist sein allmorgendliches Programm, nachdem er gefrühstückt und die Zeitung gelesen hat. Dann kommt er zurück und freut sich auf seine eigenen vier Wände. Später dreht er eine Runde mit seinem dicken Dackel, der in etwa genauso alt sein muss wie sein Auto. Bei schönem Wetter setzt er sich anschließend einige Stunden ans Fenster und hält mit jedem, der vorbeikommt, einen Plausch in schönstem rheinischen Platt. Und den Rest des Tages sieht er fern. Dabei gelingt es ihm, sich ein ums andere Mal auf bestimmte Sendungen zu freuen, die an bestimmten Wochentagen laufen (»Hück is Mittwoch, hück kütt ...«). Mein Nachbar Willi Seibock kündigt mir an, was wann im Fernsehen läuft und was er sehen will. Seinetwegen könnte ich mir eine Fernsehzeitung sparen; er ist meine lebende TV-Ansage, die mir auf Abruf den Tipp des Tages mitteilt. Ein goldiges Kerlchen.

Neulich kam er wieder von einer seiner Einkaufstouren zurück und trug einen Monsterpack WC-Papier ins Haus. Es waren sicherlich einhundert Rollen. Ich war gerade dabei, unsere Küchenfenster zu putzen, was ich etwa einmal pro Jahr mache, als er keuchend, aber gut gelaunt mit seinem Klopapier daherkam.

»Tag, Herr Seibock!«, grüßte ich.

»Ah, Jong, wie isset?« – Ich weiß nicht, womit das zusammenhängt, aber Willi Seibock nimmt sich das Recht heraus, alle zu duzen, und man kann es ihm nicht wirklich übel nehmen. Außerdem nennt er mich, der auf die 50 zugeht, ›Junge‹, als würde ich noch die Schulbank drücken.

Aus dem Augenwinkel musste ihm mein Grinsen beim Anblick seiner Einkäufe aufgefallen sein, denn er meinte: »Weeßte wat? Jeschissen wird immer!«

So sind sie, die tief greifenden Lebensweisheiten meines Nachbarn Willi Seibock. Einfach, schlicht und mitten aus dem Leben. Ich sollte sie aufschreiben und irgendwann als gesammelte ›Seibockismen‹ in Buchform herausgeben.

Ich nehme an, mein lieber Nachbar hatte am Morgen desselben Tages bei der Zeitungslektüre entdeckt, dass es in einem Supermarkt in der Umgebung WC-Papier im Super-Billig-Angebot gibt. Daraufhin schlug er ohne Zögern zu und erstand auf Vorrat, was der Allerwerteste begehrt. Auf diese Art und Weise schafft Willi Seibock es, mit seiner schmalen Rente über die Runden zu kommen. Er ist ein Schnäppchenjäger und Vorratskäufer. So ist er eben. Sein Leben verläuft in geregelten Bahnen, wohlbehütet und zufrieden. Dazu gehört auch, dass er jeden Sonntag mit seinem dicken Hund zum Grab seiner Frau spaziert, ihr ein paar Blümchen hinstellt, gut gelaunt zurückkommt und mir, wenn wir uns über den Weg laufen, bestätigt: »Dat war 'n joot Vrauw.« Wir teilen ein ähnliches Schicksal. Das Grab meiner Frau liegt nicht weit von dem der seinen entfernt.

# 2

# EINE SACHE MIT HAND UND FUSS

Es gibt nicht vieles, worauf ich stolz sein kann. Ich habe nichts vollbracht, was global gesehen von Bedeutung wäre, und ich werde bei meinem Ableben höchstwahrscheinlich nichts hinterlassen, was die Menschheit fundamental und dauerhaft beeindruckt hat. Es gibt nur eines, was von mir stammt und Hand und Fuß hat. Und selbst daran war ich bestenfalls zu fünfzig Prozent an der Produktion beteiligt. Es handelt sich um meinen Sohn. Er heißt Samuel. Das ist auch nicht viel besser als Karl, aber seine Mutter hat sich bei der Wahl des Namens immerhin etwas gedacht. Von seinen Freunden wird Samuel »Sam« genannt, mit englischer Aussprache. Er ist siebzehn und wird in Kürze sein Abitur mit Bestnoten machen.

Immer wieder hört man Unkenrufe, dass Kinder alleinerziehender Väter eher aus der Bahn geraten oder schwieriger sind. Nicht so bei Samuel! Er ist in den vergangenen Jahren zum verantwortungsbewussten jungen Mann herangereift, fast wie von selbst und ohne mein Zutun. Samuel ist vernünftig, fleißig und begabt. Er trinkt selten mal ein Bier und hält sich – was in seinem Alter eine Ausnahme ist – sogar an die Verkehrsregeln. Trotzdem ist er bei seinen Klassenkameraden beliebt, obwohl es mal eine Zeit gab, wo ich fürchtete, er könne als angepasster Streber und Liebling der Lehrer gemobbt werden. Samuel ist sozusagen ein Vorzeige-Jugendlicher, der von jedem Bildungsministerium der Welt für Propagandazwecke eingesetzt werden könnte. Seine Hobbys sind Bogenschießen und Jiu-Jitsu. Obendrein arbeitet er ehrenamtlich stundenweise in einem Tierheim in unserer Nähe. Dort striegelt er alte Ponys, die eigentlich zum Gerber sollten, und kehrt Hundeköttel aus Zwingern. Alles freiwillig, unentgeltlich und vorbildlich.

In der Schule mag er am meisten Physik, Chemie und Biologie. Das sind lauter Fächer, von denen ich keine Ahnung habe. Mit seinen siebzehn Jahren weiß er nicht nur mehr über die Welt der Naturwissenschaften als sein Vater, er ist mittlerweile auch schon ein gutes Stückchen größer als ich. Wäre ich eine Frau, würde ich ihn wahrscheinlich für gut aussehend halten. Mich verwundert, dass die Mädels bei ihm nicht Schlange stehen, er sollte längst eine Freundin haben. Manchmal habe ich gar den schlimmen Verdacht, er hält sich meinetwegen zurück. Das ist zwar nett gemeint von ihm, aber kein Vater erwartet von seinem Sohn, dass er sich mit ihm verbrüdert oder ihn bemuttert. Söhne sind zum Versöhnen da! Aber dazu streiten wir zu selten. Samuel ist wahrscheinlich der einzige Sohn in der Bundesrepublik Deutschland, der im Alter von siebzehn Jahren mit seinem Vater noch ab und zu ins Kino geht, ohne dass ihm das peinlich wäre, vorzugsweise in Superheldenfilme, bei denen mich die Superkräfte faszinieren und ihn die Grenzen von Physik und Chemie. Er will später vielleicht einmal Astrophysiker werden, und wenn er solche Zukunftspläne, halb im Scherz, ausspricht, dann traue ich ihm alles zu. Samuel muss viel von seiner Mutter geerbt haben, denn in seiner Art schlägt er überhaupt nicht nach mir. Er gehört zu den Leuten, die sicher zu Geld kommen oder später einmal Ministerposten besetzen werden, die olympische Goldmedaillen erringen oder Nobelpreise in Physik ergattern. Im Gegensatz zu mir wird er wahrscheinlich in die Geschichte eingehen. Vielleicht wird aus ihm auch nur ein fröhlicher Nachbar mit Dackel, aber immerhin etwas. Seit einiger Zeit schon – und das liegt nicht nur an seiner Körpergröße – kann ich zu meinem Sohn aufschauen. Es gibt nur eines, was ich nicht an ihm mag ...

»Hi Karl!« Samuel stampft zur Haustür herein und wirft sie scheppernd hinter sich zu. Ich höre, wie er seine Schultasche auf den Boden fallen lässt und seinen Hausschlüssel rasselnd auf der kleinen Anrichte in unserem Flur ablegt. Er tut das mit einer Selbstsicherheit, als wäre er der Herr im Haus oder mindestens 30 Jahre alt. Ich sitze in meinem Arbeitszimmer unterm Dach und hocke bei der Heimarbeit vor dem Computer. Mein Sohn kann mich zwar beim Hereinkommen nicht sehen, aber er ruft mir trotzdem einen Gruß zu, denn wo kann ich, wenn mein muckender Wagen vor der Tür steht, anders stecken als in meiner Klause? Es ist zwei Uhr am Nachmittag an einem Tag im April. Und obwohl ich meinen Sohn über alles mag, hasse ich es, wenn er mich mit Vornamen anredet. »Hallo Samuel«, rufe ich zurück, »wie war's in der Schule?« Das ist so ziemlich die dämlichste Frage, die Eltern ihren Kindern stellen können, wenn sie aus der Schule zurückkommen. Die meisten Jugendlichen in Samuels Alter beantworten diese Frage mit einem Schulterzucken oder der ruppigen Gegenfrage: »Wie soll's schon gewesen sein?« Andere sagen einsilbig »Ganz okay« und der große Rest antwortet mit »Scheiße, wie immer«. Das gehört in diesem Alter wohl dazu. Nur Samuel ist anders. Er erzählt mir von seinem letzten Mathe-Test, den er nur mit einer zwei minus bestanden hat, und davon, dass im Religionskurs, den er freiwillig belegt, über Sinn und Bedeutung von Reliquien diskutiert wurde.

»Soll ich uns etwas zu essen machen?«, fragt Samuel. Verkehrte Welt! Das ist eine Frage, die ich ihm stellen sollte, wenn er von der Schule zurückkommt. Als guter Vater hätte das Essen dampfend auf dem Mittagstisch stehen sollen, wenn der Nachwuchs die Schule beendet. Leider habe ich die Uhr nicht im Auge behalten und mich von einem »Es ist erst 10.30 Uhr am Morgen«-Gefühl täuschen lassen. Wir wärmen uns Hühnerragout vom Vortag auf und setzen uns an den kleinen Tisch in unserer Küche.

»Was macht die Arbeit?«, fragt Samuel mich. Das ist so ziemlich die dämlichste Frage, die halbwegs erwachsene Söhne ihren Vätern stellen können, und ich antworte schulterzuckend mit: »Wie soll's schon sein?«

Ich beiße in eine rohe Möhre. Zum Gemüsekochen fehlte die Zeit. Dann entschließe ich mich, doch etwas genauer Auskunft zu geben. »Ich schreibe von der Kindergarteneröffnung in Blatzheim. Das soll morgen gedruckt werden.« Samuel geht nicht weiter auf meine Antwort ein. Wahrscheinlich gibt es keinen langweiligeren Beruf als Lokalreporter.

»Mmh ... was ist das?« Samuel kaut vorsichtig und zieht dann einen kleinen Knochensplitter aus seinem Mund, der sich ins Hühnerragout gemogelt hat.

»Ein Hühnerknöchelchen!«, sage ich.

»Nein, eine Reliquie«, lacht er.

»Aha. Und was für eine?«, will ich wissen.

»Vielleicht das Nasenbein des heiligen Valentin.«

»Und was soll das bewirken?«

»Wenn man es bei sich trägt und daran glaubt, trifft jeder Pfeil ins Ziel.«

Das bringt mich auf den Gedanken, dass Samuel heute wieder Training im Bogenschießen hat.

»Gehst du heute wieder zum Training?«

»Klar. Um 5. Vorher muss ich noch Hausaufgaben machen.«

Samuel trinkt gierig ein letztes Glas Sprudelwasser, steht auf und stellt sein Geschirr in die Spülmaschine. Das Hinkelbeinchen vom Huhn spült er unterm Wasserhahn ab und heftet es mithilfe eines Magneten an unseren Kühlschrank.

»Willst du den Knochen nicht mitnehmen«, witzle ich, »fürs Bogenschießen?«

»Nö, ich bin nicht abergläubisch.«

»Aber katholisch.«

»Das ist fast dasselbe«, grinst er.

*Wenn das seine Mutter hören würde,* denke ich. »Statistisch gesehen«, werfe ich ein, »trägt angeblich jeder dritte Großstadtmensch der westlichen Welt einen Glücksbringer bei sich.« Als Reporter erfährt man immerhin so allerlei – es gibt nichts, was nicht in der Zeitung stünde.

»So? Was denn?«

»Zum Beispiel ein buntes Steinchen. Eine besondere Münze. Viele haben ein Maskottchen, ein kleines Stofftier oder so. Ein Schmuckstück …«

»Ja, ja«, Samuel winkt ab. »Hab's verstanden. Ich glaube, ich brauch so was nicht. Ich überlass die Reliquie gerne dir!« Er lacht, klopft mir auf die Schulter, als wäre ich der Jüngere von uns beiden, und verschwindet in sein Zimmer, um Hausaufgaben zu machen. Freiwillig und ohne dabei Musik zu hören!

Was soll ich sagen?! Samuel hat recht. Im Gegensatz zu mir braucht mein Sohn keine Glücksbringer. Seine Pfeile treffen auch ohne höheren Beistand ins Ziel und er wird im nächsten Jahr ein Abitur mit Supernoten nach Hause bringen, davon bin ich überzeugt.

Ich glaube, Samuels Geburt stand einfach unter einem günstigen Stern. Oder er hat einen guten Schutzengel. Beide Interpretationen ergeben Sinn und sind nur davon abhängig, ob man an Glücksbringer und Maskottchen glaubt oder katholisch ist. Als er noch ein Säugling war und vor vielen Jahren auf seinem Wickeltisch lag, beugte sich mein Schwager Gernot einmal über den Kleinen, um ihn zu herzen. Just in diesem Augenblick löste sich eine schwere Lampe aus der Verankerung an der Zimmerdecke und fiel herunter. Genau auf Gernots Hinterkopf. Die Lampe aus Glas zerbrach an seinem Schädel und mein Schwager trug eine schwere Platzwunde davon. Klein-Samuel aber blieb völlig unversehrt. Hätte sich mein Schwager nicht genau in diesem Moment über ihn gebeugt, hätte die Lampe meinen Jungen getroffen und vielleicht erschlagen. Wenn solche Dinge geschehen, beginnt man, an Schutzengel zu glauben. Dass die Lampe herunterfiel, war aber wohl kein Teufelswerk, sondern meiner handwerklichen Unbegabtheit geschuldet. Denn *ich* hatte sie über dem Wickeltisch befestigt.

# 3

# SANTA MARIA 104

Ich weiß gar nicht, warum ich mir das immer wieder antue: Jeden Dienstag spiele ich in einer Thekenmannschaft Fußball. Wir tun so, als wären wir eine Mannschaft ehemaliger Schulfreunde, die den Sport nicht nur betreibt, um fit zu bleiben, sondern auch, um alte Kontakte zu pflegen. In Wirklichkeit sind allerdings nur noch vier von uns Exschüler ein- und desselben Jahrgangs ein- und derselben Schule. In diesem Zusammenhang muss ich gestehen, mein Abitur vor beinahe drei Jahrzehnten ohne ruhmreichen Notenschnitt bestanden zu haben – anders, als es mein Sohn wohl tun wird. Rund ein Dutzend gestandener Männer sind im Laufe der Jahre seit Gründung unseres Vereins abgesprungen, hatten keine Zeit mehr, sind weggezogen, schoben körperliche Gebrechen vor. Dass sich dennoch jeden Dienstag um die zwanzig Mitspieler zusammenfinden, liegt daran, dass die Reihen mit Vettern, Freunden und Bekannten aufgefüllt wurden. Ab und zu kommen neue Kicker dazu, einige davon deutlich jünger als die Gründerväter, die alle Ende vierzig sind. Meinen eigenen Sohn habe ich nie gefragt, ob er mitspielen möchte. Bislang wurde die Altersmarke von zwanzig Jahren allerdings auch noch nie unterschritten. Außerdem zählt Samuel nicht mehr zur Generation der Fußballspieler, sondern zu denen, die asiatische Verteidigungssportarten und Bogenschießen betreiben.

Unsere Mannschaft trägt den Namen ›Santa Maria 104‹. Das hat damit zu tun, dass wir früher einmal eine Biologielehrerin hatten, die Maria Salgado hieß. Ihren Nachnamen verdankte sie einem spanischen Ehemann, ihren Spitznamen ›Santa Maria‹ verdankte sie der Schülerschaft und die 104 rührt daher, dass sie eine Oberweite von 104 Zentimetern hatte. Selbiges hatte sie im Aufklärungsunterricht einmal wie beiläufig verlauten lassen. Das blieb bei uns Jungs natürlich hängen.

Mein Freund Dirk Drassel ist derjenige, der die Fäden bei unserer Thekenmannschaft zusammenhält. Er ist diplomierter Sportlehrer mit latentem Hang zum Menschenschinder. Das muss daran liegen, dass ›Dirk Drassel‹ wie zwei aufeinanderfolgende Peitschenschläge klingt. Er achtet darauf, dass wir uns vor dem Bolzen ordentlich aufwärmen und hinterher genügend Dehnübungen absolvieren. Dass es dennoch immer wieder zu Zerrungen und Verstauchungen kommt, ist in unserem Alter kein Wunder. Dirk Drassel führt eine Namensliste aller Mitspieler und er ist es, der entscheidet, ob unsere Treterei wegen Schlechtwetter ausfällt. Er kennt keine Gnade mit mir, wenn ich über schmerzende Knie klage. Dann sieht er mich streng an, kommentiert mein Jammern mit einem einsilbigen »Nix!«, hakt meinen Namen auf seiner Liste ab und schickt mich aufs Feld. Jeden Dienstag! Dirk Drassel hat dafür gesorgt, dass der Fußballplatz am Dienstagabend für uns reserviert ist, und er bringt immer rote und blaue Schärpen mit, die uns beim Spiel als zwei gegnerische Horden ausweisen.

Ich fühle mich hinterher immer wie ein Wrack, aber wenigstens kann ich mich damit trösten, nicht gekniffen zu haben.

Nach dem Fußballspielen gehen wir in eine Wirtschaft, die den weltfremden Namen ›Am Burgturm‹ trägt, obwohl es weit und breit weder eine Burg noch einen Turm gibt. Sie ist eine der wenigen gastronomischen Einrichtungen in unserem Ort, die nicht von Türken, Italienern oder Chinesen betrieben wird. Hier gibt es gutbürgerliche Küche mit panierten Schnitzeln, die an beiden Enden über den Tellerrand hinausragen. Hier gibt es einen Wirt mit Namen Horst, der sich vorwiegend vom eigenen Gerstensaft ernährt und auch äußerlich einem Bierfass ähnelt. Horst schämt sich weder seines Aussehens noch dafür, hin und wieder deutsche Schlager zu spielen, die etwa ab elf Uhr am Abend nicht mehr peinlich sind. Echte Schlager mit Schmalz und Herzschmerz, kein Ballermann-Gedröhne! An einer Wand des ›Burgturms‹ hängt eine Bildergalerie der Karnevalsprinzen unseres Städtchens seit dem Zweiten Weltkrieg und in einer Glasvitrine stehen Pokale lokaler Sportvereine. Dirk Drassel, unser Peitschenschwinger, hat einen Tischwimpel mit der Aufschrift ›Santa Maria 104‹ anfertigen lassen und sichergestellt, dass Horst, der Wirt, ihn jeden Dienstag hervorkramt und auf unseren Stammtisch stellt.

Beim wöchentlichen Umtrunk zeigt sich, wer zur altbewährten Garde gehört und wer nicht. Es ist ein ungeschriebenes Gesetz bei unserer Thekenmannschaft, dass diejenigen, die schon länger zum Verein gehören, auch länger beim Bier beisammenhocken. Und am längsten süffeln die verbliebenen vier Gründerväter. Neben Dirk Drassel und meiner Wenigkeit sind das Peter Waider und Martin Eckstein.

Unsere Vornamen sprechen Bände und sind bezeichnend für unsere Geburtenjahrgänge: Als wir Abi gemacht haben, gab es noch keine Kevins und Marvins. Höchstens mal einen Boris oder Mario. Alis und Mehmets gab es auch schon jede Menge, aber die besuchten kein Gymnasium. In meinem Jahrgang hießen die Schüler noch Dirk, Peter, Martin und im schlimmsten Falle Karl.

Peter Waider ist Steuerprüfer und Martin Eckstein arbeitet als Kommunikationsmanager in einer Kölner Firma für *Public Relations*. Obwohl seine lange Nase ihm das aufdringliche Gesicht einer neugierigen Wühlmaus verleiht, ist er ein netter Kerl und das, was man einen alten Freund nennt.

An diesem Dienstagabend im ›Burgturm‹, als unsere Balltreterrunde schon gehörig zusammengeschrumpft ist und der Schmerz in meinen Knien allmählich nachlässt, rückt Martin an mich heran. Ich weiß, was jetzt kommt. Seine Image- und Vermarktungsberatung. Martin ist PR-Mensch!

»Na, wie läuft's?«, fragt er.

Ich weiß, worauf er hinauswill, stelle mich aber unwissend: »Wie's sich läuft? Nicht besonders gut. Das siehst du doch. Ich humple wie ein Achtzigjähriger über das Fußballfeld.«

»Na, ich meine: wie's sonst so läuft?«

»Alles im grünen Bereich!« Ich versuche zu grinsen und nehme einen kräftigen Schluck von meinem Bier, um energisch zu wirken.

Martin betrachtet mich lauernd. Dann kreist er mich mit seinen Fragen ein, bevor er zu dem Thema kommt, auf das er von Anfang an abgezielt hat.

»Job?«

»Alles wie immer.«

»Nachwuchs?«

»Bestens. Samuel ist eine Eins in der Schule.«

»Deine Mutter?«

»Die ist unverwüstlich und immer noch kerngesund …«

»…und … und die Frauen?«

»Die Frauen machen statistisch gesehen knapp zweiundfünfzig Prozent der Bevölkerung aus.«

Martin zuckt kaum merklich mit dem Kopf, so als müsse er einen heftigen Konter wegschütteln. Er überspielt gut, dass ihm meine Ausweichtaktik auf die Nerven geht, und greift meinen Gedanken zur Bevölkerungsverteilung auf: »Genau! Du sagst es! Zweiundfünfzig Prozent. Das heißt, es gibt mehr Frauen als Männer in diesem Land. Rein rechnerisch bräuchte kein Mann ohne …«

»Trinkst du noch 'n Bier?«, frage ich dazwischen.

Martin lehnt sich zurück. »Danke. Einer geht noch.«

Ich winke Horst, dem Wirt.

Aber Martin gibt noch nicht auf. Die Biere werden prompt gebracht. Dann versucht Martin es auf die eindringliche Art.

»Also, Karl. Das mit deiner Britta tut mir ja leid. Aber das ist ja immerhin schon fast zehn Jahre her …«

»Acht!«, korrigiere ich ihn, »es ist acht Jahre her.«

»Acht Jahre. Meinetwegen. Jedenfalls lang genug, um sich auszutrauern.«

Nach einer kurzen Pause wechselt Martin von seinem eher vorwurfsvollen Ton in eine einfühlsame Stimmlage und fragt in Flüsterlautstärke: »Hast du manchmal noch … deinen Albtraum?« Martin weiß, dass er an alte Wunden rührt, die empfindlich sind. Weil ich nicht sofort antworte, fügt er vorsichtig hinzu: »Den Traum mit den roten Haifischflossen?«

»Manchmal. – Selten.«

»Na, siehst du«, sagt er nun wie ein Arzt, der einem Patienten Mut machen will. »Es geht voran. Du musst nur nach vorne blicken!«

»Tu ich auch. Ich blicke sehr optimistisch nach vorne. Nächstes Jahr wird Samuel sein Abitur machen, wie ich ihn einschätze, mit Bravour. Er will Astrophysiker werden.«

»Schön. Sehr schön. Schön für ihn. Und dann? Dann zieht er weg und studiert in Heidelberg.«

»Das ist ja ein schönes Städtchen.«

»Willst du ihn dann jedes Wochenende dort besuchen fahren? Dazu einmal pro Woche bei deiner Mutter Kuchen essen? Und dienstags Fußball?!« Martin atmet tief durch. »Mensch Karl. Das ist doch kein Leben! Du musst mehr an dich denken. Du kannst doch nicht so versauern in deinem Alter!«

Langsam wird Martin mir lästig. Ich brauche keine PR-Beratung. »Wieso versauern? Ich habe meine Freunde, meine Hobbys. Ich habe nette Nachbarn. Ich habe ein gutes Auskommen. Ich bin ganz zufrieden mit meinem ...«

Bevor ich meinen letzten Satz zu Ende sprechen kann, setzt Martin so heftig sein Bierglas ab, dass sein Pils auf die Tischplatte schwappt. Er wirft jegliche Taktik des Kommunikationsmanagements über Bord und geht zum Frontalangriff über. Nun spricht er zu mir, wie es sich nur alte Schulfreunde erlauben können:

»Also Karl, du spielst zwar Fußball wie ein Achtzigjähriger, aber du bist noch keiner! Du bist Ende vierzig! Und seit fast zehn Jahren Witwer!«

»Seit acht!«

»Ja, gut! Seit acht! Das ist doch kein Zustand für einen Mann in seinen besten Jahren.«

Diesen Ausdruck ›in den besten Jahren‹ hasse ich. Ich möchte wissen, welcher Kommunikationsberater diese Phrase lanciert hat, damit sich alternde Männer wertvoller fühlen dürfen.

»Wenn das so weitergeht mit dir, bleibt dir nur noch, auf die Rente zu warten! Und die ist unsicher in solchen Zeiten! – Mensch Karl. Kacke, verdammt!«

Martin beginnt, mir peinlich zu werden. Ich entschließe mich dazu, über den Dingen zu stehen:

»Pflegst du diese Ausdrucksweise auch in deinem Berufsalltag als PR-Berater?«

Für einen Herzschlag blickt Martin an die holzvertäfelte Decke des ›Burgturms‹.

»Karl«, sagt er in versöhnlichem Ton, »also jetzt mal ehrlich: Für ein Lokalblatt zu schreiben, das kann doch nicht der Sinn deines Lebens sein.« Er legt seine Hand auf meinen Unterarm und probiert den weihevollen Ton eines Priesters: »Es ist nicht gut, dass der Mensch allein sei.« Seine Hand langt wieder nach dem Bierglas und von Pathos switcht er zurück auf normale Kneipenunterhaltung: »Steht schon in der Bibel!«

»Ach was?!«, sage ich gelangweilt.

»Karl! Heute ist es doch so einfach, jemanden kennenzulernen. Das Internet ist voll von Partnerbörsen.«

»Ja, ich weiß.«

Martin wird hellhörig. »Ja, und? Hast du's endlich mal probiert?«

Nun hat er mich in die Enge getrieben. Halblaut gebe ich zu: »Ja. Vor einiger Zeit. So zweimal vielleicht.«

Martins Grinsen weitet sich auf die Länge eines Kinderarmes.

»Ja, und?«, fragt er und beißt sich erwartungsvoll auf die Lippen.

»Was ›ja, und‹?«

»Na ja, war was für dich dabei?«

»Wie man's nimmt ...« Ich komme mir vor wie eine Hausfrau, vor deren Tür ein Staubsaugervertreter steht, dem sie nicht länger vorspielen kann, gar nicht zu Hause zu sein, weil er durch den Briefkastenschlitz bemerkt hat, dass sich in der Wohnung etwas regt. Ich lenke ein: »Was soll ich dir sagen?! Nach drei Frauen weiß ich sicher ...«

»Nach dreien? Es waren also doch mehr als zwei Versuche!«

Ich räuspere mich und fahre fort: »Also gut, es waren so drei oder vier Kontakte, kurze Treffen. Mal ein Abendessen und so.«

»Erzähl mehr von dem ›und so‹!«

»Um's kurz zu machen: Nach meinen Erfahrungen sind Frauen, die etwa in unserem Alter sind und jemanden suchen, so wie ...« Ich zögere.

»... wie Eichhörnchen beim Nüssesammeln«, ergänzt Martin.

»Wie Nonnen vor der letzten Ölung«, wollte ich sagen, aber Martins Vergleich ist vielleicht der passendere.

»Wie Eichhörnchen?«

»Ja«, bestätigt Martin eindringlich. »Wie Eichhörnchen beim Nüssesammeln, wenn schon im September die ersten Frostnächte kommen. Sie raffen zusammen, was sie finden können, denn der Winter droht.«

»So ähnlich wird's wohl sein. Jedenfalls, die fackeln nicht lange. Die wollen direkt zur Sache kommen.«

»Wozu auch Zeit verschwenden? Das Leben ist kurz. Vor allem, wenn man auf die fünfzig zugeht.« Martin ist so aufgewühlt wie ein Kleinkind, das beim Karnevalszug Kamelle geschnappt hat: die Hände voller süßer Sachen zum Naschen! Aber Martin verkennt den Ernst der Lage.

»Die wollen am liebsten schon nach vierzehn Tagen zusammenziehen!«, stöhne ich.

Mein alter Schulfreund macht mit einem Male ein Gesicht wie ein Kleinkind, das in eine Weinbrandbohne gebissen hat. Er hatte sich unter ›keine Zeit verschwenden‹ sicherlich etwas anderes vorgestellt. Die Regungen, die nun in seinem Innern widerstreiten, Überraschung, Unmut und Neugierde, kleidet er in ein alles-und-nichts-sagendes:

»Ja, und sonst?«

»Ja. Auch sonst!«, antworte ich ebenso ein- bis zweideutig.

Martin grinst wieder.

»Na, dann ...« Martin schaut zufrieden aus der Wäsche wie ein Wanderer mit Gamsbarthut, der bei der Bergbesteigung ein Etappenziel erreicht hat.

»Jedenfalls hab ich es aufgegeben!« – Damit hole ich Martin wieder ins Tal der Trübsal zurück.

»Was heißt aufgegeben?«

»Aufgegeben, Kontakte übers Internet herstellen zu wollen. Das funktioniert nicht. Da ist niemand dabei für mich. Ich vermisse auch nichts.«

»Du kannst doch nicht nach zwei oder drei Versuchen aufgeben!«

»Doch, kann ich. Ich hab Angst vor Eichhörnchen!«

»Weil sie Nüsse sammeln?«

»Weil sie in meinen Bau wollen.«

»Zu zweit futtert es sich aber besser!«

»Im Sommer ja. Aber nicht im Winter.«

»Du bist aber nicht in deinem Winter. Du bist im Frühherbst. Erntezeit, verstehst du!«

»Es gibt da noch ein Problem«, sage ich frotzelnd und fange an, Spaß daran zu haben, dass Martin sich ereifert.

»Und das wäre?«

»Ich bin kein Eichhörnchen. Ich bin ein Siebenschläfer.«

»Du bist ein Hornochse!« Martin wendet sich von mir ab und winkt nach Horst. Er braucht mehr Bier. Ich weiß, dass ich ihn für heute abgeschüttelt habe. In einigen Wochen startet er vielleicht wieder einen neuen Versuch. Möglicherweise habe ich auch ein paar Monate vor ihm Ruhe. Wie schön, wenn man Freunde hat, die sich um einen sorgen – wenn auch mehr als nötig.

Als ich am selben Abend vom ›Burgturm‹ nach Hause gehe, die Sporttasche geschultert, leicht humpelnd, wird mir mit Ernüchterung und Beruhigung zugleich klar, dass ich nicht nur unsportlich, unmusisch und unpraktisch bin. Ich bin auch noch nahezu ungeschlechtlich. Trieblos. Meine Hormone sind befriedet. Ich bin so saturiert wie Bismarck mit dem Deutschen

Reich. Ohne Eroberungsdrang. Mein Militär dient nur noch zu Paradezwecken.

Auf den letzten Metern, beim Gang durch unser Vorgärtchen, kann ich im Nachbarhaus durch das erhellte Fenster sehen. Dort sitzt Willi Seibock, mein Nachbar, in seinem Fernsehsessel und freut sich des Lebens. Zu seinen Füßen schlummert sein dicker Dackel, neben ihm steht ein Bier und im Flimmerkasten muss eines seiner ungezählten Lieblingsprogramme laufen. So gut könnte es mir auch gehen. Warum quäle ich mich jeden Dienstag zum Fußball? Vielleicht, weil es mir an Lieblingsprogrammen fehlt.

# 4

# DIE EISERNE OMA

Meine Mutter geht stramm auf die achtzig zu und ist, wie man so sagt, eine wohlkonservierte Dame. Sie lebt in einer Form von betreutem Wohnen in einer edlen Seniorenresidenz am grünen Rande der Stadt und lässt es sich dort gutgehen. Ihre kleine Wohnung ist geschmackvoll eingerichtet und eine fein abgestimmte Mischung aus Antiquitäten und Erinnerungsstücken. Einmal pro Woche empfängt sie mich dort zur Audienz.

In der Eingangshalle der Seniorenresidenz sitzt immer ein gewisser Herr von Bommelsbeck, dessen Sippschaft zu einem alten ostpreußischen Adelsgeschlecht gehört. An ihm muss ich vorbei, wenn ich zu meiner Mutter will. (Nebeneingänge lassen sich nur von innen öffnen.) Herr von Bommelsbeck thront allzeit auf einem ledernen Ohrensessel und liest mit einem Vergrößerungsglas in dicken Büchern, die sehr geheimnisvoll aussehen. An ihm vorbeizumarschieren, kommt mir stets wie Spießrutenlaufen vor, denn er beäugt jeden Besucher so kritisch, als wolle er ungebetene Gäste gnadenlos an die Wand stellen lassen. Begrüßungen quittiert von Bommelsbeck mit einem grimmigen Blick und einem zackigen Kopfnicken. Seitdem ich vor Jahren erfahren habe, dass der alte Herr nicht mehr gut hört, mache ich mir einen heimlichen Spaß daraus, bei meiner Begrüßung nur die Lippen zu bewegen, wenn ich an ihm vorbeieile. Diese Täuschung gelingt mir: Herr von Bommelsbeck grimmt und nickt, ohne argwöhnisch zu werden. Ich muss zugeben, dass Herr von Bommelsbeck durch seine adlige Gegenwart zum exklusiven Ambiente der Residenz erheblich beiträgt. Meine Mutter fühlt sich hier jedenfalls wohl! Eine Rolle spielt dabei sicher auch, dass selbst Alter relativ ist: Im Vergleich zu Herrn von Bommelsbeck, der sicher schon auf die hundert zugeht, darf sich meine Mutter noch wie ein grüner Hüpfer fühlen.

Ich bringe ihr bei jedem Besuch Blumen mit, die sie mir mit einer Selbstverständlichkeit aus der Hand nimmt wie andere Gastgeber den Mantel ihrer Gäste, bevor sie ihn auf einen Kleiderbügel hängen. Anders als Herr von Bommelsbeck, der nur in alten Folianten schmökert, liest meine Frau Mutter jeden Tag gewissenhaft die Zeitung und mit besonders kritischem Auge die Artikel aus dem Lokalteil, die von mir stammen. Außerdem verfolgt sie regelmäßig die Fernsehnachrichten und weiß in der Tagespolitik bestens Bescheid. Sie liest die Bücher, die aktuell in den Bestsellerlisten zu finden sind, und sie würde eine passable Gesprächspartnerin in jeder Talkshow über Gegenwartsliteratur abgeben. Sie achtet peinlich genau auf ihre Ernährung und wirft manchmal vorwurfsvolle Blicke auf meinen Bauchansatz. Dennoch steht jedes Mal ein kleiner Kuchen auf dem Tischchen beim Fenster, wenn ich zu Besuch komme.

Meine Mutter freut sich ehrlich über meine Besuche und stellt mir bei unseren Gesprächen allerlei Fragen, die beweisen, dass sie nicht vergessen hat, was ich ihr beim letzten Besuch erzählt habe. Diese Besuche dauern in der Regel rund anderthalb Stunden, danach wird meine Mutter unruhig und gibt mir zu verstehen, dass sie noch anderes zu tun hat, dem sie sich im Anschluss widmen möchte. Sie unterwirft sich einem strengen Zeitplan, in dem auch tägliche Spaziergänge, Seniorengymnastik und gelegentliche Theaterbesuche ihren Platz haben. Ich könnte mir nicht vorstellen, mit meiner Mutter in einen Superheldenfilm zu gehen.

Es gibt gewisse Anlässe, zu denen sie mich und Samuel gemeinsam erwartet. Dazu zählen Muttertag, ihr Geburtstag oder der erste Weihnachtstag. Ansonsten geht Samuel selten alleine zu seiner ›eisernen Oma‹, wie er sie nennt. Ausnahmen in ihrem Besuchsplan macht sie üblicherweise nur für meine Schwester, die mit ihrer Familie in der Nähe von Hamburg wohnt. Sobald sich die Nordlichter in rheinische Gefilde begeben, herrscht bei meiner Mutter Ausnahmezustand wie bei großen Staatsbesuchen. Für meine Schwester lässt sie auch schon einmal einen Theaterbesuch ausfallen.

Meine Mutter hat eine seltsame Art, mich zu begrüßen. Sie sagt nicht etwa »Guten Tag, mein Sohn« oder »Hallo, lieber Karl«, sondern immer nur »Komm herein!«. Als ob ich das nicht sowieso tun würde! Dann erkundigt sie sich nach meinem Befinden und begnügt sich meist mit einem »Danke, gut« als Antwort. Im Anschluss gibt sie mir unaufgefordert Auskunft über ihr eigenes Befinden. Und in einem dritten Schritt fragt sie nach Samuel. Dann erzähle ich dies und das von meinem Sohn, meine Mutter hört gut zu und beendet, wenn sie genug gehört hat, meine Ausführungen mit einem »Er ist ein guter Junge«, gefolgt von einem zufrieden klingenden Seufzer. Ich nicke, und dann gießt meine Mutter den Kaffee ein, ohne mir Zucker anzubieten. Jede Woche! Die übrige Gesprächszeit am Kaffeetisch steht sozusagen zur freien Verfügung und kann sich in jede erdenkliche Richtung bewegen. Nur über Britta sprechen wir so gut wie nie. Eine Frau, die sich im Alter meiner Mutter befindet, blickt am liebsten in die Zukunft. Jedenfalls für ihre Kinder.

»Wie läuft es in der Redaktion?«, fragt sie diese Woche.

»Nicht besonders gut«, antworte ich ohne Umschweife.

Meine Mutter nickt nachdenklich. Es ist nicht das erste Mal, dass sie von unseren Problemen hört. Zeitungsabonnenten gibt es immer weniger, mit Online-Angeboten lässt sich wenig Geld verdienen und unserer Lokalredaktion droht, vom überregionalen Mutterhaus auf ein oder zwei Personen heruntergefahren zu werden. Dabei sind die Lokalnachrichten die einzigen, die man nicht auch bei Nachrichtentickern nachlesen kann.

»Mmh…«, macht meine Mutter und führt ihr Gäbelchen mit einem Stück Trockenkuchen an den Mund. Ich bin sicher, ihr geht durch den Kopf, dass ich es wie meine Schwester hätte machen sollen. Meine Schwester Katja hat Architektur studiert und Karriere gemacht. Ich bin Reporter eines Lokalblatts, dem die Leser davonlaufen.

Ich berichte meiner Mutter noch von verschiedenen Versuchen, mit denen meine Kollegen und ich unserer Zeitung neues Leben einhauchen wollen: eine Reportagereihe »Ausflugsziele der Region«, die jeden Samstag erscheinen soll; eine Serie »Zeitzeugen erzählen« mit Interviews älterer Mitbürger.

»Damit werdet ihr keine neuen Leser anlocken!«, urteilt meine Mutter ebenso gnadenlos wie treffsicher. Mir bleibt fast der Trockenkuchen im Halse hängen. Sie hat recht! Mit solchen Aktionen halten wir bestenfalls die alten Abonnenten bei der Stange.

»Was sollen wir denn sonst machen?«, frage ich hilflos. »Etwa einen Aufklärungsteil wie in der BRAVO?«

»Etwas in die Richtung«, entgegnet sie und ihr Schmunzeln verrät, dass sie es ernst meint.

Unvermittelt merkt sie an: »Wir haben übrigens eine neue Pflegerin.« Es folgt eine bedeutungsvolle Pause. »Sie heißt Alexandra.«

Bei mir gehen augenblicklich rasselnd die Sicherheitsgitter herunter. Die Schotten werden dicht gemacht. Meine innerliche Zugbrücke fährt hoch. Sobald meine Mutter erwähnt, dass es im Haus eine neue weibliche Mitarbeiterin gibt, die in das Altersfenster von dreißig bis fünfzig fällt und die weder zu dick noch zu dürr ist, glaubt sie, das erwähnen zu müssen. Vor vier Jahren hat meine Mutter erstmals damit angefangen. Es ist schon anstrengend genug, wenn einen die Fußballfreunde von der Ersatzbank in den Sturm schicken wollen, aber wenn auch noch die eigene Mutter aus dem Trockenkuchen meines Lebens eine Sahnetorte zaubern will, dann kann einem der Appetit vergehen.

»Wir wollen übrigens auch einen Ratgeberteil für Kleintierhalter als neue Rubrik aufbauen«, versuche ich das Gespräch zurück auf sicheren, beruflichen Boden zu führen.

»Alexandra hat einen kleinen Hund, hat sie mir erzählt.« Meine Mutter lässt nicht locker. Und erst im weiteren Verlauf unserer Unterhaltung wird mir klar, dass meine Mutter nie das Thema gewechselt hat. Sie ist ein Mensch mit Übersicht und Orientierungsgabe, sie vertritt ganzheitliche, holistische Denkansätze. Für sie stehen mein Privatleben und die roten Zahlen unseres Lokalblatts in einem direkten Zusammenhang. Jemand, der mit seinem Leben so zufrieden ist wie ich – genügsam, anspruchslos, ohne große Ziele –, der kann auch auf keine guten, gewinnbringenden Ideen für die Zeitung kommen. Der schreibt eben sein Leben lang von Kindergarteneröffnungen und Ausflugszielen in der Region. Der interviewt ältere Mitbürger als Zeitzeugen. Dem ist jede Form von innovativer Schreibe oder investigativem Journalismus fremd. Erfolglose Singles, denen vom Laufen die Knie wehtun, erhalten nie einen

Medienpreis. Bei denen läuft nix! Trotzdem verspüre ich keinerlei Lust, mich nach Alexandra zu erkundigen. Ob sie einen Hund hat oder nicht. Mit viel Kaffee spüle ich die Reste meines Kuchenstücks herunter.

Als meine Besuchszeit sich ihrem Ende zuneigt und meine Mutter Anstalten macht, mit zwei Kumpaninnen einen Vortrag in der Volkshochschule zu besuchen (Thema: Hautpflege im Alter), verabschiede ich mich artig und innerlich erleichtert. Analog zu ihrer Begrüßung läuft auch die Verabschiedung bei meiner Mutter nach einem festen Muster ab. Sie sagt nie »Mach's gut« oder »Tschüss, mein Junge«, sondern hält mir mit einem »Wir sehen uns nächste Woche!« die Türe auf.

Als ich im Flur stehe, atme ich erst einmal auf. Eilig trete ich den Rückmarsch an. In der Eingangshalle der Seniorenresidenz haste ich an Herrn von Bommelsbeck vorbei und bewege meine Lippen in Form eines »Auf Wiedersehen«.

Vor dem Empfangstisch verlangsame ich jedoch meinen Schritt. Dort sitzt eine junge Frau im adretten Personal-Outfit der Seniorenresidenz. Sie hat strohblonde Haare in einem kessen Pagenschnitt, der ihr ein burschikoses Aussehen verleiht. Eine sportliche, schlanke Erscheinung mit freundlichem Lächeln.

Als ich erkenne, dass auf ihrem Namensschildchen *Alexandra* steht, muss ich fast lachen. Meine Mutter lässt nach! Das kann nicht ihr Ernst sein! Ich vermute, sie braucht eine stärkere Brille. Dieses junge Ding da ist wirklich bildhübsch, aber so jung, dass sie meine Tochter sein könnte. Sie liegt bei Weitem unterhalb des genannten Altersfensters potenzieller Partnerinnen.

»'n Tag!«, grüße ich.

»Guten Tag!«, entgegnet sie freundlich.

Ich bleibe stehen. »Sie sind Alexandra?«

»Ja, bin ich. Aber Sie können gerne Du sagen.«

»Meine Mutter hat lobend von Ihnen gesprochen.«

»Ihre Mutter?«

»Ja. Frau Pohlmann aus Wohnung vier.«

»Oh. Wie nett. Dabei bin ich erst seit Kurzem hier.« Sie kichert verlegen. Ich glaube, einen kleinen Akzent bei ihr herauszuhören. Vielleicht etwas Slawisches. Während unseres kurzen Gesprächs spüre ich die bohrenden Blicke des schwerhörigen Herrn von Bommelsbeck in meinem Rücken.

»Ich bin aber nur ein paar Wochen hier«, sagt Alexandra. »Ich mache bloß ein Praktikum. Meine Zeit hier ist schon fast zu Ende. Eigentlich will ich Erzieherin werden.«

»Aha.« Ich nicke.

»Ich mag aber auch alte Leute«, beeilt sie sich hinzuzufügen und verbessert sich im selben Atemzug: »Also Senioren, meine ich.« – Wann ist *alt* eigentlich zum Schimpfwort geworden?

»Mein Schwerpunkt ist Musikerziehung und Bewegungslehre.«

Ich stelle mir vor, wie die blutjunge Alexandra auf einer Blockflöte spielt und der verknöcherte Herr von Bommelsbeck einen Stepptanz dazu aufführt. Sicherlich gibt es dafür in der Pädagogik den Fachterminus Ostpreußische Schlangenbeschwörung.

Alexandra erweist sich als gesprächig. Das gefällt alten Leuten sicherlich. »Später will ich im Kindergarten arbeiten.«

»Und Sie haben einen Hund, habe ich gehört.«

»Ja, einen kleinen. Hat Ihre Mutter das erzählt?«

Ich übergehe ihre letzte Frage. »Was denn für einen Hund?«, will ich wissen.

»Ich habe eine kleine Mischung. Terrier und Dackel, glaube ich.«

»Ihr Hund ist bestimmt jünger als zwanzig. So wie Sie, oder?«

Alexandra lacht zur Bestätigung. Eindeutig: Meine Mutter lässt in ihrem Urteilsvermögen deutlich nach. Die eiserne Oma setzt Rost an.

Ich überlege kurz, ob ich Alexandra erzählen soll, dass ich für die Lokalzeitung arbeite und wir demnächst einen Ratgeberteil für Kleintierhalter einführen wollen. Aber dann verwerfe ich die Idee.

Als ich kurze Zeit später im Auto sitze und zur Redaktion fahre, geht mir auf, dass Alexandra ihren Hund eine *Mischung* genannt und nicht von *Mischling* gesprochen hat.

# 5

# POHLMANN, DER ZEITUNGSMANN

Frau Pohlmann aus Wohnung vier. Das ist meine Mutter. Und wo ich es schon erwähnt habe: Pohlmann ist natürlich auch *mein* Nachname. Das ist zwar origineller als Meier oder Müller, aber mein Familienname hat mir häufig nur Ärger eingebracht. Denn wann immer ich bei jemandem in Ungnade gefallen bin, ist es zu Verballhornungen meines Nachnamens gekommen: Ich bin bereits Karl Blödmann, Hampelmann oder Weihnachtsmann genannt worden. Auch Eiermann oder Müllmann habe ich schon zu hören bekommen. Und alles nur, weil ich zum Beispiel einen Elfmeter verschossen oder eine Lampe nicht ordentlich angebracht hatte. Als ich in der Mittelstufe mal wochenlang den Schnupfen hatte, wurde ich nur Popelmann gerufen. Wenn ich für unser Lokalblatt schreibe, verwende ich das Kürzel ›Pohl‹. Das erspart mir in aufgebrachten Leserbriefen Schimpfwörter auf ›-mann‹ aller Art.

In unserer Redaktion geht's eher gemächlich zu, als ich dort nach dem Besuch bei meiner Mutter vorbeischaue. Es ist schon später Nachmittag und nur zwei Kollegen sind anzutreffen. Einer von ihnen ist Jochen Süder. Er hat sein dpa-Gesicht aufgesetzt und packt eilig ein paar Sachen zusammen, als ich eintrete.

»Na, wohin treibt es dich denn noch?«, frage ich, um Kollegenkontakte zu pflegen.

»Versammlung der CDU-Ortsgruppe«, antwortet Jochen Süder kurz angebunden und tut so, als ob das wichtig wäre. Jochen Süder befasst sich hauptsächlich mit Lokalpolitik. Mit Sorgenfalten auf der Stirn erklärt er beim Aufbruch: »Wie gesagt, ich hab's eilig. Bis dann!« Jochen Süder streut ständig ein »Wie gesagt« ein, auch wenn er überhaupt nichts Entsprechendes vorangeschickt hat. Ohne weitere Kommentare verlässt er unser Großraumbüro, hastig und mit einem Getöse, als hätte er einen persönlichen Termin im fernen Bundeskanzleramt.

»Arschgeige!«, kommentiert Nedim seinen Abgang mit einem schiefen Grinsen. Nedim Sadak ist ein jüngerer Kollege, der bei uns die Bildredaktion betreut. Er ist Deutsch-Türke, knapp dreißig und ein Kollege nach meinem Geschmack: locker, witzig, selbstironisch. Und dabei kein bisschen katholisch.

»Man sollte nicht schlecht von seinen Kollegen sprechen«, ermahne ich ihn und gebe mir den himmlisch-entrückten Blick einer Heiligenstatue, wie sie zuhauf in rheinischen Kirchen herumstehen.

»Du hast recht«, lenkt Nedim ein, »die ›Geige‹ nehme ich zurück. – Hast du Lust auf einen Kaffee?« Nedim weist mit einem Kopfnicken Richtung Kaffeemaschine.

»Nee, danke. Dein Türkengebräu zieht mir immer die Schuhe aus.« – Nedim macht den Kaffee stets so stark, dass er eine Konsistenz von Apfelmus aufweist. Aber immerhin benutzt er Kaffeefilter, statt brutale Direktaufgüsse aufzukochen.

»Du kannst dir aber gerne noch 'n Stück abschneiden«, lacht er unbeirrt.

»Ich bin bereits versorgt. Ich war eben bei meiner Mutter zum Kuchentrinken.«

»Du meinst sicher: zum Kaffeeessen!«

»Ja, genau. Irgendetwas in der Art.« Ich lasse mich auf meinen Bürostuhl fallen und wecke meinen Computer aus dem Tiefschlaf. »Was steht denn sonst noch an?«, will ich wissen.

»Nichts Besonderes.« Nedim rückt sich einen Stuhl heran und setzt sich zu mir.

Auf meinem Bildschirm haben sich mittlerweile mehrere Fenster geöffnet, darunter eine Terminliste unseres Servers. »Was haben wir denn hier?« Halblaut lese ich vor, um Nedim teilhaben zu lassen. »Am Wochenende ein Treffen der Schützenbrüder, ein Trödelmarkt, eine Ausstellungseröffnung ...« Als Lokalreporter, der seit Jahren dieselbe Arbeit verrichtet, kann man den Eindruck gewinnen, dass immer etwas los ist, aber nie etwas passiert. Selbst über Ralf Heidberg gibt es nichts Neues zu berichten. Ralf Heidberg ist der einzige Sohn unserer mittelgroßen, mittelmäßigen Stadt, der es zu Weltruhm gebracht hat. Als Formel-1-Fahrer. Aber der Zenit seiner Karriere liegt längst hinter ihm. Nun lebt er in Monaco.

»In der Stadthalle ist ein Kongress vom Landesverband der Zahnärzte«, ergänzt Nedim und quält sich Interesse ab.

»Gebohrt wird immer!«

»Langweilig ...«

»Der Chef möchte, dass du was drüber schreibst. Und du kannst dir sicher denken, weshalb.«

Das kann ich! Die Frau vom Chef ist selbst Zahnärztin und im Landesverband der Gebissklempner so aktiv wie bakterieller Zahnbelag.

Ich stöhne leise. »Wenn's unbedingt sein muss.« Murmelnd klicke ich mich weiter durch die Liste: »Brückenrenovierung in der Südstadt … eine Buchveröffentlichung …«

»Ja, von diesem Seelentröster-Fritzen. Wie heißt er gleich noch?«

»Klumpstadt, Jakob Klumpstadt. Ich weiß nicht, was mir lieber ist: dessen verbrämte Lebensweisheiten oder die Zahnärzte. Beide können einem auf den Nerv gehen.«

»Der Chef möchte, dass du auch etwas über das Buch bringst. Eine ausführliche Buchrezension«, lässt Nedim mich wissen, ohne Mitleid zu zeigen. »Ein Prüfexemplar liegt schon in deiner Post!«

Mein Zuständigkeitsbereich in unserer Lokalredaktion ist Freizeit, Soziales, Vereinsleben und was sonst noch so anfällt, so wie gelegentliche Buchbesprechungen. Mein Kollege Süder von der Lokalpolitik nennt das abfällig ›Ressort für Gedöns‹.

Statt mich unnötig zu ärgern, klicke auf ein anderes Fenster mit Polizeimeldungen. »Und was hat die Polizei zu berichten? … Einbruch beim Juwelier, Verkehrsunfall mit Blechschaden vor der Autobahnzufahrt … Was noch? … Betrunkene Randalierer in der Reichenbachstraße! Das ist ganz bei mir in der Nähe!«

»So?« Nedim grinst erneut, diesmal echt und von Herzen. »Ich wusste gar nicht, dass du in einem sozialen Brennpunkt lebst.«

»Ich auch nicht!«, gebe ich stirnrunzelnd zu. »Aber schwarze Schafe gibt es überall. Ich kann mir auch denken, wer dahintersteckt. Unser Garten stößt hinten an das Grundstück von ein paar versoffenen Brüdern, die nur dem Sozialamt auf der Tasche liegen.«

»Wusstest du, dass ›sozialer Brennpunkt‹ ein Euphemismus ist für ›asoziales Scheißviertel‹?« Nedim mag solche Spitzzüngigkeiten.

»Mein Freund«, sage ich wohlwollend, »ich glaube, du solltest mehr Glossen schreiben, statt Bildchen zu manipulieren. Dazu hättest du Talent!«

Ich notiere mir mit Bleistift ein paar Termine in meinen altmodischen Taschenkalender, bevor ich mich wieder an Nedim wende:

»Und bei dir, alles im Kefir?« Diese Formulierung gehört zu unserem Insider-Sprachgebrauch. Nedim und ich haben eine ganze Menge solcher Ausdrücke. Ihm gegenüber würde ich niemals von ›alles in Butter‹ sprechen.

»Meine Schwester sucht eine Wohnung«, sagt Nedim und wirft dabei einen Blick aus dem Fenster, als gäbe es dort freien Wohnraum. »Weißt du nicht zufällig …?«

»Fragst du mich jetzt im Ernst?«, will ich wissen. »Du arbeitest bei der Zeitung, lieber Nedim! Du bekommst die Wohnungsannoncen doch als einer der Ersten zu lesen.«

»Meine Schwester sucht nur etwas Kleines, Preiswertes. Nur vorübergehend. So ein Schnäppchen, weißt du, das man nur über Beziehungen bekommt. Falls du also irgendetwas hörst …«

»Darf's auch im sozialen Brennpunkt sein?«

»Bei dir als Untermieterin, oder wie?«

»Auf die Idee bin ich noch nicht gekommen. Deine Schwester ist doch im heiratsfähigen Alter?«

»Und wie. Sie hat schon eine verkorkste Beziehung hinter sich!«

»Ich merke, du und dein türkischer Familienklan seid voll integriert.«

»Hast du Interesse an meiner Schwester, alter Mann?«

»Das nicht, aber mich wundert, dass dein Vater sie einfach hat ziehen lassen, um verkorkste Beziehungen anzufangen. Ich dachte, er würde sie gegen drei Kamele verheiraten, sobald sie sechzehn ist.«

Solche Frotzeleien leisten Nedim und ich uns dauernd. »Sie ist schon vierundzwanzig.« Dann wechselt Nedim den Ton und verkündet mit dem ernsten Gesicht eines mächtigen Emirs: »Drei Kamele wären ein angemessener Preis für sie. Aber du Ärmster hast ja noch nicht einmal einen deutschen Dackel.«

Wir lachen. Wenigstens Nedim will mich nicht auf Biegen und Brechen verkuppeln. Dann berichtet er mir noch kurz, was für ihn in den nächsten Tagen beruflich zu erledigen ist und welche Termine auf ihn warten, bevor ich mich dazu entschließe, mir doch noch einen Schluck Kaffee abzuschneiden.

Nedim begibt sich zum eigenen Schreibtisch zurück. Auf seinem Computer-Bildschirm sehe ich Haie durch kristallklares Wasser schwimmen. Ihre Rückenflossen ragen bedrohlich über die Wasseroberfläche hinaus.

»Hast du einen neuen Bildschirmschoner?«, frage ich und versuche mein Entsetzen zu verbergen.

»Ja.«

»Könntest du dir nichts mit Kamelen besorgen, deren Höcker durch Sanddünen schaukeln?«

»Hast du was gegen Haie? In Deutschland sterben mehr Leute durch Hundebisse als durch Haiattacken«, sagt er vorwitzig. »In der Türkei übrigens auch.«

»Ich weiß. Trotzdem mag ich keine Haifischflossen.«

»Bist du mal angegriffen worden?«

»Ich nicht. Nicht direkt.«

# 6

# KLUMPSTADT

Das Unschöne an meinem Beruf als Lokalreporter ist, dass ich häufig abends oder am Wochenende unterwegs sein muss. Das Schöne hingegen ist, dass ich manchmal morgens bis zehn Uhr im Bett liegen kann, zumal wenn man einen Sohn hat, der sich sein Frühstück selbst macht und der nie vergisst, sich den Wecker zu stellen. Meinem körperlichen Wohlergehen zuliebe sollte ich streng genommen schon bei Sonnenaufgang aufstehen, denn sobald ich länger als ein halbes Dutzend Stunden in den Federn liege, tun mir alle Knochen weh. Aber dazu fehlt mir die innere Antriebskraft.

Heute Morgen liege ich jedenfalls noch faul im Bett und blättere unangeregt durch das neueste Werk von Jakob Klumpstadt. Das ist der Autor unserer Region mit den Seelentröster- und Lebensberatungsbüchern. Es ist erstaunlich, womit manche Leute ihr Geld verdienen. Und zu allem Unheil soll *ich* eine Buchbesprechung dazu verfassen! Jakob Klumpstadts neuestes Opus trägt den Titel ›Sei dein innerstes Ich‹. Das klingt so banal, dass es selbst mir als Kulturbanausen aufstößt. Schon ein Blick in das Inhaltsverzeichnis jagt mir Schauder über den Rücken. Die Kapitelüberschriften blubbern mir wie Blasen aus Magensäure entgegen: ›Es ist nie zu spät im Leben‹, ›Krisen sind Chancen‹, ›Sein Innerstes nach außen tragen‹ … Es juckt mich in den Fingern, einen Verriss über dieses Buch zu schreiben mit der Überschrift ›Kotz dich aus und leb besabbert!‹. Aber das würde sicher unserem Chefredakteur nicht behagen und wahrscheinlich kaum unsere Leserzahlen nach oben hieven.

Ich lege das Buch beiseite und greife zu den Hochglanzbroschüren zum Zahnärztekongress am nächsten Wochenende. Für die Berichterstattung muss ich mich ein wenig einlesen und – soweit das für einen Laien möglich ist – vertraut machen mit dem Programm. Die Sprache der Broschüre ist so geschwollen wie Backen nach der Entfernung der Weisheitszähne. In jeder dritten Zeile begegnet dem Leser das Wort ›innovativ‹. Das trägt auch nicht zur Aufheiterung meiner Laune bei und ich beschließe, mir beim Bäcker Brötchen zu holen und in Ruhe zu frühstücken. Ich stehe auf, stolpere im Flur fast über die Bogenschieß-Ausrüstung meines Sohnes und verlasse bald darauf, frisch rasiert und halbwegs salonfähig gekleidet, unser kleines Reihenhäuschen.

Als ich vor die Türe trete, sitzt mein frühverrenteter Nachbar Willi Seibock schon am Fenster und schaut zur Welt heraus, flankiert von seinem alten Dackel. Ich könnte mich beobachtet und nachbarschaftlich überwacht fühlen. Aber stattdessen finde ich es fast rührselig und erheiternd, dass diese Freizeitbeschäftigung, die es früher in Dörfern und Kleinstädten zuhauf gab, noch nicht völlig verschwunden ist: ältere Leute, die sich ein Kissen unter die Unterarme legen und zum Fenster hinaussehen. Das Gegenteil von fernsehen ist nahsehen: nicht in die Glotze, sondern zum Fenster heraus. Und im Nahsehen, dieser aussterbenden Disziplin, ist Willi Seibock einer der letzten Großmeister.

»Ah, Jong!«, grüßt er mich.

»Morgen, Herr Seibock!«

Da er unverblümt wissen will, was ich treibe, erzähle ich ihm, dass ich mir Brötchen beim Bäcker um die Ecke holen gehe. Willi Seibock weist mich sogleich darauf hin, dass es dort heute Blätterteig-Teilchen vom Vortag zum halben Preis gibt.

»Man muss nicht immer viel Geld ausgeben, dass es einem gut geht«, winkt er mir fröhlich hinterher (oder im O-Ton Seibock: »Me muss net imme' vell Jelt usjävve, dat et enem joht jeht.«). Der Mann hätte das Talent dazu, Lebensberatungsbücher zu schreiben, geht mir zum wiederholten Male durch den Kopf. Solche, die man wirklich gebrauchen kann. Es ist wichtiger zu wissen, wo es billig Gebäck gibt, als sein Innerstes nach außen zu kehren. Willi Seibocks Texte würden ein Millionenpublikum erreichen. Man müsste sie nur ins Hochdeutsche übersetzen.

Beim Bäcker werde ich zweimal übersehen, bevor ich bedient werde. Aber seine gute Laune sollte man sich davon nicht verderben lassen.

»Was darf's denn sein?«

»Ein Kürbiskernbrötchen und ein Müslibrötchen mit Rosinen bitte.«

»Und sonst noch etwas?«

Zwei Brötchen reichen mir vollkommen fürs Frühstück. *Ein* Brötchen wäre besser für meinen Bauchansatz. Dennoch frage ich: »Haben Sie noch Teilchen vom Vortag zum halben Preis?«

»Oh ja, Blätterteig-Teilchen.«

»Ich nehme eins.«

»Wissen Sie was?«, sagt die Bäckersfrau. »Ich packe Ihnen zwei ein. Weil Sie es sind!«

Also zwei Teilchen zum halben Preis von einem. Oder so ähnlich jedenfalls. Man muss nicht immer viel Geld ausgeben, dass es einem gut geht. Und wenn man auch noch gnädige Bäckerinnen hat, dann ist der Tag gerettet. Fröhlich begebe ich mich auf den Rückweg. Als ich bei unserem Reihenhäuschen ankomme, sitzt Nachbar Seibock, wie nicht anders zu erwarten, immer noch am Fenster. Beim Nahsehen.

»Wie isset?«, fragt er mich.

Ich habe heute meinen spontanen Tag und entgegne: »Haben Sie Lust auf ein zweites Frühstück? Mit Blätterteig-Teilchen?«

Willi Seibock überlegt nicht lange: »Äver nur, wenn ich menge Honk mitnemme kann!« Den Hund? Na ja, warum nicht? So ein alter Dackel kann wohl kein Unheil anrichten.

»Einverstanden.«

Wenig später sitze ich mit Willi Seibock am Frühstückstisch. Wir sind seit vielen Jahren Nachbarn, aber das letzte Mal, dass er die Schwelle unserer Haustür überschritten hat, war wahrscheinlich zur Kinderkommunion unseres Sohnes.

»Jung, sach doch Willi zu mir!«, schlägt er vor. Auf diese Idee hätten wir wahrscheinlich schon vor vielen Jahren kommen sollen.

»Ja, also gut: Willi. Und ich bin der Karl.«

»Ja, Jung, dat weeß isch doch.«

»Ach so, ja klar. Und der Hund? Wie heißt Ihr Hund, ich meine: *dein* Hund noch mal?«

»Professor Brinkmann.«

»Wie?«

»Na, wie dä Doktor aus de ›Schwarzwaldklinik‹.«

Ich schaue wahrscheinlich etwas verdutzt aus der Wäsche, denn Willi Seibock beeilt sich zu sagen: »Isch weiß, dat is 'n bissjen lang. So als Naame. Man will ja nit immer rufen: ›Professor Brinkmann, setz disch hin, du alter Stinkesack, un' halt ens dat Maul, Professor.‹ Dat is' ja viel zu lang. Da würd me ja bekloppt von, ne? Deswejen sach isch manschmal auch nur ›Köttel‹ für dä Hund.«

»Köttel?«

»En ja. Dä siehtt doch auch e so uss, oder net?«

Ich nicke, als würde ich ihm recht geben. Bisher war mir noch nicht der Gedanke gekommen, dass der Dackel wie ein Köttel aussähe. Wie ein Professor aus der ›Schwarzwaldklinik‹ sieht er allerdings auch nicht aus.

»Ach ja, die ›Schwarzwaldklinik‹ ... Läuft die alte Sendung überhaupt noch? Gibt's da neue Folgen?«

»Nee, dat läuft ald lang net mehr. Aber dat habb isch frühjer immer jern jesehn. Un' dann habb isch auch von mein Tochter mal so ene janze Reihe von die Filme jeschenkt jekriegt, so auf DVD. Da kann me die immer kucken, ne, wenn me ens Lust da drauf hat.«

»Und wie kommt man von Professor Brinkmann auf Köttel?«

»Isch sach doch: Dä Hund sieht en bissjen so aus. Also isch mein, die Farb un' so. Aber dann hat der auch frühjer, wie der noch janz klein war, manschmal so in kleine Köttel jekackt. Dat sah immer janz lustisch aus.«

Willi Seibock ist einfach klasse! Und er hat recht, wie er vor Kurzem einmal meinte: Geschissen wird immer. Bei Hunden ist das nicht anders als bei Menschen.

Willi Seibock und ich plaudern etwa ein Stündchen. Über dies und das, über Gott und die Welt sowie über unsere Stadt und die besoffenen Randalierer aus der Reichenbachstraße, von denen kürzlich im Polizeibericht die Rede war. Die schmalen Gärten unserer Reihenhäuschen grenzen nach hinten an das Grundstück von drei Brüdern, die allgemein als Trunkenbolde und Unruhestifter bekannt sind.

»Dat sin' fies Möppe!«, urteilt Willi Seibock unverblümt. Diese Fieslinge waren schon in ihrer Jugend die Schrecken der Spiel- und Fußballplätze. Dumm, asozial und fast ein wenig bedauernswert. In unserem Viertel sind sie seit Langem allseits berüchtigt. Willi Seibock weiß mir manche unrühmliche Anekdote aus dem Leben ihrer Eltern zu berichten. Vater und Mutter der drei Brüder, die sich schon vor vielen Jahren um Geld, Verstand und Gesundheit gesoffen haben, hießen Albert und Alberta. Das klingt beinahe harmonisch, aber die Ehe bestand zum größten Teil aus Suff und Streiterei, und ihren drei Söhnen vermachten sie nichts weiter als drei absonderliche Namen: Die drei heißen Herbert, Norbert und Robert. Angeblich gibt es noch einen Vetter, der Siegbert heißt und der den dreien als Zechkumpan gelegentlich Gesellschaft leistet. Der Familienklan ist jedenfalls seit einem halben Menschengedenken als die ›Berts‹ bekannt.

Von den Brötchen aus der Bäckerei will mein Nachbar Willi Seibock nichts, aber ein Blätterteig-Teilchen vertilgt er mit Genuss und trinkt drei Tassen Kaffee dazu. Seinem Dackel steckt er mehrmals einen abgebissenen Brocken des süßen Gebäcks zu, fast ein bisschen verschämt, als würde er fürchten, ich könnte ihm das übel nehmen.

»Die süßen Sachen sind aber nicht gut für einen Hund«, wage ich einzuwenden.

»Och …«, Willi Seibock lächelt. »Äver dat schmeckt dem doch jut. Un' so 'ne Hund, dä will ja auch wat haben vom Leben, ne?« Womöglich stirbt Professor Brinkmann irgendwann an Fettleibigkeit, aber er wird ein schönes Leben gehabt haben. Während mein Nachbar seinem dicken Dackel den Kopf tätschelt, fällt sein Blick auf ein Bild von Britta, das auf einer Anrichte steht. Als meine Frau vor acht Jahren beerdigt wurde, war Willi Seibock in der Kirche. Zur Trauerfeier, die in kleinem

Rahmen stattfand, war er nicht gekommen. »Ja«, seufzt er auf einmal, »et is net schön, wenn einem de Frau stirb'.«

Ich nicke. Mehr fällt mir nicht ein.

»Bis' froh, dat de noch ene Jung häs', dä bei disch wohnt«, fährt Willi Seibock fort und blickt nun auf eine Bildergalerie mit Fotos von Samuel, die ihn bei der Einschulung, zur Kommunion und zu anderen festlichen Gelegenheiten zeigen. Seibock hat auch hier recht. Die Jahre sind wahrscheinlich gezählt, in denen mein Sohn und ich noch unter einem Dach wohnen. Ob ich mir danach auch einen Hund zulegen sollte? Sicherlich keinen Dackel. Deutsche Dackel sind aus der Mode gekommen, ebenso wie das Nahsehen. »So, isch jlaub, isch jeh dann mal wieder rüber. Danke für dä Kaffee. Dat war lecker.« Willi Seibock scheint zu wissen, dass die kurzen Besuche die schönsten sind. Er hat nichts Besonderes vor und sicher selten Gesellschaft, aber er will niemandem zur Last fallen und weiß, dass ich noch kein Rentner bin, der stundenlang beim Frühstück sitzen darf. Ich halte ihn nicht zurück. Aber ich spüre, dass mir Willi Seibock immer sympathischer wird. Solche kleinen Begegnungen tun gut. Als er aufsteht und sich Richtung Haustür aufmacht, bemerkt er auch das Büchlein von Jakob Klumpstadt, das ich nach der Bettlektüre auf dem Treppenabsatz im Flur habe liegen lassen. »Hier liescht 'n Buch am Boden«, sagt Willi Seibock und hebt es auf.

»Wirf ruhig mal einen Blick rein«, ermuntere ich ihn. »Über dieses Buch soll ich eine Rezension schreiben.«

»Wat?«

»Eine Bewertung. Eine Buchkritik. Also wie einem das Buch gefallen hat und so.«

Willi Seibock schlägt das Buch auf und blättert es durch. Es enthält neben den Lebensweisheiten und Seelentröstertexten auch viele Landschaftsaufnahmen mit Blumen, Sonnenuntergängen und Baudenkmälern, vorzugsweise Burgruinen.

»Da sin' aber schöne Bildschen drin«, schmunzelt mein Nachbar.

Und weil ich heute meinen spontanen Tag habe, sage ich ohne lange zu überlegen: »Wie wär's? Hättest du Lust, das Buch zu lesen und mir zu sagen, wie du es findest?«

Willi Seibock grinst verlegen. »Och, von so Büschern, da weiß ich nix viel von.« Es ist lustig zu hören, wie Willi in seiner Ausdrucksweise zwischen rheinischem Platt allererster Kajüte und allerlei Mischformen Richtung Hochdeutsch hin und her schwankt.

»Das macht nichts!«, sage ich schnell. »Die Meinung eines jeden Lesers kann wertvoll sein. Und das umso mehr, wenn sie unverstellt und unvoreingenommen ist. Man muss nicht unbedingt Literaturwissenschaftler sein, um ein Buch zu bewerten.«

»Wie jetz'?«

Ich versuche es mit einem Vergleich. »Das ist wie mit einem Essen: Ein Ernährungswissenschaftler oder ein professioneller Koch kann bei einem Gericht die Art der Zubereitung einschätzen oder die Auswahl der Zutaten bewerten. Die Fachleute können auch ein paar Worte zu Vitaminen, Nährstoffen und zum Gesundheitlichen sagen.«

»Dat kapier isch net. Dat is' doch kein Kochbuch, oder net?«

»Nein. Ich bin aber auch noch nicht fertig mit meinem Vergleich: Fachleute können bei einem Gericht alles Mögliche kritisieren. Aber zu sagen, ob es einem schmeckt oder nicht, das kann jeder Laie.«

»Ach so!«, sagt Willi Seibock, aber ich sehe seinem Gesicht an, dass er mich trotz allem nicht ganz verstanden hat.

Ich versuche es auf eine andere Art: »Das war jetzt vielleicht etwas weit hergeholt. Aber sagen wir mal so: Wenn du das Buch lesen würdest und mir sagen könntest, wie es dir gefallen hat, tust du mir damit einen großen Gefallen.«

»Also für dein Zeitung, oder wat?«

Mir wird klar, dass Willi Seibock erst jetzt aufgeht, dass die Buchrezension mit meinem Beruf als Reporter zu tun hat. »Ja, genau! Du könntest mir – wenn du Lust hast – ein bisschen helfen und Arbeit abnehmen.«

»Ach so!« Diesmal sagt Willi Seibock sein ›ach so‹ mit einer fröhlichen Zufriedenheit. »Kumm isch dann auch ens in de Zidong?«

Willi Seibock in der Zeitung? Als Rezensent? Warum nicht?! Wir brauchen neue Mittel, um Leser zu finden.

»Ja!«, sage ich bestimmt, »dann kommst du in die Zeitung. Wenn du willst, mit Bild und Namen!«

»Ja, isch kann ja ens lesen, wa. Da kucke' mir mal.«

Und Willi Seibock verlässt mit seinem Dackel und dem Seelentrösterbuch von Jakob Klumpstadt mein Haus. Willi Seibock geht, mir bleibt der Zahnärztekongress.

# 7

# HAIFISCHFLOSSE

Seit acht Jahren verfolgt mich derselbe Albtraum. In letzter Zeit sucht er mich allerdings seltener heim, ich scheine ihn allmählich abzuschütteln und das ist ein tröstlicher Gedanke. Diesen Albtraum habe ich, seitdem Britta tot ist. Ich nenne ihn meinen Haifischflossentraum. Nur meinem Freund Martin habe ich je davon erzählt. Weder meine Mutter noch mein Sohn oder sonst jemand aus der Familie weiß von ihm. Die eigenen Verwandten wissen bestenfalls, dass ich gelegentlich schlecht schlafe und auch, weshalb.

Britta, Samuel und ich sind auf einem Sonntagsausflug. Samuel ist neun Jahre alt und wir möchten mit ihm in der Eifel einen Märchenwald besuchen. Er sitzt im Auto hinten auf der Rückbank. Leider ist das Wetter viel schlechter, als die Vorhersage versprochen hat. Über uns türmen sich graue Regenwolken und es tröpfelt leicht, aber wir hoffen darauf, dass sich der Himmel im Laufe des Tages noch auftut. Schließlich erreichen wir den

Eingang zum Märchenwald, ich setze rückwärts in eine Parkbucht und stelle den Motor ab. In einiger Entfernung steht ein Parkscheinautomat.

»Ob man hier fürs Parken bezahlen muss?«, wundert sich Britta.

»Glaub ich nicht!«

»Am besten«, meint sie, »lauf ich schnell rüber und guck mal nach.«

»Ich kann auch hinfahren«, schlage ich vor.

»Ach, lass«, winkt sie ab, »die paar Tropfen Regen bringen mich nicht um.« Sie steigt aus und läuft hinüber zu dem Parkscheinautomaten. Ich sitze hinterm Steuer und sehe ihr hinterher, wie sie durch den Regen läuft. Plötzlich schießt von links ein Motorrad heran. Wie aus dem Nichts. Wie ein schwarzer Schatten. Das Motorrad erfasst Britta und schleudert sie wie ein Spielzeug durch die Luft. Sie landet mehrere Meter vom Unfallort entfernt irgendwo hinter einem parkenden Wohnmobil mit holländischem Kennzeichen, außerhalb meines Blickfeldes. Das Motorrad gerät ins Schlingern und der Fahrer stürzt am Ende des Weges mitsamt seiner Maschine zu Boden. Ein krachendes, berstendes Geräusch ist zu hören. Das alles geht so schnell, dass ich wie gelähmt bin, völlig außerstande zu begreifen, was passiert ist. Ich schreie nicht, ich springe nicht aus dem Wagen, ich fange nicht an zu weinen, ich schüttle nicht mal mit dem Kopf. Stattdessen sitze ich für Sekunden reglos hinter meinem Steuer und mir fällt nichts Besseres ein, als den Scheibenwischer anzustellen. Ohne Regentropfen auf der Scheibe sehe ich alles klar vor mir: den halb leeren Parkplatz, den Eingang zum Märchenwald, den Parkscheinautomaten – nur Britta ist weg. Die Scheibenwischer fahren in langen Intervallen hin und her. Zwischen den Wischblättern ergibt sich am unteren Rand der Scheibe eine dreieckige Fläche, die regennass bleibt. Sie sieht aus wie die Rückenflosse eines Haifischs, denke ich. Ich betrachte das Dreieck und wundere mich.

»Ist der Märchenwald heute zu?«, fragt unser kleiner Sohn mit banger Stimme von der Rückbank.

»Ja.«

Nach einer Weile klopft jemand aufgeregt an das Seitenfenster unseres Autos. Es steht dort ein älterer Mann, der mich aufgeregt auf Holländisch anspricht. Ich verstehe kein Wort. Ich will nichts verstehen. Ich will kein Wort hören.

Trotzdem öffne ich schließlich meine Wagentür und steige aus, mit bleischweren Gliedern. In diesem Moment tritt die Sonne hervor. Es regnet zwar immer noch leicht, aber der Himmel hat sich aufgetan.

# 8

# LESER LESEN

Nedim Sadak, mein Kollege von der Bildredaktion, sieht mich etwas ungläubig an. »Leser lesen«, zitiert er den Text, den ich ihm vorgelegt habe. Nedim ist jemand, der offen für neue Ideen ist. Dennoch fragt er: »Glaubst du, dass das ein guter Name für eine neue Rubrik ist?«

»Vorläufig ist mir nichts Besseres eingefallen. Aber ich denke, die Grundidee ist gut.«

»Na ja, warum nicht?«

Nedim ist der Erste, dem ich meine neue Idee und den dazugehörigen Textentwurf vorstelle. Eine Buchbesprechung von Willi Seibock. Ein einfacher Zeitungsleser bewertet ein Buch.

Nedim überfliegt den Text und nickt. »Ja. Das Ganze liest sich unverstellt und lebensecht. Aber ob das dem Chef gefällt? Der Alte ist ja mit Dichter Klumpstadt auf Du und Du. Und dein lesender Leser lässt kein gutes Blatt an diesem Seelentrösterbüchlein.«

»Doch. Er lobt die Bilder«, entgegne ich bestimmt. »Und unsereiner kann sich darauf zurückziehen, dass wir nur wiedergeben, was andere auszusprechen wagen. Im Ernst: Das Buch ist gequirlte Kacke!«

»Oho«, lacht Nedim, »so kenn ich dich ja gar nicht.«

»Aber so ist es! Bei Meister Klumpstadt wird eine Banalität an die andere gereiht und als hohe Philosophie verkauft. Und sprachlich ist das Ganze nicht anspruchsvoller als Abzählreime aus dem Kindergarten.«

»Also an mir soll's nicht scheitern. Dein lesender Leser drückt sein Urteil ja glücklicherweise ein wenig vorsichtiger aus. Vorsichtiger als du, meine ich. Von gequirlter Kacke habe ich jedenfalls eben nichts gelesen. Aber was kann *ich* noch dazu beitragen?«

»Du müsstest einmal mit deinem fliegenden Teppich bei uns vorbeikommen und den alten Herrn fotografieren. Er wird mächtig stolz sein, wenn er sich mit Bild in der Zeitung wiederfindet.«

Nedim greift wie im Reflex zu seiner Kamera und kramt in einer Tasche nach verschiedenen Objektiven. »Ja, kein Problem. Das wird schnell gemacht sein.«

Kurz nachdem Willi Seibock das Seelentrösterbuch von Jakob Klumpstadt gelesen hatte, habe ich mit ihm ein Interview geführt, auf dessen Grundlage mein neuer Artikel entstanden ist. Drei Tage, nachdem Nedim auch ein Porträtbild von meinem Nachbarn gemacht hat, erblickt der Artikel frisch gedruckt das Licht der Zeitungswelt. Er erscheint in der neu gestalteten Rubrik »Leser lesen« mit der provokanten Überschrift: »Schöne Bildchen«. Untertitel: »Unser Leser Willi Seibock und seine Lese-Erfahrungen mit Jakob Klumpstadts Buch *Sei dein innerstes Ich*«.

Zehn Stunden und siebenundzwanzig Minuten nach Redaktionsschluss werde ich zu unserem Chef zitiert. Ich kann mir denken, worum es geht.

Unser Chef heißt Helmut Ungeduld und sieht aus wie ein zugespitzter Rammbock. Er ist ziemlich groß, über eins neunzig, zweiundsechzig Jahre alt und Träger einer Vollglatze, die deutlich macht, dass sein Schädel die Form eines Eierkopfs hat.

Er kommt gleich zur Sache, als ich sein Büro betrete: »Mensch Pohlmann, was soll *das* denn?« Grimm und Groll schwingen in seiner Stimme.

»Morgen!«, grüße ich, wie es sich gehört, und lasse mich unaufgefordert auf einen Sessel neben dem Schreibtisch des Chefredakteurs nieder. Helmut Ungeduld hingegen läuft zwischen seinem Schreibtisch und dem Fenster auf und ab. Immerhin hat er mich Pohlmann genannt und nicht Blödmann.

»Wie bist du denn auf die Schnapsidee gekommen, einen Frührentner zu interviewen? Zu einem Buch von Jakob Klumpstadt! Du weißt doch: Klumpstadt hat mehrere Literaturpreise gewonnen.«

»Ja«, denk ich, »unter anderem bei einem Kurzgeschichten-Wettbewerb im Sauerland.«

»Außerdem ist Jakob Klumpstadt ein Freund ... Aber, na gut, das gehört nicht hierher«, unterbricht sich mein Chef selbst.

»Selbst ein Literatur-Nobelpreisträger ist nicht gefeit gegen Kritik«, sage ich ruhig.

»Ja, ja, richtig. Das schon. Aber doch bitte mit Stil. Mit Analytik. Von exponierter Stelle. Von literarischen Fachleuten. Alles andere darf sich meinetwegen im Internet tummeln. Da kann jeder Eierkopf seine Meinung ausbreiten.«

Bei dem Wort ›Eierkopf‹ muss ich schmunzeln. Helmut Ungeduld klingt nicht ganz so aufgebracht, wie ich erwartet habe. Er wird mich sicherlich nicht in die Abteilung für Kleinanzeigen strafversetzen. Das macht mir Mut.

Ungeduld stöhnt: »Ein Frührentner mit Dackel lässt sich über Jakob Klumpstadt aus!«

»Der Hund ist ein liebes Tier«, sage ich stur.

»Ja, ja, ich hab auch nichts gegen Dackel!«

»Und gegen Frührentner?«

»Auch nicht. Nein, nein. Weder gegen Frührentner noch gegen Dackel. Aber ...«

»Der Dackel heißt Professor Brinkmann.«

»Das weiß ich!« Der Chef schnaubt. »Es steht ja sogar im Artikel, wie die Töle heißt. Zum Glück bist du nicht auf die Idee gekommen, den Köter am Buch schnuppern zu lassen, um ihn dann zu interviewen.«

»Ich hab ihn schnuppern lassen!«, werfe ich mit einer Stimme ein, die sich belanglos anhören soll.

»Tatsächlich?« Helmut Ungeduld macht große Augen. Seine spitz zulaufende Vollglatze läuft rot an. Er ähnelt immer mehr einem Streichholz kurz vor dem Entzünden.

»Ja, habe ich. Und der Hund hat leise gewinselt.«

»Da sieht man's doch! Der Dackel hat auch keine Ahnung.«

»Ich glaube eher, so ein Dackel hat eine feine Nase!« Ich verkneife mir zu sagen, dass ein Hund gequirlte Kacke aus fünfhundert Metern gegen den Wind wittern kann.

Helmut Ungeduld lässt sich in seinen Bürosessel fallen und wippt ein wenig nervös darin hin und her. Er fasst mich kurz ins Auge. Dann verkündet er: »Jakob Klumpstadt hat mich übrigens gleich heute Morgen angerufen.«

»Was hat er denn gesagt?«, will ich wissen.

»Das tut jetzt nichts zur Sache. Aber wir haben ausgemacht, dass wir demnächst jemanden wegen einer ausführlichen Homestory schicken, für die Wochenendbeilage. Und das solltest natürlich du übernehmen, Pohlmann.«

Unser Chef möchte modern sein und hat deshalb vor vielen Jahren eingeführt, dass sich alle untereinander duzen. Dennoch spricht er die meisten von uns mit ihrem Nachnamen an und wirkt damit wie ein Unteroffizier aus den Zeiten, als es in Deutschland noch eine Wehrpflicht gab.

Ich überlege, ob ich zu diesem Termin Willi Seibock mitnehmen soll. Samt Dackel.

»Allerdings, Pohlmann, hat das noch ein wenig Zeit. Im übernächsten Monat feiert Jakob Klumpstadt seinen fünfundsechzigsten Geburtstag. Das wäre dann der Aufhänger für die Story. Mit großer Werkrückschau und Laudatio.«

»Mir wäre lieber, ich könnte eine Story mit Ralf Heidberg machen. Der wird im nächsten Monat vierzig.«

Ich weiß, dass unser Chef weder Ralf Heidberg, den berühmtesten Sohn unserer Stadt, noch Motorsport sonderlich mag.

»Ralf Heidberg«, ächzt mein Chef. »Der wohnt doch als Steuerflüchtling in Monaco. Diese ganzen Zwergstaaten wie San Marino und Andorra hätte man längst erobern und unter EU-Protektorat stellen sollen.«

»Lieber Helmut, jetzt klingst du wie ein Adolf mit Oberlippenbart.« Der Chef sieht mich entgeistert an. Wahrscheinlich, weil ich ihn ›lieber Helmut‹ genannt habe, und nicht etwa wegen eines Vergleichs mit Hitler. Das kommt davon, lieber Helmut, wenn man das allgemeine Duzen einführt und plötzlich nicht mehr Herr Ungeduld ist. Die meisten aus der Redaktion versuchen im Gespräch mit dem Chef die direkte Anrede zu vermeiden, und nur höchst selten spricht ihn jemand mit dem Vornamen an. Ich nehme mir heute diese Freiheit.

»Wo waren wir stehen geblieben?«, fragt er nach einer kurzen Verschnaufpause.

»Bei Ralf Heidberg und Monaco.«

»Ja, ja. Also Heidberg wird vierzig? Meinetwegen kannst du zu diesem Anlass den Vorsitzenden des Ralf-Heidberg-Fanclubs interviewen.«

Ich hätte mehr Lust auf eine Dienstreise nach Monaco. Bei der Gelegenheit könnte ich die militärische Stärke des Fürstentums ausspionieren, um für eine Eroberung vorbereitet zu sein. Aber das sage ich dem Chef nicht.

Helmut Ungeduld ereifert sich noch eine Weile und entlässt mich schließlich mit dem Satz: »Und eine Rubrik ›Leser lesen‹ brauchen wir nicht. Für die Wettervorhersage benutzen wir ja auch keine Beinamputierten mit Phantomschmerzen.« Es gibt Momente, in denen könnte ich Helmut Ungeduld würgen. Ich verlasse sein Büro, um mich dem üblichen Tagesgeschäft zuzuwenden.

»Na, wie war's beim Chef?«, fragt mich mein Kollege Jochen Süder mit einer großen Portion Schadenfreude in seinem dpa-Besserwisser-Gesicht, als ich an meinen Schreibtisch zurückkehre.

»Nett«, antworte ich gleichgültig und zucke mit den Schultern.

»Was wollte er denn?«, sagt er lauernd.

»Wir haben über eine mögliche Dienstreise nach Monaco gesprochen. Ralf Heidberg wird demnächst vierzig. Ich würde ihn gerne interviewen.«

»Was? Wen? Heidberg, den Rennfahrer? In Monaco? Du?« Jochen Süder bleibt die Spucke weg.

»Na, sicher ich. Wer denn sonst? Fällt doch in mein Ressort.«

Bevor Süder noch mehr dumme Fragen stellen kann, greife ich nach meiner Tasche und verabschiede mich: »Tschüss, ich habe noch einen Termin im Kindergarten. Ein Artikel über Sprachbad-Gruppen.«

Jochen Süder schaut mir verärgert hinterher. Ich bin sicher, er läuft gleich zum Chef, um zu fragen, ob ich wirklich nach Monaco fahren darf. Und später wird er unbemerkt in einem Online-Lexikon nachlesen, was ein Sprachbad ist. Vom Ressort für Gedöns hat Jochen Süder nämlich keine Ahnung.

# 9

# KINDERSPIEL

Der Kindergarten St. Nikolaus ist so, wie ein Kindergarten sein sollte: untergebracht in einem freundlichen Bau aus rotem Klinker mit großen Fenstern, der sich wie ein Hufeisen um einen geschützten Innenhof legt. Dort gibt es eine Spielwiese mit Schatten spendenden alten Bäumen, Spielgeräten und Sandkästen. Das gesamte Gelände liegt ein wenig versetzt an einer verkehrsberuhigten Straße mit Parkmöglichkeiten für Eltern. In alle anderen Richtungen ist das Gelände umgeben von weiteren Grünflächen und Wald. In diesen schmucken Ideal-Kindergarten ist auch unser Sohn Samuel gegangen. Und am liebsten würde ich meinen Job als Zeitungsfritze an den Nagel hängen und selbst den Kindergarten besuchen, um den ganzen Tag sorglos zu basteln, in der Sonne zu spielen und um mir von netten Kindergärtnerinnen Geschichten vorlesen zu lassen. Aber als Erwachsener muss man durchhalten bis zur Rente.

Ich parke mein klappriges Auto in einigem Abstand zur Eingangspforte, um mir ein wenig die Füße zu vertreten und meine Gedanken zu sammeln. Der Kindergarten führt seit einiger Zeit sogenannte Sprachbad-Tage durch. Das sind Tage, an denen die Kinder in einer fremden Sprache Lieder singen, spielen und sich sonst wie kreativ die Zeit vertreiben. Und das ist unserem Blatt einen Artikel wert!

»Guten Morgen, Herr Pohlmann!«, begrüßt mich die Leiterin des Kindergartens freundlich in ihrem Arbeitszimmer, in das ich, an fröhlich lärmenden Kindern vorbeigehend, bald gefunden habe. Wir kennen uns bereits aus Samuels Zeiten als Dreikäsehoch.

»Morgen«, grüße ich zurück.

Die wichtigsten Eckdaten habe ich bald erfahren: Weil es in St. Nikolaus viele Kinder fremder Herkunft oder mit ausländischem Elternteil gibt, werden alle vertretenen Sprachen irgendwann an einem Sprachbad-Tag ausprobiert.

»Heute ist unser polnischer Tag«, erklärt die Leiterin, Frau Fährmann, stolz. »Wir wollen, dass die Kinder offen werden für fremde Kulturen und Spaß entwickeln am Fremdsprachenlernen.«

Das ist ein netter Gedanke. Einen solchen Kindergarten hätte ich als Junge auch gerne besucht. Leider bin ich selbst völlig untalentiert, was Fremdsprachen anbelangt. Ein paar Brocken Englisch gelingen mir. Auf Französisch kann ich bestenfalls ein Bier bestellen.

»Und das funktioniert?«, will ich wissen.

»Bisher ganz gut. Wir versuchen, auch die Eltern einzubinden. Vor gut einem Monat hatten wir einen kroatischen Tag. Da hatten wir Besuch von einem Vater, der aus Kroatien kommt und handwerklich sehr geschickt ist. Er hat mit den Kindern ein paar einfache Holzfiguren zusammengebaut, die er in einer Werkstatt vorgeschnitten hatte. Dabei haben alle Kinder auch ein paar Wörter Kroatisch gelernt. Hinterher gab's ein paar landestypische Spezialitäten.«

Wahrscheinlich kroatischen Bohneneintopf. Aber ich frage nicht nach, was es zum Schlemmen gab. Stattdessen bedauere ich, dass ich selbst keinen Deut handwerklich begabt bin.

Ich räuspere mich und krame einige kritische Fragen hervor, die ich mir vorab zurechtgelegt habe: »Sankt Nikolaus ist ein katholischer Kindergarten. Spielt die Religion bei solchen Sprachbad-Tagen eine Rolle?«

»Nein. Wir wollen ja niemanden bekehren. Manchmal, wenn es um Lieder, Speisen oder Brauchtum geht, haben die ihre Wurzeln in religiösen Überlieferungen. Aber die muss man mit den Kindern ja nicht weiter analysieren.«

Hier spricht die weltoffene Pädagogin.

Ich blättere weiter durch meinen Notizblock. »Der Kindergarten ist nach dem heiligen Nikolaus benannt. Wird das im Dezember auf besondere Weise gefeiert?«

»Natürlich. Wir feiern schon seit unserem Bestehen am 6. Dezember ein großes Nikolausfest. Das ist feste Tradition in unserem Haus. Und an dem Fest nehmen alle teil, egal, ob die Kinder aus katholischen, evangelischen, muslimischen oder jüdischen Familien kommen. Oder aus nicht religiösen. Wir stellen den Nikolaus als wohltätigen Mann dar, als Freund der Kinder. Weniger als christlichen Wundertäter. Das soll alle ansprechen.«

»Und ich nehme an, alle Kinder essen gerne Schokoladen-Nikoläuse.«

»Richtig!« Die Kindergartenleiterin strahlt. Die Versöhnung der Religionen beginnt über die Geschmacksnerven.

»Aber wir kommen ein wenig vom Thema ab«, setzt die Leiterin wieder an. »Es geht doch um unsere Sprachbad-Tage, nicht um Religion. Heute ist – wie gesagt – unser polnischer Tag. Wir haben drei Kinder bei uns, von denen mindestens ein Elternteil polnisch ist.«

»Gibt es heute denn auch Unterstützung von Elternseite?«, will ich für unseren Artikel wissen. »Eine Mutter vielleicht, die Mazurek backt oder sonst einen Kuchen?«

»Nein, das nicht. Aber wir haben seit Kurzem eine polnische Praktikantin, die mit unseren Vorschülern ein kurzes Volksmärchen einstudiert.«

»Auf Polnisch?«

»Ja, auf Polnisch! Die Kinder müssen allerdings immer nur ganz kurze Sätze aufsagen. Nur die zweisprachigen Kinder sprechen auch einige längere Passagen auf Polnisch. Der große Rest, der Erzähltext, wird auf Deutsch vorgelesen.«

»Mmh ... klingt ja sehr nett.« Dennoch muss ich kritisch einwenden: »Mit Sprachbad im herkömmlichen Sinne hat das aber streng genommen nicht sehr viel zu tun, oder? Ein echtes Sprachbad würde voraussetzen, dass die gesamte Umgebung der Kinder, insbesondere alle Betreuer, eine fremde Sprache sprechen.«

Die Kindergartenleiterin lächelt. »Stimmt. Wir legen den Begriff Sprachbad sehr großzügig aus.«

Ich nicke. »Zurück zu dem Theaterstück: Gibt es denn auch eine Aufführung für die Eltern?«

»Nein, dafür ist das Ganze zu kurz. Aber wir filmen das Stück und stellen es für alle Eltern auf unsere Internetseite. Das Märchen heißt: ›Das Hasenherz‹.«

Ich habe vorerst genug gehört. Nun möchte ich die Kinder in Aktion sehen und ein paar Worte mit der polnischen Praktikantin wechseln. Die Kindergartenleiterin begleitet mich in einen kleinen Saal, wo eine Kindergruppe mit besagter Praktikantin arbeitet. Schon beim Eintreten spüre ich die fröhliche, ungezwungene Atmosphäre. Etwa acht oder neun Kinder umringen eine junge Frau mit strohblonden Haaren. Sie kommt mir gleich bekannt vor, ich kann sie aber zunächst nicht zuordnen. Sie versucht, den Kindern die Aussprache einiger polnischer Wörter beizubringen. Beim Versuch, sie ordentlich nachzusprechen, gibt es viel Gelächter. Als wir eintreten, sieht die Praktikantin kurz auf und zwinkert uns ein wenig verlegen zu. Die Leiterin bedeutet ihr, sich nicht stören zu lassen. Die Kinder nehmen uns kaum wahr und lassen sich sowieso nicht ablenken. Nach einer kurzen Weile höre ich die Praktikantin sagen: »So, jetzt alles noch einmal.« Die Kinder gehen in Aufstellung, zwei von ihnen greifen nach Trommel und Rassel und postieren sich seitlich vom Platz des Geschehens.

Die Kindergartenleiterin flüstert mir zu: »Die zwei da sorgen für die musikalische Untermalung. Immer dann, wenn's spannend wird ...« Ich nicke anerkennend. Es muss schön sein, wenn man als Betreuer den Kindern ein Gefühl für Musik und Rhythmus vermitteln kann. Leider bin ich selbst völlig unmusikalisch.

Ein kleiner Junge mit Sommersprossen trägt einen Umhang und spielt den Ritter mit dem Hasenherz. Ein Mädchen mit Schultüte auf dem Kopf mimt eine böse Hexe. Hinzu kommen Diener und weitere Rittersleut.

»Heute Nachmittag wird das Stück vor allen Kindern aufgeführt«, erzählt die Leiterin munter.

»Und gefilmt«, ergänze ich.

Sie nickt.

»Ist der Film, sobald er im Netz ist, für alle abrufbar? Ich könnte am Ende meines Artikels den Link nennen.«

»Ja, das können Sie gerne tun.«

Es dauert noch eine Weile, dann machen die Schauspieler eine kleine Pause. Die Kinder legen ihre Requisiten beiseite und laufen nach draußen, die Praktikantin kommt zu uns herüber.

»Guten Morgen«, begrüßt sie uns freundlich. Jetzt erkenne ich sie wieder. Die junge Frau aus der Seniorenresidenz! Die

Hübsche, die leider weit unterhalb meines Altersfensters möglicher Partnerinnen liegt.

»Das ist unsere Alexandra«, stellt die Kindergartenleiterin sie vor.

»Ich weiß«, sage ich schmunzelnd und gebe ihr die Hand.

Auch Alexandra lächelt. »Sie sind Herr Pohlmann. Der Sohn von der Frau aus Wohnung vier.«

»Sie kennen sich?«, fragt die Leiterin belustigt.

»Flüchtig.« Und zu Alexandra sage ich: »Ich dachte, Sie arbeiten in der Seniorenresidenz?«

»Sie können gerne ›Du‹ sagen. – Bei den alten Leuten arbeite ich jetzt nicht mehr. Also bei den Senioren, meine ich. Nun bin ich schon mehrere Wochen hier im Kindergarten.« Sie lächelt und in ihren Wangen bilden sich süße Grübchen.

»Ich sehe, Sie zwei verstehen sich«, sagt die Leiterin. »Ich lasse Sie nun alleine.« Sie reicht mir die Hand und meint aufmunternd: »Wenn Sie noch Fragen haben, kommen Sie gleich wieder bei mir vorbei.«

Ich verspreche, noch einmal vorbeizuschauen. Dann verschwindet die Leiterin in ihr Büro.

»Das Märchen heißt also ›Das Hasenherz‹?«, frage ich zur Bestätigung und mache mir ein paar Notizen.

Alexandra erzählt kurz, worum es in diesem Märchen geht, und fügt hinzu: »Den Schluss haben wir geändert. Polnische Märchen enden oft traurig. Auch das vom Ritter mit dem Hasenherz. Aber in unserer Fassung gibt es ein glückliches Ende.«

Märchen mit Happy End. Das wäre eine gute Überschrift.

»Wie geht die Geschichte denn aus?«

»Also, bei uns kommt eine kleine Prinzessin vor, die es im Original-Märchen nicht gibt. Und die Prinzessin gibt dem Ritter mit dem Hasenherz seinen Mut zurück. Den braucht er, um seine Feinde zu besiegen.«

»Und wie gelingt ihr das?«

Alexandra lächelt wieder und neigt verlegen den Kopf zur Seite. »Ganz einfach: Sie gibt ihm einen Kuss.«

»Einen Kuss? Und das genügt?«

»Ja, das genügt. Genauso wie im ›Froschkönig‹.«

Im Grimm'schen Märchen vom Froschkönig wird der verwunschene Prinz gar nicht durch einen Kuss erlöst, wie uns Disney glauben machen will. In Wirklichkeit klatscht die angeekelte Prinzessin den Frosch an die Wand. Aber das behalte ich für mich. Der Jugend muss man ihre Illusionen lassen. Nur so kann sich die Welt bessern.

»Erzähl noch ein wenig von dir«, ermuntere ich Alexandra. Ich erfahre nun zum zweiten Male, dass sie Erzieherin werden will und sich in ihrem Studium auf Musikerziehung und Bewegungslehre spezialisiert. Gebürtig stammt sie aus Krakau, seit zwei Semestern studiert sie in Deutschland. In ihrer Ahnenreihe gibt es sogar einen deutschen Zweig.

»Hier ist es schön. Die Kinder sind lieb«, sagt sie abschließend und lässt wieder ihre Grübchen sehen.

Nicht alle Kinder sind lieb. Viele sind verzogene Nervensägen. Aber zu Alexandra scheinen alle lieb zu sein. Sie strahlt so viel Liebenswürdigkeit aus, dass sie von jedem widergespiegelt wird, dem sie begegnet. Selbst von den Kindern.

Mir fällt wieder ein, dass Alexandra Hundehalterin ist. Der kleine Mischling aus Dackel und Terrier, den sie ihr Eigen nennt, höre auf den Namen Davia, erklärt sie stolz.

»Ich wäre jetzt jede Wette eingegangen, dass dein Hund Stanislaus heißt. Das wäre typisch polnisch und würde zum Kindergarten passen!«

»Wieso?«

»Weil dieser Kindergarten auch nach einem Heiligen benannt ist, der auf ›-laus‹ endet.«

Ich muss zugeben, dass meine Witze manchmal lausig sind. Alexandra sieht mich unsicher an. Für kurze Zeit entsteht ein peinliches Schweigen. Glücklicherweise wird die Stille bald darauf durch die wieder hereinstürmenden Kinder beendet. Ein zierliches Mädchen kommt zu Alexandra gelaufen und drückt sich an sie. Alexandra muss unter den Kindern wirklich beliebt sein.

»Das ist unsere kleine Prinzessin«, stellt Alexandra sie vor.

»Ich heiße Essi und bin schon bald sechs Jahre alt«, sagt die Kleine keck, löst sich von ihrer Betreuerin, läuft zu den anderen Kindern hinüber und setzt sich ein Krönchen auf den Kopf. Die Theaterprobe beginnt aufs Neue. Ich schaue mir die Probe noch eine Weile an und mache einige Fotos, von denen ich hoffe, dass sie vor dem kritischen Auge unseres Bildredakteurs Nedim bestehen. Dann verabschiede ich mich artig. Alexandra winkt mir unauffällig zu.

Ich bewundere es, wenn jemand gut mit Kindern umgehen kann.

# 10

# FLIEGENDE BÜCHSEN

Meiner Mutter gefällt die neue Rubrik. Es ist heute wieder der allwöchentliche Nachmittag, an dem ich sie besuche. Die eiserne Oma hat die Lokalzeitung des heutigen Tages aufmerksam gelesen und wie immer genau darauf geachtet, unter welchem Artikel sich mein Kürzel befindet: Pohl – ohne ›-mann‹. Selbstverständlich ist meiner Mutter der Artikel ›Leser lesen‹ mit den Lese-Erfahrungen von Willi Seibock nicht entgangen.

»Das ist doch mal eine frische, neue Idee!«, sagt sie anerkennend, während sie mir Kaffee eingießt. Die Zeitung des heutigen Tages liegt aufgeschlagen neben ihr. Ich probiere von ihrem Kuchen der Woche, ein Nusskuchen mit Schokoglasur. Dabei liest sie mir einige ausgewählte Textstellen vor, die ihr scheinbar besonders gefallen:

»Willi Seibock, Frührentner und Hundefreund, hat für unsere Zeitung das neueste Werk von Jakob Klumpstadt gelesen. Sein erster Eindruck zum Buch *Sei dein innerstes Ich* fasst er mit dem kurzen Satz zusammen: ›Es steht nur wenig drin, was einem der gesunde Menschenverstand nicht eingibt.‹ Und weiter meint Willi Seibock: ›Alles Übrige hat der Autor so kompliziert ausgedrückt, dass man nicht weiß, was gemeint ist.‹«

Meine Mutter legt die Zeitung wieder beiseite und vollzieht mit ihrem Unterkiefer kleine mahlende Bewegungen, als müsse sie die Wirkung der Worte abschmecken wie einen guten Wein.

»Der Herr Seibock drückt sich zwar ein bisschen simpel aus, aber was er sagt, klingt immerhin ehrlich.«

»Mein lieber Nachbar hat sich natürlich in Wirklichkeit etwas anders ausgedrückt. Aber ich habe all seine Anmerkungen in allgemeinverständliches Hochdeutsch übertragen. Einige Kraftausdrücke musste ich abmildern.«

»Das habe ich mir schon gedacht«, lässt mich meine Mutter wissen und urteilt über meinen neuen Lieblingsnachbarn: »Er ist ja eine einfach gestrickte Natur.«

»Eine ehrliche Haut.«

»Ja, das ist er!«, sagt meine Mutter mit einem gewissen Respekt. Sie kennt Willi Seibock flüchtig und hält ihn, wie ich mit Bestimmtheit weiß, für einen Quatschkopf, der sich für ihren Geschmack häufig zu deftig ausdrückt. Aber meine Mutter schätzt an ihm, dass er seiner verstorbenen Frau regelmäßig Blümchen aufs Grab stellt – und seien es nur selbst gepflückte vom Wegesrand. Willi Seibock gibt jedenfalls deutlich weniger Geld für die Grabpflege aus, als es meine Mutter für meinen verstorbenen Vater tut. Aber seiner anhaltenden Trauer haftet etwas Aufrichtiges an, weil sie keinem bloßen Pflichtgefühl entspringt, aber auch nicht zu einem Totenkult geworden ist, der einem den Rest des eigenen Lebens verstellt. Letzteres wirft meine Mutter unterschwellig mir vor, ohne es je in klare Worte zu fassen. Im vergangenen Jahr hat sie mir zum Geburtstag ein Buch mit dem Titel »Aufbruch nach dem Ende. Trauerarbeit richtig bewältigen« geschenkt. Das sagt alles! Das Buch habe ich nie gelesen, ich fühlte mich gegängelt.

»Solche frischen Ideen braucht ihr, wenn eure Zeitung ihre Leser halten und neue finden will«, setzt meine Mutter wieder an. Es ist seltsam, wo sie ihre Einschätzungen hernimmt. Meine Mutter ist Expertin für alles.

»Leider hat die neue Rubrik dem Chef überhaupt nicht gefallen«, gestehe ich ihr.

»Ach, der hat doch keine Ahnung!«, winkt sie ab. Dann fragt mich meine Mutter übergangslos zu ihrem Enkelsohn Samuel aus und ich liefere ihr einen ausführlichen Rapport. Samuel hat am vergangenen Wochenende bei einem Bogenschieß-Wettbewerb auf Landesebene den ersten Platz belegt. Und das völlig ohne Glücksbringer, ohne Hinkelbeinchen oder Reliquie.

Auf dem Nachhauseweg höre ich beiläufig und unkonzentriert im Autoradio einen alten Schlager: »Der Puppenspieler von Mexiko«. Ich mag keine deutschen Schlager, aber das sagen alle und summen trotzdem mit. Es gibt Lieder, denen kann man sich einfach nicht entziehen. Sie verbreiten gute Laune, selbst wenn man versucht, sie für kitschig zu halten. Und der Refrain bleibt einem unweigerlich im Ohr hängen:

»Der Puppenspieler von Mexiko
war einmal traurig und einmal froh
und wenn er spielte, dann …«

Weiter weiß ich nicht. Wahrscheinlich heißt es: »Und wenn er spielte, dann mit Herzensblut«. Oder: »Und wenn er spielte, dann sagenhaft.« Keine Ahnung!

Als ich am Ende des Arbeitstages nach Hause komme, nehme ich mir vor, meinem Nachbarn Willi Seibock noch einen kurzen Besuch abzustatten, bevor ich mich an die weitere Ausformulierung meines Artikels zum Sprachbad im Kindergarten mache. Seibock und ich haben uns nur heute Morgen kurz begrüßt, als ich zur Arbeit fuhr. Er war zeitig aufgestanden und hatte mit hochroten Ohren seine Zeitung aus dem Briefkasten geangelt. Er war mächtig stolz gewesen, sich selbst mit Bild und Namensnennung darin wiederzufinden. »Sojar menge Hund kommt ja vor!«, hatte er gestrahlt, seinen Satz auf Platt beginnend und dann ins feierlichere Hochdeutsch umschwenkend.

Als ich meinen alten Wagen vor unserem Haus parke, wundere ich mich ein wenig, Seibock weder am Fenster noch auf seinem Balkon sitzen zu sehen, um mich abzufangen und mit mir über seinen Artikel zu plauschen. Auch sein Wohnzimmerfenster wird nicht vom bläulichen Schein eines laufenden Fernsehgeräts erhellt. Ich begebe mich also erst einmal in die eigenen vier Wände. Samuel sitzt in seinem Zimmer und übt für eine Klausur. Nach einer kurzen Begrüßung frage ich ihn: »Hast du zufällig unseren Nachbarn gesehen, als du von der Schule gekommen bist?«

»Den alten Seibock? Nö.«

Wir essen einen Abendimbiss in der Küche. Schmalzbrote mit gerösteten Zwiebeln. Samuel ist heute nicht besonders gesprächig. Er hat manchmal solche Abende, wenn er lernt und sich völlig auf etwas konzentrieren möchte. Ihm ist dann nachgerade anzusehen, dass sich sein Hirn mit mathematischen Gleichungen oder chemischen Formeln beschäftigt. Am liebsten würde er sich dann in Schweigeexerzitien begeben. Ich habe dennoch das Gefühl, ein Gespräch führen zu müssen.

»Kennst du Roberto Blanco?«

»Den Schlageronkel? Den mit der Hülle aus Zartbitterschokolade? Schreibst du über den etwa einen Artikel?«

»Das nicht, aber mir geht eines seiner Lieder durch den Kopf, das ich eben mit halbem Ohr im Auto gehört habe.«

»Ach ...«

»Ja! ›Der Puppenspieler von Mexiko‹.«

Ich beginne mit schiefen Tönen den Kehrvers zu singen: »»Der Puppenspieler von Mexiko war einmal traurig und einmal froh. Und wenn er spielte, dann ...‹ – Mir will nicht mehr einfallen, wie's weitergeht.«

Samuel kaut auf seinem Brot und schaut mich ungläubig an. Was will man von einem Vater erwarten, der keine Talente hat? Er schluckt einen Bissen herunter und hebt eine Augenbraue. Mit dem ironisch-überlegenen Blick einer höheren Intelligenz antwortet er: »... und wenn er spielte, dann ohne Glied.«

Es ergibt wohl wenig Sinn, dieses Gespräch weiter zu verfolgen. Außerdem will ich meinen begabten Sohn nicht vom eifrigen Lernen abhalten.

Als ich Besteck und Gläser in unsere Spülmaschine räume, muss ich wieder an Willi Seibock denken. Ein ungutes Gefühl beschleicht mich. »Ich gehe mal kurz rüber zum alten Seibock«, rufe ich Samuel zu, der schon wieder über seinen Schulbüchern sitzt. Ein zustimmendes Brummen ist aus seinem Zimmer von oben vernehmbar.

Ich klingle an der Nachbarstür. Es dauert eine ganze Weile, bevor sich etwas tut. Willi Seibock öffnet mir zurückhaltend die Haustür. Sein Anblick bestürzt mich. Der ewig gut gelaunte Willi sieht merklich betrübt aus.

Ich verzichte auf eine Begrüßung. »Was ist los, Willi?«

»Komm ens herein«, murmelt er und watschelt mir unsicher voraus. Im Wohnzimmer brennt nur eine Leselampe. Mitten im Zimmer liegt in seinem Hundekörbchen der alte Dackel und japst.

»Was ist denn mit Professor Brinkmann los?«

Willi Seibock kämpft mit den Tränen, in seinem Gesicht spiegeln sich Trauer und ohnmächtige Wut. Umständlich setzt er sich neben das Hundekörbchen auf den Teppichboden und krault seinen alten Hund sachte am Hals. Ich hocke mich auf das Fußkissen seines Fernsehsessels. Dann beginnt Willi Seibock zu erzählen, mit leiser Stimme und längeren Pausen. Hin und wieder schnieft er, seinen braven Hund lässt er dabei keinen Moment lang aus den Augen.

Am Nachmittag war Willi mit seinem Hund zu einer Gassi-Runde aufgebrochen: von unseren Reihenhäuschen ein paar Hundert Meter die Straße entlang Richtung Adenauer-Brücke, an unserer Bäckerei vorbei, ein Stückchen durch den kleinen Stadtpark und von dort in einem Bogen durch die Reichenbachstraße zurück. Eine nette kleine Runde von rund zwanzig Minuten Fußweg. An der Rückseite unserer Grundstücke kam er am Haus der Berts vorbei. Zwei der drei versoffenen Brüder, wahrscheinlich Norbert und Robert, hatten auf einer Bank im Vorgarten des Hauses gehockt, umgeben von Unkraut, einem Stapel alter Autoreifen und einer verrosteten Hollywood-Schaukel ohne Polster. Beide mit Bierbüchse in der Hand und einer Zigarettenkippe im Mund.

»He Alter!«, habe einer von den Brüdern gerufen, als Willi Seibock mit seinem Dackel vorbeiging. »Du bist doch der alte Sack aus der Zeitung. Wir haben dein Bild gesehen.«

Willi Seibock hätte unbeirrt weitergehen wollen, ohne sich an den beiden zu stören. Aber dann wären die Berts plötzlich aufgesprungen, auf den Bürgersteig gekommen und hätten sich ihm in den Weg gestellt.

»Von deinem Hund haben wir auch gelesen. Der heißt doch Captain Kirk.« – »Nix«, habe der andere gelallt, »der heißt Doktor Waldmann.«

Er sei verwundert, habe Willi Seibock trotzig geantwortet, dass solche Nichtsnutze wie sie überhaupt lesen könnten.

»Wir lesen auch keine Zeitung. Viel zu teuer so ein Scheiß-Abo«, hätten die Brüder gelacht. »Nur manchmal klauen wir uns morgens eine in der Nachbarschaft.«

Und jetzt wolle er nach Hause gehen, hatte Willi Seibock erklärt und sich an den beiden vorbeizudrängen versucht.

»He. Wohin so eilig? Wir reden mit dir! Man hat ja nicht jeden Tag Gelegenheit, mit einem Promi aus der Zeitung zu sprechen.«

Seit den Zeiten von Klan-Vater Albert stünde die Sippschaft doch dauernd selbst in der Zeitung, wandte Willi mutig ein, man müsse ja nur die Kurzmeldungen der Polizei lesen, dann wisse man über die Familie Bescheid.

»Auch noch frech werden, Alter, was?«

Und dann hätte einer der Bert-Brüder Willi Seibock an die Schulter gefasst. In dem Moment habe Professor Brinkmann wie verrückt zu bellen begonnen und nach den beiden geschnappt, sodass ihn Willi nur noch mit Mühe an der Leine hätte festhalten können. Norbert und Robert hätte das wenig beeindruckt. Sie wären nur drei Schritte zurückgewichen und hätten sich über den kläffenden Dackel totgelacht. Immerhin habe Willi Seibock dadurch an den beiden vorbeigehen und seinen Weg fortsetzen können, seinen Hund an der Leine mitziehend, der die Störenfriede am liebsten angegriffen hätte, auch wenn die versoffenen Brüder den alten Dackel wahrscheinlich zusammengetreten hätten. Als Hund und Herrchen schon fast sicher um die nächste Ecke waren, hätten die beiden Berts ihre leeren Bierbüchsen nach dem Hund geworfen. Sie trafen zwar nicht, aber Professor Brinkmann wäre so wild geworden, dass er kaum mehr zu bändigen gewesen sei. Bis zum Ende des Spaziergangs habe sich der Vierbeiner nicht mehr beruhigen wollen. Aber als sie dann zur Haustüre hinein- und ins Wohnzimmer gegangen seien, wäre der Dackel kraftlos zusammengesackt und hätte nur noch gejapst.

Willi Seibock schnieft, nachdem er seinen Bericht beendet hat. Seinen alten Hund lässt er nach wie vor keine Sekunde aus den Augen.

»Isch jlaub, dä hat sisch irjenzwie überanstrengt. Dat is ja auch schon ene alte Hund …«

»Das glaube ich auch! Nur überanstrengt!«, sage ich, um ihm Mut zu machen, und klopfe ihm leicht auf die Schulter. »Aber wenn du willst, lasse ich einen Tierarzt kommen. Ich kenne einen, der auch Hausbesuche macht.«

»Nee.« Willi Seibock schüttelt den Kopf. »Da hab ich sowieso kein Jeld für.«

Ich versuche ihn trotzdem zu überreden, einen Tierarzt anzurufen, aber selbst mein Argument, die Kosten zu übernehmen, kann Willi Seibock nicht umstimmen.

»Wat kann so 'n Arzt schon saren? Nur, dat der Hund alt und müd is'.«

Und eine Strafanzeige bei der Polizei? Auch davon will Willi Seibock nichts wissen.

»Die haben ja nix jemacht. Nur dumm jelacht.«

»Mit Bierbüchsen haben sie geworfen, diese Saufbrüder!«

»Dat nütz' doch nix.« Willi Seibock macht eine wegwerfende Handbewegung. »Beweisen kann mer ja sowieso nix.«

Mein Nachbar kommt mir in diesem Moment wie ein solch erbarmungswürdiges Bündel Mensch vor, dass ich ihn am liebsten in den Arm nehmen und drücken würde. Auf die Berts hingegen packt mich ein derartiger Zorn, dass ich rüberrennen und ihnen die Haustür eintreten möchte. Doch statt den Rächer zu spielen, begebe ich mich in Willis Küche und schmiere ihm ein Abendbrot. Dazu brühe ich ihm einen Pfefferminztee auf. Die Verrichtung einfachster Alltagstätigkeiten gibt einem Sicherheit, wenn man innerlich aufgewühlt ist. Ich bin mir sicher, dass die Berts nur Sozialschmarotzer, Faulenzer und Rüpel sind. Sie sind schmierige Kleinkriminelle, die Zeitungen aus Briefkästen klauen oder im Laden Bierbüchsen mitgehen lassen. Sie pinkeln an die Gartenzäune anderer Leute und lassen ihren Müll liegen, wo sie ihn eben loswerden wollen. Sie lügen und betrügen, wo's ihnen weiterhilft; nur für Internet-Kriminalität oder andere Verbrechen mit intellektuellem Anspruch fehlt ihnen der Grips. Das einzig Gute, was ich über sie sagen kann, ist, dass sie keine Schläger sind. Sie machen häufig Lärm, wenn sie zu viel getrunken haben, und sie raufen sich oft untereinander, aber ansonsten haben sie sich noch nie an anderen vergriffen und auch keine Einbrüche begangen. Anderseits weiß man ja nie, wozu sie im Suff noch fähig sind. Während ich versuche, den Vorfall sachlich zu betrachten, und mögliche Gegenmaßnahmen erwäge, kocht in mir trotzdem immer mehr die Wut hoch. Was sie sich mit dem armen Willi Seibock erlaubt haben, geht entschieden zu weit. Ich würde den Berts am liebsten das Dach über der Hütte anstecken und sie windelweich prügeln. Am besten maskiert als unerkannter Superheld.

»Et is' mir alles ejal, Hauptsach, dem Köttel jeht et morjen wieder jut«, stöhnt Seibock und zwingt sich dazu, von dem Brot zu essen, das ich für ihn gemacht habe. Schlürfend trinkt er von dem beruhigenden Tee und verbrennt sich dabei ein wenig die Zunge.

Der Dackel ist inzwischen eingeschlafen und scheint friedlich in Traumwelten zu weilen.

»Ich glaub, deinem Hund geht's morgen wieder gut.« Ich versuche, zuversichtlich zu klingen. »Am besten legst du dich jetzt ins Bett und schläfst dich aus.«

Willi Seibock lässt sich aber nicht dazu bewegen, ins Bett zu gehen und seinen Hund im Körbchen allein im Wohnzimmer zu lassen. »Dä Hund schläft ja immer bei mich. Un' jetz', wo dä nit de Trepp hochkann, kann ich dä doch net janz allein hier liejen lassen.«

Ich hole ihm oben sein Bettzeug aus seinem Schlafzimmer und Willi Seibock legt sich zur Nachtruhe im Unterhemd auf sein Sofa, nur eine Armlänge von seinem tierischen Freund entfernt. In greifbarer Nähe steht auch sein Telefon. »Ruf mich an, wenn etwas sein sollte. Jederzeit! Und morgen früh schau ich wieder bei dir vorbei.«

Willi Seibock nickt zaghaft. Er sieht nun wieder etwas zufriedener aus. Und schrecklich müde. Ich glaube, es tut ihm gut, umsorgt zu werden und jemanden zu haben, der ihm Mut macht. Auch eine Frohnatur braucht manchmal Aufheiterung. Er weist mich an, wo ich einen Zweitschlüssel für seine Wohnung finde, bevor ich mich für die Nacht von ihm verabschiede.

# 11

# KARL, DER KÄFER

Samuel ist immer noch wach und büffelt, als ich zu vorgerückter Stunde wieder unser Häuschen betrete. Ich gehe in sein Zimmer und erzähle ihm aufgebracht, was ich von unserem Nachbarn erfahren habe. Samuel ist ähnlich entsetzt wie ich.

»Den Berts sollte mal einer zeigen, wo der Hammer hängt«, sagt er mit Entschlossenheit.

Da Samuels Zimmer ein Fenster nach hinten auf den Garten hat, kann man von dort das Haus der Berts undeutlich durch eine Reihe von Bäumen sehen, die die Grenze zwischen den Grundstücken markieren. »Gib mir doch mal dein Fernrohr«, bitte ich meinen Sohn. Wie ein Flottenkapitän am Schiffsbug baue ich mich breitbeinig auf und halte mit dem Fernrohr Ausschau nach Piraten, die aufgerieben werden müssen. Leider lässt sich durch das erste üppige Frühjahrslaub der Bäume wenig erkennen.

»Ich leih mir dein Fernrohr mal aus«, teile ich Samuel mit und rate ihm noch, sich langsam ins Bett zu begeben. Siebzehnjährige brauchen ihren Schlaf. Grummelnd befolgt er meine Anweisung, will aber zunächst noch genau wissen, was ich mit dem Fernrohr vorhabe, und warnt mich, Heldentaten begehen zu wollen.

Ich trete durch die Hintertür in unseren finstern Garten. Den automatischen Bewegungsmelder, der auf unserer Terrasse Licht einschaltet, sobald sich draußen etwas regt, habe ich vorher ausgestellt. Lautlos schleiche ich mich zur Rückseite des Gartens zwischen die alten Bäume. Das versuche ich zumindest, ich stolpere allerdings schon auf den ersten Schritten im Dunkeln gegen einen Gartenstuhl. Ich lausche einen Moment und höre aus Samuels offenem Fenster, wie er »Oh nee, Karl!« stöhnt.

Schräg hinter unserem Garten liegt das Grundstück der Berts, getrennt durch einen fast mannshohen Lattenzaun. Das Fernrohr stecke ich mir in die hintere Hosentasche, dann klettere ich auf unseren kleinen wackeligen Schuppen mit dem schrägen Dach, in dem Rasenmäher und Gartenwerkzeuge stehen, und von dort ergreife ich den Ast einer Birke und erklimme im Baum eine Höhe von etwa drei Metern. Das Zeug zum Tarzan bringe ich nicht unbedingt mit. Nur mit Mühe kann ich mein Ächzen und Keuchen unterdrücken. Endlich habe ich eine Position erreicht, von der aus ich bequem auf einem Ast sitzen und das Grundstück vom alten Albert und seinen drei nichtsnutzigen Nachkommen einsehen kann. Ich ziehe das Fernrohr hervor und spähe auf die erleuchteten Fenster im Haus der Saufbrüder.

Durch das große, hell erleuchtete Wohnzimmerfenster sehe ich zwei der Berts auf einem alten Sofa sitzen. Mit dem Fernrohr kann ich gut erkennen, dass sie Spielkonsolen in den Händen halten und wahrscheinlich am Fernsehbildschirm Rennen fahren oder sich gegenseitig in einem Video-Kriegsspiel abballern. Leider kann ich die Brüder kaum auseinanderhalten, denn altersmäßig trennen sie nur wenige Jahre voneinander und sie haben alle die gleiche dämliche Visage. Ich tippe aber auf Norbert und Robert, die beiden Jüngeren der Sippschaft. Diese zwei haben dem armen Seibock heute aufgelauert.

Die Bude der Brüder sieht chaotisch aus. In einer Ecke stapeln sich Pappschachteln eines Pizzadienstes, auf dem Wohnzimmertischchen stehen unzählige Gläser, Bierbüchsen und Flaschen. Überall hängen Klamotten über Stuhllehnen und Türklinken und den Boden kann man vor lauter Gerümpel kaum mehr sehen. Das Meiste ließe sich beinah mit bloßem Auge ausmachen, denn der Abstand zwischen Grenzzaun und Haus beträgt kaum fünfzig Meter. Aber mit dem Fernrohr kann ich sogar den Gesichtsausdruck der Brüder erkennen. Ich richte es nun auf ein anderes Fenster der Rückfront. Den dritten Bruder sehe ich in der Küche stehen. Das muss der Älteste sein, Herbert. Er ist dabei, sich eine Konservenbüchse zu öffnen. Auch die Küche ist eine Mischung aus Schrottplatz und Rumpelkammer. Ein Paradies für Kakerlaken aller Art. Herbert schaufelt sich kalte Ravioli aus der Büchse geradewegs in seinen Rachen. Wenn ich recht informiert bin, ist Herbert zurzeit der Einzige der Berts, der einer geregelten Arbeit nachgeht und mit diesem Geld den Klan am Leben erhält. Er kloppt Schichten in einer Papierfabrik. Auch oben, wo sich die Schlafzimmer befinden müssen, brennt Licht, obwohl sich dort niemand aufhält.

Dann erspähe ich doch noch irgendwo eine Bewegung. Durch ein kleines Fensterchen, wahrscheinlich Badezimmer, sehe ich einen dunklen Haarschopf. Da sitzt wahrscheinlich – auf gut Deutsch ausgedrückt – jemand auf dem Pott! Haben die Berts Besuch? Wie gerne würde ich jetzt einen Feuerwerkskörper abschießen, eine zischende Rakete, die klirrend durchs Klofenster schießt und das versoffene Pack von seinen diversen Sitzen hochtreibt. Nach einer kurzen Weile erhebt sich der Haarschopf. Er hat sein Werk verrichtet und zieht die altmodische Toilettenspülung mit Kettenzug. Da die vierte Person den drei Brüdern zum Verwechseln ähnlich sieht, vermute ich, dass es sich hierbei um Siegbert, den Vetter, handelt, der häufig mit den drei anderen abhängt. Es würde mich nicht wundern, wenn er mehr als nur ein Vetter, sondern gar ein Halbbruder wäre, ein Seitensprung vom alten Albert, sozusagen Bert'sche Inzucht. Vetter Siegbert verlässt das WC – soweit ich erkennen kann, ohne sich die Hände zu waschen – und taucht kurz darauf in der Küche auf, um beim großen Bruder Herbert Ravioli zu schnorren. Man sollte diese Burschen allesamt in einen Sack stecken und mit einem Knüppel draufprügeln, dann würde man, wie es so schön heißt, immer den Richtigen treffen.

Mit dem Fernrohr fahre ich noch einmal zum Wohnzimmerfenster zurück. Die zwei Spielenden, Norbert und Robert oder wie auch immer sie heißen mögen, sind sich mittlerweile in die Haare geraten. Der eine boxt dem anderen gegen den Oberarm, der andere tritt dem einen gegen das Schienbein. Ich höre sie fluchen und lamentieren bis zu mir herüber. Eine diebische Schadenfreude steigt in mir auf und ich wünsche mir, dass sich die Brüder wechselseitig eine ordentliche Tracht Prügel verpassen. Da kommt der dritte Bruder, Herbert, aus der Küche. Er schnippt den Raufenden eine Gabel mit Ravioli an die Köpfe und vertreibt sie nach kurzem Handgemenge vom Sofa, auf dem er sich dann gemeinsam mit Vetter Siegbert breitmacht, um ein Spiel zu beginnen. Die beiden Vertriebenen poltern durch die Hintertür in den Garten. Sie streiten immer noch, ich höre sie fluchen und sich beschimpfen.

»Blöder Hammel!«

»Ach, halt die Fresse, du Weichbirne!«

Schon freue ich mich darauf, die zwei sich prügeln zu sehen. Hoffentlich schlagen sie sich blutige Nasen. Aber den Gefallen tun sie mir leider nicht. Der eine stellt sich an einen krüppeligen Baum und beginnt zu pinkeln, der andere strullert auf das verwilderte Gemüsebeet. Jetzt hätte ich gerne ein Luftgewehr parat, um den Kerlen in den nackten Hintern schießen zu können. Ich muss grinsen. Allein der Gedanke einer Rache verschafft mir Genugtuung. Ich fühle mich wie Batman auf einem nächtlichen Streifzug durch die Straßenschluchten seiner Stadt, der Ganoven auflauert, um ihnen das Handwerk zu legen. Ich biege mich vor Freude – und verliere das Gleichgewicht! Erst langsam und kaum merklich, dann aber immer schneller und unaufhaltsam rutsche ich von meinem Astsitz. Krampfhaft halte ich Samuels Fernrohr in der einen Hand und versuche, mich mit der anderen am Stamm der Birke festzuklammern, doch meine Finger gleiten ab. Ich kippe! Meine Arme rudern wild in der Luft und mit einem gellenden Schreckensschrei stürze ich nach unten, krache durch das Geäst. Zweige peitschen mir ins Gesicht, es knackst und ruckt und schließlich pralle ich mit den Füßen voran und lautem Gepolter unsanft auf das Dach unseres eigenen Geräteschuppens, der nur mit letzter Mühe meinem Körper standhält und nicht in tausend Teile zerbirst. Das Fernrohr halte ich immer noch krampfhaft umklammert. Ich kann von Glück sagen, dass ich nicht auf den Lattenzaun gefallen oder auf der anderen Seite gelandet bin. Das abgeschrägte Dach des Geräteschuppens hält mich nur kurz, dann kullere ich weiter nach unten und plumpse mit dem dumpfen Geräusch von Fallobst auf den Rasen. Dort bleibe ich benommen auf dem Rücken liegen. Vor meinen Augen drehen sich die Sternchen wie in einem Zeichentrickfilm.

»Wat war dat?«, höre ich einen der Berts unwirsch ausrufen.

»Wat weiß ich?«, entgegnet der andere angespannt.

Ich bleibe mucksmäuschenstill liegen und lausche auf jedes Geräusch. Schritte sind zu hören, die beiden Berts streifen aufgeschreckt durch das hohe ungemähte Gras ihres verkommenen Gartens. In der kindlich-naiven Hoffnung, dadurch ungesehen zu bleiben, drücke ich angestrengt meine Augen zu. Je nachdem, aus welchem Winkel sie durch die Lücken im Lattenzaun schielen, könnten sie mich erblicken, vorausgesetzt, sie sind nicht vollkommen nachtblind. Mir fehlt die Kraft, in sichereres Gebüsch zu kriechen. Norbert und Robert debattieren mit leiser Stimme darüber, ob ein Tier die Geräusche verursacht haben kann. Wie erhofft, währt ihre Geduld zum Suchen nicht sehr lange. Ich könnte mir auch vorstellen, dass sie Feiglinge sind, die sich vor der Dunkelheit fürchten. Bald darauf höre ich, wie sich die Schritte wieder entfernen, dann quietscht die Hintertür ihres Hauses. Ich atme erleichtert auf und bleibe weiterhin regungslos liegen. Wenigstens bin ich unentdeckt geblieben. Mehrere Minuten vergehen. Ob alle Knochen noch heil sind?

»Karl! Alles klar?«, höre ich plötzlich eine Stimme in meiner Nähe flüstern.

»Nein«, zische ich zurück, »ich hasse es, wenn du mich mit meinem Vornamen anredest!«

Es ist Samuel im Schlafanzug. Schon knipst er eine Taschenlampe an. Ein schwacher Lichtkegel streift über den Gartenboden und bleibt an mir hängen.

»Was ist denn mit dir los?«, höre ich meinen Sohn fragen.

»Was soll schon los sein? Ich spiele Käfer, der auf den Rücken gefallen ist.«

»Bist du in Ordnung?«

»Weiß nicht … Dein Fernrohr ist jedenfalls noch heil.«

Samuel hilft mir vorsichtig auf die Beine. Es tut weniger weh, als ich befürchtet habe, nur mein Fußgelenk schmerzt heftig.

»Komm, ich stütz dich.« Samuel knipst seine Taschenlampe wieder aus und packt meinen Arm, den er um seine Schultern legt. Dann humpeln wir gemeinsam ins Haus zurück.

»Ich hatte dir doch gesagt, du sollst nicht den Helden spielen«, wirft mir mein Sohn vor.

»Ich hatte *dir* gesagt, du sollst ins Bett gehen und schlafen! Wer von uns beiden ist eigentlich der Erziehungsberechtigte?«

Wir haben unser Haus fast erreicht, da stoße ich mir meinen heilen Fuß an einem Gartenstuhl auf unserer Terrasse.

»Verdammter Mist!«

»Wieso geht hier eigentlich das Licht nicht an?«, fragt sich Samuel.

»Ich habe den Bewegungsmelder ausgestellt.«

# 12

# DAS LEBEN IST EINE KRÜCKE

Als ich am nächsten Morgen aufwache, fühle ich mich wie ein Betttuch, das man geschleudert und gemangelt hat. Oberkörper und Rücken sind übersät mit blauen Flecken, Hände und Gesicht voller Schrammen. Am meisten schmerzen Knie und Fußgelenk auf der linken Seite. Ich fühle mich elend, und ich sehe zu allem Unheil auch noch so aus. Beim ersten Blick in den Spiegel wird mir auf erschreckende Weise klar, warum Superhelden immer im bunten Dress mit Gesichtsmaske herumhopsen: damit man nicht sieht, wie schrecklich sie in der Vornacht zugerichtet wurden. Ich wäre allerdings auch beim besten Willen nicht mehr in der Lage, mich von Wolkenkratzer zu Wolkenkratzer zu schwingen. Ich könnte bestenfalls noch auf unseren Gartenstuhl klettern. Umständlich humple ich ins Badezimmer wie ein alter Boxer nach einem Zwölf-Runden-Fight, bei dem ihn ein jüngerer Kontrahent mit gefühlten acht Armen ordentlich verprügelt hat.

Gleich letzte Nacht habe ich mein schmerzendes Fußgelenk mit einer Eisbandage gekühlt, um Schwellungen zu verhindern. Es hat mir wenig genützt.

»Du siehst aus wie ausgekotzt!«, ist der erste aufbauende Satz, den mir mein Sohn am frühen Morgen zuwirft. »Soll ich einen Rollstuhl besorgen und dich zum Arzt schieben? Oder ein Taxi bestellen?«

Statt zu antworten, werfe ich ihm nur einen vorwurfsvollen Blick zu, hüpfe auf einem Bein ins Wohnzimmer zurück, lasse mich aufs Sofa fallen, greife stöhnend nach meinem Mobiltelefon und rufe meinen Nachbarn an.

»Morjen«, meldet sich Willi Seibock. Und das klingt so fröhlich, dass mir schon nach dem ersten Wort ein Felsblock der Erleichterung vom Herzen fällt. Im Hintergrund höre ich Professor Brinkmann bellen. Den beiden scheint es also wieder gut zu gehen.

»Hier ist Karl. Wie geht's?«, frage ich dennoch.

»Och, mir jeht et wieder jut. Un' dem Hund auch. Dä Köttel hat heut morjen schon en janze Dos' Chappi jejessen.«

»Das freut mich!«

»Isch dachte, du wärs' ens vorbeijekommen?!«, sagt Willi Seibock mit einer Spur von Vorwurf in der Stimme.

»Ich hab mir dummerweise letzte Nacht den Fuß verknackst.«

»Nee ...«

»Doch. Ich müsste wohl mal zum Arzt und mich durchchecken lassen.«

»Dat hat aber jetz' nix mit die Drecksäck zu tun, wa?«, will Willi wissen.

»Nein, nein. Ich war nur letzte Nacht noch einmal im Garten und bin im Dunkeln herumgetappt. Dabei ist es dann passiert.« So lässt sich die Wahrheit zurechtbiegen. Meinen lieben Nachbarn will ich nicht über Gebühr beunruhigen.

Samuel hat in der Zwischenzeit die Kaffeemaschine angeworfen und auf die Schnelle unseren Frühstückstisch gedeckt.

Er beginnt, sich eine Schüssel Müsli einzuverleiben. »Ich muss gleich los.« Er kaut angestrengt. »Falls du doch Hilfe brauchst, müsstest du mich in der Schule kurz entschuldigen. Noch.«

Mit dem ›noch‹ spielt mein Sohn darauf an, dass er demnächst volljährig wird und sich dann die Entschuldigungen für die Schule selbst schreiben kann.

»Ich komm schon klar«, ächze ich mit der deutschen Synchronstimme eines Hollywood-Westernhelden – einem, der eine Kugel in die Rippen bekommen hat, sich aber erst nach einem weiteren Tagesritt verarzten lassen kann. »Ich ruf in der Redaktion an und melde mich krank. Den Artikel über den Kindergarten kann ich auch hier auf dem Laptop schreiben.«

»Du solltest dich aber mal untersuchen lassen. Vielleicht ist was gebrochen.«

Es ist schlimm, wenn man einen Sohn hat, der so vernünftig ist und alles besser weiß. *Westernhelden verarzten sich immer selbst*, denke ich, *und zwar mit einem Bowie-Messer, dessen Klinge überm Lagerfeuer erhitzt wurde.* »Wenn es nicht besser wird, frage ich unseren Nachbarn, ob er mich fahren kann.«

Samuel nickt und greift schon nach seinem Rucksack.

»Bei der Zeitung musst du dir aber eine andere Ausrede einfallen lassen. Die glauben dir kein Wort, wenn sie dich sehen. Für ein Stolpern auf der Terrasse siehst du zu mitgenommen aus.«

»Na danke!«, stöhne ich. »Hast du Vorschläge?«

»Erzähl doch, du hättest eine neue Nachbarin und hättest als Spanner in ihr Badezimmer gucken wollen. Dabei wärst du von der Leiter gefallen!«

Ich werfe Samuel ein Kissen hinterher. »Hau schon ab! Kinder gehören in die Schule!«

»Du kannst es natürlich auch mit der Wahrheit versuchen: Du wolltest Hilfspolizist spielen und hast zum Wohle der Allgemeinheit verdächtige Subjekte observiert.«

Samuel steckt sich noch einen Apfel und eine Banane in seine Schultasche, winkt mir lässig zu und verabschiedet sich.

»Wenn was sein sollte, schick mir 'ne Nachricht. Die kann ich auch unterm Pult lesen ...«

»Ich komm schon klar.«

Weil mein Fuß im Laufe des Vormittags nur noch mehr wehtut, komme ich tatsächlich nicht umhin, Willi Seibock um den Gefallen zu bitten, mich zum Krankenhaus zu fahren. Das tut er allzu gerne. Sein Dackel begleitet uns. Professor Brinkmann wedelt verhalten mit seinem Schwanz, als er mich herbeihumpeln sieht, und nimmt höflich auf der Rückbank Platz, während er mir seinen Stammplatz auf dem Beifahrersitz überlässt. Willis Auto ist noch klappriger als meines, hält die Fahrt aber durch. Er parkt mit großer Geste vor dem Krankenhaus auf einem Parkplatz für Gehbehinderte. (Dass er dennoch so fit ist und mit seinem Hund mehrmals täglich seine Gassi-Runden dreht, hängt er nicht an die große Glocke. Zurzeit bin ich von uns beiden jedenfalls derjenige, der fußlahmer ist.)

Es folgen die üblichen Wartereien, eine Untersuchung und Röntgenaufnahmen. Das Ergebnis ist halbwegs beruhigend und dennoch niederschmetternd: Gebrochen ist nichts, angeblich auch nichts gerissen, aber sowohl die Außenbänder im Sprunggelenk als auch das Kniescheibenband sind überdehnt. Vermutlich durch den Aufprall auf dem Schuppendach, denke ich.

»Stützen, kühlen, schonen!«, verordnet mir ein schlecht gelaunter Arzt kurz angebunden, der auch meine Rippen abgetastet hat. Meiner Geschichte, dass ich im Dunkeln auf der eigenen Gartenterrasse gestolpert bin, schenkt er sicherlich keinen Glauben, aber er verkneift sich jedes Nachfragen. Ihm ist es wahrscheinlich völlig egal, wo die Verletzungen herstammen. Vermutlich hält er mich für einen Zechbruder, der nach einer Kneipkur in den Straßengraben gekullert ist. Als ich wie beiläufig erwähne, dass ich für das Blatt unserer Stadt arbeite, wird er etwas freundlicher. Möglicherweise fürchtet er Negativpresse für sein Haus. Man verpasst mir Stützverbände für Knie und Fußgelenk mit Klettverschluss, in die man Kühlkissen einstecken kann, verschreibt mir obendrein eine Kühlflüssigkeit, die ich für unnötig halte, und reicht mir zur Verabschiedung zwei Krücken, die eine Krankenschwester förmlich ›Unterarmgehstützen‹ nennt.

»Ich schreibe Sie vorläufig vier Wochen krank. Dann sehen wir weiter«, sagt der Arzt lapidar und ohne einen weiteren, aufmunternden Kommentar. Unterarmgehstützen – so etwas würde einem Westernhelden nie passieren! Die holen sich mit der blanken Klinge die Kugeln aus ihren Fleischwunden und beißen dabei auf ein Stück Holz. Streifschüsse werden kurzerhand ausgebrannt und mit Whiskey übergossen. Anschließend schwingt man sich aufs Pferd und reitet weiter. Ich hingegen schleppe mich mit Krücken zum alten Auto von Willi Seibock zurück.

»Wie isset?«, fragt er und hat wieder sein verschmitztes Grinsen im Gesicht, als wäre er noch nie im Leben traurig gewesen. Er hat in der warmen Morgensonne auf einer Bank gesessen.

»Kacke! – Kannst du mich auch noch kurz bei meiner Redaktion vorbeifahren? Den Rest mach ich mit dem Taxi.«

»Ja, kla'! Dat is' doch kee Problem.«

Auch Professor Brinkmann hat nichts dagegen, noch ein wenig durch die Gegend zu fahren.

In der Redaktion wird man wahrscheinlich überhaupt nicht begeistert sein, wenn ich mitteilen muss, dass ich für mindestens vier Wochen ausfalle. Ich könnte natürlich von zu Hause aus die Leserbriefseite betreuen oder andere Sachen erledigen, für die man keine gesunden Beine und nur einen Laptop mit Internetanschluss braucht, geht mir durch den Kopf. Ich humple als Erstes zu Frau Ziegenpeter. Das ist die gute Seele aus unserer Verwaltung, die halbtags bei uns arbeitet. Sie macht mir sogleich klar, dass Fernarbeit am heimischen Computer schon aus krankenversicherungstechnischen Gründen nicht infrage komme. Krank ist krank und ich solle mich in Ruhe auskurieren. Im Übrigen ist sie eine diskrete Person, die sich damit begnügt zu hören, dass ich gefallen bin, ohne mehr über das Wie, Wo und Warum wissen zu wollen.

Anders unser Chef Helmut Ungeduld! Ihn suche ich als Nächstes auf. Schon als ich anklopfe und sein Büro umständlich betrete, läuft sein Glatzkopf rot an. Nervös springt er auf.

»Was ist denn passiert?«, fragt Helmut mit Missmut.

»Tja, wie soll ich das erklären …?«

Anschließend macht unser Chef seinem Nachnamen alle Ehren und befragt mich voller Ungeduld: »Hat dich jemand verprügelt? Bist du gefallen?«

»Nein. Ja.«

»Oder bist du beim Fußballspielen gefoult worden?«

»Nein, das nicht.«

»Du spielst doch in dieser komischen Thekenmannschaft?!«

»Ja, das schon.«

»Ist der Fuß verstaucht? Hast du dir was gebrochen?«

»Nein!«

Er fasst sich an seinen haarlosen Eierkopf und starrt auf meine Krankmeldung: »Vier Wochen krankgeschrieben? Was mach ich denn da? Na, dann müssen Süder und andere dein Ressort eben mit übernehmen. Oder? Krank werden kann ja jeder einmal. Was denkst du?«

»Ja.«

»Gut, so machen wir's. Also, gute Besserung.«

Als ich das Büro unseres Chefs verlasse, habe ich das Gefühl, dass die Lücke, die ich hinterlasse, mich voll ersetzen wird. Die Aufregung, die Helmut Ungeduld an den Tag legt, ist nur seinem Hang zur Panikmache und Schaumschlägerei geschuldet. Mich wird niemand ernsthaft vermissen. Ich bin einer, der nicht gebraucht wird. Das Ressort für Gedöns machen erfahrene Kollegen, die sich sonst um Wirtschaft, Politik oder Auslandsnachrichten kümmern, doch mit links. Ich komme mir ziemlich elend vor, als ich durch das Großraumbüro davonkrücke. Hoffentlich ist Jochen Süder nicht im Haus.

Meine Hoffnung, von Hohn und Häme verschont zu bleiben, zerschellt jämmerlich, als ich in diesem Moment Süders gehässige Stimme hinter mir höre: »Nicht so schnell, nicht so schnell! Sonst machst du noch unserem Formel-1-Ass Ralf Heidberg Konkurrenz.«

Er nähert sich mir von hinten, überholt mich und nimmt auf dem nächstbesten Bürostuhl Platz, der verwaist an einem leeren Schreibtisch steht. Mit selbigem rollt er zu mir heran. »Mensch Pohlmann, haben dich die Kinder im Kindergarten vermöbelt?« Sein Grinsen ist so breit und sein mitleidiger Blick so gespielt, dass ich ihm am liebsten mit der Krücke eine Hasenscharte ziehen möchte. »Was ist dir denn zugestoßen? Lass hören!«

»Ich bin vier Wochen krankgeschrieben.«

»Ach? Vier Wochen?«

Ich sehe ihm an, wie es in seinem Gehirn rattert. Er wägt ab, ob er sich über mein Unglück freuen oder wegen drohender Mehrarbeit sorgen soll.

Er mustert mich von oben bis unten. »Was hast du denn?«

»Schmerzen.«

»Nein, ich meine, was ist dir denn passiert?«

»Ein Unglück.«

»Das kann ich mir denken. Aber was denn? Warst du Fallschirmspringen und dein Schirm ist nicht aufgegangen?«

»Ich war Bergsteigen ohne Sicherheitsleine.«

»Du und Bergsteigen! Nun erzähl doch mal wirklich!« Süder lässt nicht locker.

»Na gut. Also die Wahrheit: Ich bin nur zu meiner Tarnung Reporter. In Wirklichkeit bin ich ein Superheld, der nachts für die Sicherheit auf unseren Straßen sorgt. Letzte Nacht, als ich auf Patrouille war und mich einer Bande Verbrecher näherte, schwang ich mich in luftige Höhen.«

Süder nickt, als wüsste er Bescheid: »Und hast im Anschluss 'ne Bruchlandung hingelegt ...«

»Ja, genau! Aber die Schurken kriege ich noch!«

»Ich dachte, Superhelden sind unverwundbar?«

»Nein, sind sie nicht. Außer Superman.«

»Ach ja, richtig. Und du bist nur Pohl*man*. Was sind denn deine Superkräfte?«

Ich überlege kurz. »Ich kann mich unsichtbar machen.«

»Das glaub ich dir. Jemanden wie dich übersieht man gerne.«

Das kann ich nicht auf mir sitzen lassen. »Wenn du ein Superheld wärst, würdest du sicher ein Herr der Elemente sein. So jemand, der aus einer Seifenblase ein Kraftfeld bilden kann oder aus einem Furz einen Sturmwind entfacht.«

Jochen Süders Spaßvogelgesicht wird zu dem einer Vogelscheuche. »Sehr witzig. Verrätst du mir jetzt endlich, was dir passiert ist, von Kollege zu Kollege? Ich könnte dir anschließend gute Besserung wünschen.«

»Ich bin gefallen, in unserem Garten.«

Süder schaut mich weiterhin ungläubig an. Mit demselben kritischen Gesicht führt er politische Interviews.

Um meine Aussage zu bestärken, ergänze ich: »Das ist im Dunkeln passiert. Beim Fallen bin ich durchs Gebüsch geschlagen.«

Süders Augen verengen sich zu Schlitzen. Dennoch gibt er sich mit dieser Erklärung zufrieden.

Weit davon entfernt, überzeugend zu klingen, presst er hervor: »Also, wie gesagt: gute Besserung!«

# 13

# TROSTLOS

Das Schlimmste, was die moderne Zivilisation hervorgebracht hat, ist die Freizeit. Das ist die Zeit, in der man nichts zu tun braucht, um den eigenen Lebenserhalt zu sichern, aber von der man das Gefühl hat, sie sinnvoll füllen zu müssen. Frühere Zeitalter kannten bereits die Mußestunden. Das waren in der Regel die hohen Festtage, an denen man ruhigen Gewissens faulenzen und sich den Bauch vollschlagen konnte. Heute muss man in seiner Freizeit auf seine Figur achten, sich geistig erbauen und weiterbilden, Sport treiben und Kontakte pflegen. So einen Ausdruck wie Kontaktpflege gab es vor hundert Jahren wahrscheinlich noch nicht. Man kannte seine Nachbarn, mit den engsten Verwandten lebte man unter einem Dach und alle übrigen Bekannten traf man sowieso sonntags zum Frühschoppen, beim Schützenfest und zum Tanz bei besonderen Gelegenheiten. Heute besteht Kontaktpflege aus Internet-Chats und Telefonaten, für die man sich Zeit nehmen muss, sowie aus gegenseitigen Besuchen, die eine Planung mit dem Terminkalender erfordern.

Die Steigerung von Freizeit ist der Krankenurlaub. Man hockt zu Hause herum, muss gesunden und ist sich selbst überlassen. Was gibt es Schlimmeres? Wenn ich wenigstens im Krankenhaus läge, dann hätte ich Zimmergenossen, über deren Marotten ich mich ärgern, und Krankenschwestern, die ich per Knopfdruck herbeirufen könnte. Außerdem wäre der Tag ordentlich eingeteilt durch Wecken, Tablettenverabreichung, vier bis fünf Mahlzeiten pro Tag, Arztvisite und Besuchszeiten. Aber Krankenurlaub zu Hause kann die Hölle sein. Im Fernsehen läuft tagsüber nur Reality-TV mit gestellter Wirklichkeit, vom Patiencenlegen am Laptop tut mir bald der Nacken weh und all die guten Bücher, die ich schon immer mal lesen wollte, interessieren mich plötzlich nicht mehr, wenn ich sie nicht an einem Strand oder abends im Bett lesen kann. Nach nur vier Tagen Krankgeschriebensein und Rumhockerei in den eigenen vier Wänden komme ich mir kränker und behinderter vor als nach meinem Sturz vom Baum. Stützen, kühlen, schonen – mehr kann ich nicht tun. Samuel übernimmt für uns die Einkäufe, Willi Seibock schaut täglich einmal mit seinem Dackel vorbei und versorgt mich mit Frühstücksbrötchen. Meine Mutter ruft ab und zu an und macht mir unterschwellig Vorwürfe, weil ich nicht unverwundbar bin. Dabei erzählt sie von meinem Vater, der zu seinen Lebzeiten nie krank, verletzt oder angeschlagen gewesen sei. Und wenn doch, dann war er nach zwei Tagen wieder das blühende Leben.

An den ersten paar Tagen wird mein Krankenurlaub immerhin durch eine kleine Welle der Sympathie- und Mitleidsbekundungen getragen.

Mein deutsch-türkischer Kollege Nedim ist gleich am ersten Nachmittag kurz ins Haus geschneit, um sich ein Bild von meinem Zustand zu machen. (Das gehört quasi zu seinem Job, er ist ja unser Bildredakteur.) Fürsorglich hat er mich gefragt, ob er mir irgendwie helfen könne.

»Du könntest mir einen Derwisch empfehlen, der mich wieder gesund zaubert!«, war meine Antwort.

»Ich könnte dir höchstens ein paar Bauchtänzerinnen zu deiner Aufheiterung vorbeischicken ...«

Nedim ist der Einzige, dem ich anvertraue, was wirklich mit mir passiert ist und weshalb ich in einen Baum geklettert bin. Er hält mich für verrückt und bewundert meinen Edelmut. Aber ich bin mir sicher, dass er schweigen kann.

Dirk Drassel, mein alter Schulfreund und Trainer unserer Thekenmannschaft, hat mich im Namen aller Fußballfreunde von Santa Maria 104 angerufen, um mir gute Besserung zu wünschen, verbunden mit der dringenden Aufforderung, mich baldmöglichst wieder zum Fußballspielen einzufinden und diese Verletzung bloß nicht zum Vorwand nehmen zu wollen, dem runden Leder endgültig abzuschwören.

Selbst meine Schwester Katja aus Hamburg hat mir Genesungswünsche per Karte geschickt, die schon nach zwei Tagen in unserem Briefkasten lag. Wahrscheinlich hatte meine Mutter sie über mein Missgeschick unterrichtet. Eine Karte wirkt förmlich und fast ein wenig übertrieben. Ein Anruf wäre das Näherliegende gewesen. Ihre handgeschriebenen Zeilen sind in einem Ton verfasst, als läge ich im Sterben. Unterschrieben ist die Karte von ihr und ihren beiden Kindern, den Zwillingen. Ihr allzeit beschäftigter Mann Fabian hat scheinbar nicht die Zeit gefunden, seinen Namen drunterzuklecksen.

Ein wenig erstaunt bin ich darüber, dass selbst mein wichtigtuerischer Kollege Jochen Süder mir noch eine animierte E-Postkarte zumailt. Beim Anklicken des virtuellen Umschlags kommt ein blau-roter Superman herbeigeflogen, der zunächst ganz klein ist und beim Näherkommen immer größer wird. Dazu erklingt die bekannte schmetternde Musik aus den Superman-Kinofilmen. Mit flatterndem Umhang fliegt Superman auf den Betrachter zu. Dann knallt er gleichsam von innen gegen den Bildschirm des Computers. Dabei ist ein Geräusch zu hören, wie wenn ein Vogel gegen eine Fensterscheibe segelt. Die schmetternde Musik bricht ab. Quietschend und mit platt gedrückter Nase rutscht Superman nach unten. In einer Schlussszene liegt Superman im Bett und wird von Supergirl gesund gepflegt. Darüber leuchtet der blau-rote Schriftzug ›Supergute Besserung‹. Ich weiß nicht, ob ich mich über diese Aufmerksamkeit freuen oder mir verarscht vorkommen soll.

Am vierten Tag meines Krankenurlaubs liege ich auf dem Sofa in unserem Wohnzimmer und starre apathisch an die Zimmerdecke. Samuel ist in der Schule, Willi Seibock hat seine tägliche Stippvisite bei mir schon erledigt. Niemand ruft mehr an, niemand simst, mailt oder schreibt, kein Schwein kommt vorbei. Keine Zerstreuung der heutigen Unterhaltungsgesellschaft kann mich locken. Ich bin allein und meinen Gedanken ausgeliefert. Es gibt vieles, über das ich mich freuen sollte: gute Nachbarn und Bekannte, einen lieben Sohn und eine Krankenversicherung, die zahlt. Ich habe eine Arbeitsstelle, die relativ sicher ist, und ein Dach überm Kopf. Was sind da schon vier Wochen Krankenurlaub? Aber es sind nicht die positiven Dinge, die mich bewegen. Stattdessen geht mir durch den Kopf, dass ich nichts bin, nichts kann und nichts erreicht habe. Ich bin Witwer, vermisse meine Britta auch noch nach acht Jahren und mag keine Haifischflossen. Ich bin mittelmäßiger Zeitungsfritze eines Blatts, dem die Leser davonlaufen, und der ein Ressort betreut, das niemand braucht. Ich wohne in einem Reihenhäuschen, das klein und bescheiden und nicht mal ganz abbezahlt ist. Ich bin steif, ungelenkig und tölpelhaft und ich tauge nicht zum Superhelden. Wenn man mich zu einem Sprachbad-Tag in den Kindergarten einladen würde, könnte ich mit den Kindern nicht einmal ein Liedchen singen, weil ich unmusikalisch bin, und ich könnte mit ihnen auch keine Holzfiguren schnitzen, weil ich zwei linke

Hände habe. Ich könnte ihnen höchstens zeigen, wie man auf einen Baum klettert und herunterfällt und wie man im Fußball immer am Tor vorbeischießt. Mein einziger Lichtblick ist mein Sohn Samuel, von dem ich annehme, dass er in spätestens zwei Jahren weit weg von mir wohnt. Als Trost bleibt mir, dass meine Mutter mit ihrer eisernen Gesundheit mich wahrscheinlich überleben wird. Wenn ich jetzt den Löffel abgeben würde, wäre das wahrscheinlich nicht weiter tragisch. Wer früher stirbt, ist länger tot, und wer länger leidet, hat auch nicht mehr vom Leben.

So liege ich herum und habe das Gefühl, mit meinen Grübeleien und dem ständig steigenden Selbstmitleid Stunden zu füllen. Als ich auf meine Armbanduhr schaue, wird mir aber klar, dass ich keine fünf Minuten damit zugebracht habe. Vermutlich befinde ich mich bereits in diesem Randbereich irdischen Lebens, in dem Zeit und Raum miteinander verschmelzen und bedeutungslos werden. So eine Art Vorraum von Fegefeuer, Jenseits und Nirwana. Es würde mich nicht wundern, wenn ich beim Blick in den Spiegel feststellen würde, dass mir ein ellenlanger Bart gewachsen ist, weil auf einer anderen Zeitschiene bereits viele Jahre vergangen sind. Tatsächlich zuckt es mir in den Gliedern, aufzuspringen und mir mein Spiegelbild anzusehen. Aber allein das Zucken lässt mein Fußgelenk schmerzen und macht mir somit deutlich, dass ich immer noch lebe und weiterhin in einem leicht übergewichtigen Körper gefangen bin, der sich in seinem fünften Lebensjahrzehnt befindet. Ächzend wende ich meinen Kopf Richtung Wohnzimmertisch. Dort steht eine Filmsammlung mit Westernklassikern, die mir Samuel aus der Bücherei mitgebracht hat: die ultimative *John-Wayne*-Western-Collection. Vielleicht sollte ich mir ein Filmchen reinpfeifen, um auf andere Gedanken zu kommen – irgendeinen alten Streifen mit harten Männern, die sich mit dem Bowie-Messer Kugeln aus ihren Wunden holen und dann unbeirrt weiter durch die Prärie reiten.

# 14

# MUTTERTAG

Trotz aller Befürchtungen vergeht die Zeit meines Krankenurlaubs schließlich doch und meine Gesundung schreitet voran. Vielleicht haben die *John-Wayne*-Filme dazu beigetragen, die ich mir im Laufe der Tage fast allesamt angesehen habe, selbst alte B-Movies in Schwarz-Weiß. Nach rund zwei Wochen sind mein Fußgelenk und mein Knie schmerzfrei, jedenfalls solange sie nicht belastet werden. Auf alle Fälle bin ich in der Lage, mich auf Krücken, die eigentlich Unterarmgehstützen sind, fortzubewegen. Das ist ein gutes Training für die Oberarme – und die Krücken sollten daher lieber Oberarmtrainingshilfen genannt werden.

Der Mai ist gekommen und damit auch der Muttertag – am nächsten Sonntag ist es so weit. Zwei Tage vorher klingelt es an meiner Haustür, ich humple hin. Vor der Tür steht Nedim.

Ich freue mich, ihn zu sehen, wir foppen uns daher auf die gewohnte Weise: »Was machst du denn hier? Ich dachte, du wärest auf Pilgerreise nach Mekka.«

»Bin ich auch, mein Teppich geht in fünfzehn Minuten. Ich wollte vorher nur kurz vorbeikommen und dich beschneiden.«

»Na, dann komm rein!« Wenn alle Türken so humorvoll wären wie Nedim, wäre das Herkunftsland seiner Eltern längst Mitglied der Europäischen Union.

Nedim hat mir Gebäck aus dem Laden eines Onkels mitgebracht. »Willst du mich mit diesem zuckersüßen Zeugs mästen?«

»Ich meine es gut mit dir«, lacht er. »Wenn du Glück hast, wächst dir davon mal ein ordentlicher Schnurrbart, damit du endlich wie ein Mann aussiehst. – Aber jetzt mal im Ernst: Hast du abgenommen?«

»Kann sein. Zurzeit habe ich gar keinen Hunger mehr auf süße Sachen, und Krückenlaufen ist gutes Training.«

»Na, in dem Fall muss ich alles selbst essen, was ich mitgebracht habe. Vorausgesetzt, du bietest mir etwas zu trinken an.«

»Ja, Augenblick, ich hol die Wasserpfeifen.«

Bald darauf sitzen wir auf der kleinen Terrasse in unserem Garten bei extrastarkem Kaffee und türkischem Lokum.

»Wie läuft's auf der Arbeit?«, komme ich nicht umhin zu fragen.

»Mehr oder weniger alles wie gehabt.« Nedim schlürft an seinem Kaffee. »Nur du fehlst. Ich freue mich, wenn du wieder zurück bist, alter Mann!«

Es ist schön zu hören, dass man wenigstens von einem jüngeren Kollegen vermisst wird. Aber ich muss annehmen, dass Nedim eher die Ausnahme ist. »Jochen Süder ist doch sicher froh, dass er mich los ist.«

»Stimmt. Weil er Bammel vor dir hat.«

»Der und Bammel? Vor mir?«

»Ja!« Nedim nickt energisch. »Ist dir das noch nie aufgefallen?«

»Nein.«

»Ist aber so. Süder hat vor dir Bammel.«

Ich schüttle ungläubig den Kopf und muss nun doch einen Bissen von Nedims zuckersüßem, labbrig-klebrigem Lokum probieren.

»Ist aber so!«, bekräftigt er noch einmal.

»Und warum, bitte?«

»Dafür gibt es viele Gründe. Zunächst einmal bist du bei den Kollegen beliebt.«

»Ist mir noch gar nicht aufgefallen.«

»Doch, doch! Du bist ein redlicher Typ, der sich nicht in den Vordergrund spielt. Das wissen viele zu schätzen. Angefangen vom Chef bis zur lieben Frau Ziegenpeter.«

Ich verschlucke mich fast am Lokum und muss mit Kaffee nachspülen. »Was? Unser Herzstück aus der Verwaltung?«

Nedim grinst vielsagend. »Ja, die Tante würde dich am liebsten heiraten.«

»Mich? Die Ziegenpeter ist doch fast zehn Jahre älter als ich. Und außerdem ist sie schon verheiratet.«

Meine Einwände tun Nedims Dauergrinsen keinen Abbruch. »Das sind keine ausreichenden Gründe.«

Ich glaube Nedim kein Wort. »Gibt es noch andere in der Redaktion, die es auf mich abgesehen haben?«

Nedim nickt. »Der Chef mag dich übrigens auch.«

»Ist der schwul und will mich auch heiraten?«

»Das nicht! Aber er spielt immer öfter mit dem Gedanken, abzudanken und in die Rente zu entschwinden. Du wirst schon unter der Hand als Kronprinz gehandelt.«

»Ich?!«

»Ja, du. Du bist einer der Dienstältesten in der Redaktion.«

»Ich betreue doch nur das Ressort für Gedöns, wie Jochen Süder immer so schön sagt.«

»Du bist der Vielseitigste von allen. Du kannst mit Leuten umgehen. Außerdem bringst du ab und zu frische Ideen mit. Das braucht eine Zeitung.«

So habe ich die Sache noch nie gesehen. Vielleicht bin ich ja doch nicht so untalentiert und ersetzbar, wie ich immer glaube. Nach einer knappen Stunde verabschiedet sich Nedim wieder und wünscht mir weiterhin gute Besserung. Bei der Verabschiedung will er noch wissen: »Und deine lärmenden Nachbarn? Halten die sich jetzt zurück?«

»Du meinst die Berts? Ab und zu hört man sie aus ihrem Garten herübergrölen. Ansonsten haben sie sich in letzter Zeit ruhig verhalten. Wenigstens bleiben sie immer auf ihrer Seite des Zauns.«

»Und dein Nachbar mit Dackel?«

»Seibock? Der dreht mit seinem Hund nun Runden, die nicht am Haus der Berts vorbeiführen.«

»Wieso nennt man die Typen überhaupt die Berts? Ich hab ein bisschen recherchiert ... Adressverzeichnis, Archiv und so weiter. Die Sippschaft heißt doch Grünberg mit Nachnamen?«

»Ja, aber ihre Vornamen enden alle auf ›-bert‹! Sozusagen der Allvater aller Berts hieß Albert und seine drei Söhne heißen Herbert, Norbert und Robert. Und dann gibt es noch einen Vetter, der ...«

»Danke, ich habe verstanden. Gab es denn auch einmal eine Allmutter?«

»Natürlich. Und du wirst lachen, die hieß Alberta.«

»Wie albern!« Nedim lacht und zeigt eine Breitseite seiner weißen Zähne. »Ich hoffe, die drei Söhne haben keine Frauen, um sich zu vermehren. Drei Berts sind genug für diese Stadt.«

»Wem sagst du das? Aber bisher sind wirklich alle Berts solo. Es besteht also Hoffnung, dass der Klan ausstirbt. Wenn sie so weitermachen, saufen sich alle frühzeitig zu Tode.«

»Ich werd in Zukunft einen Blick auf unsere Online-Kontaktbörse haben. Sobald sich Frauen melden, die Berta heißen, lösche ich die Datensätze.«

Auf Nedim ist Verlass.

Dann ist Muttertag. Wie es Tradition ist, besuche ich meine Mutter zu diesem Fest in Begleitung meines Sohnes. Samuel trägt einen Strauß Blumen in der Hand und macht sein Enkelsohngesicht, ich trage eine Schachtel mit Zartbitterpralinen in einer Hängetasche um die Schulter, in der sich außerdem noch der Geschenkgutschein eines Buchladens befindet. Es ist mir unangenehm, meine Mutter auf Krücken zu besuchen. Meine Mutter mag keine Schwächen.

In der Eingangshalle der Seniorenresidenz müssen wir wieder am alten Herrn von Bommelsbeck vorbei. Der ist zwar fast taub, starrt uns deshalb aber umso kritischer an. Er thront auf seinem Ohrensessel, im eleganten Zweireiher mit Halsbinde und Manschettenknöpfen, und wirkt darin so prachtvoll wie ein Gardeoffizier des dänischen Königshauses.

Wie gewohnt nicke ich zur Begrüßung in seine Richtung und bewege meine Lippen, als würde ich ein ›Grüß Gott, du alter Ostpreuße‹ aussprechen. Samuel kennt diese Scherze und macht sie mit. Auch er nickt und bewegt die Lippen. Als wir das Spießrutenlaufen entlang an Herrn von Bommelsbeck hinter uns haben, frage ich ihn: »Was sollten denn deine Lippenbewegungen? Nach einem ›Guten Tag‹ sah das aber nicht aus.«

»Das hab ich auch nicht gesagt.«

»Was hast du denn gesagt?«

Samuel grient. »Ist das so schwer zu erraten? Ich habe gesagt: Guten Tag, Herr von Bommelsbeck. Alles Gute zum Muttertag!‹«

Dann stehen wir vor Wohnung vier, vor der Tür meiner Mutter. Samuel klopft, denn er hat eine Hand frei.

Schon beim Eintreten bemerke ich, dass meine Mutter schlecht gelaunt ist. Ob das an meinen Krücken liegt? Während des ganzen Besuchs, der etwa anderthalb Stunden dauert und bei dem es diesmal zwei Kuchen zur Auswahl gibt, wirkt meine Frau Mama kurz angebunden und unwirsch. Sie lauscht konzentriert Samuels Berichten über seine Abiturprüfungen, ohne ihn allzu oft durch Zwischenfragen zu unterbrechen, und sie stellt ihm in Aussicht, zur bevorstehenden Volljährigkeit die Kosten seiner Führerscheinprüfung zu übernehmen. Das teilt sie mit, als würde sie die Börsenkurse verkünden, ohne große Herzlichkeit. Meine Mutter regelt gerne alles und ihre Ersparnisse erlauben ihr die unterschiedlichsten finanz-familienpolitischen Maßnahmen. Als Samuel und ich wieder zum Aufbruch rüsten, bemerkt meine Mutter: »Katja kommt heute auch.«

»Wirklich? Heute?« Ich wusste nicht, dass meine Schwester den weiten Weg aus Hamburg auf sich nimmt, um zum Muttertag zu gratulieren. »Sie hat sich gar nicht angekündigt.«

»Bei mir schon!«, sagt meine Mutter eisig.

»Wo übernachtet sie denn? Hier im Gästezimmer der Residenz?«

»Nein«, sagt meine Mutter so schneidend, dass mir das Zahnfleisch wehtut.

»Kommt sie allein oder mit Anhang?«

»Mit den Kindern.« Mehr ist aus meiner Mutter nicht herauszubringen.

Ich zucke die Schultern, soweit das mit Krücken geht. »Bestell ihr einen Gruß und sag ihr, sie soll bei mir vorbeikommen. Sie kann natürlich auch bei uns schlafen.«

»Das wird nicht nötig sein.«

Samuel und ich werden aus der Wohnung bugsiert.

»Was ist denn mit Oma los?«, fragt Samuel, als wir durch die Flure mit den alten Ölgemälden und dem üppigen Blumenschmuck gehen, die der Seniorenresidenz ihr gehobenes Ambiente verleihen.

»Keine Ahnung.«

Normalerweise freut sich meine Mutter immer mächtig, wenn meine Schwester zu Besuch kommt. Sie ist diejenige, die im Leben immer alles richtig gemacht hat. Jung, erfolgreich, dynamisch. Gattin, Mutter und Geschäftsfrau in einem, und in allen Disziplinen mit voller Punktzahl. Das Einzige, was meine Mutter ihr zuweilen ankreidet, ist der Umstand, dass meine Schwester zu den Fischköpfen an die Waterkant gezogen ist, wie sie es gnadenlos ausdrückt. Zugleich ist sie darauf ein wenig stolz, denn Hamburg genießt als Weltstadt am Meer durchaus einen gewissen Rang im Wertesystem meiner Mutter. Streng genommen wohnt meine Schwester mit Familie im niedersächsischen Stade, aber das verbrämt Katja gerne als Hamburger Vorort. Und aus rheinischer Perspektive ist das sowieso alles dasselbe.

Samuel und ich verlassen die Seniorenresidenz, wie wir gekommen sind, vorbei am alten Herrn von Bommelsbeck in der Eingangshalle, dem mein Sohn im Vorbeigehen per Lippenbewegung frohe Ostern und alles Gute im neuen Jahr wünscht.

»Wusstest du, dass der alte Knabe schon über hundert ist?«

»Nein«, gibt Samuel zu, »aber ich hab mir schon gedacht, dass er aus den Zeiten stammt, als Deutschland noch 'nen Kaiser hatte.«

Am Nachmittag desselben Tages bekommen wir Besuch von meiner Schwester Katja. Sie ist fünf Jahre jünger als ich, aber auch schon über die vierzig. Da sie sich betont jugendlich kleidet und weil ihre Kinder noch so klein sind, wirkt sie jedoch wesentlich jünger und könnte eine schmucke Dreißigerin abgeben. Katja stürmt mit großem Hallo in unser Reihenhäuschen und füllt es sogleich bis unters Dach. Ihre beiden Kinder, die Zwillinge Sören und Wiebke, hängen in ihrem Schlepptau. Mir wäre lieber, mein Neffe und meine Nichte hießen Hans und Grete. Die skandinavischen Namen fand ich anfangs etwas gewöhnungsbedürftig, aber die zwei sind nun mal gebürtige Nordlichter. Außerdem fand meine Schwester die Namen schick. Katja will natürlich sogleich alles wissen: wie ich mich verletzt habe, ob es noch wehtut, wann ich wieder zur Arbeit gehe. Sie stellt mehr Fragen, als ich Antworten geben kann, und plappert ohne Unterlass, um mich bloß nicht zu Wort kommen zu lassen.

Nach einer Weile bittet sie Samuel, ob er mit den beiden Kleinen auf einen Spielplatz gehen könnte, der sich im nahen Stadtpark befindet. »Die zwei brauchen ein bisschen Bewegung. Wir haben so lange im Auto gesessen.«

Samuel spielt gerne den lieben großen Vetter – Katja benutzt immer das Wort ›Cousin‹ mit ausgeprägtem Nasallaut – und verlässt kurze Zeit später mit Sören und Wiebke das Haus.

Kaum fällt die Haustüre hinter ihnen ins Schloss, wandelt sich der Gesichtsausdruck meiner Schwester. Das geht schneller als der Gezeitenwechsel an der Nordseeküste. Meine Schwester wechselt binnen Sekunden von aufgedreht fröhlicher Sturmflut auf bodentief niedergeschlagenes Wattenmeer.

»Ich ziehe wieder hierher!«

Ihre Mitteilung trifft mich wie ein Hammerschlag auf den Kopf.

»Was?«

»Ja, du hast richtig gehört. Ich ziehe um! Hamburg ade.«

»Wenn ich könnte, würde ich jetzt vor Aufregung aufspringen, aber leider ist mein Fuß lädiert.« Ich sitze mit hochgelegtem Bein auf dem Fernsehsessel und warte auf weitere Einzelheiten, ohne nachbohren zu wollen.

»Fabian und ich lassen uns scheiden.«

Das ist der zweite Hammer!

Ich schnappe nach Luft wie eine frisch geangelte Flunder. Meine Schwester und ihr Mann führen doch eine tadellose Traumehe. Dachte ich! Aber so kann man sich täuschen. Besser gesagt: So kann man getäuscht werden. Nach außen hin wirkte ihr Familienleben perfekt. In meiner Hilflosigkeit fällt mir nur die dumme Frage ein: »Gibt es dafür einen besonderen Grund?«

Katja schnaubt. »Nicht nur einen. Viele! Die meisten davon sind blond und hatten mit Geschäftsreisen nach Dänemark zu tun.«

Ich merke, meine Schwester ist nicht in der Laune, die Dinge zu beschönigen oder um das lauwarme Holsten herumzureden. Jedenfalls nicht vor mir, ihrem großen Bruder. Wer hätte das gedacht? Fabian auf Abwegen. Mein Schwager ist ein langweiliger Ingenieurstyp mit Bügelfalten. So einer, der um zehn Uhr mit Nachtsocken schlafen geht. Kein Draufgänger, kein Boheme, kein Abenteurer. Immer glatt rasiert, mit ordentlichem Scheitel und randloser Brille. Und der hat Frauengeschichten?!

Es fällt meiner Schwester sichtlich schwer, aber sie würgt es heraus: »Ich habe ihm mehr als einmal verziehen und den Mund gehalten. Mehr als einmal habe ich wieder von vorne angefangen. Jetzt ist Schluss! Endgültig!«

»Wissen es die Kinder schon?«

Katja schüttelt den Kopf. Ihre langen, dunklen Haare hat sie zum Pferdeschwanz zusammengebunden, der nun ihren Nacken peitscht. »Aber sie wissen, dass wir für länger hierhergekommen sind.«

»Wo wollt ihr wohnen?«

»Keine Bange, wir sind versorgt. Kannst du dich an Christiane erinnern, meine alte Freundin?«

»Sicher.«

»Deren Eltern haben eine leer stehende Wohnung. Dort komm ich mit den Kindern für die nächsten Monate unter. Wir haben heute Mittag schon ein paar Koffer dorthin gebracht.«

Ich weiß nicht, ob ich beleidigt sein soll, weil meine Schwester eine alte Schulkameradin eher ins Vertrauen gezogen und um Hilfe gebeten hat als mich. Zugleich bewundere ich Katja dafür, dass sie scheinbar schon alles geplant und durchdacht hat. Das ist typisch für sie. In Krisenzeiten entschlossen reagieren und die Zügel in die Hand nehmen! Das muss Katja von unserer Mutter geerbt haben.

»Mama weiß auch schon Bescheid«, ergänzt sie.

»Hab ich mir schon gedacht. Mutter war nicht besonders gut gelaunt heute Vormittag.«

Katja wirft einen Blick aus dem Fenster. »Hamburg ist sowieso Scheiße!«, schimpft sie.

Mit einem Male bricht Katja in Tränen aus.

Das ist für mich der dritte Hammer des Tages. Was soll ich jetzt sagen? ›Es kommen auch wieder bessere Zeiten‹? Oder vielleicht ›Die Zeit heilt alle Wunden‹? Etwas Tröstliches in der Art würde ich gerne von mir geben, aber es klänge aus meinem Munde nicht sehr überzeugend. Ich bin der lebende Beweis dafür, dass das Leben Wunden schlägt und Narben hinterlässt, die man für immer mit sich herumträgt. Die Zeit ist nur ein schwaches Trostpflaster. Ich könnte jetzt Fragen stellen zu ihrem finanziellen Auskommen oder zum Sorgerecht der Kinder, um Katja mit der Organisation des Alltags zu beschäftigen. Mit Organisation lassen sich menschliche Dramen in handhabbare Einzelprobleme zerlegen. Am besten wäre, ich würde zu ihr eilen und meine kleine Schwester in den Arm nehmen. Aber es sähe seltsam aus, sich umständlich aufzurichten und auf einem Bein herüberzuhüpfen.

»Habt ihr schon was gegessen?«, frage ich zögerlich.

Katja schüttelt den Kopf und wischt sich mit dem Handrücken die Tränen vom Gesicht.

Ich räuspere mich. »Dann schlage ich vor, dass wir heute Abend essen gehen. So richtig gut und bürgerlich! Und auf keinen Fall in ein Nordsee-Restaurant.«

Katja lächelt verkniffen und langt nach einem Papiertaschentuch aus ihrer Handtasche. Sie nickt zustimmend und wischt sich die Nase.

»Es müsste etwas Deftiges sein«, führe ich weiter aus. »Die Kinder essen doch gerne Reibekuchen mit Apfelmus. So etwas gibt's bei den Fischköpfen doch gar nicht. Und für uns rheinischen Sauerbraten mit Knödeln!«

Katja schnieft und versucht ein Lachen, das ihr ordentlich missrät. Sie hat sich aber bald wieder in der Gewalt. »Ja!«, sagt sie mit Nachdruck, »und dazu viele Kölsch!«

»Du, die Kleinen, Samuel und ich! Wir alle zusammen. Ich lade euch ein!«

»Zur Scheidung?«, fragt sie bitter.

»Nein, zum Muttertag!«

# 15

# TRI-TRA-TRULLALA

Meine Schwester ist eine Frau schneller Entscheidungen und enormer Durchsetzungskraft. Sie beginnt schon am nächsten Tag damit, auf dem lokalen Wohnungsmarkt etwas Dauerhaftes für sich und die Kinder zu suchen. Und sie schreckt auch nicht davor zurück, auf ihre altbekannte Art Verwandte und Freunde für ihre Belange einzuspannen. Ich werde eines ihrer ersten Opfer. Am Dienstag nach Muttertag steht sie um neun Uhr morgens mit den Kindern vor meiner Haustür und fragt mich mit den nach Mitleid heischenden großen Augen einer verstoßenen Miezekatze:

»Könntest du ein paar Stunden auf die Kinder aufpassen? Ich fahre nach Köln. Kann sein, dass ich wieder in dem Architekturbüro arbeiten kann, wo ich mal vor zehn Jahren war. Bevor wir nach Hamburg gezogen sind, weißt du. Ich müsste da ein paar Dinge besprechen. Die waren gleich interessiert. Du hast doch nichts zu tun, oder? Die zwei sind brav. Ich hab auch ein paar Kindervideos dabei, die könnt ihr euch ansehen.

Es wird nicht lange dauern. Heute Nachmittag bin ich wieder hier.«

Ich habe noch nicht einmal »Morgen« oder »Einverstanden« gesagt, da hat meine Schwester bereits Sören und Wiebke an mir vorbei ins Haus geschoben. Dann hängt sie mir eine Kühltasche um den Hals. »Da sind ein paar Fertiggerichte drin. Braucht ihr nur aufzuwärmen. Tschüss. Danke!«

Sie springt in ihr knallrotes Auto und fährt davon, zum Bahnhof, und von dort mit der Bahn in die Domstadt. Ich stelze auf meinen Krücken ins Wohnzimmer zurück. Sören und Wiebke haben sich im Flur die Schuhe ausgezogen und sich aufs Sofa gesetzt.

In einem hat meine Schwester recht: Ihr Nachwuchs ist wirklich brav. Die zwei haben gelernt, ›Bitte‹ und ›Danke‹ zu sagen und sich ordentlich die Hände zu waschen. Sie müssen früh zu Bett gehen und die Zeit, die sie vorm Fernseher oder am Computer verbringen dürfen, ist von meiner Schwester strengstens reglementiert. Süßigkeiten dürfen sie nur am Samstag essen und in fremden Wohnungen können sie sich ordentlich benehmen. Im nächsten Herbst müssten die zwei eingeschult werden. Sie werden die Freude jeder Grundschullehrerin sein.

Obwohl meine Schwester Spätgebärende war – sie war sechsunddreißig, als die Zwillinge sich endlich ankündigten –, hat Katja ihre Kinder nie verwöhnt, wie es oft bei alten Müttern der Fall ist, die lange auf ihr Traumkind warten mussten. Aber brave Kinder hin oder her, ich komme mir dennoch ziemlich überrumpelt vor.

»Morgen, Kinder!«, seufze ich. »Willkommen beim lieben Onkel Karl!«

»Dürfen wir fernsehen?«, fragt Sören.

Die zwei haben sich schon vor dem Fernseher postiert und in die Kissen gedrückt. Ihre kurzen Beinchen reichen kaum über die Sitzfläche des Sofas hinaus, ihre kleinen Füße mit Stoppersocken gucken in die Luft.

»Habt ihr schon einmal von John Wayne gehört?«

Die zwei schauen mich ungläubig an. Wiebke schüttelt ganz leicht den Kopf.

»Ich habe hier einen schönen Film mit einem Feldzug gegen die Komantschen. Freigegeben ab zwölf Jahren.«

»Wir sind keine zwölf«, sagt Wiebke trotzig. »Das dürfen wir nicht gucken.«

Ich hab's befürchtet.

»Dann hätte ich hier noch ...« Aber bevor ich weiter in meiner *John-Wayne*-Kollektion stöbern kann, klettert Sören umständlich vom Sofa und öffnet seinen kleinen bunten Kinderrucksack, den er bei der Tür abgestellt hatte. Er kramt eine DVD mit Zeichentrickabenteuern von den Schlümpfen hervor. Die hält er mir unter die Nase.

Mit mürrischem Gesicht schaue ich mir die Hülle der Filmdisk an. »Ich kenne Apachen, Komantschen und Sioux, aber von Blauhäuten habe ich noch nie gehört.«

Sören setzt sich wieder neben seine Schwester aufs Sofa, ohne meiner Bemerkung weitere Beachtung zu schenken.

»Na gut!« Ich schiebe die Disk in das Abspielgerät und schalte den Fernseher ein. Sobald die Anfangsmusik zu spielen beginnt, fassen Sören und Wiebke sich bei den Händen. Sie sitzen regungslos und leicht nach vorne gebeugt und schauen gebannt den Schlümpfen zu. Und weil ich nichts Besseres zu tun habe, außer gesund zu werden, setze ich mich dazu und gucke mit. In dem kurzen Trickabenteuer wird niemand skalpiert oder an den Marterpfahl gebunden. Dafür verliert ein Schlumpf mal kurz seine Zipfelmütze und ein anderer wird beinahe von einem bösen Zauberer in der Suppe gekocht. Für die Kinder ist das mindestens so spannend wie ein Duell in einer Westernstadt – und mit Sicherheit viel passender.

Die Folge dauert kaum eine halbe Stunde. Als sie vorbei ist, greift Sören zur Fernbedienung und schaltet den Fernseher aus. Es folgt kein Quengeln, keine Traurigkeit, kein Fragen nach mehr! Sören und Wiebke scheinen darauf geeicht zu sein, täglich nur eine Folge gucken zu dürfen. Hätten sie gefragt, ich hätte sie wohl noch stundenlang weiterschauen lassen.

»Dürfen wir im Garten spielen?«, fragt Wiebke.

Ich lasse die zwei hinaus. »Aber nicht auf die Bäume klettern«, mahne ich, »sonst kommt der Onkel Doktor und gibt euch Krücken!« Die beiden sind noch zu klein, um die ganze Wahrheit ertragen zu können. In diesem zarten Alter braucht man noch nicht zu wissen, dass die Dinger in Wirklichkeit ›Unterarmgehstützen‹ heißen.

Die Kinder spielen Eichhörnchen und sammeln Blätter, Stöckchen und Eicheln für ihre Wintervorräte. Alles, was sie finden, tragen sie zu einem Haufen zusammen. Die zwei sind echt süß. Sie sprechen miteinander in verstellten Stimmen, die mich an die Schlümpfe erinnern. Sören ist der Eichhornvater, Wiebke die Eichhornmutter. Ich bin ihr Eichhornkind, auch wenn ich nicht mitspiele, sondern nur auf einem Gartenstuhl dabeisitze. Das Eichhornkind kann noch nicht laufen und muss deshalb in der Baumhöhle bleiben. Mit großer Geduld spielen die zwei so lange, bis ich Hunger bekomme und in die Küche humple, um uns eines der Fertiggerichte zuzubereiten. Chicken Nuggets mit Kartoffelpüree und grünen Erbsen.

»Eichhörnchen, kommt essen! Es gibt Walnüsse mit Haselmus und Bucheckern.« Die Kinder kommen sofort angerannt. Bevor sie sich an den Tisch setzen, waschen sie sich unaufgefordert die Hände. Ich bin begeistert.

Kurz nach Mittag schaut mein Nachbar Willi Seibock vorbei, natürlich mit Hund. Sören und Wiebke sind von dem alten Dackel ganz angetan, und weil sie versprechen, Onkel Willi bei der Hand zu halten, dürfen sie mit meinem alten Nachbarn und Professor Brinkmann eine Runde um den Block drehen.

Als Willi Seibock die Kleinen wieder bei mir abliefert, beginnt es leicht zu regnen. Sie treffen passend bei mir ein, um nicht nass zu werden. Von ihrer Mutter weiß ich leider nach wie vor nicht, wann sie wieder zurückkommt.

»War's schön?«, erkundige ich mich bei Sören und Wiebke. Sie nicken eifrig und verabschieden sich herzlich von Professor Brinkmann.

»Der dicke Mann war ganz lieb«, sagt Wiebke herzig, als die Kinder wieder bei mir im Wohnzimmer sind, »ich habe den aber nicht immer verstanden.« Mir wird klar, dass die beiden Nordlichter mit rheinischer Aussprache und Satzmelodie nicht allzu vertraut sind. Höchste Zeit, dass die Kinder hierherziehen!

Anschließend malen die zwei auf meinem Küchentisch mit Buntstiften ein paar krakelige Bilder. Die beliebtesten Motive sind Schlümpfe, Eichhörnchen und Dackel. Aber irgendwann verlieren sie die Lust daran.

»Ich habe da eine Idee!«, sage ich mit geheimnisvoller Stimme. »Kommt mal mit!« Umständlich steige ich mit den zweien hinauf auf unseren winkeligen Dachboden. Dort stehen viele Kisten mit Samuels alten Spielsachen. Wiebke und Sören sind Feuer und Flamme. Es gibt einen Karton mit Stofftieren, Brettspiele und Puzzles, Matchbox-Autos, eine Kiste mit Legos und tausend andere Sachen. Alles wird ausgepackt und bestaunt. Irgendwann entdeckt Sören eine Plastiktüte mit uralten Handpuppen. »Was ist das?«

»Das sind Kasperle-Puppen.«

Die Tüte wird ausgekippt. Zum Vorschein kommt das Stammpersonal aller Kasperle-Theater: Kasper mit seiner roten Zipfelmütze, die Oma, der Polizist, der Räuber, der Teufel, Grete sowie ein Jäger und eine Hexe, von denen aber nur noch die Köpfe übrig sind. Es handelt sich um alte Handpuppen mit

Köpfen aus Plastik, wie sie heute kaum noch hergestellt werden. Sie haben lange Nasen und fratzenhafte Gesichter. Der Räuber trägt eine Augenklappe und einen Schlapphut, er hat schiefe Zähne und ein durchtriebenes Grinsen. Der Teufel sieht tatsächlich abscheulich aus, mit Reißzähnen und spitzen Hörnern.

Heutige Handpuppen sind dagegen meist aus abwaschbarem Stoff gefertigt und haben ein dümmliches Grinsen aufgenäht. Selbst die Krokodile sehen mittlerweile zum Knuddeln aus; das ist mir schon mehrfach aufgefallen, wenn ich in den letzten Jahren in den Warenhäusern an Spielwarenabteilungen vorbeigegangen bin. Diese Entwicklung muss eine Spätfolge des pädagogischen Gebots sein, das Drohen mit dem Schwarzen Mann und mit anderen Schreckgestalten unter Acht zu stellen. Handpuppen sind harmlos geworden.

»Kannst du uns etwas vorspielen?«, fragt Wiebke.

Wir bauen eine Bühne aus Stühlen, über deren Lehnen wir ein altes Bettlaken breiten. Die Kinder hocken sich davor auf den Fußboden, ich setze mich dahinter auf einen niedrigen Hocker und lasse die Puppen oben über die Lehnen gucken. Meine letzte Puppentheater-Vorstellung ist lange her, aber gelernt ist gelernt – ich zehre von vielen Jahren Erfahrung. Früher habe ich häufig für Samuel gespielt, zuletzt wohl zu seinem zehnten Geburtstag. Ich brauche nur ein paar Augenblicke, um mir eine Geschichte zurechtzulegen, die nötigen Figuren auszuwählen und mir ein paar Requisiten zu greifen.

Kurz darauf geht's los. »Tri-tra-trullala«, singt Kasperle und erscheint. »Hallo Kinder!«

Sören und Wiebke sagen keinen Ton. Ich lupfe das Laken, stecke meinen Kopf heraus und flüstere ihnen zu:

»Ihr müsst antworten: ›Hallo Kasperle!‹«

Es dauert ein wenig, bis sie begreifen, was von ihnen verlangt wird.

»Hallo Kasperle«, murmelt Wiebke unschlüssig.

»Lauter!«

Die Kinder nehmen sich ein Herz und antworten im Chor.

»Hallo Kasperle!«

»Hallo Wiebke und Sören!«

Die zwei sind erstaunt, dass Kasperle ihre Namen kennt. Dann geht's richtig los. Meine Geschichte erzählt davon, dass Grete Geburtstag hat und Kasperle für sie einen riesengroßen Kuchen backt. Als Kuchen verwende ich ein rotes Kuchen-Förmchen aus Samuels altem Sandkasten. Nach getaner Arbeit legt sich Kasperle neben seinem Kuchen schlafen. Da erscheint der Räuber, dem der Duft des Kuchens in die Nase gestiegen ist und der das süße Backwerk unbedingt stehlen möchte.

Wieder strecke ich meinen Kopf durch das Laken: »Ihr müsst Kasperle warnen, sonst holt der Räuber den Kuchen!«

Kaum bin ich wieder abgetaucht, schreien Sören und Wiebke wild durcheinander: »Kasperle, Kasperle, wach auf! Der Räuber ist da! Der will den Kuchen!«

Kasperle wacht auf, aber der Räuber hat sich bei dem Lärm längst in Sicherheit gebracht.

»Was ruft ihr, Kinder?«, wundert sich Kasperle. »Hier ist doch niemand!« Und wieder legt Kasperle sich schlafen. Er hat ein erstaunliches Talent dafür, binnen Sekunden einzuschlafen und laut zu schnarchen.

Dreimal wiederhole ich die Anschleichversuche des Räubers. Die Kinder kreischen und schreien und wecken Kasperle ein ums andere Mal. Aber zum schlechten Schluss gelingt dem Räuber doch der Kuchen-Klau.

»Kinder, Kinder, was ist denn passiert?«, fragt Kasperle. Der Zipfelmützenträger fürchtet zwar weder Hexen noch Teufel, aber er ist ein wenig schwer von Begriff. Die Kinder müssen ihm zum x-ten Male erklären, dass der Räuber da war. Während Sören und Wiebke um die Wette reden, schiele ich durch einen Riss im Laken. Die zwei sitzen im Schneidersitz auf den Dielen des Dachbodens und haben erhitzte Gesichter, als wären sie mit Professor Brinkmann dreimal um den Block gerannt.

Dann macht sich Kasperle auf, den Räuber zu suchen. Es handelt sich also um einen klassischen Fall von Selbstjustiz, denn Kasperle bemüht nicht den Polizisten, um den Fall zu klären. Diesen Charakterzug hat Kasperle mit John Wayne gemeinsam. Bevor Kasperle davonzieht, leiht er sich bei seiner Oma einen Kochlöffel.

Die Oma ist eine meiner Lieblingsfiguren. Ich spreche sie mit gepresster Quiekstimme. Sie ist ein wenig schwerhörig und äußert sich grundsätzlich nur in rheinischer Mundart.

Kasperle: »Oma, kann ich mal deinen Löffel leihen?«

Oma: »Wat? Wat wills' de han, Jong?«

Kasperle: »Deinen Löffel!«

Oma: »Wat wills' du dann mit mengem Pantoffel?«

Kasperle: »Nicht Pantoffel! Löffel!«

Oma: »Kartoffel?«

Kasperle: »Nein, keine Kartoffel! Was soll ich mit blöden Kartoffeln?«

Oma: »Wo is' 'ne Büffel?«

Hinter meinem Laken höre ich nach jeder Entgegnung der Oma fröhliches Kinderlachen, dass sich von Mal zu Mal steigert. Das spornt mich zu den tollsten sprachlichen Kapriolen an.

Kasperle ist übrigens Vollwaise und lebt seit Generationen von Puppentheatern bei seiner Großmutter. Warum, weiß kein Mensch! Kasperle hat keine Eltern, ebenso wenig wie Westernhelden Ehefrauen haben.

Das Gute in der Welt des Kasperle-Theaters ist, dass man weiß, wo die Schurken wohnen. Der Teufel wohnt in der Hölle, die Hexe wohnt in ihrem Hexenhaus und der Räuber wohnt im Räuberwald. Wenn eine Untat stattgefunden hat, braucht Kasperle nur hinzugehen und den Schuldigen zu verdreschen. So war es schon in den Zeiten vor der Erfindung der Plastikköpfe. Bevor Kasperle in meiner Geschichte aber den Räuber ausfindig macht, muss er auf dem Weg dorthin noch manches Abenteuer bestehen und die Kinder mehrfach um ihre Hilfe fragen. Kasperle begegnet im Wald einem braunen Brummbären (aus dem Stofftier-Karton) und einem sprechenden Tannenzapfen (aus Legos). Die Kinder kringeln sich vor Lachen, weil der Tannenzapfen sprechen kann (dass der Bär sprechen kann, wundert sie überhaupt nicht). Schließlich kann Kasperle den Kuchen zurückerobern. Der Räuber wird mit Großmutters Holzlöffel windelweich geschlagen und später dem Polizisten übergeben. Der wiederum wirft den Räuber ohne faire Gerichtsverhandlung in den Knast, wo er für sein Bagatellverbrechen jahrelang bei Wasser und Brot schmachten muss. Zum Abschluss feiern Kasperle, seine Oma und die Grete ein fröhliches Geburtstagsfest mit Kuchen. Weil im Kasperle-Theater alles handgemacht ist und es keinen Abspann gibt wie im Film, muss Kasperle am Ende noch einmal »Tri-tra-trullala« singen und damit sein Abenteuer selbst zu einem klingenden Abschluss bringen. Sören und Wiebke singen mit! Nun hält sie nichts mehr. Sie hüpfen vergnügt über die Dielen des Dachbodens und tanzen wild hin und her.

»Bitte noch eins!«, bettelt Wiebke.

# 16

# NOCH EINMAL, WEIL'S SO SCHÖN WAR

Am nächsten Morgen beim Frühstück muss ich an Roberto Blanco denken. Sein berühmter Stimmungsschlager wird vom inneren Plattenspieler meiner Erinnerung pausenlos neu aufgelegt, der aber mit der Nadel des Vergessens stets an derselben Stelle hängen bleibt: »Der Puppenspieler von Mexiko war einmal traurig und einmal froh, und wenn er spielte, dann …«

Zwar weiß ich nicht, wie der Liedtext weitergeht, doch das tut meiner guten Laune keinen Abbruch. Im Gegenteil, ich mache mir einen Spaß daraus, die Leerstelle in meinem Gedächtnis auf unterschiedlichste Weise zu füllen:

»Und wenn er spielte dann mit Radau,
es gab sogar auf den Straßen Stau.«
»Und wenn er spielte, dann voller Glanz,
das Publikum machte 'nen Heidentanz.«
»Und wenn er spielte, dann lachte er,

sein Trinkgeld bekam er meist hinterher.«
»Und wenn er spielte, dann freuten sich
kleine Kinder ganz königlich.«
So fällt mir ein unsinniger Reim nach dem anderen ein. Seit gestern habe ich zwei kleine Fans, die mich für den größten darstellenden Künstler auf diesem Planeten halten und die von Zugaben nicht genug haben können. Samuel, dem ich davon erzählt habe, wundert das gar nicht: »Ich fand dein Kasperle-Theater auch immer toll. Besonders, wenn du auf meinen Geburtstagsfeiern gespielt hast.«
»Echt?«
»Ja. Alle Kinder in der Grundschule haben mich darum beneidet.«
»Du übertreibst!«
»Doch. Das war so! Auf den Geburtstagsfeiern der anderen gab es vielleicht Kesselklopfen oder Blinde Kuh oder mal einen Besuch bei McDonald's, aber bei mir gab es immer Kasperle. Da wollten alle hin!«
»Na ja, die Zeiten haben sich geändert. Heute gehen die Kinder an ihrem Geburtstag doch ins Maisfeld-Labyrinth oder ins Kino.«
Samuel trinkt von seiner Milch. Er gehört zu den seltenen Siebzehnjährigen, die weder Tee noch Kaffee trinken, sondern fettarme Milch. Mit Milchbart auf der Oberlippe fragt er: »Weißt du, was für mich die traurigste Kindergeburtstagsparty meines Lebens war?«
»Nein …«
»Als ich elf wurde und du nicht mehr Kasperle gespielt hast.«
Ich bin ernsthaft erstaunt. »Wirklich? Aber ich kann mich gut erinnern, dass du gar nicht mehr wolltest. Du warst ja nicht mehr auf der Grundschule und du hattest neue Klassenkameraden.«

»Das stimmt«, bestätigt Samuel, »Oma wohnte damals ja noch nebenan. Und vor der Feier hat sie gemeint, dass ich vielleicht schon zu alt für Puppentheater wäre. Und ich hab genickt und zugestimmt. Aber in meinem tiefsten Inneren wollte ich doch, dass du spielst.«

Es ist schön und traurig zugleich, das zu hören.

Samuel macht ein betont betrübtes Gesicht und sagt theatralisch schluchzend: »Am Abend nach der Feier zu meinem elften Geburtstag habe ich heimlich im Bett geweint. Das war meine erste Feier ohne Kasperle!«

Ich weiß, er inszeniert dieses Bekenntnis mit Pathos und Ironie, dennoch zweifle ich nicht am Wahrheitsgehalt seiner Geschichte. Es war auch der erste Geburtstag ohne seine Mutter.

Tränenerstickt keuche ich: »Och, mein Kleiner. Wie kann ich dich denn nur trösten?«

»Wenn du Kasperle auf meiner Geburtstagsfeier spielst, wenn ich achtzehn werde!« Mit wimmernder Stimmer fügt er hinzu: »Aber bis dahin muss ich ja noch viele Monate warten ...«

Mit Tröstermiene breite ich meine Arme aus: »Och, mein kleiner Junge. Komm zu Papi! Lass dich huckeln.«

›Huckeln‹ ist eines der schönsten Worte des rheinischen Dialekts. Eine Mischung aus wiegen, liebhalten, schaukeln und umarmen. Tatsächlich steht Samuel spontan auf, um sich auf meinen Schoß zu setzen. Aber das Rad der Geschichte lässt sich nicht zurückdrehen. Samuel ist kein kleiner Junge mehr. Er ist keine elf Jahre alt. Er ist ein halbwegs ausgewachsener Mann, muskulös, sportlich und eine Handbreit größer als ich. Und als er sich auf meinen Schoß setzt, bricht der Küchenstuhl krachend unter uns zusammen.

»Aaah!«
»Nein!«

»Aua!«

»Scheiße!«

Samuel landet mit seinem vollen Gewicht auf meinem lädierten Knie. Wimmernd bleibe ich auf dem Küchenboden liegen.

Ein neuerlicher Besuch im Krankenhaus ist unvermeidlich. Wie beim letzten Mal frage ich meinen Nachbarn Willi um Hilfe, während ich Samuel zur Schule schicke. Der ist untröstlich und beschwört mich, sein Abitur sausen zu lassen und unverzüglich eine Ausbildung als Krankenpfleger beginnen zu wollen. Erst als ich ihm in Aussicht stelle, nach einem Abitur mit Bestnoten Medizin studieren zu können, packt er seine Schulsachen und verlässt schlurfend das Haus.

Ich werde vom selben Arzt behandelt wie vor rund drei Wochen. Sein Blick schilt mich einen Volltrottel, den man leiden lassen sollte, statt ihn auf Staatskosten zu versorgen. Wieder brauche ich eine Ausrede für meine Verletzung und behaupte, mit meinen Unterarmgehstützen auf dem feuchten Badezimmerfußboden ausgerutscht und auf dem Kachelboden aufgeschlagen zu sein. Während mein Fußgelenk mittlerweile fast wieder in Ordnung ist und allmählich ordentlich belastet werden sollte, wird mein Knie nun in einen dicken Stützverband gepackt. Außerdem erhalte ich mehrere Präparate, entzündungshemmende und schmerzstillende, sowie ein Hinweisblatt mit gymnastischen Bewegungen, die ich nach ein paar Tagen selbstständig durchführen soll.

»Glück gehabt«, grummelt der Arzt und unterschreibt in unleserlicher Hieroglyphenschrift ein Formular, das er mir mit ruppiger Handbewegung reicht: »Hier, bitte. Ich würde sagen: nochmals drei Wochen.« Und mit spöttischem Unterton fragt er: »Hätten Sie diesmal gerne einen Rollator?«

Ich darf gar nicht an meinen Chef denken. Nur auf Verständnis und Mitleid von Frau Ziegenpeter aus der Verwaltung darf ich hoffen. Selbige rufe ich gleich nach meiner Heimkehr an und erkläre ihr mit trübseliger Stimme, dass ich bedauerlicherweise noch für weitere drei Wochen ausfalle. Ein Attest schicke ich ihr per Post.

Den Rest des Vormittags liege ich auf meinem Sofa und stelle mir die Frage, ob das Leben einen Sinn ergibt und an wie vielen Filmen John Wayne in seiner Karriere mitgewirkt hat.

Das Klingeln meines Telefons reißt mich aus meiner neuerlichen Schwermut. Es ist meine Schwester. Ohne Gruß und Namensnennung fällt sie verbal über mich her, fesselt und knebelt mich mit ihrem Wortschwall, ohne mir eine Chance zur Gegenwehr zu lassen.

»Stell dir vor, ich hab den Job! Schon nächste Woche kann ich anfangen! Wahnsinn! Und die Kinder kriegen einen Platz im Kindergarten. Übernächste Woche, nach Himmelfahrt. Das ist fast wie ein Sechser im Lotto. Jetzt nur noch 'ne vernünftige Wohnung! Aber vielleicht bleiben wir auch in der Wohnung von Christianes Eltern. Die ist im Grunde gar nicht so schlecht. Das muss ich mir noch überlegen. Demnächst kommen Möbel aus Hamburg mit einer Umzugsfirma. Du hilfst mir sicher beim Aufstellen. Ach nein, du hast ja was am Fuß. Wie geht's eigentlich? Bist du bald wieder fit? Was hast du eigentlich mit den Kindern angestellt? Die waren total begeistert und haben den ganzen Abend nur ›Tri-tra-trullala‹ gesungen. Ich wusste gar nicht, dass du noch Kasperle-Theater spielst. Könnten die zwei heute Nachmittag noch einmal vorbeikommen? Du bist doch noch krankgeschrieben. Ich könnte natürlich auch Mama ... aber du weißt ja, wie sie ist auf ihre alten Tage.«

Bald habe ich die Kinder wieder bei mir. Leider bin ich heute nicht so beweglich wie gestern, ich muss ruhiger treten und soll mich vorläufig so wenig wie möglich bewegen. Auf den Dachboden darf ich mit meinen Krücken jedenfalls nicht mehr klettern. Ich bin ans Sofa gefesselt.

Trotzdem bitten und betteln Sören und Wiebke nach einer Kasperle-Vorstellung.

»Dann müsst ihr die Puppen oben holen gehen!«

Das ist für die Kinder eine spannende Aufgabe. Der Dachboden ist ein wenig unheimlich, er ist düster und muffig und nur über eine schmale Stiege und eine Dachluke zu erreichen. Außerdem ist es nicht so einfach, oben angelangt den Lichtschalter zu finden. Ich erkläre meinem Neffen und meiner Nichte haargenau, was sie zu tun haben und wo die Tüte mit den Puppen steht.

Der erste Versuch von Sören und Wiebke schlägt fehl. Die Dachluke bekommen sie zwar mit Mühe auf, aber die Suche nach dem Lichtschalter bleibt erfolglos, wahrscheinlich deshalb, weil sie sich nicht recht trauen, ein wenig umherzutasten und die Dachbalken abzusuchen. Kleinlaut kommen die Kinder zu mir zurück ins Wohnzimmer. Wiebke gesteht, dass sie ein bisschen Angst vor dem Räuber hat.

»Du brauchst keine Angst vor dem Räuber zu haben«, spreche ich ihr Mut zu, »der sitzt doch im Knast.«

»Aber wenn er da wieder rauskommt?!«

Daraufhin erkläre ich ihr, wo sie in der Küche einen Holzlöffel findet, mit dem sie notfalls den Räuber verprügeln kann. Sie kramt in den Schubladen.

Da fällt mir etwas ein. Ich rufe von meinem Sofa aus: »Wiebke, wenn du den Löffel gefunden hast, schau mal zum Kühlschrank! Da hängt ein kleines Knöchelchen dran. Es ist mit einem Magneten festgemacht. Bring auch das mit!« Anschließend erkläre ich den zweien, dass es sich bei dem Knochen um ein Hinkelbeinchen handelt. »Wenn ihr das bei euch tragt, kann euch nichts passieren. Das ist ein Glücksbringer.«

Noch einmal trauen sich die Kinder nach oben, aber trotz Waffe und Talisman, trotz Holzlöffel und Hinkelbeinchen finden sie weder den Lichtschalter noch die Tüte mit den Kasperle-Puppen. Immerhin bleiben sie von räuberischen Überfällen verschont. Die beiden kommen betreten ein zweites Mal unverrichteter Dinge zu mir herunter. Sie sind enttäuscht, aber voller Tatendrang und entschlossen, nicht aufzugeben.

Für den dritten Versuch beschreibe ich ihnen, wo sie in Samuels Zimmer eine Taschenlampe finden können, und ich gebe ihnen mein Mobiltelefon mit und halte während der ganzen Expedition über den Festanschluss mit ihnen Kontakt. Sie sollen mir genau beschreiben, was sie tun und was sie im Lichtkegel der Taschenlampe sehen.

»Seid ihr jetzt auf dem Dachboden?«

»Ja«, höre ich Wiebkes Stimme durch das Telefon.

»Rechts von euch ist ein Balken. Dort befindet sich der Lichtschalter.«

»Wo ist rechts?«

»Heb die Hand hoch, mit der du Bilder malst. Da ist rechts.«

»Ich kann die Hand nicht hochhalten.«

»Warum nicht?«

»Damit halte ich das Telefon.«

»Na gut, dann ist rechts auf der Seite, wo du das Telefon hältst.«

»Ist rechts auch da, wo Sören die Taschenlampe hält?«

»Wahrscheinlich ja!«

Ich höre die zwei aufgeregt atmen und ihre Schritte über mir auf den Holzdielen.

Dann ist ein Klacken zu vernehmen.

»Ist das Licht an?«, frage ich gespannt.

»Ja. Hier hängt ein Spinnennetz.«

»Seht ihr die Tüte mit den Puppen?«

»Ja.«

»Gut. Dann schaut euch bitte mal um und sagt mir, ob hinter euch jemand steht mit rotem Gesicht, Ziegenbart und langen spitzen Hörnern.«

Gespannte Pause. »Nein.«

»Kein Teufel? Gut, dann ist alles klar. Nehmt die Tüte und kommt vorsichtig wieder zu mir zurück.«

Bald darauf eilen die Kinder die Treppe herunter. Ich verzichte darauf, sie noch einmal hochzuschicken, um das Licht auszuschalten und die Luke zu schließen.

Nach diesem Abenteuer haben sich die zwei erst einmal eine kleine Stärkung verdient. Jeder bekommt von mir feierlich einen Apfel überreicht. Das Obst essen sie, als würde es sich um eine Speise für die Götter handeln. Sie sind stolz wie Kreuzritter nach der Bergung des heiligen Grals. Dann holen Sören und Wiebke für mich ein Bügelbrett und eine Decke, um damit eine Bühne vor meinem Sofa aufzubauen. Sie müssen die Rollläden vor den Fenstern herunterlassen und eine Leselampe anknipsen, um Theateratmosphäre zu schaffen. Außerdem müssen sie mir ein paar Utensilien herbeiholen.

Bald darauf geht es wieder los mit »Tri-tra-trullala«. Diesmal sind die Kinder schon alte Routiniers, sie singen lauthals mit und begrüßen ihren Helden mit einem selbstbewusst-lauten »Hallo Kasperle!«.

Meine heutige Geschichte beginnt damit, dass die Oma in ihrem Garten Blumen gießt. Sie beklagt mit lautem Jammern, dass es so trocken ist: »Nee, wat is' et drüsch!«

Wegen der Trockenheit wächst in ihrem Garten ein Kaktus. Dieser kleine Kaktus stammt vom Fensterbrett des Wohnzimmers, grün, stachelig, etwa handgroß, mit einem Hauptspross und zwei Abzweigungen auf jeder Seite, die wie Ärmchen aussehen. Er »wächst« langsam aus dem Boden empor und wird dann mit seinem Topf von mir auf dem Bügelbrett abgestellt.

Über den Kaktus freut sich die Oma, sie ahnt aber nicht, dass sich unter seinen Wurzeln der Teufel versteckt.

»Har, har!«, lacht der Teufel, der grimmig von unten hervorguckt. Und wie alle Bösewichte führt auch der Teufel lauthals Selbstgespräche, damit das Publikum weiß, was er im Schilde führt: »Har, har! Die Oma werde ich reinlegen! Har, har! Ich werde ihr alles Geld abluchsen, das sie gespart hat. Har, har! Und wenn sie arm und verzweifelt ist, muss sie mir ihre Seele verkaufen! Har, har!«

Ich bin mir nicht darüber im Klaren, ob Sören und Wiebke wissen, was eine Seele ist und welche Folgen ihr Verkauf an den Teufel mit sich bringt. Vielleicht haben sie im protestantischen Hamburg keinen vernünftigen Kindergarten besucht und noch nie von der Hölle und ihren Qualen gehört. Aber dieses Risiko gehe ich ein.

»Oma«, ruft der Teufel mit verstellter Stimme, »ich bin's, dein Kaktus!«

Das Besondere im Kasperle-Theater ist, dass die Oma von allen mit ›Oma‹ angesprochen wird. Egal, ob vom Räuber, vom Polizisten oder vom Jäger. Oma ist Oma. Im Kasperle-Theater gibt es keine Rollenkonflikte und Identifikationsprobleme.

Oma: »Wat?«

Teufel: »Ich bin's, der Kaktus. Der Kaktus!«

Oma: »Wer is' am Kacken?«

Teufel: »Ich bin nicht am Kacken. Ich bin der KAK-TUS!«

Oma: »Mit 'm Bus?«

Helles Kinderlachen ist für einen Puppenspieler der schönste Lohn.

Der Teufel muss all seine höllische Geduld zusammennehmen, bis die Oma ihn versteht. Als Kaktus macht er der alten Frau weis, sie müsse ihn mit Geldmünzen gießen, damit er wächst und blüht. Nun fängt die Oma damit an, Münzen aus ihrem Sparschwein zu holen und eine nach der anderen in den Topf zu stecken.

Szenenwechsel: Inzwischen geht Kasperle fröhlich pfeifend durch die Straßen spazieren und trifft seine Freundin, die Grete. Grete ist sehr traurig. Ich spreche sie mit hoher Piepsstimme, Kasperle dagegen klingt immer fröhlich und aufgeweckt.

»Hallo Grete!«

»Hallo Kasperle ...«, fistelt Grete.

»Aber Grete, was bist du denn so traurig?«

Und dann berichtet Grete, dass sie betrübt sei, weil ihr Vater, der Jäger, nur noch aus einem Kopf bestehe.

Kasperle: »Nur aus einem Kopf?«

Grete: »Ja, nur aus einem Kopf.«

Kasperle: »Wie ist das denn passiert?«

Grete: »Das war ein Jagdunfall.«

Kurz darauf begegnet Kasperle dem Jäger. Weil von dieser Puppe das Kleidchen fehlt, stecke ich den Kopf auf den Stiel des Holzlöffels.

Kasperle: »Guten Tag, Herr Jäger. Sie bestehen ja nur aus einem Kopf.«

Jäger: »Ja, traurig, traurig. Meinen Körper habe ich bei einem Jagdunfall verloren. Jetzt hab ich dauernd Hunger, weil alles, was ich esse, sofort wieder aus mir herausfällt. Weil ich ja keinen Bauch mehr habe.«

Kasperle: »Das ist aber schade.«

Weil Kasperle ein hilfsbereiter Kerl ist, entschließt er sich dazu, dem Jäger helfen zu wollen. Er fragt den Polizisten um Rat, sucht in der Küche seiner Oma nach einem Gegenmittel, liest in schlauen Büchern nach und probiert noch manch anderes. Wie bei der letzten Vorstellung werden die Kinder einbezogen und zur Mithilfe aufgefordert. Sie müssen zum Beispiel beim Dichten eines Zauberspruchs helfen, der aber leider wirkungslos bleibt. Später muss Sören eine seiner Stoppersocken hergeben, mit der Kasperle dem Jäger eine Körperprothese basteln will. Aber der Jäger findet, dass die Socke nach alten Füßen stinkt und er lieber weiter nur aus seinem Kopf besteht.

Irgendwann bemerkt Kasperle das seltsame Treiben seiner Großmutter, die all ihr Geld in den Topf des Kaktus steckt.

Als Kasperle den Kaktus genauer untersucht, entdeckt er den Teufel. Der Höllenfürst sieht seine Pläne durchkreuzt und will Kasperle erzürnt angreifen und mit seinen Hörnern aufspießen, aber Kasperle gelingt es, den Teufel mit einer stinkenden Kindersocke zu betäuben. Anschließend schmeißt Kasperle ihn in hohem Bogen in die Hölle zurück. Da taucht noch einmal der Jäger auf, der ja leider nur aus einem Kopf besteht. Bei seinem Anblick kommt Kasperle eine blendende Idee. Er nimmt den Jägerkopf und steckt ihn auf den grünen Kaktus mit den beiden Ärmchen. Der Jäger ist hocherfreut, dass er endlich wieder einen Körper hat, auch wenn sich seine Frau nun daran gewöhnen müsse, dass er ein wenig stachelig sei. Nun kommt auch noch die Oma hinzu, die – als sie den Jägerkopf auf ihrem Kaktus sieht – hocherfreut ist, weil sie glaubt, ihr Geldgießen sei erfolgreich gewesen. Zum Schluss sind alle fröhlich und tanzen ausgelassen durch den Garten.

Als Sören und Wiebke am frühen Abend wieder abgeholt werden, habe ich den Eindruck, dass meine neuerliche Krankschreibung einen Sinn haben muss. Vielleicht den, dass ich Puppentheater spiele.

Der Puppenspieler von Mexiko war einmal traurig und einmal froh, und wenn er spielte, dann mit einem Bein, das andere brach ihm sein Sohn entzwei.

# 17

# TRÖDEL

»Kann isch disch noch irjenzwie helppe?«, fragt mich der hilfsbereite Willi Seibock, dem ich sichtlich leidtue, bei seinem nächsten Besuch.
»Ja, Willi. Du hattest doch Kinder …«
»E ja. Wiesu?«
»Hatten deine Kinder, als sie klein waren, vielleicht Kasperle-Puppen?«
»Och, dat weiß ich net mehr.«
»Falls ja, hast du zu Hause noch Altbestände?«
»Dat weiß isch alleine net. Äver … ich kann ens luure.«
Willi Seibock verspricht mir, in Keller, Speicher und Garage nachzusehen. Stunden später kommt er stolz mit einer Kiste zu mir zurück, die er irgendwo im Kellergerümpel gefunden hat. Tatsächlich finden sich darin alte Handpuppen, so wie ich sie suche. Sie müssen schon viele Jahrzehnte auf dem Buckel haben.
»Die kanns' de all' han«, sagt Willi großzügig.

In der Kiste befinden sich noch ein Kasper, noch ein Polizist, noch eine Oma, die ich ja leider in meinem Repertoire schon habe, aber dafür auch ein König, ein Zwerg, ein Wolf und ein Rotkäppchen. Das sind vier neue Figuren, die ich gut gebrauchen kann, um mir neue Geschichten auszudenken. Und selbst die Puppen, die ich nun doppelt habe, kann ich ausschlachten und ihre Kleidchen an anderen Köpfen befestigen.

Mir fällt in diesem Zusammenhang eine Artikelserie ein, die ich vor mehreren Jahren einmal geschrieben habe. Sie trug den Titel »Leidenschaften« und berichtete von Personen, die einem besonderen Zeitvertreib nachgingen: von einem älteren Herrn, der all sein Geld in seine Modelleisenbahn steckte; von einer Familie in der Eifel, die einen Privatwald besaß, der voller Gartenzwerge stand; von einer alten Dame, die seit siebenundzwanzig Jahren jede Woche an eine Brieffreundin in Chile schrieb und auf jeden Brief auch eine Antwort erhielt; von einem Kreis Mittelalter-Freunde, der sich in seiner Freizeit als Ritter, Knappe und Burgfräulein verkleidet in alten Gemäuern traf; von einem FC-Köln-Fan, der zu jedem Spiel seiner Mannschaft pilgerte und sich in seinem Garten einen Geißbock als Vereinsmaskottchen hielt. (Immer, wenn Köln abstieg, wurde der Bock geschlachtet und ein neuer gekauft.)

Kurzum: lauter Verrücktheiten des Alltags. Ich weiß noch gut, dass ich all diese Leute für ein wenig schräg hielt und zugleich klammheimlich beneidete. Sie hatten etwas gefunden, das sie ausfüllte und begeisterte jenseits aller Fragerei nach Sinn, Zweck und Nützlichkeit. Ich spüre plötzlich ein ähnliches Feuer der Begeisterung in mir. Das Einzige, was mich zurzeit beschäftigt, sind Kasperle, »Tri-tra-trullala« und das Lied vom Puppenspieler.

Meine Schwester ruft mich nun fast täglich an – entweder um mir mitzuteilen, wie weit sie sich schon eingerichtet hat, um mich um Gefälligkeiten zu bitten oder um ihren Seelenballast bei mir abzuladen. Bei Letzterem höre ich ihr gerne zu. Zuhören und nichts sagen liegt mir – jedenfalls solange ich nicht mit Puppen spiele – und ich fühle mich dann wie eine Person ihres Vertrauens. Mir ist allerdings klar, dass sie mindestens noch zwei beste Freundinnen hat, denen sie mit anderen Worten andere Versionen derselben Überlegungen mitteilt.

»So, die Kinder wissen jetzt Bescheid!«, teilt sie mir bei einem Telefongespräch mit einem Stoßseufzer mit, »etwas früher, als ich beabsichtigt hatte.«

»Was meinst du?«

»Dass wir nicht mehr nach Hamburg zurückziehen. Dass wir hierbleiben.«

»Und wie haben die Kinder es aufgenommen?«

»Sie haben gefragt, ob sie dann jeden Tag zu dir gehen dürfen und ob du jeden Tag Kasperle spielst.«

Ich bin entsetzt darüber, wie schnell ein paar Handpuppen den eigenen Vater ersetzen können.

»Fabian war ja sowieso nie zu Hause«, stöhnt Katja resigniert. »Ständig war er unterwegs. Immer auf Reisen! Oder besser gesagt: immer auf Abwegen! Einen Onkel, der Zeit für sie hat, das ist etwas ganz Neues für die beiden.«

Dann erzählt mir meine Schwester davon, wie die Kinder, von denen sie glaubte, dass sie bereits schliefen, ungewollt ein Telefongespräch mit angehört hätten. Darin habe Katja einer Freundin offenbart, ihrem Mann den Kopf abreißen zu wollen.

»Als ich merkte, dass die Kinder alles mitbekommen haben, gab es kein Zurück mehr. Da musste ich ihnen erzählen, dass wir uns trennen. Stell dir vor, die zwei haben mich gefragt, ob ihr Vater dann nur noch aus einem Kopf bestehen würde.«

»Nur aus einem Kopf?«

»Ja, nur aus einem Kopf. Verrückt, auf welche Ideen die Kinder manchmal kommen«, wundert sich Katja.

»Ja, so sind Kinder«, beruhige ich sie.

Am nächsten Sonntag findet auf dem Parkplatz eines Supermarkts in unserer Nähe ein Trödelmarkt statt, sozusagen ein Superparkplatztrödelmarkt. Mittlerweile kann ich wieder auf Krücken laufen und stelle mit geringfügig schlechtem Gewissen fest, dass die drei Wochen zusätzlicher Krankenurlaub wohl etwas übertrieben waren. Aber ich verspüre keinerlei Lust darauf, mich vor der Zeit bei der Arbeit zurückzumelden. Samuel hilft an diesem Sonntag seiner Tante Katja beim Aufstellen von Möbeln, ich gehe mit Sören und Wiebke trödeln. Wieder mal bin ich auf der Suche nach weiteren Kasperle-Puppen! Tatsächlich kann ich an einem Stand einen schielenden, glupschäugigen Zauberer erstehen, zu dem mir auf Anhieb mindestens drei Geschichten einfallen, in denen er vorkommen könnte. An einem anderen Stand entdecke ich gar eine echte Rarität: eine Puppe mit schokobraunem Gesicht, schwarzem Kraushaar, Nasenring und aufgenähtem Baströckchen.

»Was kostet die Handpuppe?«, frage ich die Frau vom Stand.

»Der Nejer?«

»Eh ... ja, der Schwarzafrikaner.«

Statt zu antworten, stülpt sich die Frau die Puppe über ihre Hand und fuchtelt damit vor den Gesichtern von Sören und Wiebke herum.

»Opjepass', Kinger! Dat is' 'ne Menschenfresser.« Dann grunzt und schmatzt sie wie ein Zyklop, der Griechen frisst. Sören und Wiebke weichen erschrocken zurück.

»Und was soll der ... Menschenfresser bitte kosten?«

Die Frau zieht die Puppe von der Hand und hält mir selbige mit fünf ausgestreckten Fingern entgegen. Fünf Euro!

Ich zahle unverzüglich und ohne zu feilschen. Solche Puppen sind in einer Welt, die peinlich genau darauf achtet, politisch korrekt zu sein, eine absolute Antiquität geworden. Ich hätte ein Mehrfaches dafür bezahlt, was die Trödel-Frau nach abgeschlossenem Kauf zu ahnen scheint, denn dass ich ohne zu murren den verlangten Preis bezahlt habe, hat sie stutzig gemacht. Sie setzt zum Abschied ein verdrießliches Gesicht auf, als ich die Puppe in einer Hängetasche verschwinden lasse und mit den Kindern davonkrücke.

»Ist das wirklich ein Menschenfresser?«, fragt Sören mit großen Augen.

Ich hole die Puppe noch einmal hervor. »Nein, keine Angst. Das ist kein Menschenfresser. Das ist ein Freund von Kasperle. Er heißt Roberto.« Dieser Name hört sich vertrauenerweckend an und die Kinder geben sich damit zufrieden.

Weitere Puppen finde ich leider nicht, aber ein paar Gegenstände, die ich für Vorstellungen gebrauchen kann: eine Kaffeemühle, ein Puppenhaus-Spinnrad, eine Erbsenpistole, einen Karnevals-Polizeiknüppel, einen alten Vogelkäfig, Spielgeld, eine Kristallkugel ... Die Kinder müssen mir beim Tragen helfen, aber das tun sie gern, in Vorfreude auf weitere Kasperle-Vorstellungen.

Am Abend desselben Tages surfe ich durchs Internet und stöbere in Gebrauchtwarenforen auf der Suche nach weiteren Kasperle-Puppen. Ich entdecke eine Seite mit dem Namen ›E-Hammer‹, wo alles versteigert wird, was nicht niet- und nagelfest ist, vom Oldtimer bis zum Ohrring. Handpuppen sind eine ganze Menge dabei, allerdings scheiden viele davon für mich aus: Puppen mit Beinen passen nicht in mein Ensemble, Puppen mit Stoffköpfen sind zu niedlich und solche mit kunstvoll geschnitzten Holzköpfen wirken viel zu wertvoll für meine Storys am Rande von Anarchie und Nonsens. Ich suche die alten, traditionellen Puppen mit Plastikköpfen, die zum Teil hässliche Grimassen haben, schielende Augen, dicke Knollnasen, herausstehende Zähne, Runzeln und Falten. Charaktere! Typen! Menschenfresser!

Es gibt mehrere Anbieter, die ein ›Konvolut alter Handpuppen‹ anbieten. Das Wort ›Konvolut‹ taucht immer wieder auf und macht auf mich den Eindruck, als habe bei der Ausdrucksweise einer beim anderen abgeguckt. Mit einem Wort wie ›Konvolut‹ klingt alter Trödel gleich nach wertvoller Ware. Schade ist, dass die Puppen selten einzeln angeboten werden. Das Stammpersonal – Kasper, Oma, Polizist – ist immer dabei. Ich biete auf eine Handvoll Puppen, unter denen sich ein Pastor sowie ein Ratsherr mit hohem Zylinderhut befinden. Bei einem anderen Anbieter finde ich Handpuppen nach Wilhelm Busch: die Lausbuben Max und Moritz zusammen mit Witwe Bolte und ihrem Spitz, einen Onkel Fritz in Schlafmütze, Schneider Böck und Lehrer Lämpel, Bäcker und Müller. Wie viele Generationen mag es her sein, dass man Kindern die Streiche von Max und Moritz vorgespielt hat? Die Puppen muss ich haben, koste es, was es wolle! Das höchste Gebot liegt bei stolzen fünfzig Euro. Aber der hohe Preis kann mich nicht schrecken. Die Versteigerung und damit die Möglichkeit zu einem Gebot endet morgen Mittag Punkt zwölf Uhr. Leider bin ich, was das Ersteigern von Waren im Internet angeht, ein blutiger Anfänger und begehe den Fehler, auf Anhieb siebzig Euro zu setzen. Damit hoffe ich, alle Mitinteressenten abzuschrecken. Aber ein solcher Enthusiasmus treibt nur die Gebote in die Höhe, wie ich bald lernen muss. Kaum zwanzig Minuten nach meinem Gebot hat jemand einundsiebzig Euro gesetzt! Mist!

Mitten im Eifer des Stöberns und Bietens klingelt wieder einmal mein Telefon. Wahrscheinlich Katja.

»Hallo Karl, du Krüppel, wie geht's?« Es ist mein alter Schulfreund Martin Eckstein. »Was machst du gerade? Störe ich?«

»Ja, du störst!«, gebe ich zu. »Ich bin dabei, Puppen zu kaufen.« Bei dem Wort ›Puppe‹ muss Martin Eckstein unweigerlich an Frauen denken und bei käuflichen Puppen denkt er an ganz besondere Frauen. Er macht einige schlüpfrige Bemerkungen, die zwischen halbherzigem Vorwurf und neidvoller Anerkennung hin- und herpendeln. Ich versuche ihm klarzumachen, dass es sich um Kasperle-Puppen handelt, was er mir erst nach mehrmaliger Versicherung glauben will.

»Kasperle-Puppen? Das kann nicht dein Ernst sein, oder? Es ist wohl höchste Zeit, dass ich bei dir anrufe und dich aus deinem Onkel-Dasein reiße!« Bei diesen Bemerkungen wird mir klar, was ich an meinem Nachbarn Willi Seibock schätze. Er teilt mir seine Lebensweisheiten und Ansichten mit, ohne sie mir aufzuzwängen oder bestimmen zu wollen, was gut für mich ist.

»Na, was gibt's?« frage ich ohne große Hingabe.

»Am nächsten Donnerstag ist Himmelfahrt!«

»Ich hatte noch nicht vor, in den Himmel aufzufahren. Meinem Bein geht's wieder besser.«

»Mensch Karl! Christi Himmelfahrt! Vatertag! Unsere Vatertagstour steht an. Wir sind zu acht, alle von Santa Maria 104. Mit dir sind wir neun.«

Vatertagstour? Zecherei in freier Wildbahn? Zum Glück habe ich eine gute Entschuldigung: »Du weißt doch, dass ich noch fußlahm bin. Ich laufe auf Krücken. Für Wanderungen bin ich noch nicht zu gebrauchen.«

»Kein Problem. Wir haben schon alles geplant. Unsere Wanderroute steht schon fest, ein Weg ohne Anstiege. Und dich nehmen wir im Leiterwagen mit.«

»Im Leiterwagen?«

»Ja. Hab ich bei 'nem Bekannten aufgetrieben. Ein paar dicke Kissen rein, fertig. Wir ziehen dich abwechselnd.«

»Das kann ich doch nicht verlangen«, wehre ich ab und versuche, den Bescheidenen zu geben.

»Doch, doch! Die Jungs sind alle einverstanden. Ohne dich läuft's nicht! Die Wege, die wir gehen wollen, sind laut Karte kinderwagentauglich, zum Teil sogar für Rollstuhl geeignet. Wir machen auch keine Marathon-Tour. Und zum Schluss kehren wir in einem Rasthaus ein. Ich hab uns schon einen Tisch bestellt.«

Bei so viel Kameradschaft bleibt mir nichts anderes übrig, als zuzustimmen. Außerdem arbeitet Martin ja in einem PR-Unternehmen; er weiß, wie man jemanden überzeugt. In Gedanken sehe ich Martin mit seiner langen Wühlmausnase am anderen Ende der Telefonverbindung sitzen und sich über die gelungene Überraschung freuen.

Ich gebe nach. »Na gut. Danke für die Mühe! Wann soll's denn losgehen am Donnerstag?«

# 18

# DIE BLAUE HAND

Ich weiß nicht, warum, aber als ich am nächsten Tag meinen lieben Nachbarn Willi mit seinem Dackel wiedersehe und beobachte, wie Professor Brinkmann an jeder Ecke herumschnüffelt, sich über kleine Leckerbissen freut, gerne gekrault wird und mit seinem Schwanz wedelt, wird mir mit einem Schlag klar, was die Menschen vom Tier unterscheidet. Nicht etwa der Umstand, dass wir Kleidung tragen oder warme Mahlzeiten zu uns nehmen, auch nicht, dass wir vielfältige Werkzeuge wie alte Autos oder langsame Computer benutzen, und auch nicht die zweifelhafte Tatsache, dass wir intelligenter sind als die meisten unserer Mitkreaturen. Nein! Das ist es nicht. Der große Unterschied zwischen Mensch und Tier ist ein ganz anderer: Menschen erzählen sich Geschichten! Ohne diese Eigenart gäbe es sicher keine Weltreligionen mit Geschichten von Heilsbringern, Befreiern und Erleuchteten. Es gäbe keine Mythen von der Weltentstehung, keine Legenden von frommen Wundertätern und keine Märchen vom Kampf gegen das Böse. Es gäbe keine Heldengeschichten, keine Epen und damit auch keine Vorbilder. Es gäbe wohl auch keine Geschichtsschreibung, denn auch die besteht letztlich aus Geschichten. Es gäbe kein Theater, kein Kino und im Fernsehen würden nur Nachrichten- und Sportsendungen laufen. Jedenfalls keine Geschichten von der ›Schwarzwaldklinik‹, auch nicht in der x-ten Wiederholung auf unbeachteten Kanälen. Es gäbe keine Erinnerungen an Alltagsbegebenheiten, die in Geschichten umgewandelt werden, und es gäbe auch kein Kasperle-Theater. Der Wunsch, Geschichten zu erzählen, ist nichts anderes als der menschliche Drang, aus einem Gewimmel unendlicher Begebenheiten eine Verkettung von Ereignissen herauszusieben, die scheinbar sinnvoll sind und denen man einen Anfang und ein Ende, ein Problem und seine Lösung zuordnen kann. Auf solch eine Idee käme ein Dackel nie. Er kriegt ein Stück Wurst, macht einen Spaziergang, bellt böse Nachbarn an, schläft in seinem Körbchen – aber käme wohl niemals auf die Idee, daraus eine Geschichte zu machen. Auch wenn er eine Pfote hätte, die einen Stift halten kann, würde er sie nie aufschreiben, um sich mitzuteilen, und sicherlich blafft er auch keinem Nachbarsköter seine Geschichten zu. Mit absoluter Sicherheit kann ich es natürlich nicht sagen, aber ich bin mir ziemlich sicher, dass Herr Brinkmann keinem Vierbeiner aus dem Bekanntenkreis zugeknurrt hat, dass er kürzlich von bösen Nachbarn mit Bierbüchsen beworfen wurde.

Ohne Geschichten hätten wir keine Gemeinschaft, sondern bestünden bestenfalls aus Rudeln roher Jäger. Ohne Geschichten könnten wir unsere Kinder nicht erziehen und wir könnten uns nicht zum Lachen bringen – jedenfalls nicht absichtlich. (Primaten scheinen ja durchaus zu kichern, wenn einer aus der Horde versehentlich auf einem Stück Kacke ausrutscht.) Ohne Geschichten hätten wir womöglich keinerlei Weltbild mit Idealen, Wünschen und Zukunftsbildern. Uns würde etwas fehlen.

Es erfüllt mich mit einem gewissen Stolz, zu einem Geschichtenerzähler geworden zu sein, wenngleich nur für zwei kleine Kinder, die große Augen machen, wenn es bei Kasperle doll hergeht. Zwei Kinder, die klatschen und mitfiebern und die lachen und Spaß haben. Vielleicht war ich früher als Zeitungsfritze auch schon ein Geschichtenerzähler, aber meine Storys waren viel zu sachlich, und viel zu selten haben sie ihr Publikum mitgerissen.

Eine Geschichte, die mir an diesem Morgen nicht aus dem Sinn gehen will, ist die von Max und Moritz und ihren Lausbubenstreichen. Ich will die Puppen haben! Ich *muss* sie haben! Und so hänge ich mich kurz vor Mittag wieder an den Computer, um den Stand der Dinge auf E-Hammer zu beobachten. Mittlerweile liegt das höchste Gebot bei satten neunzig Euro. Ich wage es, einundneunzig zu bieten, und werde kurz darauf mit einem Kleckerbetrag von fünfzig Cent überboten. Ich habe also irgendwo in Deutschland mindestens einen eifrigen Mitbewerber, der wie ich in Realzeit den Lauf der Dinge verfolgt und auf das Ende der Internet-Auktion harrt. Der soll mich kennenlernen! Ich bin mir übrigens absolut sicher, dass mein Konkurrent männlich ist. Nur Männer können eine solche Beharrlichkeit an den Tag legen und nur unvernünftige Männer bieten für ein paar alte Handpuppen solch stolze Preise. Das hat nichts mehr mit geschäftlichen Erwägungen zu tun und nicht einmal mehr mit Sammelleidenschaft, sondern allein mit Siegeswille, Ehrgeiz und Verbissenheit. Egal! Ich muss die Puppen haben! Ich muss einfach! Max, Moritz, Witwe Bolte, Onkel Fritz, Lehrer Lämpel und all die anderen: Mein sollen sie sein. Max und Moritz sind ein Stück deutsches Kulturgut, um die es sich zu kämpfen lohnt. Nur noch siebzehn Minuten bis zum Ende der Zeit! Der Countdown läuft. Minutenlang passiert rein gar nichts, niemand erhöht. Im Eifer dieses Ferngefechts achte ich nicht mehr darauf, was aus meinen anderen Geboten geworden ist, aber einen Pastor oder einen Ratsherrn mit Zylinderhut kann ich sicher später noch anderswo erwerben. Max und Moritz und Konsorten sind hingegen einmalig, eine Jetzt-oder-nie-Gelegenheit. Die Zeit verstreicht, die letzten Minuten verrinnen. Als nur noch dreißig Sekunden bleiben, gehen sturmartig ein Dutzend Gebote ein. Ich gehe aufs Ganze und setze einhundertvier Euro. Mein Herz schlägt bis zum Halse ... Dann die Entscheidung! Auf meinem Bildschirm erscheint die Mitteilung: »Sie waren Höchstbietender. Herzlichen Glückwunsch!« Ich recke meine Fäuste in die Höhe und lasse einen Jubelschrei hören, als hätte ich eine Goldmedaille bei den Olympischen Spielen gewonnen. »Max! Yes! Moritz!« In mein Erfolgsgefühl über die geglückte Ersteigerung mischen sich Überlegenheit und Schadenfreude. »Har! Har!«, lache ich hämisch und wünschte, ich könnte jetzt auf dem Bildschirm die Gesichter all derjenigen sehen, die umsonst gesetzt haben und leer ausgegangen sind. »Ihr Loser!«, zische ich. Dann jedoch erhalte ich eine E-Mail, in der mir die Modalitäten von Bezahlung und Versand erläutert werden. Mein Siegesrausch verpufft jäh. Bin ich eigentlich noch zu retten? Hundertvier Euro für ein paar abgegriffene Kasperle-Puppen, die von Material und Herstellung nicht einmal ein Zehntel dieser Summe wert sind? Ich muss verrückt sein! Aber dann denke ich an Sören und Wiebke, an ihre leuchtenden Augen und ihre roten Ohren, ihre strahlenden Gesichter und ihr quietschendes Lachen, an jene Begeisterung, die nur Kinder haben können, und bei diesen Gedanken rede ich mir ein, dass ich auch vierhundertundeinen Euro hingeblättert hätte für diese Freude. Es gibt Dinge, die mit Geld nicht aufzuwiegen sind.

Laut Auktionsforum E-Hammer wird es drei bis vier Werktage dauern, bis ich meinen deutschen Kulturschatz in Händen halte, wegen des anstehenden Feiertags (Christi Himmelfahrt) möglicherweise auch ein wenig länger.

Am Nachmittag ist wieder Showtime. Sören und Wiebke kommen zu mir, weil ihre Mutter einige Dinge erledigen muss. Ich werde also erneut ein paar Stündchen auf die beiden aufpassen, mit ihnen malen, sie im Garten spielen lassen, wir werden einen Happen essen, vielleicht in den Park humpeln, ein wenig fernsehen – aber auf jeden Fall werde ich ihnen als Höhepunkt des Tages eine neue Vorstellung mit Kasperle präsentieren.

»Die zwei sind wieder gespannt wie die Flitzebogen«, hat mich meine Schwester am Morgen telefonisch wissen lassen. »Ich hoffe, großer Bruder, du hast nichts dagegen, wenn sie heute wieder vorbeikommen?«

Habe ich nicht. Aber ich werde meine Vorstellungen in Zukunft etwas rationieren müssen, damit sie durch inflationäres Aufkommen nicht ihren Wert verlieren. Ein- oder maximal zweimal die Woche erscheint mir passend.

In meinem heutigen Stück setze ich den neuen Kasper ein, den ich aus den Altbeständen meines lieben Nachbarn geerbt habe. Kasper II erscheint auf der frisch zusammengebastelten Bühne und singt mit dunkler Stimme »Trö-trö-tröllölä«. Die Kinder sind verwirrt. Das spüre ich auch hinter der ›Bühne‹ durch die Wolldecke, die uns voneinander trennt. Kasperle sieht anders aus und er singt anders als gewohnt. Ähnlich reagiert das deutsche Publikum, wenn ein berühmter Hollywood-Star plötzlich eine neue deutsche Synchronstimme hat oder wenn in einer Seifenoper eine Rolle unverhofft von einem neuen Schauspieler besetzt wird, mitten in der laufenden Staffel.

Kasper II trifft den Polizisten.

»Göten Tög!«, grüßt er.

»Guten Tag, Kasperle«, entgegnet der Polizist, »wohin so früh?«

»Zör Größmötter«, antwortet Kasper II und lässt sich von dem Polizisten erklären, wie er dorthin findet. Da der Polizist doof ist, wundert er sich keinen Deut, wieso Kasperle den Weg zu seiner eigenen Großmutter erklärt haben möchte. Unterwegs trifft Kasper die Grete, die es zuckersüß findet, dass Kasperle sie »Gröte« nennt und ihr ein »Kösschen« geben will. Schließlich begegnet Kasper noch dem Wolf, dem alten Tunichtgut, der erst Angst hat, Kasperle könnte ihm mit dem Prügel eins über den Schädel ziehen. Aber weil der Kasper den »Wölf« krault wie einen lieben Dackel, lädt der Wolf ihn zu einem Bierchen ein. Und als die beiden etwas beschwipst sind, überredet der böse Wolf den Kasperle, Rotkäppchen aufzulauern und ihr Kuchen und Wein zu stibitzen.

»Göb deinen Kööchen hör!«, raunt Kasper das arme, verdatterte Rotkäppchen an und raubt die guten Gaben aus ihrem Körbchen. Den Kuchen futtert Kasper gleich auf, den Wein kippt er sich gemeinsam mit dem Wolf hinter die Binde.

Ich luge durch einen Spalt in der Wolldecke, um zu sehen, wie die Kinder reagieren. Sie sitzen gebannt auf ihren Plätzen und halten sich bei den Händen. Auf ihren Stirnen sind kleine Sorgenfalten zu erkennen. Sie sind verstört, wie kleine Kinder es sind, die ihre Eltern erstmals in angetrunkenem Zustand erleben. Von dem unflätigen Kasper sind sie sichtlich pikiert. Ihr Weltbild steht kopf. Es wird langsam Zeit, die Ordnung wiederherzustellen und der Verwirrung ein Ende zu bereiten. Der wirkliche Kasperle erscheint im Rampenlicht und singt sein altbekanntes »Tri-tra-trullala«.

»Hallo Kinder!«

»Hallo Kasperle!«, begrüßen Wiebke und Sören ihn wie einen lang vermissten guten Freund.

»Ach, Kinder, ihr glaubt gar nicht, wie sehr ich mich freue!«, erzählt Kasperle. »Ich erwarte heute Besuch! Jawohl. Besuch! Und ratet mal, von wem?«

Die Kinder raten allerlei, wer Kasperle besuchen könnte. Es ist aber nicht das Rotkäppchen und auch nicht der Jäger, dessen Körper aus einem Kaktus besteht. Die Kinder kommen nicht drauf und Kasperle muss sein Geheimnis lüften: »Ihr werdet es nicht glauben, liebe Kinder, aber ich bekomme heute Besuch von einem Austausch-Kasper aus dem Österreich. Das ist ein fernes Reich, wo fast in jedem Wort ein ›ö‹ vorkommt.« Und mit verstellter Stimme fährt Kasperle fort: »Verstöht öhr, wös öch möne, Könder?«

Sören und Wiebke überschlagen sich vor Lachen bei jedem Satz, den Kasperle auf ›Östrisch‹ spricht.

Munter spinnt sich die Geschichte fort: Der Austausch-Kasper ist nach der Flasche Wein, die er dem Rotkäppchen abgeluchst hat, ziemlich betrunken und folgt dem Wolf weiter in den Wald hinein, statt das Zuhause von Kasperle und seiner Großmutter aufzusuchen. Dort trifft er den Räuber, mit dem er bald Brüderschaft trinkt. Der Räuber überredet den Austausch-Kasper dazu, den König zu überfallen und die Kronjuwelen zu rauben. So kommt auch meine König-Puppe von Nachbar Seibock zu ihrem ersten Einsatz. Nachdem der arme König vom Austausch-Kasper ausgeraubt worden ist, schickt der gebeutelte Monarch den Polizisten aus, um Kasperle festzunehmen. Als der Polizist zum Haus der Großmutter kommt, um Kasperle in Handschellen zu legen, greift die alte Oma zum Holzlöffel und verdrischt den Polizisten. »Menge Enkel kütt net in et Jefängnis, du Fottloch!«, schimpft sie. Während die Großmutter, respektive meine linke Hand, auf den Polizisten, meine rechte Hand, einprügelt, schlage ich mir nicht nur die eigene Hand blau, sondern auch den Holzlöffel entzwei.

In meiner Geschichte folgen noch eine Reihe weiterer Irrungen und Wirrungen, bis schließlich die Verwechslung mit dem Austausch-Kasper aufgeklärt wird. Die Kinder müssen vor dem König bestätigen, dass *ihr* Kasperle beim Raub der Kronjuwelen unschuldig war; sie werden sozusagen zu Kronzeugen. Kasperles Ehre ist wiederhergestellt, der Wolf und der Räuber hingegen werden bestraft, weil sie den armen Austausch-Kasper betrunken gemacht und zu üblen Taten verleitet haben: Der Räuber muss den Wald kehren und der Wolf mit seinem Schwanz das Königsschloss putzen. Allerdings muss auch der Austausch-Kasper zur Wiedergutmachung dem Rotkäppchen eine Flasche Wein besorgen und einen frischen Kuchen backen, und der Polizist muss selbstverständlich der Großmutter einen neuen Holzlöffel kaufen. So ist alles wieder in bester Ordnung und Kasperle kann sich endlich dem Austausch-Kasper widmen. Beim Abgang singen sie abwechselnd »Tri-tra-trullala« und »Trö-trö-tröllölä«.

Die Kinder klatschen begeistert und ich kann mir scheinheilig einreden, sie frühzeitig und pädagogisch wertvoll vor den Schrecken des Alkohols gewarnt zu haben. Noch dazu habe ich eine Lanze für den Schüleraustausch gebrochen.

# 19

# VATERTAG

Am nächsten Donnerstag ist Christi Himmelfahrt. Mein Sohn Samuel überrascht mich zu gegebenem Anlass mit einem Schlemmerfrühstück, für das er sich mit viel Mühe und gutem Willen zeitig aus dem Bett gekämpft hat. Denn mein Feiertag beginnt früh, schon um halb neun wollen mich die Kumpel von der Thekenmannschaft Santa Maria 104 zur Vatertagstour abholen.

Samuel tischt Kaffee, Ei, ofenknusprige Brötchen und frisch gepressten Orangensaft auf. Neben meiner Lieblingskaffeetasse liegt ein Umschlag, darin steckt eine Ansichtskarte aus Aachen, die auf der Bildseite Karl den Großen zeigt. Auf der Rückseite steht der Text: »Für den besten Karl der Welt. Alles Gute zum Vatertag – Samuel. PS: Man sollte dich für den Karlspreis vorschlagen.« Außerdem enthält der Umschlag zwei Gutschein-Tickets für einen Kinobesuch innerhalb der nächsten drei Monate. Obwohl ich es nicht mag, dass mein Sohn mich mit Vornamen anredet, bedanke ich mich herzlich.

Pünktlich um 8.30 Uhr klingelt es an unserer Haustür. Die Fußballfreunde! Unser gnadenloser Trainer Dirk Drassel, der mich schon seit Wochen nicht mehr über das Spielfeld hat hetzen können, hat einen Kleinbus besorgt, in dem unsere neunköpfige Schar Platz findet. Er selbst sitzt am Steuer, mein alter Schulfreund Peter Waider sitzt auf dem Beifahrersitz neben ihm. (Irgendwie passt es zu Waider, dass er neben dem Fahrer sitzt und diesem auf die Finger schaut, immerhin ist er von Beruf ja Steuerprüfer.) Auch die anderen sind alte Bekannte, allesamt gestandene Familienväter in allen Varianten: mit und ohne Trauschein, lang verheiratet, frisch geschieden oder neu liiert, mit vielen oder mit Einzelkindern, eigenen oder übernommenen. Der engste meiner alten Freunde, PR-Manager Martin Eckstein mit seiner langen Wühlmausnase, lässt es sich nicht nehmen, neben mir auf der Rückbank zu sitzen, auf der ich mein lädiertes Bein hochlegen kann. Hinter dieser Bank gibt es noch Stauraum für Gepäck, wo der Leiterwagen steht, mit dem man mich durch die Botanik ziehen möchte. Außerdem lagern dort mehrere Rucksäcke, Wanderstecken, Paletten mit Schnapsfläschchen und zwei Kästen Früh Kölsch (Martin: »Weil wir ja in aller Früh aufbrechen ...«). Ich werde mit großem Hallo und vielen Extraportionen wiehernden Gelächters empfangen.

»Hallo Meister! Wie geht's?«

»Pohlmann, du alter Krüppel. Lang nicht mehr gesehen!«

»Bald wieder fit?«

»Wie ist es, wenn man auf zwei von drei Beinen lahm ist?«

»Wann kommst du wieder zum Training?«

»Seitdem du nicht mehr dabei bist, gibt es gar nicht mehr so viel zum Lachen.«

»Hast du abgenommen? Krückenlaufen hält wohl in Form, wie?«

»Wie wär's mit 'nem Bier, Mann?«

Nach meinem Zusteigen schlucken alle bis auf den pflichtbewussten Fahrer einen Schnaps auf ex und köpfen eine Flasche Bier. Es wird angestoßen.

»Auf die Väter dieser Welt!«

»Auf Männer, die sich trotz Frau und Kindern treu geblieben sind!«

»Auf echte Kerle!«

»Und auch auf die, die's gerne wären!«

»Auf die Männer, auf den Fußball und auf die Fernbedienung!«

»Jawoll!«

»Nieder mit der Staatsverschuldung!«

»Für ein freies Rheinland!«

»Sprengt die Eifel! Mehr Platz für Karnevalszüge!«

Es geht Richtung Eifelrand. Nach rund einer halben Stunde Fahrt, auf der viel geredet, aber kein einziges vernünftiges Wort gesprochen wird, erreichen wir einen Waldparkplatz. Der Kleinbus wird geparkt, die Rucksäcke werden umgehängt und ich werde mit meinen Krücken in den Leiterwagen verfrachtet. Als Unterlage für mein verletztes Bein schieben mir meine Kameraden den zweiten Kasten Bier unter. Der andere Kasten ist bereits während der Fahrt vernichtet worden. Ich sitze beengt, aber dafür recht unbequem. Da können auch zwei Kissen kaum helfen. Die Wanderung kann losgehen. Irgendwie finde ich es rührend von meinen Jungs, dass sie mich nicht hängen lassen und unbedingt mitnehmen wollen. Sie haben tatsächlich eine Liste erstellt, wer mich wann zu ziehen hat, über welchen Streckenabschnitt und für wie lange. Bei diesem Pohlmann-Dienstplan wurden sogar das Streckenprofil und der Untergrund des Waldbodens mitberücksichtigt. Organisator Drassel hat an alles gedacht. Ruckelnd geht es über den Waldwanderweg. Anfangs werden weiter eifrig Sprüche geklopft und, nachdem wir den

Parkplatz hinter uns gelassen haben, sogar ein paar Wanderlieder angestimmt, die zwar wenig von landschaftlichen Schönheiten oder Heimatverbundenheit künden, dafür aber von männlichen Großtaten bei Besteigungen aller Art. Je dichter uns allerdings der Wald umfängt, umso mehr zerfällt unsere Schar schließlich in kleinere Grüppchen von zwei bis drei Leuten, die sich weniger lautstark durch echte deutsche Wurzelwildnis schlagen. Immer dann, wenn unser Anführer Drassel Kommando für den Schichtwechsel im Pohlmann-Ziehen gibt, ist es Zeit für eine weitere Flasche Bier und/oder einen Schnaps. Die Sonne lacht, die Eichhörnchen zwitschern und manch ein Vogel schwingt sich von Ast zu Ast. Gelegentlich stoßen wir auf andere Gruppen von Wanderern – ausschließlich Männer –, die freudig gegrüßt und immer auch ein wenig gefoppt werden: »Was seid ihr denn für ein Trauerverein? Noch kein Bier gehabt heute?«

»Hallo Männers, wie ist das Wetter hinter dem Hügel, wo ihr herkommt?«

Eine Truppe rüstiger Rentner wird mit dem Glückwunsch »Alles Gute zum Urgroßvatertag!« begrüßt, eine Handvoll junger Burschen mit der Frage: »Wer hat euch denn schon so früh aus dem Laufstall gelassen?«

Als mich Martin zieht und wir uns ein wenig abseits von den anderen bewegen, will er endlich von mir wissen, ob ich mir tatsächlich am letzten Sonntag Puppen gekauft hätte und warum ich das Geld nicht für lebende Frauen ausgeben würde. In einem unvorsichtigen Moment verrate ich ihm, dass ich eine dreistellige Summe für antiquierte Handpuppen verschwendet habe. Mit großem Gejohle muss er das sofort an die anderen herausposaunen. Die neunköpfige Wandergruppe rückt wieder zusammen, man schart sich um meinen Leiterwagen, ich werde bedrängt und man will nähere Einzelheiten hören. Wie in solchen Männerhorden üblich, lässt man mir kaum Zeit zum

Antworten und die Reaktionen sind faustdicke Kraftausdrücke, ironische Frotzeleien und andere derbe Witzchen. Alles wild durcheinander:

»Max und Moritz? Pohlmann, bist du noch recht bei Trost? So einen alten Kappes! Für die Kids von heute hättest du eine Batman-Puppe ersteigern sollen.«

»Warum hast du dir keine Gummipuppe gekauft? Da hast du mehr von!«

»Lasst ihn doch! Man muss in die Zukunft investieren! Pohlmann will sicher die Zeitungsschreiberei an den Nagel hängen und Puppenspieler werden! Stimmt's?«

Erst als die anderen hören, dass ich genau einhundertvier Euro ausgegeben habe, gibt es auch Lob und Anerkennung zu hören.

»Hundertvier? Unsere Vereins-Glückszahl!«

»Gut gemacht, Pohlmann! Wenigstens hast du gewusst, wo die Grenze ist.«

»Wenn das unsere alte Bio-Lehrerin mit ihrer Oberweite wüsste!«

»Die alte Frau Salgado? Gott hab sie selig!«

»Wieso Gott? Die Alte ist wohl eher ein Fall für den Leibhaftigen!«

»Wann gibst du uns denn mal 'ne Kasperle-Vorführung, Karl?«

Irgendwann beruhigt sich der Tross wieder und erneut kommt es zur Auflösung in kleinere Grüppchen, die hintereinanderher gehen.

So poltern wir weiter durchs Grün eines Tannenwaldes und reißen einen Kilometer nach dem anderen ab.

Nach knapp drei Stunden erreichen wir ein altes Gehöft, das vor mehreren Jahren zu einer Waldwirtschaft umgebaut worden ist. Es trägt den Namen Eifelhof und hat sich zu einem beliebten Ausflugsziel entwickelt.

»Männer! Fertig machen zum Essenfassen!«, kommandiert Dirk Drassel in militärischem Ton.

»Wird auch Zeit!«, stöhnt einer.

»Ich wittere Frischbier«, freut sich ein anderer. Der Kasten Bier, auf dem mein Bein ruht, hat mittlerweile dasselbe Schicksal erfahren wie sein Leidensgenosse im Kleinbus: Er ist restlos geleert worden. Nachschub ist daher dringend vonnöten.

Auf dem Eifelhof gibt es neben Schankraum und Speisestube im Haupthaus, das aus mächtigen Steinquadern besteht, auch alte Schuppen und Stallungen sowie ländlich einfache Nebengebäude mit Übernachtungsmöglichkeiten für Wanderer und Naturfreunde, einen zünftigen Biergarten, eine Spielwiese mit Klettergeräten für Kinder sowie einen eingezäunten Bolzplatz. In einiger Entfernung befindet sich eine Weide mit Pferden, die für herben Landgeruch sorgt.

Der Eifelhof ist, da es bereits auf Mittag zugeht, gut besucht. Unter einem Sonnenschirm steht ein Tisch mit acht Stühlen und – mir steht vor Staunen der Mund offen – einer Chaiselongue im Rokokostil, wie man sie manchmal auf belgischen Antikmärkten findet. Ein uraltes gepolstertes Sitzmöbel für verwöhnte Damen früherer Jahrhunderte, die gerne die Beine hochlegten! Auf dem rustikalen Eifelhof wirkt dieses Museumsstück, noch dazu unter freiem Himmel, so deplatziert wie eine Badewanne im Foyer eines Stadttheaters.

Auf dem Tisch steht unser Vereinswimpel mit der Aufschrift ›Santa Maria 104‹, der sonst nur in unserer Stammkneipe, dem ›Burgturm‹, zum Einsatz kommt. Ich muss mit Respekt anerkennen, dass Dirk Drassel wirklich an alles gedacht hat, vom reservierten Tisch bis zur Sitzgelegenheit für den Vereinsbehinderten. Ich fühle mich verwöhnt und umsorgt, zugleich ist es mir fast ein wenig peinlich, dass um mich so viel Aufhebens gemacht wird. Unser Auftauchen mit mir im Leiterwagen sorgt bereits ohne Chaiselongue für neugierige Blicke und grinsende Gesichter.

Peter Waider, der bei unserer Ankunft meinen Wagen zieht, ruft wie ein alter Bahnhofsvorsteher in die Menge: »Achtung, Flaschentransport!«

»Schade, dass wir nur leere Flaschen dabeihaben!«, witzelt ein anderer. Mit mir kann man's ja machen.

Zwei Mannschaftskameraden greifen mir unter die Arme und verfrachten mich auf die Chaiselongue. Mir wird mehr geholfen, als nötig wäre, denn aufstehen und mit Krücken gehen könnte ich auch ohne fremde Hilfe, aber man will mich betüddeln, wo's nur geht. Dann folgt der bisherige Höhepunkt der Krankenpflege: Dirk Drassel bindet mir mit großer Geste und unter allgemeinem Gelächter ein Kleinkinder-Lätzchen um, auf das ›Santa Maria 104‹ gestickt ist. Fotos werden gemacht und eine Runde Bier bestellt. Auf Drassels Befehl wird der allgemeine Verzehr von Kölsch-Bier auf Maibock umgestellt, ein Bier aus einer Bonner Brauerei.

»Weil Vatertag im Mai ist und weil starke Männer ein starkes Bier brauchen!«, lautet die Begründung. »Prost, Männer!«

Wir werden von einer Kellnerin bedient, die mir gleich ins Auge fällt. Mittelgroß, blond, mit frechem Kurzhaarschnitt, der ihr etwas Mädchenhaftes verleiht. Sportlich gebaut, energisch wirkend. Sie trägt eine hellblaue Latzhose, die irgendwie zum Eifelhof passt, darunter ein weißes T-Shirt. Das Outfit der modernen Bauersfrau. Meine Mutter würde von ihr sicher behaupten, dass sie in die Alterskategorie meiner potenziellen Partnerinnen fällt. Ich schätze sie auf Ende dreißig, Anfang vierzig. Sie hat mandelförmige Augen, die ein wenig osteuropäisch aussehen. Aber ihr Blond wirkt eher skandinavisch. Das Bier serviert sie uns, ohne unnötige Worte zu machen. Sie hat sich heute, am Tag der alkoholisierten Väter, sicher schon so manche Zote und dumme Bemerkung anhören müssen. Unaufgefordert bringt sie uns auf einem quietschenden Servierwagen einen riesigen Topf Erbsensuppe mit deftiger Wurstbeilage an den Tisch. Auch das Essen muss Drassel schon vorbestellt haben. Zur Suppe gibt es mehrere Körbe mit Scheiben von fingerdick geschnittenem Graubrot, dazu Schmalz. Den Topf platziert die Kellnerin mitten auf unserem Tisch und stellt jedem von uns einen Suppenteller vor die Nase. Nur bei mir zögert sie. Da ich wie eine Filmdiva auf meiner Chaiselongue mit Kissen und Lätzchen drapiert bin und den Tisch kaum erreichen kann, ist sie etwas unschlüssig, wo sie meinen Teller absetzen soll.

»Und du?«, fragt sie mich. Ich finde es wohltuend, dass sie gleich duzt. Egal, ob Bankdirektor, Schulleiter, Handlanger oder Straßenkehrer, an diesem Tag im Jahr sind sich alle Männer gleich und Förmlichkeiten unnötig.

Noch bevor ich antworten kann, prustet einer aus der Truppe: »Der muss handgefüttert werden!« Ein anderer grölt: »Erbsensuppe kann man auch ausm Nuckelfläschchen trinken.«

Warum sitze ich eigentlich nicht auf einem Stuhl, frage ich mich. Bin ich Schwerbehinderter oder Kriegsversehrter? Mir wird klar, dass meine Verletzung nur ein guter Vorwand für Selbstinszenierungen unseres Vereins ist, für Zirkusnummern. Für Brimborium und Trara. Vielleicht ist das typisch für diese Ecke Deutschlands: Jeder Satz ist ein bisschen Büttenrede, jede Handlung ein wenig Clownerie, alles mit einem Hauch von Karneval gewürzt. Überall ein kleines Tschingderassabum und Tätärätä. Ich lasse es geschehen, weil ich trotz der vielen Witze auf meine Kosten weiß, dass man mich mag und sich auch um meine Gesundung sorgt. Würde ich plötzlich tot von dieser Chaiselongue sinken, wären alle diese Männer erschüttert und würden auf meiner Beerdigung mit den Tränen kämpfen.

Ehrlich! Die Kellnerin wartet nicht lange auf meine Antwort, sie stürmt ins Haupthaus des Hofs zurück, in die Küche.

»Pass auf, die bringt dir jetzt 'nen extra langen Strohhalm für die Suppe«, prustet Peter Waider.

»Extralang und suuuperdick«, schmettert ein anderer.

Dirk Drassel ergreift schon einmal die Suppenkelle und beginnt damit, Suppe in die Teller zu scheppen. »Keine Bange, Männer. Es ist für jeden genug da. Ich habe drei Würste pro Person bestellt!«

»Und wie viel Suppe?«, will einer wissen.

»Genug, um deinen Wasserkopf damit zu füllen!«

Na bitte, auch die anderen in der Mannschaft kriegen ihr Fett weg, beziehungsweise ihre Suppe ab. Von Späßen verschont bleibt niemand.

Kurz darauf kommt die Kellnerin zurück. Sie hat ein Frühstückstablett mitgebracht mit klappbaren Füßen, von dem man im Liegen speisen kann.

»So, bitte!«, sagt sie und stellt mir das Tablett über den Bauch. Diese gut gemeinte Tat ist ein weiterer Grund für Lacher und Sprüche, für viele OOOs und AAAs, aber diesmal lasse ich mir die Betüddelung gerne gefallen. Bier, Erbsensuppe, Wurst, Sonnenschein, frische Waldluft, gute Stimmung, nette Bedienung – langsam gefällt mir der Vatertag. Nachdem jeder einen randvollen Teller dampfender Suppe vor sich stehen hat, ist es Zeit für eine Tischrede. Das ist Dirk Drassels Sache. Trotz seiner Autorität gelingt es auch ihm nicht, ungestört ohne Zwischenrufe zu sprechen:

»Männer! Schön, dass wir hier beisammen sind! (»Tolles Wetter haste bestellt, Dirk!«) Ihr wisst ja, dass wir noch viele Jahrzehnte unsere Touren machen müssen, um die 104 voll zu bekommen. (»Richtig!« – »Klar doch!«) So steht es nicht zuletzt in unserer Vereinssatzung: Erklärtes Ziel ist es, hundertvier Jahre zu bestehen, Fußball zu spielen, Bier zu trinken und Spass zu haben!«

(Dirk Drassel sagt nie »Spaß« mit langem *a*, er spricht immer nur von »Spass«.)

Nach kurzer Kunstpause fährt er fort: »Männer, was wären wir ohne Kameradschaft?« (»Nix!« – »Sklaven der Frauen« – »Arbeitsesel!«)

Die Zwischenrufe nimmt Dirk Drassel gekonnt auf: »Genauso ist es, Männer. Wir wären nichts!« Und dann spricht er knapp drei Minuten von unserem Zusammenhalt, von echter Freundschaft, von früheren Großtaten und zukünftigen Unternehmungen. Er übertreibt in allem so großzügig, dass jede Aussage als Scherz gelten darf und nichts allzu ernst genommen werden muss. Trotzdem erkennt jeder den wahren Kern. Drassels Rede ist kurz genug, um interessant zu bleiben, und nicht zu lang, als dass die Suppe kalt wird. Er schließt mit einem »Prost, Männer! Auf Santa Maria 104!« Maibock rinnt die Kehlen hinunter und dann wird ordentlich Suppe gelöffelt.

Jeder schaufelt zwei bis drei Teller Suppe in sich hinein und verdrückt die Würste. Brot muss nachbestellt werden. Devise: »Wer trinkt, braucht eine kräftige Grundlage!«

Nach der üppigen Mahlzeit gibt es zum Nachtisch einen Pflaumenschnaps. Dann greift Dirk Drassel in seinen Rucksack und zaubert einen Fußball daraus hervor. »Und jetzt, Männer, wird gespielt! Der Bolzplatz ist unser!« Außer mir quittieren diese Ankündigung alle mit einem freudigen Johlen. »Pohlmann, du kannst der Schiedsrichter sein.« Dirk Drassel reicht mir eine Trillerpfeife. »Dein Römer-Sofa tragen wir zum Spielfeld.«

»Nein danke!« Ich lehne ab. Und nach einigem Sträuben wird mein Wunsch sogar akzeptiert. Während die übrigen acht Wanderfreunde Fußballschuhe aus ihren Rucksäcken holen und sich die Hosenbeine hochkrempeln, bestelle ich mir noch eine Himbeer-Kaltschale und verspreche, zuzugucken und bei jedem Tor herüberzuwinken. Polternd ziehen sie hinüber zum Bolzplatz. Ich schließe für einen Moment die Augen und genieße die warmen Sonnenstrahlen und die himmlische Ruhe.

»Eine Himbeer-Kaltschale!« Die Kellnerin.

Ich öffne wieder die Augen. »Danke!«

»Du spielst nicht mit ...« – Ich weiß nicht, ob das eine Frage oder eine Feststellung sein soll.

Ich zucke die Schultern. »Nein.«

»Hast du gefallen?«, fragt die Kellnerin.

»Bitte?«

»Ob du gefallen hast?«, wiederholt sie.

»Ich ... ich *bin* gefallen, ja.« Jetzt erst fällt mir auf, dass sie einen kaum hörbaren Akzent hat.

Sie lächelt. »Das sieht man!« Und während sie das sagt, schaut sie auf die blauen Flecken auf meiner rechten Hand.

»Ach, die Flecken«, gestehe ich etwas verlegen, »die sind woandersher. Ich hab mit Kindern gespielt.«

»Du musst wilde Kinder haben.«

»Nicht meine eigenen«, antworte ich etwas zu hastig, »sondern meine Niften.«

»Was?«

Das Wort ›Niften‹ ist ein Versprecher, ich wollte von Nichte und Neffe sprechen. (Leider gibt es im Deutschen keinen Überbegriff für Nichten und Neffen.)

»Ich meinte meinen Neffen und meine Nichte, die Kinder meiner Schwester. Aber an den blauen Flecken sind die zwei unschuldig. Ich hab mir selbst mit dem Hammer ...«

»He, Bedienung!«, erklingt ein ungeduldiger Ruf vom Nachbartisch. Dass sich die Kellnerin an einem Tag mit Hochbetrieb ohne besonderen Anlass lange mit einem Kunden unterhält, erweckt die Missgunst der Durstigen.

»Ist schon gut!«, sage ich, als gäbe es etwas zu verzeihen oder zu erlauben.

»Guten Appetit!«, wünscht sie noch und reicht mir einen langen Eislöffel, lächelt und wendet sich anderen Vätern zu.

Nach zwei mal zwanzig Minuten beenden meine Kumpel ihr Spiel vier gegen vier. Ausgetrocknet kommen sie zurück und bestellen eine weitere Runde Bockbier. Die Ersten haben längst schwere Zungen und glasige Augen. Bei diesen Temperaturen und bei körperlichen Anstrengungen verfehlen Schnaps, Früh- und Starkbier nicht ihre Wirkung. Nur Dirk Drassel ist nach dem ersten Bock auf Alkoholfreies umgestiegen und noch einigermaßen klar im Kopf. Er fragt nach der Rechnung und bezahlt alles aus unserer Vereinskasse. Ich lasse es mir aber nicht nehmen, ein Trinkgeld dazulassen, und schiebe kaum merklich einen Fünf-Euro-Schein unter die Kaltschale. Dann werde ich wieder in meinen Leiterwagen gesetzt und der Rückmarsch beginnt.

Tschüss, Eifelhof!

Gegen halb sechs Uhr am Nachmittag bin ich wieder zu Hause. Ich fühle mich etwas wackelig auf meinen Krücken, aber ansonsten gut. Die rumpelige Rückfahrt war anstrengend und ich freue mich auf einen geruhsamen Abend.

# 20

# ONKELABEND

Zu früh gefreut! Umständlich schließe ich auf Krücken die Haustür auf, humple durch den Flur und öffne unsere Wohnzimmertür, da werden mir Luftschlangen und Konfetti entgegengeblasen. »Alles Gute zum Vatertag!«, ertönt ein vielstimmiger Chor, gefolgt von Tröten, Hochrufen und Hundebellen. Das Wohnzimmer ist mit bunten Luftballons und Girlanden geschmückt. Im Wohnzimmer warten außer Samuel auch meine Schwester Katja, ihre beiden Kinder sowie meine Mutter auf mich. Selbst Willi Seibock mit Hund ist dabei. Auf dem gedeckten Wohnzimmertisch steht ein Kuchen mit drei brennenden Kerzen, einer dicken roten und zwei kleineren in Rosa.

Statt mich zu freuen, bringe ich nur ein verdattertes »Was ist denn hier los?« hervor.

»Überraschung!«, trällert meine Schwester. Sie stürmt auf mich zu und umarmt mich. Ich bin sicher, diesen Spaß habe ich ihr zu verdanken.

»Ich dachte, ich bin nur der Vater von Samuel«, stammle ich hilflos, ohne laut auszusprechen, was mir auf der Zunge liegt: Und was macht ihr anderen hier? Uneingeladen?

»Seit Kurzem bist du auch Ersatzvater und Lieblingsonkel von Sören und Wiebke«, wispert mir Katja ins Ohr. »Und es ist doch schön, wenn wir endlich mal alle zusammen sind, oder?«

»Woher wusstet ihr denn, wann ich nach Hause komme?«

»Dein Freund Martin!«, verrät Katja mit Siegerlächeln. »Von ihm wusste ich, wo's hingeht und wann ihr ungefähr zurück seid. Außerdem hat er uns per SMS auf dem Laufenden gehalten.«

Na toll! Katja hält wieder alle Zügel in der Hand. Ich bin sicher, sie veranstaltet diesen Zauber, um den Kindern einen allzu tristen ersten Vatertag ohne Vater zu ersparen. Den Kindern zuliebe nehme ich mich natürlich gern zusammen und ersticke meine Anflüge von schlechter Laune im Keim. Für Sören und Wiebke bin ich bereit, an der Inszenierung des Vater- bzw. Onkeltages mitzuwirken. Dass es Katja gelungen ist, meine Mutter aus der Seniorenresidenz hervorzulocken, und dass sie sogar an meinen Nachbarn gedacht hat, erweckt zugleich meine Bewunderung. Katja bringt wirklich alles fertig, was sie sich in den Kopf setzt! Samuel rückt mir einen Stuhl heran und an seinen hochgezogenen Augenbrauen und dem verkniffenen Lächeln mit zusammengepressten Lippen kann ich ablesen, dass er unschuldig ist. Ich lasse mich nieder und damit verpufft auch mein letzter Widerstand. Ich bin bereit, mich verwöhnen und feiern zu lassen. Als Vater, Onkel, Bruder, Sohn, Dackelversteher oder was auch immer!

»Möchtest du einen Kaffee?«, fragt mich meine Mutter mit derselben Stimme, mit der sie mich in ihrer Wohnung bewirtet.

»Ja, bitte.«

»Wiebke und Sören haben ein Geschenk für dich«, kündigt Katja an.

»Was? Aber das ist doch nicht nötig …«

»Doch, doch. Zum Onkeltag. Die zwei wollten unbedingt!«, behauptet sie.

Die Kinder stellen sich vor mir auf. Oh nein, denke ich, bitte jetzt keine Gedichte vortragen! Jedes Kind hält ein kleines Paket in der Hand. Doch statt mir die Präsente zu überreichen, schauen sie mich nur einen Moment lang an, dann reißen sie wie auf ein heimliches Kommando selbst das Geschenkpapier in Fetzen. Zum Vorschein kommen zwei Handpuppen, Tiere aus Stoff: ein Eichhörnchen und ein Geißbock. Die Kinder ziehen sich die Puppen über ihre kleinen Händchen, sammeln sich eine Sekunde lang, werfen sich einen geheimnisvollen Blick zu und singen dann gleichzeitig mit ihren Puppen: »Zöm Önkeltäg vöhl Glöck, zöm Önkeltäg vöhl Glöck, zöm Önkeltäg, löber Önkel, zöm Önkeltäg vöhl Glöck!«

Mir bleibt der Mund offen stehen: Die zwei sind einfach zu drollig! Meine Schwester scheint sichtlich gerührt und kämpft mit den Tränen, auch wenn ihr wahrscheinlich unklar ist, was es mit den vielen ›Ös‹ auf sich hat. Meine Mutter dagegen legt den Kopf schräg und betrachtet das Ganze ein wenig missbilligend. Ich bin sicher, sie mag keine ›Ös‹. Samuel grinst, Willi Seibock klatscht vor Begeisterung in die Hände und Professor Brinkmann winselt leise.

»Oh, vielen Dank!«, sage ich nach dem Lied und nehme die neuen Handpuppen in Empfang.

»Die Kinder wollten dir unbedingt zwei Puppen schenken«, seufzt Katja etwas zu übertrieben. »Die Tierchen hatten sie in einem Spielzeugladen entdeckt.«

Das wundert mich nicht. Anders als Charakterpuppen mit Plastikfratze findet man Tierpuppen aus Stoff heutzutage in fast jedem Warenhaus. Raritäten wie Witwe Bolte und Lehrer Lämpel muss man dagegen im Internet zu Höchstpreisen erjagen.

Aber das Eichhörnchen und die Geiß sind mir eine willkommene Erweiterung meines Puppenpersonals. Sie werden spontan auf die Namen *Aischhörnschen* und *Jeeß* getauft.

Dann soll ich den Kuchen anschneiden. »Die große Kerze bin ich«, erklärt Samuel mit einem Schmunzeln. Und die beiden kleinen Kerzen sind Nichte und Neffe, ergänze ich für mich selbst, meine neuen Zweitkinder. Bisher war mir unklar, dass außer dem Vatertag auch ein Onkeltag im deutschen Festkalender steht.

»Muss ich die Kerzen ausblasen?«, will ich wissen. Das tue ich ungern, wenn sie meine Kinder symbolisieren sollen, aber alle anderen sind der Ansicht, dass ich kräftig pusten müsse. Nun denn!

Nach etwa einem Stündchen Kaffee und Kuchen verabschiedet sich Willi Seibock von uns. Ich begleite ihn trotz Krücken zur Haustür.

»Danke für die Einladung«, sagt er bedächtig.

»Nichts zu danken«, entgegne ich. »Der Dank gebührt meiner Schwester.«

»Jow. Dat is' ja schön, dat die jetz' widder hier wohnt, ne? Die Kinder sin' e su nett.« Er seufzt. Dummerweise stelle ich eine Frage, die ich lieber nicht hätte stellen sollen:

»Und wie war's bei dir? Sind deine Kinder auch gekommen, um dir zu gratulieren?«

Willi Seibock sieht mich mit traurigem Blick an. Er schüttelt leicht den Kopf. »Nee. Keiner war da. Et hat auch keiner anjerufen. Jedenfalls net bis fünf Uhr heut Namittach.« Er atmet kräftig durch und ergreift die Türklinke. »Na ja, ens gucken. Vielleicht hat ja einer von die Kinder auf de Telefonbeantworter jesprochen, wo isch weg war. Komm, Professor Brinkmann! Jehn mer!« Und mit seinem Hund verlässt er mein Haus und watschelt hinüber in seine einsame Wohnung. Ich warte, bis er die paar Meter bis zu seiner Haustür zurückgelegt und seinen Schlüssel hervorgekramt hat.

»Danke für der Kuchen!«, winkt er noch einmal hinüber. Ich winke zurück.

Kurz darauf möchte auch meine Mutter in ihre Residenz zurück. Sie besteht darauf, sich ein Taxi zu nehmen, und ist durch nichts davon abzubringen. Als sie aus dem Haus ist, geht Samuel mit Sören und Wiebke noch einmal in den nahen Park zum Spielen; es ist immer noch angenehm warm. Meine Schwester und ich bleiben im Wohnzimmer zurück.

»Du hast ja einen ziemlichen Aufwand betrieben für den Onkeltag«, grinse ich.

»Du hast es verdient«, meint Katja mit Nachdruck. »Du hast mir so viel geholfen in den letzten Tagen. Und die Kinder sind verrückt nach dir!«

»Und sonst?«, frage ich, als gäbe es mehr zu berichten. Katja macht den Eindruck, als verschweige sie mir etwas. Sie unterdrückt ein Stöhnen. »Fabian ist in der Stadt!«

»Wirklich?«

»Ja, vollkommen überraschend. Heute früh hat er mir eine Nachricht geschickt, dass er unterwegs hierher ist. Er wollte die Kinder sehen.«

»Und was sollte diese Feier?« Ich merke, wie Ärger in mir hochsteigt, der sich in einer spitzen Frage Luft macht. »Ich hoffe, das war nicht nur ein Fluchtmanöver, um deinem Mann nicht über den Weg laufen zu müssen.«

»Exmann, bitte!«

»Auf dem Papier seid ihr noch nicht geschieden.« Ich bereue im selben Moment, den Haarspalter zu geben. Einlenkend füge ich hinzu: »Er ist immer noch Sörens und Wiebkes Vater. Die Kinder wirst du ihm kaum vorenthalten können.«

»Ja, ja!« Katja verdreht die Augen. »Ist mir klar! Will ich auch gar nicht! Und damit du Bescheid weißt: Diese Überraschungsfeier für dich hatte ich schon vor Tagen im Sinn, lang bevor ich wusste, dass Fabian hier vorbeischneien will. Glaub es mir!«

»Ja, tu ich! Sorry.«

»Außerdem« – meine Schwester beißt sich auf die Unterlippe – »haben wir ihn heut Mittag schon getroffen. Ich konnte ihn ja nicht einfach abwimmeln.«

»Er kennt also deine neue Adresse?«

»Ja, sicher. Schon durch die Umzugsfirma. Gegen zehn kam seine Textnachricht. Da muss er schon längst im Auto gesessen haben. Und dann, gegen eins, klingelte es und da stand er vor unserer Tür. Mit Blumen für mich und Mitbringseln für die Kinder. So als käme er von einer seiner Dienstreisen zurück.«

»Hatten die Kinder wenigstens ein kleines Vatertagsgeschenk für ihn?«, möchte ich wissen.

»Woher denn? Bis heute Vormittag wusste ich ja gar nicht, dass er überhaupt kommt. Sören und Wiebke haben dann auf die Schnelle ein Bild für ihn gemalt.«

»Ein Bild. Mehr nicht?«

Katja schnaubt. »Hätte ich noch schnell 'n Gutschein von der nächsten Tanke holen sollen, oder was?« Nachdem sie einmal kräftig Luft geholt hat, fährt sie fort: »Rate mal, was Wiebke für ihren lieben Papi gemalt hat.« Katja lässt zwei Sekunden verstreichen, um mir Gelegenheit zum Antworten zu geben.

»Eichhörnchen? Ein Haus mit Blümchen davor?«

»Nein! Einen Mann mit Reisekoffern. Ihr lieber Herr Vater war ja dauernd unterwegs.«

Meiner Schwester ist anzumerken, dass ihr die Trennung von Fabian schwerfällt. Auch wenn sie noch so sehr davon überzeugt ist, von ihm die Nase voll zu haben.

»Sein Besuch war peinlich. Grrr!« Sie macht eine Bewegung, als wollte sie jemanden erwürgen. »Heile-Welt-Getue, als wäre alles beim Alten. Nach ein paar Stunden war ich froh, ihm sagen zu können, dass wir jetzt gehen müssten, weil wir noch etwas vorhaben. Ein Familienfest.«

»Mmh ... und wo ist er jetzt? Auf dem Weg zurück nach Hamburg?«

Katja knirscht mit den Zähnen. »Nein, er ist noch hier. Er wollte sich irgendwo ein Zimmer nehmen und mindestens bis morgen bleiben. Und ...« – Katja zögert – »... er würde *dich* gerne sprechen. Persönlich.«

»Mich?« Mit meinem Schwager verbindet mich kein überschwänglich herzliches Verhältnis. Dass er mich sprechen will, verwundert mich. »Ja, warum nicht«, höre ich mich sagen. »Wann denn?«

»Er wird sich bestimmt noch bei dir melden heute Abend.« Nach Wandertour und Onkelabend wird mir der heutige Tag also noch ein weiteres aufregendes Ereignis bescheren.

Als auch Katja und die Kinder endlich aus dem Haus sind und es schon auf neun Uhr zugeht, klingelt mein Telefon. Auf dem Display erkenne ich Fabians Nummer.

»Hallo«, melde ich mich, ohne geheuchelte Freude, aber auch ohne zu distanziert klingen zu wollen.

»Ja, hallo Karl. Ich bin's, Fabian. Wie geht es dir?«

Ich habe keine Lust auf einleitende Plaudereien und komme sofort zur Sache: »Die Frage ist, wie es dir geht.«

Ich höre ein verlegenes Schlucken, ein leichtes Zögern.

»Ja, deswegen rufe ich an. Mir geht es nicht sonderlich. Du weißt sicher, warum ...«

»Ich kann's mir denken.«

»Hat dir Katja erzählt, dass ich dich gerne sprechen würde?«

»Hat sie.«

»Ich weiß, dass es schon spät ist. Aber hättest du heute noch Zeit?«

Ich lasse mich dazu breitschlagen, meinen Schwager heute noch zu vorgerückter Stunde zu treffen – in erster Linie, um Katja damit einen Gefallen zu tun. Je früher Fabian sein Anliegen bei mir vorbringt, umso eher wird er sich wahrscheinlich wieder in den hohen deutschen Norden davonmachen. Dahin, wo der Strandhafer wächst. Weil ich aber weder Lust habe, ihn zu mir nach Hause einzuladen, noch dazu, ihn in seinem Hotel aufzusuchen, verabreden wir uns in einer Kneipe, die nur zehn Minuten Fußweg von mir entfernt liegt. (Auf Krücken dreizehn Minuten.) Das traue ich mir dank Schlemmerfrühstück, Schnaps, Kölsch, Maibock, Erbsensuppe, Kaffee und Vatertagskuchen noch zu.

Die Kneipe hat nichts von der Gemütlichkeit des ›Burgturms‹, der Stammkneipe unserer Thekenmannschaft. Die Kneipe, in der ich meinen Noch-Schwager treffen möchte, trägt den einfallslosen Namen ›An der Ecke‹. Hier hängen nur schräge Vögel, Eigenbrötler und verkrachte Existenzen herum, ab und zu auch ein paar verhinderte Künstler der verarmten Sorte. Einsame Herzen, traurige Gestalten und Gestrandete der Vorstadt, die sich den ganzen Abend an einem einzigen Bier festhalten und verhindern, dass der Wirt reich wird, die aber auch hartnäckig jeden Abend wiederkommen und verhindern, dass der Wirt dichtmachen kann. Im Gegensatz zum ›Burgturm‹, der seinen Namen völlig zu Unrecht trägt, liegt ›An der Ecke‹ immerhin an der Ecke. Ich betrete diese Kneipe normalerweise nie, aber für ein Gespräch mit Fabian schien sie mir geeignet. Hier wird niemand die Ohren spitzen, wenn wir uns an einen ruhigen Tisch zurückziehen, wahrscheinlich um über Eheprobleme zu debattieren, und niemand wird uns mit neugierigen Blicken bedrängen, sollten wir laut werden, wild gestikulieren, Tränen vergießen oder uns gar in die Haare geraten. Die Stammkundschaft ›An der Ecke‹ lebt jenseits von Neugierde und Entrüstung. Sie hockt herum und hat mit der Welt abgeschlossen. Das Bier und die Hoffnung auf einen Lottogewinn erhält sie am Leben.

Als ich die Kneipe bekrücke, sehe ich Fabian bereits an einem der hinteren Tische sitzen, fern der Fenster zur Straße. Er hat einen missmutigen Gesichtsausdruck und fühlt sich allem Anschein nach in dieser Umgebung unwohl. Seine herunterhängenden Mundwinkel verraten, dass dieser Schuppen unter seiner Würde ist. Er ist bestimmt säuerlich, dass ich ihn ausgerechnet hierhergelotst habe, statt ihn zu mir nach Hause einzuladen. Vor ihm steht eine Tasse Tee, die er garantiert aus Imagegründen bestellt hat, um sich von all den Bierrüsseln abzusetzen, die das Stammpersonal ›An der Ecke‹ bilden. Doch schon seine Kleidung hebt ihn von der derangierten Masse ab: Fabian trägt Sakko, Schlips und Manschettenknöpfe, als ob er einen wichtigen Geschäftstermin hätte. Er nippt an seinem Tee und setzt die Tasse angewidert wieder ab, während ich über die Schwelle stolpere. Als er mich bemerkt, ändert sich augenblicklich sein Gesichtsausdruck, als hätte man einen Knopf umgelegt. Er setzt eine Leidensmiene auf, wie sie jeder Pietà zur Ehre gereichen würde. Zaghaft winkt er mir zu, als wäre es nötig, dass ich auf ihn aufmerksam werde.

»Karl! Schön, dass du kommst. Ich bin dir zu Dank verpflichtet!« Er erhebt sich leicht und reicht mir die Hand. Seinen Händedruck kann ich erst erwidern, als ich mich hingesetzt und meine Krücken abgestellt habe. »Schön«, sagt er erneut, »schön, Karl. Ich weiß, es ist schon spät. Möchtest du etwas trinken?« Er winkt dem Ober. Ich bemerke, dass er stark nach Rasierwasser riecht. Für dieses Treffen hat er sich tatsächlich in Schale geworfen.

Nachdem mir ein Mineralwasser gebracht worden ist, kommt Fabian allmählich zur Sache.

»Ja, weswegen ich dich sprechen wollte: Es geht um Katja ...«

»Ach?!«

»... ja, und die Kinder natürlich. Das alles ist irgendwie ...« Fabian sucht nach einem passenden Ausdruck. »... irgendwie bedauerlich ist das. Findest du nicht auch?«

Er sieht mich prüfend an, um zu sehen, wie ich reagiere. Während er das tut, rührt er in seinem Tee.

»Ja.«

In seinen Augen glimmt ein kleines Freudenfeuer, als hätte er den wichtigen Teil einer Schlacht geschlagen.

»Katja und ich, wir gehören einfach zusammen. Dieser Umzug hierher, das ergibt doch keinen Sinn. Und die Kinder, getrennt von ihrem Vater!«

»Ich find's auch traurig, wenn eure Ehe in die Brüche geht.«

Fabian rührt etwas heftiger. »Ja, genau. Das finde ich auch. Das geht doch nicht. Es ist alles wie ein großes Missverständnis. Ich meine, in Hamburg, da sind wir nun mal zu Hause.«

»Eigentlich wohnt ihr ja in Stade«, fällt mir ein.

»Ja, ja. – Unser Haus, der schöne Garten. Das ist doch alles eine Schande, so ohne Kinder, ohne Familie.«

Ich trinke mein Glas Mineralwasser in wenigen Schlucken leer. Auf Krücken zu laufen macht durstig. Aber heute ist Vatertag. Immer noch! Es wird Zeit, dass ich wieder auf Bier umstelle. Hier reden zwei Väter miteinander über ernste Dinge. Da sind Tee und Wasser völlig deplaziert. Ich winke erneut nach der Bedienung. Der Ober schlurft herbei und knallt mir kurze Zeit später ein Pils ohne Schaumkrone auf den Tisch. Ich nehme einen kräftigen Schluck, bevor ich Fabian frage: »Hast du noch andere Argumente für Katja und die Kinder, zu dir zurückzukommen?«

»Ich hätte ja nie geglaubt, dass sie mit dem Auszug ernst macht. Ich dachte, sie bleibt ein paar Tage weg und dann kriegt sie sich wieder ein und kommt zu mir zurück. Hat eure Mutter ihr denn nicht ins Gewissen geredet?«

Ich zucke die Schultern. Keine Ahnung.

Fabian trinkt seinen Tee und tut so, als ob es ihm schmecke. Mit angefeuchteten Lippen meint er: »Als dann der Umzugswagen vor der Tür stand, da dachte ich, mich trifft der Schlag. Katja hatte einige Kisten gepackt und Möbelstücke beschriftet, aber ich hätte ja nie geglaubt ...«

»Dass sie ernst macht«, ergänze ich. »Ja, das sagtest du schon.«

»Wirklich?« Fabian rührt wieder in seiner Tasse. Diesmal etwas bedächtiger. Dann redet er unbeirrt weiter: »Um noch einmal auf die Kinder zurückzukommen: Die müssen doch ihren Vater vermissen?«

Statt darauf einzugehen, frage ich: »Warum bist du jetzt erst hier?«

»Wie meinst du?«

»Katja ist schon Wochen fort von Hamburg. Warum kommst du jetzt erst, um sie zu sehen?«

»Ich hatte gedacht, die kommt schon wieder. Außerdem hatte ich ein paar wichtige Termine. Eine Dienstreise nach Kopenhagen, dann ein Meeting in Malmö. Du weißt ja ...«

»Katja hat mir von deinen Dienstreisen erzählt.«

Fabian hebt die Augenbrauen. Er nimmt den Löffel aus der Tasse, klopft die letzten Tröpfchen am Tassenrand ab und legt ihn dann auf die Untertasse. »Was hat sie denn erzählt?«, fragt er mit gespitzten Ohren.

»So das ein oder andere von dir und deinen Eskapaden.«

Fabian versucht ein Lächeln. »Ach, diese alten Geschichten.« Er macht eine Bewegung, als würde er Mücken verscheuchen. »Das hatten wir doch längst hinter uns gelassen. Katja und ich. Gemeinsam vergessen und abgehakt. Und da war ja auch nichts. – Ich bitte dich, Karl, du kennst mich doch.«

Ich lehne mich zurück. »Um mich zu überzeugen, könntest du gerne etwas weiter ausholen.«

»Wie meinst du?«

»Du könntest deine Behauptungen etwas unterfüttern. Beispiele, Belege, Einzelheiten. So ein ›Du-kennst-mich-doch‹ ist ein bisschen wenig.«

»Was willst du denn hören?«, fährt er mich plötzlich an, als hätte ich ihn zu Tode beleidigt.

Ich atme einmal kräftig durch. »Fabian«, sage ich schwer, »also, Fabian, es ist doch ...«

»Fabian, Fabian«, äfft er mich nach und schneidet mir unwillig das Wort ab. »Wie du das schon sagst: ›Fabian.‹« Er rollt mit den Augen. »Steh ich jetzt hier etwa vor Gericht? Bin ich angeklagt?«

Leicht angesäuert trinke ich erst mal mein Bier aus. »Lieber Fabian. Ganz ehrlich: Wenn nur die Hälfte von dem stimmt, was mir Katja in den letzten Tagen anvertraut hat, muss ich sagen, dass du ein blöder Sack bist.«

Fabian sieht mich entgeistert an. Diese Breitseite der Offenheit saß. Das gibt mir Mut weiterzumachen: »Und blöder Sack ist eigentlich noch recht freundlich ausgedrückt.«

In diesem Augenblick kommt der Ober wieder an unserem Tisch vorbei. »Noch 'n Bier?«, fragt er lustlos.

Ich nicke zur Bestätigung.

»*Zwei* Bier«, ordert Fabian.

Der Ober nimmt ungerührt mein Bierglas und Fabians Teetasse mit.

»Und Ihr Tee schmeckt abscheulich!«, faucht Fabian ihm hinterher. Dann schweigt er für einen kurzen Moment, blickt nach unten, als müsse er sich neu sammeln, und schaut mich dann wieder mit der Leidensmiene an, die er schon bei meinem Eintreten kurz ausprobiert hatte.

»Karl!« Er legt seine Hand auf meinen Unterarm. »Du bist meine letzte Hoffnung. Du musst mit Katja reden. Du musst ihr klarmachen, dass sie zu mir gehört. Dass ich doch nur sie will.«

»Warum sagst du ihr das nicht selbst?«

»Auf dich hört sie!«, beschwört er mich. »Du bist der große Bruder, zu dem sie immer aufgeschaut hat.«

»Das ist mir noch gar nicht aufgefallen.«

Fabian glaubt, er könne mich mit Komplimenten in seinen Dienst zwingen: »Für Katja bist *du* die einzige Person, auf die sie hört. Deren Meinung ihr etwas wert ist. Wenn du ihr sagst ...«

»Ich arbeite als Reporter, aber nicht als Souffleur. Ich brauche Katja nichts einzuflüstern.«

Plötzlich fängt Fabian an zu jammern. »Ich beschwöre dich! Was soll ich denn ohne Katja tun?« Dann schlägt er die Hände vorm Gesicht zusammen. »Ich hänge ja so an ihr.« Er beginnt zu schluchzen.

Ich werfe einen Blick in die Runde. Am Nebentisch sitzt im Halbdunkel ein älterer Mann, der gelangweilt zu uns hinüberschaut. Ich glaube, er trägt eine Perücke, aber das bilde ich mir wohl nur ein. Als sich unsere Blicke treffen, zieht er die Nase hoch und schaut demonstrativ gleichgültig in eine andere Richtung. Er kommt mir irgendwie bekannt vor. Auch an der Theke sitzt jemand, der bemerkt haben muss, dass Fabian und ich nicht über die Bundesliga sprechen – ein Drei-Zentner-Mann, dessen dicker Hintern links und rechts vom Barhocker herunterschwappt. Er grinst mir zu. Dann wuchtet er sich hoch und schwankt Richtung Klo.

Der Kellner kommt mit den zwei bestellten Bier, setzt sie ab und geht wortlos wieder davon. Ich beginne, mich ›An der Ecke‹ wohlzufühlen. Der ideale Austragungsort für ein schnödes Alltagsdrama.

»Lass uns etwas trinken«, fordere ich Fabian auf.

Er nimmt eine Hand von seinem Gesicht und bedeckt mit der anderen weiterhin seine Augenpartie. Dennoch kann ich erkennen, dass er keine Tränen vergießt. Mit zittrigen Fingern langt er nach dem Glas. Es gelingt ihm, mit mir anzustoßen.

»Auf den Vatertag!«, sage ich stramm.

»Auf die Liebe«, wimmert er mit erstickter Stimme.

Anschließend redet er noch über anderthalb Stunden auf mich ein und versucht es dabei mit den unterschiedlichsten Strategien: Mitleid (»Was soll ich ohne sie nur anfangen?«), Reue (»Es tut mir ja auch alles sehr leid.«), Fürsorglichkeit (»Es ist doch das Beste für kleine Kinder, wenn die Eltern zusammenbleiben.«), kalte Vernunft (»Schon allein finanziell ist es am sinnvollsten, wenn wir das Haus gemeinsam bewohnen.«) und Drohungen (»Die soll ja nicht glauben, dass ich ihr eine dicke Rente zahle.«).

Ich kann mich schließlich nur von ihm loseisen mit der Zusage, dass er morgen Vormittag noch einmal bei mir vorbeikommen darf. Fabian wehrt sich nicht, als ich die gemeinsame Zeche zahle.

Es ist fast Mitternacht, als ich auf Krücken wieder nach Hause schwinge. Die Nacht ist warm und der Mond scheint in voller Pracht, als hätte er Vatertag. Auf den letzten Metern versuche ich, ohne Gehhilfen klarzukommen und mein verletztes Bein wieder etwas zu belasten. Es klappt zufriedenstellend. Nächstes Jahr werde ich wieder mitwandern können und nicht im Leiterwagen sitzen müssen.

Als ich unser Reihenhäuschen erreiche, höre ich nebenan Professor Brinkmann leise jaulen. Ob der Dackel den Mond anheult?

Bevor ich in unseren Hausflur trete, bleibe ich noch ein paar Atemzüge auf dem Treppenabsatz stehen, genieße die Abendluft und schaue in den Maihimmel. Und in einem bin ich mir tatsächlich sehr sicher: Fabian ist ein dummer Sack.

# 21

# DER BOCK

Am nächsten Morgen übergibt Katja ihre Kinder noch ein weiteres Mal meiner Obhut. »Das ist das letzte Mal. Ich verspreche es!«, beteuert sie. »Ab nächsten Montag sind die zwei im Kindergarten.« Ich habe nichts dagegen, Sören und Wiebke wieder bei mir aufzunehmen. Seit dem gestrigen Vater-/Onkeltag habe ich sie noch mehr ins Herz geschlossen.

Die beiden wollen unbedingt ein neues Kasperle-Theaterstück mit *Aischhörnschen* und *Jeeß* sehen. Ich lasse mich auch nicht allzu lange bitten. Aber erst essen wir noch ein zweites Frühstück. Samuel ist zu diesem Zeitpunkt bereits lange aus dem Haus, er hat Schule und anschließend Training im Bogenschießen.

Bevor es mit dem Puppentheater losgeht, helfen mir die Kinder wie gewohnt dabei, eine kleine Bühne aus Bügelbrett und Wolldecke aufzubauen und das Wohnzimmer abzudunkeln. Ich habe mir halbwegs eine Geschichte zurechtgelegt, mir ein paar Requisiten gegriffen und will gerade beginnen, als es an der Haustüre klingelt.

»Bitte nicht aufmachen«, bettelt Wiebke.

»Wir tun so, als wären wir nicht zu Hause«, flüstert Sören. Die Kinder verhalten sich mucksmäuschenstill und lauschen, ob der Störenfried verschwindet.

Es klingelt ein weiteres Mal.

»Keiner da!«, ruft Sören aus Leibeskräften.

Dadurch lässt sich der Klingler natürlich nicht täuschen. Ding-dong, ding-dong. Das kann unmöglich mein Nachbar Willi Seibock sein, der gelegentlich des Morgens vorbeischaut. Willi klingelt höchstens ein einziges Mal, dann zieht er im Zweifelsfalle wieder davon, weil er niemandem zur Last fallen will. Willi würde nie ungeduldig klingeln, erst recht nicht, wenn aus dem Hausinneren Zurufe zu hören sind. Da fällt mir ein, wer draußen vor der Türe stehen muss. Na klar, wie konnte ich den nur vergessen – Fabian!

»Kinder!«, rufe ich, »wir müssen unbedingt aufmachen. Ich glaube, da ist euer Vater.«

»Ist der schon wieder da?«, fragt Wiebke.

»Ich dachte, der wär wieder weggereist«, meint Sören.

Schließlich öffnen wir gemeinsam. Und tatsächlich, vor der Tür steht mein Schwager. Als Fabian seine Kinder sieht, ist er keineswegs freudig überrascht.

»Was macht ihr denn hier?«, fragt er mit Enttäuschung in der Stimme. Vermutlich missfällt ihm die Anwesenheit der Kleinen, weil sie verhindern wird, dass er mich ins Gebet nehmen kann. Vor den Kindern wird er kaum jammern und um meinen Beistand flennen können. Er wird nicht den Verzweifelten spielen oder den Reumütigen geben.

»Wo ist denn eure Mutter?«, will er spitz wissen.

»Nach Köln!«, sagt Sören.

»Da kriegt sie eine neue Arbeit«, weiß Wiebke.

Fabians Stimmungsbarometer geht weiter in den Keller. Man sieht es ihm unverkennbar an. »Und wann kommt sie wieder zurück?«

»Erst später am Nachmittag!«, gebe ich Auskunft.

Mit der entwaffnenden Direktheit kleiner Kinder sagt Sören: »Jetzt fängt das Kasperle-Theater an. Komm rein und guck mit oder geh weg!«

Mit einem Male hat Fabian Weichspüler in der Stimme: »Ja, freut ihr euch denn nicht, dass der Papi kommt?«

»Doch«, brummt Wiebke, aber es klingt alles andere als überzeugend. Sie ergreift die Hand ihres Vaters, zieht ihn ins Wohnzimmer und drückt ihn aufs Sofa. »Jetzt fängt das Theater an!« Dann legt sie den Finger auf ihre Lippen und bedeutet ihrem Vater, still zu sein und zuzuschauen.

»Du darfst gerne zusehen«, versichere ich. »Aber du siehst ja, was die Kinder verlangen: still sein, aufmerksam zuhören und mitmachen, wenn Kasperle dazu auffordert.«

Fabian sieht mich Hilfe suchend an. »Wollten wir nicht, Karl …? Ich meine …«

»Psst!«, zischt Wiebke. »Sonst fängt es nicht an! Und wenn Kasperle das erste Mal kommt, musst du mitsingen. Tri-tra-trullala!«

»Muss das sein?«, stöhnt Fabian. »Das ist doch kindisch.«

»Psst!«, machen die Kinder, diesmal beide zusammen und sehr nachdrücklich.

»Du hast die Kinder ja gehört«, sage ich mit gespieltem Bedauern. »Also – bitte hinsetzen und zugucken!«

Und an die Kinder gerichtet gebe ich das Kommando: »Licht aus, Spot an!«

Daraufhin schaltet Sören die Deckenlampe aus und Wiebke eine Leselampe an, die als Scheinwerfer auf die Puppenbühne gerichtet ist.

Dann setzen sie sich eilig auf dem Sofa zurecht, in einigem Abstand zu ihrem Herrn Papa. Wie üblich fassen sie sich bei der Hand und warten gespannt darauf, dass es losgeht.

Diesmal beginne ich mein Stück nicht mit Kasperles Begrüßungslied, sondern mit einem Prolog: Rotkäppchen geht durch den Wald. Dabei singt sie eine altgermanische Volksweise mit dem eingängigen Text ›la-la-la-la-laa‹.

»Hallo Kinder, wisst ihr denn noch, wer ich bin?«, fragt Rotkäppchen.

»Das Rotkäppchen!«, antworten Sören und Wiebke im Chor. Die beiden sind wirklich so, wie kleine süße Kinder sein sollen. Wenn ich nicht schon ihr Onkel wäre, würde ich mich augenblicklich um das Ehrenamt eines Rufonkels bemühen.

»Das Rotkäppchen? Seid ihr auch ganz sicher, Kinder, dass ich nicht das Blauhäubchen bin?«

»Neeeiiin!«

»Oder vielleicht das Grünmäntelchen?«

»Neeeiiin!«

»Oder vielleicht das Gelbmützchen?«

»Neeeiiin!«

»Na, dann wird es wohl stimmen, dass ich das Rotkäppchen bin. Und wisst ihr auch, wo ich hingehe?«

Die Kinder tuscheln kurz miteinander. Dann sagt Sören: »Du gehst bestimmt wieder in den Wald und du hast Kuchen und Wein dabei.«

»Genau! Und wisst ihr auch, auf welches Tier ich achtgeben muss?«

Diesmal antwortet Wiebke: »Auf den bösen Wolf!«

»Nein!«, sage ich als Rotkäppchen. »Auf den Bock! Der Bock sieht harmlos aus, aber er hat nichts anderes im Sinn, als zarten Mädchen wie mir aufzulauern.«

In diesem Moment lasse ich den Geißbock, die *Jeeß*, erscheinen. Sie hechelt wie ein abgehetzter Hund, schleicht sich von hinten an das Rotkäppchen heran und springt ihr auf den Rücken. Rotkäppchen wimmert kläglich unter seiner Last.

Dann fängt das Stück so richtig an. Kasperle erscheint und singt sein altbekanntes »Tri-tra-trullala«, bei dem die Kinder selbstverständlich mitsingen.

»Hallo Kinders!«, begrüßt Kasperle sein Publikum. »Ich hab gar nicht viel Zeit, weil ich rasch zu meiner Oma muss. Die hat schreckliche Rückenschmerzen. Und wisst ihr, warum?«

»Neeeiiin!«

»Sie hat Rückenschmerzen, weil ihr ein blöder Bock auf den Rücken gesprungen ist. Jetzt muss ich schnell nach Hause und meine Oma kräftig massieren.«

Im nächsten Akt erscheint Kasperles Großmutter, die ich wie gewohnt rheinisches Platt sprechen lasse. Sie schimpft fürchterlich über den blöden Bock, der sie besprungen hat.

»Die fies Jeeß, wenn isch die krieg, der schloch isch op de Fress! Dat sach isch disch, Jong!«

»Oma, Oma!«, versucht Kasperle seine aufgebrachte Großmutter zu beruhigen, während er ihr den Rücken mit einem Nudelholz durchwalkt, »lass das mal meine Sorge sein. Die Geiß knöpf ich mir vor!«

Bald darauf begibt sich Kasperle auf die Suche nach dem Geißbock, er trifft aber nur die weinende Grete.

»Warum weinst du denn, du arme Grete?«, will Kasperle wissen.

»Ach, Kasperle, der böse Bock hat mich besprungen. Das scheint ihm Spaß zu machen, diesem Bösewicht.«

»Ja, die Böcke. Sie sind dumm und haben überhaupt nichts im Kopf. Außer ihren Bocksprüngen. Nichts im Kopf! Rein gar nichts! Nur *am* Kopf, da haben sie zwei Hörner.« Und während Kasperle weitersucht, überlegt er laut, ob der

Bock mit dem Teufel verwandt ist, denn der hat auch zwei Hörner.

Schließlich begegnet Kasperle einem traurigen Eichhörnchen.

»Ja, sind denn heute alle traurig?«, stöhnt Kasperle. »Erzähl, *Aischhörnschen*! Was macht dich denn so trübselig?«

»Ach«, sagt die Eichhörnchen-Dame, »ich habe einen lieben Mann.«

»Das ist doch kein Grund, traurig zu sein.«

»Doch, doch! Mein Mann ist nämlich ein Bock. Während ich Nüsse sammle und Vorräte für den Winter anhäufe, ist mein Mann dauernd auf fremden Weiden unterwegs. Ständig verreist.«

Kasperle schüttelt den Kopf. (Weil er eine Handpuppe ist ohne gelenkigen Hals, dreht er eigentlich seinen ganzen Körper hin und her.) »Aber nur weil der liebe Mann viel reist, braucht man doch nicht so betrübt zu sein. Dann ist das Wiedersehen doch umso schöner!«

»Leider nein!«, erklärt das Eichhörnchen. »Mein Mann, der alte dumme Bock, bespringt auf seinen Reisen Omas, Tanten, Mütter, Töchter, Frauen, Mädchen, Weibchen, Katzen, Damen, Königinnen, Schneiderinnen sowie Grün-, Blau- und Rotkäppchen aller Art. Drum mag mich keine Nachbarin mehr leiden und alle meine Eichhörnchen-Freundinnen haben sich umoperieren lassen in dicke Büffel, die stinken und für einen Bock viel zu groß sind.«

Die Kinder lachen. Lange Aufzählungen finden sie immer lustig und dicke Büffel, die stinken, sind sowieso zum Brüllen. Vor allem, wenn sie in einem früheren Leben Eichhörnchen waren.

Ich nutze die Lachpause und schiele seitlich an der Wolldecke vorbei auf mein Publikum. Wie nicht anders zu erwarten, sind Wiebke und Sören bestens gelaunt. Ihr Vater hingegen macht ein sauertöpfisches Gesicht.

Das Eichhörnchen setzt wieder an: »Wenn das so weitergeht, muss ich meinen Mann zum Metzger bringen und schlachten lassen!«

»Das wäre in der Tat bedauerlich«, sagt Kasperle. »Aber vielleicht haben dumme Böcke es nicht anders verdient.«

Kasperle verspricht der Eichhörnchen-Frau, den Bock auf frischer Tat zu ertappen und zu überführen. Er verabschiedet sich mit dem Satz: »Der reisende Bock ist ein reißender Bock und drum kein reizender Bock!«

Kasperle sucht und sucht und gerät dabei immer tiefer in den Wald hinein. Unverzagt und frohgemut, wie Kasperle meistens ist, trällert er unterwegs ein Liedchen vor sich hin: »Der Springbock ist ein dummer Sack, dummer Sack, dummer Sack ...« Weil die Melodie von einem bekannten Kinderlied stammt, können Sören und Wiebke schon nach wenigen Zeilen mitsingen. Ich höre hinter meiner Decke, wie Fabian sich vernehmlich räuspert, aber das beeindruckt mich keinen Deut.

Nun trifft Kasperle auf den Jäger (mit dem Kaktuskörper), der ebenfalls durch den Wald streift. Kasperle berichtet dem Jäger von seinem Vorhaben, woraufhin der Jäger ihm ein paar gute Tipps mit auf den Weg gibt. »Manchmal muss man seiner Beute hinterherjagen. Manchmal muss man sie einkreisen. Manchmal muss man ihr auflauern. Oder man muss sie mit einem Köder anlocken.«

»Mit einem Köter?«

»Nein, Kasperle, du Depp! Mit einem Köder. So wie ein Wurm an einer Angel. Das ist ein Köder.«

»Aha!« Kasperle ist ein heller Bursche, der lernfähig ist. »Und womit lockt man einen Bock, der alle bespringt?«

Der Jäger klopft Kasperle auf die Schulter: »Natürlich mit alten Omas, die nicht so schnell weglaufen können.«

»Eine tolle Idee«, frohlockt Kasperle. »Jäger, ich muss dich loben, du bist ein guter Ideer!«

Kasperle marschiert nun schnurstracks zum Haus seiner Oma zurück. »Oma, Oma!«, ruft er schon von Weitem, »ich muss mir unbedingt ein paar von deinen alten Klamotten ausleihen!«

»Wat?«

»Ach, Oma, das erzähl ich dir später.« Kasperle verschwindet von der Bildfläche. Kurz darauf bringe ich erstmals die Zweitoma zum Einsatz, die mir ebenfalls Willi Seibock vermacht hat. Erneut zeigt sich, dass es bisweilen nützlich ist, wenn man eine Puppe doppelt hat. Omapuppe II erscheint auf der Bühne und spricht mit Kasperles Stimme: »Hallo Kinder. Ich bin's, der Kasperle. Ich habe mich als Oma verkleidet. Nun will ich sehen, ob mich der Bock bespringt, der blöde! Zu diesem Behufe werde ich nun ein wenig lustwandeln und durch die Gegend flanieren.«

Wörter wie ›Behuf‹ oder ›lustwandeln‹ gehören sicher nicht zum Vokabular von Kindern im Vorschulalter. Aber als Puppenspieler nehme ich auch eine pädagogische Aufgabe wahr und betrachte es als positiven Nebeneffekt, wenn ich auf diesem Wege zur Erweiterung ihres Wortschatzes beitrage. Ausdrücke wie ›blöder Sack‹ setze ich hingegen als bekannt voraus.

Nun flaniert Kasperle als Oma durch die Lande. Bald schon erscheint im Hintergrund die *Jeeß*. Vorsichtig pirscht sie sich an. Der Geißbock hechelt und sabbert wie ein Lustmolch. Dann springt er den verkleideten Kasperle mit lautem Getöse an und ein wilder Kampf entbrennt, in dessen Verlauf Kasperle dem Bock die Hörner auseinanderbiegt. Es ist ein Hauen und Schlagen, Brüllen und Fluchen, Quieken und Stöhnen. Mitten im Lärmen höre ich ein Geräusch, das nicht dazugehört. Eine zufallende Haustür. Ich unterbreche mein Spiel und gucke hinter meiner kleinen Bühne hervor. Fabian ist weg.

»Wo ist denn euer Papi?«, frage ich die Kinder verdattert.

»Der ist weggegangen. Spiel weiter!«

Ohne auf die Kinder zu hören, hüpfe ich auf meinem heilen Bein zum Wohnzimmerfenster und ziehe die Rollläden einen Spaltbreit auf. Ich sehe, wie Fabian in sein Auto steigt und aus einer Parklücke setzen will.

»Spiel bitte weiter!«, verlangen die Kinder.

»Einen Moment!« Ich greife nach einer Krücke und haste zur Haustür, um ihn aufzuhalten. Doch mein Rufen und Hinterherwinken hilft nicht viel, Fabian fährt davon. Schon biegt sein sportlicher Firmenwagen um die nächste Ecke, das Motorengeräusch verstummt. Zurück bleiben ein leises Hundewinseln, das aus dem Haus meines Nachbarn dringt, und das Drängeln der Kinder, die aus dem Wohnzimmer ungeduldig nach mir rufen. Fort ist er! Wort- und grußlos. Ich eile wieder hinein und rufe den Kindern zu: »Kurze Pause! Ihr könnt in der Küche etwas trinken. Gleich geht's weiter.«

Ich hüpfe zu dem Tischchen, auf dem mein Telefon liegt, und schreibe Fabian eine kurze Nachricht: »Wohin?«

Es dauert nicht lange, dann erhalte ich von ihm eine Antwort: »Hamburg.« Unmittelbar packt mich das schlechte Gewissen und es tut mir leid, ihn vergrault zu haben, statt ihm zuzuhören! Mit meiner Kasper-Geschichte habe ich ohne Zweifel zu dick aufgetragen.

Nach kurzer Zeit vermeldet mein Telefon die Ankunft einer weiteren Nachricht. Wieder Fabian: »Wichtige Termine.« Als ich die nachgelieferte Begründung für seinen plötzlichen Aufbruch lese, kippt meine Stimmung in ihr Gegenteil. Nun tut mir überhaupt nichts mehr leid. Er ist unverbesserlich.

Nur einige Minuten später kommt eine dritte Nachricht. Scheinbar simst Fabian nur häppchenweise, wenn er mit dem Auto vor einer roten Ampel zu stehen kommt. Auf meinem Display ist zu lesen: »Melde mich bei Gelegenheit.«

Ich schreibe zurück: »Die Kinder lassen dich grüßen.«

Kaum habe ich die Nachricht verschickt, geht mir durchs Hirn, dass ich ehrlicherweise hätte schreiben müssen: »Es vermisst dich niemand.«

Nach kurzer Verschnaufpause setze ich meine Theatervorstellung fort: Kasperle und der Bock im dicksten Gerangel. Kasperle im Oma-Aufzug hat leichte Überhand, aber dem Lustbock gelingt es, noch einmal zu entkommen. Das liegt daran, dass Kasperle im Oma-Kleid nicht so schnell laufen kann wie ein Bock auf vier Beinen. Wie sich im weiteren Verlauf herausstellt, ist der Geißbock wirklich mit dem Teufel im Bunde. Der gehörnte Bock und der gehörnte Teufel sind verschworene Waffenbrüder, sodass es Kasperle in diesem Abenteuer gleich mit zwei Gegnern zu tun bekommt. Er erleidet schwere Rückschläge, unter anderem klemmt ihm der Bock eine zwickende Wäscheklammer auf seine lange Nase. Aber dann freundet sich Kasperle mit einem Zwerg an, der im Kartoffelkeller seiner Oma unter der Türschwelle lebt, und mithilfe dieses Zwergs gelingt es ihm endlich, seine gehörnten Gegner zu besiegen. Der Teufel wird vertrieben, der Bock hingegen kommt zur Besserung in ein Heim für bockige Tiere und entgeht nur knapp der Notschlachtung.

Versöhnliche Schlussszene meiner Geschichte ist eine Hochzeit: In zweiter Ehe heiratet das *Aischhörnschen* den Zwerg, und bei der Feier ist Kasperle der Trauzeuge, Rotkäppchen ist die Brautjungfer und die Oma das Führengelchen. Sie streut allerdings keine Rosen aus, sondern eine Handvoll Konfetti, die ich von der gestrigen Überraschungsparty noch unterm Sofa gefunden habe. Und so nimmt auch dieses Abenteuer ein frohes Ende.

Meine Dramaturgie braucht den Vergleich mit der Arbeit renommierter Drehbuchautoren aus Hollywood sicher nicht zu scheuen. Die Kinder sind jedenfalls für den Rest des Vormittags quietschvergnügt, beschwingt und gut gelaunt. Und noch Stunden später singen sie das Lied vom blöden Sack.

# 22

# PROFESSOR BRINKMANN

Nach einem Mittagsimbiss gehe ich mit Sören und Wiebke vor die Tür. Ein kleiner Spaziergang auf Krücken kann nicht schaden.

»Wo ist denn der Hund mit dem dicken Mann?«, fragt Wiebke.

»Meinst du Willi? Meinen Nachbarn?«

»Nein, ich meine Professor Brinkmann. Den Dackel!«

Die Logik der Kinder ist manchmal köstlich. Wir hören den Hund nebenan bellen. Messerscharf schließe ich daraus: Willi und sein Hund sind zu Hause.

»Wieso bellt Professor Brinkmann?«, bohrt Wiebke weiter.

»Vielleicht hat er eine Maus gesehen. Oder er spielt mit dem dicken Willi Fußball. Oder …«, sage ich mit geheimnisvoller Stimme, »er jagt einem Gespenst hinterher. Vielleicht übt Professor Brinkmann auch nur für ein Hundekonzert. Oder er spricht am Telefon mit seinem Vetter aus Sachsen-Anhalt.«

Wiebke und Sören kichern und gehen mit mir in den nahen Park. Dabei überlegen wir uns weitere Gründe, weshalb ein Hund bellen könnte. Wir einigen uns schließlich darauf, dass der Dackel meines Nachbarn wahrscheinlich seinem Herrchen ein nachträgliches Vatertagsgedicht aufsagt.

Als wir nach einem Stündchen wiederkehren, bellt Professor Brinkmann immer noch.

»Der sagt aber ein sehr langes Gedicht auf«, grient Sören.

Mit einem Male finde ich das gar nicht mehr so lustig. Ein ungutes Gefühl beschleicht mich. Hat der Hund nicht schon letzte Nacht, als ich aus der Kneipe kam, gewinselt? Und heute Morgen, als Fabian bei mir war?

»Vielleicht sollten wir bei meinem Nachbarn mal nach dem Rechten sehen.«

Die Kinder folgen mir zur Haustür von Willi Seibock. Schon nach einmaligem Klingeln ist mir klar, dass hier etwas nicht stimmt. Niemand öffnet und Professor Brinkmanns Bellen wird nur lauter. Ich vergewissere mich kurz, dass Willis Auto an der Straße steht; er kann also nicht unterwegs sein. Seinen Hund würde er sowieso nie längere Zeit alleine lassen. Selbst zum Zahnarzt nimmt er den Dackel mit.

Gemeinsam mit den Kindern gehe ich zurück in die eigenen vier Wände. Obwohl ich kaum an einen Erfolg glaube, versuche ich zunächst, Willi telefonisch zu erreichen. Wie erwartet hebt Willi nicht ab. Glücklicherweise haben Willi und ich vor einiger Zeit Zweitschlüssel miteinander ausgetauscht. Bevor ich mit dem Schlüssel rübergehe, setze ich die Kinder vor den Fernseher und genehmige ihnen eine Folge ›Benjamin Blümchen‹. Die Trickfilmabenteuer mit dem trötenden Elefanten sind – anders als mein Kasperle-Theater – immer politisch korrekt, gewaltfrei und von gepflegter Ausdrucksweise. »Ich bin gleich wieder hier.«

»Hallo!«, rufe ich unsicher, als ich Willis Hausflur betrete. »Willi, bist du da?« Professor Brinkmann kommt mir entgegengestürmt. Der Hund wirkt so aufgeregt, dass ich es für angebracht halte, ihn mit seinem Kosenamen anzusprechen: »Na, Köttel, wo ist denn dein Herrchen geblieben?«

Dann macht der alte Dackel das, was man aus alten Hunde-Serien wie ›Rin-Tin-Tin‹ oder ›Lassie‹ kennt: Er läuft voran, blickt sich nach mir um und rennt weiter, nachdem er sichergestellt hat, dass ich ihm folge. So weist er mir den Weg, wie es hündische TV-Berühmtheiten auch schon getan haben. Ich mache mich auf das Schlimmste gefasst. Professor Brinkmann lockt mich die Treppe hinauf. Da Willi Seibocks Haus denselben Grundriss hat wie mein eigenes, weiß ich schon, wo es hingeht. Der Dackel hält auf die Badezimmertür zu. Sie ist angelehnt. Auf der obersten Treppenstufe angelangt, lege ich mit meinen Krücken eine kurze Verschnaufpause ein.

»Willi!«, rufe ich ein weiteres Mal. Keine Antwort. Oder doch! Ich vernehme ein leises Stöhnen. Es kommt aus dem Badezimmer. Ich raffe mich auf und nehme die letzten Meter bis zur Türe, stoße sie auf. Da ist er: Willi Seibock liegt in voller Länge und ganzer Dicke auf dem Badezimmerfußboden. Mit heruntergelassenen Hosen. Der arme Kerl muss beim Kacken zusammengebrochen sein. Ein unverkennbarer Duft von Verdautem liegt in der Luft. Aber in diesem Moment denke ich nicht an Etikette, Höflichkeitsregeln oder Tabus. Hier geht es um Leben und Kot. Ich lasse meine Krücken zu Boden fallen und gleite zu ihm auf den Boden.

»Willi!«

Er schaut mich aus ausdruckslosen Augen an. Oh Gott, wie lange hat er hier schon gelegen? Warum bin ich nicht eher auf die Idee gekommen, nach ihm zu sehen?

Ich schiebe meine Hand unter seine linke Wange und drehe sein Gesicht ein wenig in meine Richtung. »Willi!« Er scheint mich nicht zu erkennen. Kalter Schweiß tritt mir auf die Stirn. Was soll ich als Erstes tun: künstliche Beatmung, stabile Seitenlage, Herzmassage? Ich bin so verwirrt, dass mir nichts anderes einfällt, als die Toilettenspülung zu betätigen. Dann fingere ich das Handy aus meiner Hosentasche und wähle die Notrufnummer. Ich zwinge mich zur Ruhe und gebe mit klaren Worten meinen Namen, Willis Adresse und Angaben zur Situation durch. Es dauert kaum zehn Minuten, bis ich bereits den Rettungswagen heulen höre.

»Willi!«, sage ich noch einmal eindringlich und komme mir entsetzlich hilflos vor.

»Ah, Jong!«, stöhnt er auf einmal. Ein Lebenszeichen! Mir ist zum Heulen.

»Willi! Kannst du mich hören? Du darfst nicht schlappmachen! Nette Nachbarn sind selten! Ohne dich wäre die Welt ein Stück trostloser. Und wer soll sich denn um deinen Hund kümmern?«

Willi sieht mich aus trüben Augen an. Er bringt ein schiefes Lächeln zustande. »Isch jlöv, Jong, isch bin avjekack'!«

»Mutter, ich brauch deine Hilfe!« Mein Atem rasselt.

»Aber Junge, was ist denn los?«, fragt meine Mutter am anderen Ende der Leitung. Sie klingt ein wenig perplex und in ihrem Tagesrhythmus gestört.

»Ein Notfall!«, erkläre ich ihr. »Mein Nachbar Willi ist zusammengebrochen. Vermutlich ein Schlaganfall. Man hat ihn eben mit Blaulicht ins Krankenhaus gebracht.«

»Ach so«, antwortet meine Mutter und legt eine nervtötende Pause ein. »Das ist ja nicht sehr angenehm.«

»Könntest du auf die Kinder aufpassen?«

»Auf wen?«, will meine Mutter wissen.

»Auf Sören und Wiebke, auf wen denn sonst!«

»Wo ist Katja denn?«

»In Köln. Ich erreiche sie nicht. Wahrscheinlich hat sie ihr Telefon ausgeschaltet. Und selbst wenn ich sie erreichen würde, dauert es viel zu lange, bis sie wieder hier ist.«

»Ja, das ist aber ärgerlich.«

Ich atme tief durch. »Könntest du mit dem Taxi zu mir kommen und bei den Kindern bleiben? Ich möchte Willi ins Krankenhaus begleiten.«

»Wo ist Samuel denn?«, hat meine Mutter den Nerv zu fragen.

»Beim Training. Ihn erreiche ich auch nicht.«

»Ja, was soll ich denn tun?«

»Zu mir kommen, bei den Kindern bleiben und liebe Oma spielen!«

»Ja, aber ich wollte eigentlich heute Nachmittag …«

»Mutter!«, unterbreche ich sie scharf. »Das ist ein Notfall! Vielleicht stirbt Willi. Falls du irgendein Kaffeekränzchen oder einen Vortrag in der Volkshochschule besuchen wolltest, sag ab! Nimm dir ein Taxi und komm zu mir! Sofort!«

»Aber Karl!«

»Tut mir leid, ich selbst kann nicht Auto fahren. Ich trau mich noch nicht wegen meinem Fuß. Ich will ja keinen Unfall bauen.«

Meine Mutter zögert. »Und wie kommst du dann zum Krankenhaus?«

»Mit dem Taxi!«

»Aber ich denke, *ich* soll mit dem Taxi kommen?«

»Mutter!«, platzt es lautstark aus mir heraus. »In dieser Stadt gibt es mehr als *ein* Taxi!«

»Aber Karl, so kenne ich dich ja gar nicht.«

»Und wenn du nicht bald hier bist, sollst du mich tatsächlich kennenlernen!«

Stille. Meine Mutter sagt gar nichts mehr. Dann ganz leise: »Kannst du mir denn gleich ein Taxi mitbestellen?«

»Ja. Es wird bald bei dir sein. Du steigst ein, fährst zu mir, die Kinder machen dir auf, ihr dürft ›Benjamin Blümchen‹ gucken oder sonst was treiben. Ich fahr zu Willi.«

»Wer ist denn Benjamin Blümchen?«

»Ein Elefant, der sprechen kann!«, brülle ich knapp vor dem Nervenzusammenbruch.

»Ach so. Soll ich auf den auch aufpassen?«

»Halt dich bereit, dein Taxi wird gleich vor der Tür stehen!«

Dann beende ich mit einem wütenden Knopfdruck das Gespräch, um kurze Zeit später zwei Taxis zu bestellen: eins, das mich zum Krankenhaus bringt, und eins, das meine Mutter von der Seniorenresidenz zu mir nach Hause befördert.

»So, Kinder!«, verkünde ich mit einer Stimme, die keinen Widerspruch duldet. »Ihr müsst jetzt ein paar Minuten alleine ausharren. Die Oma kommt gleich!«

»Wo gehst du denn hin?«, fragt Sören, der mit seiner Schwester vom Fenster aus beobachtet hat, wie man Willi Seibock in den Rettungswagen getragen hat.

»Ich fahre zu Onkel Willi.«

»Und wann kommst du wieder zurück?«

»Weiß ich noch nicht. Aber Professor Brinkmann bleibt bei euch. Seid bitte sehr lieb zu ihm! Ich glaube, er macht sich große Sorgen um sein Herrchen.« Die Kinder beginnen gleich damit, den Dackel zu herzen und zu drücken. Er lässt sich alle Liebkosungen willenlos gefallen wie ein Stofftier, und schaut mir mit traurigen Augen hinterher.

Kurze Zeit später steht mein Taxi vor der Tür. Während ich durch die Straßen gefahren werde, schreibe ich meiner Schwester, meiner Mutter und meinem Sohn Textnachrichten, um sie auf den neuesten Stand zu bringen.

Als Kind fand ich Krankenhäuser immer klasse. Als Zwölfjähriger bin ich am Blinddarm operiert worden und war zwei

Wochen auf Station. Das war die schönste Zeit meines Lebens. Im Bett liegen, faulenzen, und jeden Tag kamen mitleidsvolle Erwachsene vorbei, die Geschenke mitbrachten. Hörspiele, Comics, Jugendbücher. Keine Schule, gutes Essen. Es war herrlich.

Heute gefällt es mir im Krankenhaus überhaupt nicht. Ich sitze in einem ungemütlichen Flur und warte auf einen Arzt, der mir sagt, was Sache ist. Endlich erscheint ein Herr im weißen Arztkittel, der durch die Flure wandelt wie ein Mönch durch den Kreuzgang eines Klosters. Er hat buschige Augenbrauen, die über dem Nasenansatz miteinander verwachsen sind. Außerdem sprießen ihm Haare aus den Ohren und aus den Nasenlöchern, während sein Kopf nur noch einzelne Strähnen dünner Haare aufweist, die er über seinem Schädel zusammengekämmt hat. Auf einem Namensschildchen steht ›Prof. Dr. Borkmann‹. Als er auf mich zukommt, versuche ich umständlich aufzustehen. Meine Krücken bemerkend, sagt er großmütig: »Bleiben Sie sitzen.« Er reicht mir die Hand. »Sie sind doch der Angehörige von Herrn Seibock. Der Sohn, vermute ich.«

»Nein, ich bin sein Nachbar. Ich habe ihn gefunden und den Krankenwagen gerufen.«

»Ach, nur ein Nachbar«, murmelt er und sieht mich an wie einen Menschen zweiter Klasse. Er nickt bedächtig und wartet ab, dass ich die nächste Frage stelle, auf die er auch dank meiner Ungeduld nicht lange zu warten braucht.

»Und, wie sieht es aus?«

»Klassischer Fall von apoplektischem Insult.«

»Und das heißt?«

»Volkstümlich ›Schlaganfall‹ genannt.« Doktor Borkmann wirkt so überheblich, dass ich ihm am liebsten die Nasenhaare verknoten würde. »Ihr Nachbar gehört eindeutig zur Risikogruppe«, sagt er mit dem Tonfall eines Dozenten bei der

Vorlesung im Universitätskrankenhaus. »Übergewicht, Bewegungsmangel, Bluthochdruck.«

»Wie geht es ihm jetzt?«

»So wie es aussieht, hatte ihr Herr Nachbar Glück im Unglück. Alles deutet auf mildere Symptomatik hin. Das ist allerdings zum jetzigen Zeitpunkt noch schwer einschätzbar. Grundsätzlich ist in solchen Fällen frühe Hilfe das A und O. Ihr Nachbar hat aber mehr als zwölf Stunden ohne ärztliche Behandlung ausharren müssen.«

Bei dieser Bemerkung packt mich erneut das schlechte Gewissen. Warum habe ich Trottel nicht eher auf das Bellen des Hundes reagiert?

Der Arzt wippt leicht auf seinen Füßen vor und zurück, bevor er fortfährt: »Immerhin ist er jetzt wieder ansprechbar und reagiert auch normal. Die bisherigen Untersuchungen lassen hoffen. Wir haben eine Magnetresonanztomografie vorgenommen. Ob allerdings Herr Seibert ...«

»Seibock!«, verbessere ich ihn.

»... ob Herr Seibock«, setzt der Arzt widerwillig von vorn an, »bleibende Schäden zurückbehalten wird, muss sich zeigen.«

»Bleibende Schäden? Was könnte das sein?«

»Bewegungs- oder Koordinationsstörungen. Lähmungen. Sprachstörungen ... Aber warten wir erst einmal ab. Wir sind verhalten optimistisch.«

Mir entfährt ein kleiner hoffnungsvoller Seufzer.

»Wie ist es eigentlich dazu gekommen, dass Willi, also ich meine: Herr Seibock, auf der Toilette ...« Ich zögere.

»Sie meinen«, greift der Arzt meine unvollständige Frage auf, »warum es ihn auf der Toilette getroffen hat?« Er blickt mich von oben herab an. »Nun, das ist keine Seltenheit. Heftiges Pressen, die Anstrengung beim Stuhlgang – das kann der Auslöser sein.«

Mir fällt ein, dass Willi auch in den tragischsten Momenten seines Lebens nicht von seinem Humor verlassen wird. Wie sagte er gleich, als ich ihn fand: »Ich glaube, ich bin abgekackt!« Nur natürlich im schönstem rheinischen Singsang. Trotz des ernsten Vorfalls muss ich verstohlen lächeln, als mir der Satz wieder einfällt.

Dass mein Gesichtsausdruck plötzlich Anflüge von Fröhlichkeit zeigt, bleibt meinem Gegenüber nicht verborgen. Damit er nicht etwa glaubt, ich schmunzle über den Zusammenbruch beim Stuhlgang, erkundige ich mich in sachlichem Tonfall: »Und was geschieht als Nächstes?«

»Ihr Nachbar bleibt natürlich zunächst einmal hier.«

»Und dann?«

»Reha-Klinik. Sicherlich für drei Wochen. Möglicherweise auch länger.« Plötzlich stockt er in seinem Redefluss. »Streng genommen weiß ich gar nicht, ob Sie berechtigt sind, diese Informationen zu erhalten.«

»Weil ich *nur* ein Nachbar bin?«, sage ich mit sarkastischem Unterton.

»Genau. Hat Herr Seibert ...«

»Seibock!«

»... hat er Angehörige?«

»Ja, zwei Kinder. Die nicht zum Vatertag anrufen.«

Der Arzt sieht mich ungläubig an. Seine buschigen Augenbrauen heben sich. Die Nasenhaare zittern. Ich nehme an, er hat noch nie in seinem Leben vom Vatertag gehört.

»Würden Sie so nett sein, die Angehörigen zu informieren?«, fragt er.

»Ja, gerne. Wenn ich dazu berechtigt bin.«

Wieder mustert mich Dr. Borkmann vorwurfsvoll. Er hält mich wahrscheinlich für vorwitzig und respektlos. Aber das schert mich überhaupt nicht. Und weil ich langsam in Fahrt komme, setze ich noch hinzu: »Das tue ich gerne, Herr Professor Brinkmann.«

»Borkmann!«, zischt er eingeschnappt, »Borkmann, bitte!«. Er schnappt nach Luft, als hätte ich ihn soeben zu Tode beleidigt, und sein Gesicht wirkt auf einmal wie zerknittertes Backpapier. Ohne ein weiteres Wort zu verlieren, wendet er sich ab und schlurft davon, wie er gekommen ist. Dabei höre ich ihn zischen: »Wie oft habe ich das schon hören müssen?! Immer wieder werde ich mit diesem Deppen aus der ›Schwarzwaldklinik‹ in einen Topf ...«

Dann verschwindet er um die nächste Ecke. Offensichtlich habe ich einen wunden Punkt getroffen.

# 23

# LEBEN WIE EIN HUND

Ich hätte nie geglaubt, dass ich einmal anfangen würde, mit einem Dackel Gespräche zu führen. Aber schon nach wenigen Tagen habe ich mich so an Professor Brinkmann gewöhnt, dass er mir wie ein liebes Familienmitglied vorkommt, mit dem man sich ebenso normal unterhält wie mit einem Sohn, der Abitur macht und als Hobby Bogenschießen betreibt. Der einzige Unterschied ist, dass Professor Brinkmann mir nie antwortet, jedenfalls nicht mit Worten. Dafür weiß ich, dass er genau zuhört.

Es war Willi Seibocks größter Wunsch, seinen alten Hund versorgt zu wissen. Diese Aufgabe zu übernehmen, war für mich Ehrensache. Neben meinem Bett steht nun ein knarzendes Hundekörbchen, in der Küche ein Futternapf, und in unserem Flur hängt am Kleiderhaken eine Hundeleine. Sören und Wiebke waren begeistert, als sie erfuhren, dass der Hund nun für mehrere Wochen bei mir wohnen würde. In einem unbedachten Moment habe ich ihnen dummerweise verraten, dass der Dackel auch einen Spitznamen hat, der nicht nach Facharzt und Heilklinik klingt. Seither nennen die Kinder ihn nur noch ›Köttel‹. Analog dazu habe ich in Gedanken damit begonnen, den real existierenden Dr. Borkmann aus dem Krankenhaus ›Kacke‹ zu nennen. Das ist meines Erachtens nur konsequent.

Willis erwachsene Kinder – eine Tochter namens Sabine, die mit ihrer Familie in Krefeld lebt, und ein Sohn, den die Eltern mit dem Namen Erwin gestraft haben und den es erschreckenderweise ins tiefste Westfalen verschlagen hat – hatte ich erst nach einigen Versuchen erreichen können. Die Tochter war mitsamt Mann und Nachwuchs für ein verlängertes Wochenende nach Holland entschwunden; der Sohn lebt als Betreuer für schwer erziehbare Kinder in einem Blockhäuschen mitten im sauerländischen Nirgendwo und schaltet sein Mobiltelefon nur an hohen Feiertagen an. Nachdem ich sie schließlich doch über den Zustand ihres Vaters hatte informieren können, zeigten sich beide ernsthaft besorgt und reumütig zugleich. Um den lieben Vater hätte man sich mehr kümmern müssen und den Alten nicht vergessen dürfen.

Der Sohn war am Sonntag nach Christi Himmelfahrt im Krankenhaus aufgetaucht, in Begleitung eines schmalen Jungen, der wegen seiner zusammengepressten Lippen keinen Ton hervorbrachte. (Der Knabe gehörte unverkennbar zu den Schwererziehbaren und litt, wie ich annahm, am sogenannten Westfalen-Syndrom.) Willis schwer erreichbarer Sohn und dessen schwer erziehbarer Pflegling hatten nach ihrem Besuch bei mir vorbeigeschaut; der Sohn, um sich nach Haus und Hund und sonstigen Alltagsbelangen zu erkundigen, der schweigsame Junge, um zu schweigen. Als der Sohn (Erwin!) gesehen hatte, dass der Vater in besten Händen war, gute Chancen für seine Genesung bestanden und ich mich um alles andere kümmerte, war er mit ernstem Gesicht wieder abgefahren. Bei der Tochter, die sich am Montag blicken ließ, verlief es ähnlich. Auch sie hatte erst ihren Vater im Krankenhaus besucht und war dann bei mir erschienen. Sie wollte einen Blick ins Haus ihres Vaters werfen und war durch die Räume gegangen, als mache sie eine Besichtigung. Dabei hatte sie hin und wieder stumm den Kopf geschüttelt.

»Wenn es Ihnen zu viele Umstände bereitet, kann auch ich mich um den Hund kümmern«, hatte sie gesagt.

»Nein, nein, das mach ich gerne!«, erklärte ich mit Nachdruck und das schien der Tochter ganz recht zu sein. Dennoch hatte sie aus Höflichkeit einen zweiten Anlauf genommen: »Sind Sie ganz sicher? Sie müssen doch auf Krücken laufen. Macht der Hund nicht zu viele Umstände? Ich könnte ihn für einige Wochen in ein Tierheim ...«

»Auf gar keinen Fall! Köttel bleibt bei mir!«

»Wie?«

»Also ich meine, der Dackel, Professor Brinkmann, darf bei mir bleiben. Ich habe gerne Gesellschaft von alten Hunden.«

»Wirklich?«

»Doch, doch. Ganz sicher! Professor Brinkmann ist eine Seele von Mensch. Nur dass er eben ein Hund ist.«

So hatte ich offiziell vom Besitzer und inoffiziell von den Anverwandten das vorläufige Sorgerecht für einen alten Dackel zugesprochen bekommen. Und einen neuen Gesprächspartner gefunden.

»Na, Köttel, wie geht's dir denn so?«, frage ich ihn bei einem zweiten Frühstück, das ich mir zur Gewohnheit habe werden lassen, seitdem ich krankgeschrieben bin. Professor Brinkmann blickt trübsinnig zu mir hinüber. »Sei nicht traurig, alter Hund. Dein Herrchen wird sicher bald wieder auf den Beinen sein. Und am späten Nachmittag kommen die Kinder vorbei, die bringen dich schon auf andere Gedanken.« Der Dackel hält seine Nase in die Luft und schnuppert, als wolle er überprüfen, ob Sören und Wiebke schon vor der Tür stehen.

»Wusstest du, Köttel, dass du zu einer aussterbenden Rasse gehörst?« Der Hund wendet seinen Kopf wieder in meine Richtung. Aus seinen Hundeaugen spricht tiefe Verwunderung.

»Doch, so ist es!«, bestätige ich ihm. »Dackel wie du gehören zu einer aussterbenden Spezies. Die Hundehalter von heute bevorzugen andere Vierbeiner. Alte Dackel wie du verschwinden aus der Welt, ebenso wie dicke, gemütliche Nachbarn, die zum Fenster rausgucken.«

Professor Brinkmann schnieft. Zum Trost tätschle ich ihm den Kopf. »Tja, Hunde wie du und Leute, die die ›Schwarzwaldklinik‹ gucken: Das ist eine Welt von gestern. Tut mir leid, aber so ist es.«

Unvermittelt entfährt Professor Brinkmann ein »Wuff«, als wittere er Gefahr. Einen Herzschlag später klingelt es an der Haustür. »Danke für den Hinweis, Köttel. Da kommt jemand.«

Vor dem Haus steht ein junger Mann von einem Paketdienst. Er trägt ein quietschbuntes T-Shirt mit dem Logo seiner Firma. Nicht nur die deutschen Dackel sterben aus, denke ich, sondern auch die Briefträger mit stattlicher Uniform.

»Ein Päckchen für Herrn Pohlmann!«, verkündet er und lässt mich mit einem Spezialstift auf einem Monitor von der Größe einer Visitenkarte unterschreiben. Während ich das mit meinen Krücken umständlich zustande bringe, steht Professor Brinkmann müde wedelnd neben mir in der offenen Haustür und beschnüffelt den Boten. Dann trottet er mit mir zurück in die Wohnung. Ich greife mir ein scharfes Messer aus dem Messerblock in der Küche und öffne gespannt das Paket. »Mal sehen, was wir hier haben ...«

In dem Paket befindet sich eine Lieferung im Wert von 104 Euro: die Handpuppen von Max und Moritz, Witwe Bolte und ihrem Spitz, Onkel Fritz mit Schlafmütze, Schneider Böck,

Lehrer Lämpel und eine Reihe weiterer Figuren aus den Lausbubenstreichen von Wilhelm Busch. Die hatte ich fast vergessen! Ich streife mir den Spitz über und halte ihn Professor Brinkmann entgegen: »Schau, Köttel! Ein Artgenosse. Wau, wau.«

Der Dackel schaut mich gelangweilt an, als wolle er sagen: »Muffiger Stoff und altes Plastik – und das soll ein Artgenosse von mir sein? Du hast keine Ahnung von der Welt.«

Etwas beleidigt über Professor Brinkmanns ausbleibende Begeisterung drohe ich ihm an: »Wenn du weiterhin so hochmütig bist, darfst du beim nächsten Kasperle nicht zugucken.«

Der Dackel sieht betrübt zu Boden.

»Na gut, war nicht so gemeint. Du darfst dabei sein. Aber keine Zwischenrufe bitte!«

Kurz nach Mittag besuche ich Willi im Krankenhaus. Das mache ich seit seiner Einlieferung jeden Tag. Willi hängt mittlerweile nicht mehr am Tropf und kann sich fast normal bewegen: Er kann aufstehen und zur Toilette gehen, sich die Haare kämmen und sich auf dem Flur ein wenig die Beine vertreten. Nur das Sprechen fällt ihm schwer. Er spricht langsamer und unsicherer als früher, macht aber täglich kleine Fortschritte. Das Schönste ist jedes Mal die Freude in seinen Augen, wenn ich ins Zimmer komme. Das Erste, was er wissen will, ist selbstverständlich, wie es seinem Dackel geht. Ich mache jeden Tag ein paar Fotos, die ich ihm mit dem Farbprinter ausdrucke: Professor Brinkmann in meinem Garten, in seinem Hundekörbchen neben meinem Bett, auf dem Sofa mit Sören und Wiebke, wie er eine Handpuppe (Witwe Boltes Spitz) beschnüffelt … »Nee, wat hat der Hund et jut!«, freut Willi sich. Die Farbausdrucke sammelt er in der Schublade seines metallenen Nachttischchens wie einen Schatz.

Über den eigenen Gesundheitszustand scheint Willi sich keine Sorgen zu machen. Das gilt auch für das eigene Ableben.

»Irjenzwann jeht et eben am Eng«, hat er bei Gelegenheit einmal genuschelt und gegrinst.

Beinah täglich unterhalte ich mich auch mit dem Personal, mit einer Krankenschwester oder mit Prof. Dr. Borkmann (*Kacke*), um mehr über Willi Seibocks Genesung zu erfahren. Die Antworten sind meist hinhaltend und nichtssagend und im Idealfall Mut machend.

Seit Anfang der Woche besuchen Sören und Wiebke einen örtlichen Kindergarten. Es ist derselbe, den ich vor Wochen für einen Artikel über Sprachbäder besucht habe, der Kindergarten St. Nikolaus. Für den heutigen Mittwoch ist ausgemacht, dass die Kinder nach 16 Uhr für eine Stunde oder zwei zu mir kommen, bevor ihre Mutter von der Arbeit zurück ist.

Es ist schon erstaunlich, wie schnell sich alles eingependelt hat: Katja lebt wieder bei uns im Städtchen, hat auf Anhieb Arbeit gefunden und eine vorläufige Wohnung ergattert. Ihre Kinder gehen in den Kindergarten, wo auch schon Samuel Schuhebinden und Naseputzen gelernt hat, und hießen sie nicht Sören und Wiebke, würde man nie auf die Idee kommen, dass die Hansestadt Hamburg und der deutsche Norden je eine Rolle in ihrem jungen Leben gespielt hätten. Ich bin froh, dass die beiden Kurzen häufig zu mir kommen, denn kleine Kinder machen noch mehr Spaß als ein zweites Frühstück. Und bei all dem komme ich mir vor wie ein gehbehinderter Frührentner mit Hund, der sich pudelwohl und dackelfroh fühlt. Nun müsste nur noch Willi gesund werden, und die Welt wäre wieder in Ordnung.

Kurz nach 16 Uhr klingelt mein Telefon. Auf meinem Display lese ich ›Sören & Wiebke‹. Seit Kurzem sind Katjas Kinder mit einem gemeinsamen Mobiltelefon ausgestattet.

»Hallo Karl«, meldet sich Sören.

Anders als bei meinem Sohn habe ich nichts dagegen, dass mich Neffe und Nichte mit dem Vornamen ansprechen. (Auch die Anrede ›Onkel‹ ist vom Aussterben bedroht.)

»Na, was gibt's denn?«

»Spielst du heute wieder Kasperle?«

»Wenn ihr brav seid und mich freundlich bittet, könnte ich mich überreden lassen. Ich habe heute auch neue Puppen bekommen.«

»Boah ...« Sören staunt und freut sich, und dann kann ich hören, wie er alles seiner Schwester erzählt, die neben ihm stehen muss. Wieder an mich gewandt fragt er: »Können wir noch eine Freundin mitbringen?«

»Eine Freundin?«

»Ja.«

Was soll man darauf schon antworten? Ich fühle mich ein wenig überrollt, aber dennoch sage ich nach kurzem Zögern: »Für heute ausnahmsweise: ja. Wenn das Mädchen darf und wenn die Eltern nichts dagegen haben!«

Ich kann hören, wie Sören jemanden fragt: »Darfst du mitkommen?«

Dann an mich: »Ja, sie darf. Dann kommen wir alle drei.«

»Na gut. Passt bitte schön auf. Nur bei Grün über die Ampel gehen. Ich erwarte euch.«

# 24

# MAX UND MORITZ, DIESE LUMPEN

Rund zehn Minuten später klingelt es an meiner Tür. Es sind Sören und Wiebke und ein kleines Mädchen aus dem Kindergarten, das ich schon einmal gesehen habe, als ich für meinen Sprachbad-Artikel in St. Nikolaus gewesen bin.

»Hallo Karl!«, sagt Wiebke und drückt sich an mir und meinen Krücken vorbei in den Flur, um sich die Schuhe auszuziehen und den Dackel zur Begrüßung zu streicheln.

»Hallo Karl!«, sagt auch Sören und tut es seiner Schwester nach.

»Tag, Karl«, meint auch das kleine Mädchen in ihrer Begleitung, als würde sie mich seit Ewigkeiten kennen. Sie wartet gar nicht darauf, dass ich sie hereinbitte, sondern marschiert munter ins Haus. Sie streift ihren Kinderrucksack ab und lässt sich auf den Boden plumpsen, um sich ebenfalls die Schuhe auszuziehen. Wenigstens hat sie gute Manieren, denke ich.

»Wer bist *du* denn?«, frage ich sie amüsiert.

»Das ist unsere neue Freundin«, erklärt Wiebke, noch bevor das Mädchen antworten kann.

Sören beeilt sich hinzuzufügen: »Wir haben ihr von Kasperle erzählt!«

Mein unbekannter Gast zieht sich in aller Ruhe die Schuhe aus, dann richtet die Kleine sich auf, schaut mir unverwandt ins Gesicht und stemmt ihre Fäustchen in die Hüfte. »Ich heiße Essi und bin schon bald sechs Jahre alt.« Genau! Die kleine Prinzessin aus dem Märchen ›Das Hasenherz‹. Genauer gesagt: die hinzuerfundene Prinzessin, damit das polnische Märchen ein Happy End hat. Sie hat ihren Satz kaum ausgesprochen, schon dreht sie sich herum und folgt Sören und Wiebke ins Wohnzimmer. »Wann fängt das Kasperle-Theater an?«, höre ich sie die beiden fragen.

Bevor ich eine Vorstellung gebe, will ich mich aber bei Essi versichern, dass sie von niemandem erwartet wird.

»Musst du nicht nach Hause gehen?«, frage ich sie.

»Doch. Aber noch nicht.«

»Werden dich denn deine Eltern nicht vermissen?«

»Nein, meine Mama weiß Bescheid.«

So ganz überzeugt hat mich die Kleine noch nicht. »Wo wohnst du denn?«

»Bei uns zu Hause!«

»Und ist das weit von hier?«

»Ja.«

»Dann gehst du doch sicher nicht zu Fuß nach Hause, wenn der Weg weit ist?«

»Nein, ich geh immer erst für eine Stunde zu Annelie.«

»Wer ist das denn?«

»Annelie? Da arbeitet Mama manchmal. Das ist ein Schuhgeschäft.«

»Ach so.« Ich ziehe die Augenbrauen hoch. »Und ist das Schuhgeschäft weit von hier?«

»Nein. Nicht sehr weit. Und wenn ich laufe, ist es noch näher.«

Die kleine Essi sieht mir an, dass meine Zweifel immer noch nicht zerstreut sind.

»Wenn du willst, kann ich meine Mama anrufen.«

»Ich bitte darum!«

Die Kleine zieht ihr Handy aus ihrem Rucksack, drückt ein paar Knöpfe und wartet einige Sekunden. Dann meldet sie sich.

»Hei äiti. Saanhan mä tulla vähän myöhemmin? Jooko? Pliis!«

*Was ist das denn für eine Sprache?*, wundere ich mich.

Wiebke bemerkt meinen fragenden Blick, und während sich ihre Kindergartenfreundin weiter unterhält, flüstert sie mir zu: »Essi kann noch eine andere Sprache. So ähnlich wie der dicke Mann von nebenan, der jetzt im Krankenhaus liegt.«

Kleine Kinder sind einfach herrlich: Wiebke hält Willis rheinisches Platt für eine eigene Sprache. Eigentlich hat sie ja recht damit! Ich will gerade etwas einwerfen, da hat Essi ihr Telefongespräch auch schon beendet. »Ich darf! Hab ich ja gesagt. Aber nur bis Mama mich zurückruft, dann muss ich zu Annelie kommen.«

Das ging mir alles einen Tacken zu schnell: »Ich hätte deine Mama auch gerne gesprochen. Sie kann doch Deutsch, oder?«

Essi sieht mich vorwurfsvoll an: »Sonst könnte sie doch nicht bei Annelie arbeiten. Schuhe kann man nur auf Deutsch verkaufen.« Klar, darauf hätte ich auch kommen können.

»Und dein Papi?«, frage ich neugierig.

Essi zuckt mit den Schultern. »Keine Ahnung. Den kenne ich nicht. Aber ich glaube, der verkauft keine Schuhe.« Na, dann ist ja alles in Butter.

Die Kinder helfen mir wieder, eine kleine Bühne aufzubauen und den Raum zu verdunkeln. Dann setzen sich die drei Knirpse auf den Fußboden. Professor Brinkmann breitet sich vor ihnen aus wie ein Bettvorleger, um von mehreren Händen gleichzeitig gekrault zu werden. Bevor ich meine heutige Vorstellung beginnen kann, muss ich allerdings noch einige Erläuterungen voranschicken.

»Ihr wisst doch alle, was eine Fee ist?«, frage ich mein Publikum.

»Eine Frau, die zaubern kann!«, ruft Sören.

»Und die lieb ist«, sagt Wiebke.

»Und schön!«, meint Essi.

»Richtig. Und wisst ihr auch, was ein Feer ist?«

Die drei schütteln den Kopf.

»Ein Feer ist eine männliche Fee. Und in unserer heutigen Geschichte ist Kasperle ein Feer.«

Nach dieser Einleitung könnte es losgehen, aber da hören wir, wie jemand die Haustür aufschließt und den Flur betritt. Einen Atemzug später poltert Samuel ins dunkle Wohnzimmer.

»Was ist denn hier los?«, fragt er verwundert.

»Kasperle!«, antwortet Wiebke.

»Wer bist du denn?«, fragt ihn Essi.

Samuel setzt ein theatralisches Gesicht auf, trippelt verlegen von einem Bein aufs andere und erklärt: »Ich bin ein großes Kind und ein entfernter Verwandter vom Kasperle. Kann ich mitgucken?«

Essi entscheidet sich schnell: »Also von mir aus, ja! Aber nur, wenn du deine Schuhe auszieht und wenn du dich nicht vor uns setzt. Du bist nämlich viel zu lang!« Samuel befolgt brav alle Anweisungen und kauert sich neben die drei Kinder. Dann ziehe ich mich hinter meine Bügelbrettbühne zurück und fahre in die Puppen für die erste Szene. Alle Requisiten stehen in greifbarer Nähe. Bevor ich loslege, höre ich noch, wie Wiebke Samuel halblaut fragt: »Weißt du auch, was ein Feer ist?«

»Nö ...«

»Das ist Kasperle, wenn er eine schöne Frau ist und zaubern kann.«

»Ach so.«

Ich spiele ihnen die Geschichte von Max und Moritz und ihren Untaten vor, allerdings in einer Pohlmann'schen Fassung. Zuerst triezen die beiden Lümmel den Spitz der Witwe Bolte, bevor sie der armen Frau auch noch ein Brathähnchen aus der Küche stibitzen. Da ich mit zwei Händen auch immer nur zwei Figuren auftreten lassen kann, treiben Max und Moritz abwechselnd ihre Faxen und wetteifern darin, wer die schlimmeren Übeltaten begeht. Wilhelm Buschs Geschichte kann ich streckenweise auswendig, daher streue ich immer wieder einen Reim ein:

»Dieses war der zweite Streich,
doch der nächste folgt sogleich.«

Später spielen die Lausebengel noch dem Schneider Böck, dem lieben Onkel Fritz, dem Lehrer Lämpel und einem Bäcker böse Streiche, einer verrückter als der andere.

»Aber wehe, wehe, wehe,
wenn ich auf das Ende sehe!«

Zum bösen Schluss werden die beiden Übeltäter gefasst und von einem Müller in einer Mühle zermahlen.

»Rickeracke, rickeracke,
geht die Mühle mit Geknacke.«

Dafür setze ich die Kaffeemühle ein, die ich auf dem Trödelmarkt erstanden habe. Vor dem Puppenspiel habe ich sie mit Corn Flakes befüllt.

»Gott sei Dank, nun ist's vorbei mit der Übeltäterei!«

Während die Kinder vorher häufig gekichert haben, ist es mit einem Male totenstill. Max' und Moritz' schreckliches Ende schockiert mein minderjähriges Publikum. Bei Samuel bin ich mir unsicher, ob er nicht inzwischen eingenickt ist. Jetzt aber lasse ich mit Glöckchengebimmel Kasperle als männliche Fee erscheinen. »Hallo, liebe Kinder! Hallo, lieber Lulatsch! Hallo, dicker Dackel! Seid gegrüßt. Ich bin Kasperle, der gute Feer.«

Wiebke fasst sich als Erste ein Herz und erzählt aufgewühlt, was mit Max und Moritz passiert ist. Kasperle öffnet die Lade der Kaffeemühle, findet die sterblichen Überreste der Lumpen und rezitiert:

»Hier kann man sie noch erblicken,
fein geschroten und in Stücken.«

Aber Kasperle weiß Rat: Die Kinder müssen sich alle ein paar zermahlene Corn-Flakes-Stückchen in den Mund schieben und vorsichtig zerkauen. Dann müssen sie sich an den Händen fassen und ganz fest an Max und Moritz denken. »Du auch!«, höre ich Essi mahnen; sicher meint sie Samuel. Dann lasse ich meinen Kasperle mit prophetischer Stimme verkünden: »Wenn drei bis vier Kinder, große und kleine, ganz feste wünschen und wenn ein dicker Dackel zu ihren Füßen liegt und wenn dann auch noch ein Feer wie ich bei ihnen ist, dann – ja, dann können Wunder geschehen.« Als ich ganz sicher bin, dass Wiebke, Sören und Essi wünschen, was das Zeug hält, ziehe ich den Stecker der Stehlampe heraus, die im abgedunkelten Raum die einzige Lichtquelle war. Es wird stockfinster. Eines der Kinder hüstelt und würgt trockene Corn Flakes hoch. Nach wenigen Sekunden stecke ich den Stecker wieder ein, das Licht erstrahlt und die Lausbuben Max und Moritz stehen in ihrer leibhaftigen Puppengestalt wieder auf der Bühne.

»Du, Max«, sagt Moritz, »sind wir nicht eben klein gemahlen worden?«

»Ja, Moritz, aber nun sind wir wieder heil und zusammengesetzt.«

»Das war der Kasperle«, piepst Wiebke dazwischen, »der gute Feer.«

»Und wir!«, ruft Essi. »Weil wir es so gewünscht haben!«

Max und Moritz geben sich reumütig. Kasperle erscheint den Lausebengeln abwechselnd, um ihnen Aufgaben aufzutragen, mit denen sie die Schuld ihrer bösen Streiche tilgen können. So muss zum Beispiel Moritz der Witwe Bolte einen Kuchen backen, was ihm aber erst nach mehreren Anläufen und mit Kasperles Hilfe gelingt, denn Moritz ist ein dummer Bursche, der zuerst ein Küken backen will, dann eine Kirche baden und dann eine Buche hacken, bevor er kapiert, was es bedeutet, einen Kuchen zu backen. Nach vielen weiteren Kapriolen wird auch Max von seiner Schuld freigesprochen. Die zwei einstigen Unholde sind nun geläuterte Musterknaben, die am Ende der Geschichte Kasperle geloben, als rechtschaffene Menschen durchs Leben zu gehen: Max will Papst werden und Moritz Karnevalsprinz, beide mit dem Ziel, ihren Mitmenschen ein löbliches Vorbild zu sein und huldvoll in die jubelnde Menge zu winken. Ganz zum Schluss gibt es wieder ein vielstimmiges »Tri-tra-trullala«. Mitten in der Schlussmusik klingelt Essis Handy. Sie spricht wieder ein paar kurze Sätze in dieser seltsamen Sprache, von der ich sicher bin, dass es kein Platt ist. Nachdem sie aufgelegt hat, sagt sie: »Jetzt muss ich leider los.«

Wir begleiten sie zur Haustüre. Die Kinder umarmen sich, als wäre es ein Abschied für immer. Zu mir sagt die Kleine: »Danke, Karl!« Dann stiefelt sie davon, aber schon nach wenigen Schritten dreht sie sich noch einmal um und kommt zu mir zurückgeeilt: »Ich werd bald sechs. Kannst du auf meinem Geburtstag Kasperle spielen?«

»Da müsste ich erst mal mit deiner Mama sprechen.«

Sie grinst zufrieden, dann läuft sie davon.

Später am Abend, nachdem auch Wiebke und Sören wieder aus dem Haus sind, nehme ich noch mit Samuel einen Abendimbiss ein.

»Du, übrigens«, setzt er an, »dein Kasperle-Theater war echt klasse!«

»Meinst du?«

»Ja, absolut!«

Ich nehme das Lob kommentarlos entgegen und schlürfe an meinem Tee. Samuel legt noch nach: »Auf welche Ideen du kommst, das ist unglaublich. All die Wortspielereien und die verrückten Einfälle. Wo kommen nur all deine Geistesblitze her?«

Ich zucke mit den Schultern. Nicht aus falscher Bescheidenheit, sondern weil ich die Antwort tatsächlich nicht weiß.

»Und die Stimmen«, meint Samuel, »die Stimmen sind super!« Seine Begeisterung ist echt. »Man hat wirklich den Eindruck, es würden zehn verschiedene Personen sprechen. Die Witwe Bolte und der Lehrer und der Schneider ... jeder klingt anders! Du hättest Puppenspieler von Beruf werden sollen.«

»Tja, der Zug ist wohl abgefahren. Dafür bin ich zu alt!«

»Es ist nie zu spät«, sagt Samuel energisch und für einen Moment blitzt in mir der Verdacht auf, mein Sohn habe im Seelentrösterbuch von Jakob Klumpstadt geblättert.

»Für Puppenspieler gibt es jedenfalls keine Altersbeschränkung beim Berufsantritt.« Dann grinst er verschmitzt. »Allerdings ... falls du noch Formel-1-Fahrer werden möchtest, ist es zu spät. Dazu bist du leider viel zu alt. Pech gehabt!«

# 25

# DACKELTHERAPIE

»Wie jeht et denn dem Köttel?«, fragt mich Willi Seibock jedes Mal, wenn ich ihn im Krankenhaus besuche. Immer noch spricht er sehr undeutlich und manchmal sabbert er ein wenig dabei. Erstaunlich – der Hund ist ihm offensichtlich wichtiger als die eigenen erwachsenen Kinder, als sein Häuschen, seine Rentenbezüge oder gar die eigene Gesundheit. Nur das Grab seiner Frau, dem ich ab und zu einen Besuch abstatten soll, um neue Blümchen aufzustellen, rangiert auf einem ähnlichen Niveau von Wichtigkeit.

»Mach dir keine Sorgen! Köttel geht es gut. Er mag es, wenn die Kinder ihn streicheln und betüddeln.«

»Ja, dat jlaub isch, dat der da Spass dran hat«, müht sich Willi zu sagen.

Und obwohl ich es Willi schon hundertmal versichert habe, bestätige ich ihm gerne wieder: »Jeden Tag gehe ich mehrmals mit ihm vor die Tür. Manchmal unternimmt Samuel mit ihm längere Spaziergänge. Der alte Professor Brinkmann wird noch richtig fit auf seine alten Tage.«

All meine Angaben entsprechen der vollen Wahrheit. Nur wenn Willi mich fragt, ob Köttel auch ordentlich futtert, greife ich zu Notlügen: »Doch, doch. Sein Appetit ist prächtig! Ich kaufe auch nur sein Lieblingsfutter.«

Leider frisst Professor Brinkmann in Wirklichkeit zunehmend weniger. Seinen Futternapf beschnuppert er oft nur lustlos. Da der Dackel dennoch täglich ausgeführt wird, hat er ein wenig abgenommen, was für seine Gesundheit sicherlich nicht schlecht ist; aber ich befürchte, dass er mir auf die Dauer vom Fleisch fällt.

Willi liegt mittlerweile nicht mehr auf der Intensivstation, hängt aber immer noch am Tropf. »Isch würd der Hund so jern noch ens sehen ...«, seufzt er. Mit einem Papiertaschentuch wische ich ihm einen Speichelfaden aus dem Mundwinkel.

Ich erzähle ihm noch allerlei, um ihn bei Laune zu halten: von Sören und Wiebke und wie gut sie sich im Kindergarten eingelebt haben, von Samuel und seinen Erfolgen bei Bogenschieß-Wettkämpfen, von meinem lädierten Bein, das beinahe wieder ausgeheilt ist, und von meiner Mutter, die mir in letzter Zeit nur noch Kekse anbietet, wenn ich zu ihr zu Besuch komme. Ich nehme an, es hat sie verstimmt, dass ich sie am Tag von Willis Einlieferung ruppig herumkommandiert habe. Außerdem berichte ich Willi davon, dass meine Zeitung sich entschieden hat, die Rubrik »Leser lesen« zu einer Daueueinrichtung zu machen. Sein Artikel war ein Erfolg, der zustimmendes Leserecho erfahren hat.

»Och, dat is' ja schön ...«, meint Willi. Er freut sich und lächelt schief.

Zum Schluss unterschreibt er mir mit wackeliger Handschrift noch eine Vollmacht, über die wir uns schon bei den letzten Besuchen mehrfach unterhalten haben. Sie berechtigt mich, vorläufig für ihn auf sein Konto zuzugreifen und seine laufenden Rechnungen zu bezahlen, außerdem über sein Haus zu verfügen, falls das nötig sein sollte. Zur Reha soll er demnächst in eine Klinik im Bergischen Land befördert werden.

»Da is' et ja schöön, ne ...«, tröstet er sich und seine Augen leuchten feucht.

Auf meinem Weg hinaus begegne ich Professor Borkmann.

»Guten Tag, Herr Professor«, sage ich zuvorkommender, als es sonst meine Art ist.

Er hält kurz inne. »Tag ...« Seine buschigen Augenbrauen wogen hin und her, als müsste er in seinem Gehirn kramen, woher er mich kennt.

»Mein Name ist Pohlmann, der Nachbar von Herrn Seibock, der jetzt auf Zimmer 52 liegt.«

»Ah ja ...« Er macht Anstalten, weitergehen zu wollen.

»Gibt es etwas Neues?«, frage ich und rücke näher an ihn heran, um ihn körpersprachlich am Fortgehen zu hindern.

»Wie meinen Sie?«

»Na, zu Herrn Seibock. Gibt es etwas Neues?«

»Etwas Neues? Nein, nicht wirklich. Sein Zustand ist stabil. Alles andere wird sich in der Rehabilitation ergeben.«

»Im Bergischen Land, habe ich gehört.«

»Sie sind also im Bilde.« Wieder macht er einen leichten Ausfallschritt, als wollte er mich großräumig umrunden und dann das Weite suchen. »Sie entschuldigen mich ...«

»Noch eine Frage, Herr Borkmann!«

Mit einer Miene, die er sicherlich auch aufsetzt, wenn er beim OP zum Skalpell greift, mustert er mich. »Bitte?«

»Herr Seibock hat ein Haustier, an dem er sehr hängt. Ich bin sicher, es wäre seiner Gesundheit sehr zuträglich, wenn er ...«

»Ein Haustier?«

»Ja, einen Dackel, wissen Sie. Ich bin sicher, wenn er den Hund noch einmal sehen könnte hier ...«

»Sind Sie noch recht bei Trost? In unserem Hause? Wir sind doch kein Tierheim! Schlagen Sie sich das aus dem Kopf.«

Zu Professor Borkmanns buschigen Augenbrauen gesellt sich eine rote Zornesfalte auf der Stirn.

»Der Hund ist aber stubenrein. Und leise ist er auch.«

»Herr ... eh ... wie war doch gleich Ihr Name?«

»Pohlmann!«

»Herr Pohlmann. Tiere sind in unserem Krankenhaus verboten. Keine Ausnahmen!«

»Schräg über Ihnen erkenne ich aber eine Spinne.«

»Was???« Der Professor schnaubt vor Entrüstung und seine Nasenhaare flattern im Schnaubewind.

Meine Krücke als Zeigestock benutzend, bestätige ich dem entrüsteten Professor: »Doch, da oben an der Flurdecke! Ich finde allerdings, diese Spinne sollte unbedingt bleiben. Umso weniger Fliegen haben Sie.«

Ohne sich zu vergewissern, ob tatsächlich eine Spinne an einem Faden von der Flurdecke baumelt und ihrem Handwerk des Fliegenfangens nachgeht, macht Professor Borkmann einen Schritt zurück, rollt angewidert mit den Augen und schreitet in einem weiten Bogen an mir vorbei.

»Keine Hunde ...«, höre ich ihn grollen, dann verschwindet er um die nächste Ecke.

Irgendwie hat der Mann ja recht, muss ich mir in meinem tiefsten Inneren eingestehen. Wie würde es in einem Krankenhaus zugehen, wenn zur Besuchszeit Frauen mit Katzenkörben, Kinder mit Hamsterkäfigen und Typen wie die Berts mit angeleinten Dobermännern durch die Flure liefen? Aber ich pfeife auf mein Innerstes. Mein widerborstiges Äußeres rebelliert dagegen. Wahrscheinlich weil mir Professor Brinkmann (der mit Fell) lieber ist als Professor Borkmann (der mit Nasenhaaren). Und weil ich will, dass Willi wieder gesund wird! Dackel wirken erquickend und labend auf das vegetative Nervensystem, auf

Appetit, Verdauung, Lebensmut und Widerstandskraft. Davon bin ich überzeugt. Nicht weniger wichtig ist, dass ein liebes Herrchen auf seinen Hund dieselbe Wirkung ausübt. Ich muss mir etwas einfallen lassen ...

Am Nachmittag des darauffolgenden Tages sind Sören und Wiebke wieder bei mir. Ich habe ihnen versprochen, dass wir heute etwas Besonderes unternehmen.

»Was hast du denn mit uns vor?«, fragt Sören. »Kasperle?«
»Nein, heute kein Kasperle. Heute gibt's Hunderle!«
›Hunderle‹ haben die Kinder noch nie gehört und sie wollen sofort wissen, was es damit auf sich hat.
»Hunderle bedeutet, dass man einen Hund in den Rucksack steckt und in ein Krankenhaus schmuggelt.«
»Ist Köttel denn krank?«, will Wiebke wissen. »Warum muss er denn ins Krankenhaus?«
»Köttel ist nicht krank. Er will nur sein Herrchen besuchen!«
Sören grinst. »Ach, den dicken Mann von nebenan?!«
»Ja, genau den.«
»Und was ist daran so Besonderes?«
»Das Besondere daran ist, dass es verboten ist. Im Krankenhaus gibt es nämlich einen Professor Borkmann. Also: Borkmann, nicht Brinkmann! Und dieser Borkmann ist ein böser Zauberer mit Nasenhaaren. Er will verhindern, dass sich Köttel und mein Nachbar Willi wiedersehen.«
»Warum denn?« Wiebke ist empört.
»Weil Tiere im Krankenhaus verboten sind.«
Sören und Wiebke beginnen Freude an dem Gedanken zu finden, mit mir etwas Verbotenes zu tun. Ich erkläre ihnen meinen Plan.
»Wir stecken Köttel in einen großen Rucksack und schleusen ihn unauffällig in Willis Krankenzimmer. Sollte Köttel

winseln oder jaulen, müsst ihr viel Lärm machen, damit niemandem etwas auffällt. Keiner darf wissen, dass ich einen Hund im Rucksack trage. Einverstanden?«

Die Kinder sind einverstanden. Bevor es losgeht, haben sie eine letzte Frage: »Aber was ist, wenn wir dem bösen Zauberer begegnen?«

»Keine Bange! Uns wird schon etwas einfallen. Das Wichtige ist, dass ihr genau tut, was ich euch sage. Wenn ich sage ›Bellt!‹, dann bellt ihr, als wärt ihr eine Meute Hunde.«

Hunderle ist fast so schön wie Kasperle, finden die zwei, als sie mit mir und dem Dackel ins Auto steigen. Meinen großen Wanderrucksack lege ich auf die Rückbank zwischen die Kinder. Köttel sitzt vorne, denn er ist schon volljährig.

Auf dem Krankenhausparkplatz angekommen, stecken wir den Dackel vorsichtig und von den Augen anderer Krankenhausbesucher unbemerkt in meinen Rucksack. Köttels Kopf guckt vorerst noch oben raus. Der alte Hund lässt alles geduldig mit sich geschehen und schaut gleichgültig in die Welt hinaus.

»Jetzt kommt der schwierigste Teil«, erkläre ich den Kindern im Flüsterton. »Wir müssen dafür sorgen, dass Köttels Kopf nicht zu sehen ist. Wenn wir reingehen, muss ich den Rucksack oben zuschnüren. Unser erstes Etappenziel ist es, an der Anmeldung vorbeizukommen.«

Sören nickt entschlossen. »Und wann sollen wir bellen?«

»Nur dann, wenn ich es sage. Oder wenn Köttel laut wird.« Aber im Stillen denke ich mir, dass Köttel sich wohl kaum bemerkbar machen wird – er hat schon seit Tagen keinen Mucks mehr von sich gegeben. Und heute Morgen habe ich schon mit ihm im Garten geübt: Widerstandslos hat der Hund sich durch die Landschaft tragen lassen, auch im locker zugeschnürten Rucksack, den ich vorsichtshalber ein wenig ausgepolstert habe, damit er sich nicht wie ein Fangnetz zuzieht.

Es klappt alles ganz famos. Mit dem Dackel auf dem Rücken marschieren wir unbemerkt an der Anmeldung vorbei und quer durch die Eingangshalle des Krankenhauses. Ohne Krücken humple ich zwar immer noch ein wenig, aber allzu große Probleme habe ich mit meinem lädierten Bein keine mehr. So zügig wie möglich betreten wir einen Fahrstuhl und sind froh, dass kein Fremder mit uns in den fünften Stock fährt. Ich nutze die Gelegenheit, um den Rucksack vom Rücken zu nehmen und vorsichtig zu öffnen. Köttel schaut uns mit traurigen Augen an. Wahrscheinlich denkt er, wir brächten ihn zum Einschläfern. Wiebke steckt ihre Hand zu ihm in den Rucksack und krault ihn aufmunternd. »Nur keine Angst, lieber Köttel. Alles wird gut.« Und wenn man so einen Satz aus dem Munde eines Mädchens im Kindergartenalter hört, ist man geneigt, es zu glauben!

Vorzeitig hält unser Fahrstuhl im dritten Stock. Die Tür öffnet sich. Oh nein! Augenblicklich stehen mir die Haare zu Berge und alle Drüsen pumpen im Hochdruckverfahren Angstschweiß zutage. Vor der Tür steht kein Geringerer als Professor Borkmann höchstselbst. Hastig ziehe ich den Rucksack zu und lasse Köttel wieder verschwinden. Dem Professor scheint nichts aufgefallen zu sein, denn er verhält sich völlig gleichgültig. Der Arzt tritt grußlos zu uns in die Fahrstuhlkabine, kehrt uns den Rücken zu und drückt auf den Knopf für den fünften Stock, obwohl die Fünf bereits aufleuchtet. Die Kinder scheinen ein gesundes Gespür für Gefahr zu haben. Sie ahnen das Unheil und sind mit einem Schlage mucksmäuschenstill. Gebannt starren sie auf den fremden Mann im weißen Kittel. Wiebke erfasst meine Hand und zieht mich zu sich herunter. Mit viel zu lauter Kinderflüsterstimme fragt sie: »Ist das der böse Zauberer?« Ich nicke ihr kurz und bestimmt zu. Professor Borkmann schielt uns von der Seite an und rümpft verächtlich die Nase. Ob er das Geflüster verstanden hat, ist ihm nicht anzusehen. Dann blickt er wieder geradeaus und wartet darauf, dass der Fahrstuhl sein Ziel erreicht. Plötzlich höre ich ein leises Knurren. Gefährlich und grollend. Es kommt aus meinem Rucksack! Auch der Hund muss spüren, dass wir von einem bösen Zauberer bedroht werden. Seine alten Beschützerinstinkte sind wieder erwacht. Warum braucht der Aufzug nur so lange? Die Kinder und ich sehen uns verunsichert an, während Professor Borkmann argwöhnisch die Ohren spitzt. Da fängt Sören auch an zu knurren. Der Arzt wirft ruckartig seinen Kopf in Sörens Richtung und mustert den Jungen scharf von oben bis unten. Mehrere mögliche Ausreden liegen mir schon auf der Zunge (»Er spielt gerne Hund.« / »Der Junge ist in der Pubertät.« / »Das ist mein Neffe aus Moldawien.«), da fängt Sören auch noch an zu bellen. Professor Borkmann schüttelt ungläubig den Kopf und wirft mir als dem vermeintlichen Erziehungsberechtigten einen vorwurfsvollen Blick zu, auf den ich spontan nur mit einem verlegenen Schulterzucken antworten kann. Dann erreicht der Fahrstuhl den fünften Stock, die Tür öffnet sich und der Arzt schreitet eilig davon, wobei er immer noch leicht den Kopf schüttelt.

Ich tätschle Sörens Kopf. »Gut gemacht!« Sören steht für einen Moment vor Stolz so stramm, dass man Sorge haben muss, er könne nach hinten umkippen. Ich schultere wieder meinen Rucksack und gebe die Marschrichtung vor: »Hier lang geht's zu Willis Zimmer!«

Die zwei folgen mir artig und schauen sich verstohlen noch einmal nach dem bösen Zauberer um, der aber in irgendein Zimmer verschwunden ist.

Als wir das Krankenzimmer betreten – Willi hat zum Glück keinen Zimmergenossen –, dämmert Willi im Halbschlaf vor sich hin, Mund und Augen halbwegs geöffnet. Kaum haben wir die Tür hinter uns geschlossen, beginnt Köttel, wie wild zu strampeln und zu jaulen. Er kämpft sich frei und springt aus dem Rucksack. Er macht einen Satz vom Boden auf einen Stuhl und vom Stuhl aufs Krankenbett und hüpft Willi geradewegs auf seinen dicken Bauch, um ihm stürmisch schwanzwedelnd und freudig fiepend das Gesicht abzulecken. Willi erwacht aus seinem Halbschlaf und braucht einen Moment, bevor er sein Glück erkennt. »Och neee, dä Köttel!«, freut er sich und drückt seinen Dackel zärtlich an sich. Dabei lässt er es sich gefallen, durchs ganze Gesicht geleckt zu werden. Bevor aber Willi noch die Luft ausgeht, nehme ich den Dackel von seiner Brust und halte ihn auf halbe Armeslänge von dem Patienten entfernt, sodass er ihn weiterhin streicheln kann. Köttels Schwanz peitscht mich wie ein Teppichklopfer. »Och nee, dä Köttel!«, jauchzt Willi immer wieder. Die Tränen stehen ihm in den Augen. »Ja, un' die Kinder sin' auch hier. Nee!«

Bei all dieser Freude zweifle ich keine Sekunde daran, dass eine Dackeltherapie mindestens so gut ist wie eine Kur in der Reha. Willi ist überglücklich, Köttel sieht aus wie ein Schwanz, der mit dem Hund wedelt, und auch die Kinder haben ihren Spaß. (Oder, wie man im Rheinland sagt: ihren Spass, mit kurzem a.) Nachdem wir rund eine Viertelstunde bei Willi gewesen sind, öffnet sich kurz die Tür und eine Krankenschwester ruft »Visite!« ins Zimmer.

»Schnell, wir müssen den Hund in den Rucksack stecken!«, rufe ich.

»Nix!«, entgegnet Willi ungewohnt kompromisslos, lupft seine Decke und lässt Köttel darunter verschwinden. *Gar nicht so übel,* denke ich, statt in Panik auszubrechen. Kurz darauf betritt Professor Borkmann im wehenden weißen Kittel das Zimmer, in seinem Gefolge eine Krankenschwester und zwei junge Assistenzärzte. Professor Borkmann blickt gelangweilt drein, die Krankenschwester routiniert und die Assistenzärzte schauen wissbegierig.

Die Krankenschwester reicht ihrem Chef ein Klemmbrett, auf dem die wichtigsten Papiere zum Patienten befestigt sind. Unwirsch blättert Professor Borkmann durch die Seiten. Er hat noch keinen Ton gesagt und noch niemandem der Anwesenden in die Augen geschaut. *So ein arroganter Chefarsch!,* schießt es mir durch den Kopf. Die jungen Assistenzärzte stehen hinter ihm und schielen über seine Schultern. Es dauert nur wenige Sekunden, bis Professor Borkmann mit dem Blättern fertig ist.

»Nun, Herr Seibold ...«, hebt er an.

»Seibock!«, verbessere ich ihn, unwillkürlich und wie im Reflex. Ich könnte mir auf die Zunge beißen. Jetzt bloß den Ball flach halten! Klappe zu und hoffen, dass der Oberarsch bald wieder den Raum verlässt. Professor Borkmann straft mich wegen meines Einwurfs mit einem vernichtenden Blick, bei dem sich mir die Fußnägel aufrollen. Seine Nasenhaare zittern. Mit Blick auf seinen Patienten fährt er fort: »Ich nehme an, es geht uns wie gestern: unverändert.«

Willi grinst. »Nee! Uns jeht et viel besser als wie jestern! Rischtisch jut! Alle beide!«

Professor Borkmanns Augenbrauen schieben sich für einen Sekundenbruchteil ungläubig zusammen. Anderseits scheinen ihn die Fortschritte bei der Genesung auch ein wenig zu freuen, so als ob er sich selbige als Adlerfeder der persönlichen Leistung an den Hut stecken könnte.

»Na, sehen Sie«, meint er jovial, »wusste ich's doch.« Damit gibt er der Krankenschwester die Klemme zurück. Die Visite ist für ihn schon abgehakt.

Da ist plötzlich wieder ein leises Knurren zu hören. Professor Borkmann schaut sich verwirrt um. Sein Blick fällt auf Sören, der auch geistesgegenwärtig zu knurren anfängt.

»Macht Ihr Sohn das immer?«, fragt er mich von oben herab.

Ich habe keine Lust, dem Chefarsch zu erklären, dass Sören nicht mein Sohn ist. Stattdessen antworte ich: »Ja, aber nur, wenn er in der Mauser ist.«

»Sehr witzig!«, quittiert Professor Borkmann mit triefender Ironie. Damit will er sich abwenden und ins nächste Krankenzimmer entschwinden, als einer der Assistenzärzte verdattert fragt: »Was ist das denn?« Er zeigt auf Willis Bett. Unter der Bettdecke schaut ein haariges Etwas hervor. Köttels Schwanzspitze!

Willi Seibock erkennt die Lage sofort, drückt den Schwanz seines Dackels unter die Decke und meint verlegen: »Och, dat is' bloß menge Köttel.«

Professor Borkmann hält entsetzt inne. Er sieht aus, als hätte man ihm Gallensteine zum Frühstück serviert. Mit Kötteln, die unter der Bettdecke hervorlugen, will er nichts zu schaffen haben. »Schwester, kümmern Sie sich bitte darum!«, lautet seine Anweisung und mit einer Kopfbewegung gebietet er einem der Assistenzärzte, der Krankenschwester die Klemmbretter für die folgenden Visiten abzunehmen. Dann verlässt er den Raum, ohne sich noch einmal umzusehen oder sich zu verabschieden. Die Tür lässt er sperrangelweit offen stehen. Die Assistenzärzte folgen ihm untertänig. Eines muss man dem Oberarsch lassen: Er hat immer einen filmreifen Abgang, und jedes Mal werde ich an all die *John-Wayne*-Western erinnert, die ich mir angesehen habe. Nicht etwa deswegen, weil Professor Borkmann das Zeug zum großen Westernhelden hätte, sondern weil ich ihm am liebsten einen Tomahawk hinterherschleudern und ihm die Nase skalpieren würde.

Die Krankenschwester schließt behutsam die Tür und sieht dann von einem zu anderen. »Der Besuch sollte wohl besser kurz rausgehen«, sagt sie mit einer Mischung aus peinlichem Berührtsein und Höflichkeit.

»Och, nee«, lacht Willi, »die kennen menge Köttel.« Daraufhin schlägt er mit der Grandesse eines Varietékünstlers seine Bettdecke zurück. Zusammengerollt zwischen Willis schmalen Beinen und seinem dicken Bauch kauert der Dackel und blinzelt alle Umstehenden an, als wäre er der Überraschungsgast einer Geburtstagsparty. Die Krankenschwester verkneift sich ein Lachen. »Den Hund lassen Sie den Professor aber besser nicht sehen«, erklärt sie. »Das ist gegen die Hausordnung.«

»Tun wir nicht!«, verspreche ich ihr und freue mich, dass die Frau Humor hat und es mit den Bestimmungen nicht so genau nimmt. »Sie müssten uns nur ein bisschen Rückendeckung verschaffen und dafür sorgen, dass uns Ihr Chef die nächste Zeit nicht mehr behelligt.«

»Keine Bange, er macht noch seine Runde zu Ende und verschwindet dann wieder in eine andere Abteilung.«

Die Krankenschwester tritt an das Bett heran und streichelt Köttel über den Kopf. »Du bist ja ein Süßer!«

Köttel lässt die Liebkosung zu, als wüsste er, dass es diese Frau gut mit ihm meint. Wie zu sich selbst murmelt sie: »Mein Vater hatte früher auch so einen. Heute sieht man solche Rassedackel ja nur noch selten.« Und zu Willi gewandt fährt sie fort: »Schlafanzug und Bettlaken sollten wir hinterher aber sicherheitshalber wechseln. Wegen der Hundehaare.«

»Der heißt Professor Brinkmann«, meldet sich Wiebke mit ihrer mädchenhaften Kieksstimme. Sie stellt den Hund vor wie eine akademische Größe, dessen Bekanntschaft ihr eine Ehre ist.

Sören beeilt sich zu ergänzen: »Genannt wird er aber Köttel.«.

»Ja, ja«, grient die Krankenschwester. »Das ist bei uns so ähnlich: Bei uns gibt es einen Professor Borkmann, aber genannt wird er ...« Sie verkneift es sich, fremden Krankenhausgästen anzuvertrauen, wie ihr Vorgesetzter unter der Hand genannt wird. Aber ich könnte mir vorstellen, dass der Spitzname irgendetwas mit Stoffwechsel-Abfallprodukten zu tun hat.

Als wir im Krankenzimmer wieder unter uns sind, gibt sich Willi noch einmal ausgiebig seinem Hund hin.

Bevor der Besuch anfängt, den Kindern langweilig zu werden, greife ich in meinen Rucksack und hole ein paar Handpuppen hervor.

»Weil ihr so brav wart, gibt es jetzt – exklusiv und einmalig in Willis Krankenzimmer – eine spontane Minivorstellung!« Sören und Wiebke sind begeistert, Willi ist überglücklich und sein Dackel ist mit allem zufrieden, solange er nur bei seinem Herrchen sein darf. Und so gebe ich hinter dem Fußende des Krankenbetts hockend eine kurze Vorstellung mit einer Geschichte, in der Kasperle einem bösen Zauberer das Handwerk legen muss. Dazu verwende ich allerlei Requisiten, die mir zufällig in die Hände fallen.

Ein kurzsichtiger und schieläugiger Zauberer (das ist der vom Trödelmarkt!) macht der süßen Grete einen Heiratsantrag. Grete lehnt jedoch ab, weil ihr Herz dem Kasperle gehört. Verbittert über die Ablehnung verwandelt der Zauberer die arme Grete in ein Fieberthermometer. Dieses findet Kasperle zufällig und nimmt es mit nach Hause, weil seine Oma krank ist und für ein Thermometer Verwendung hat. Die kranke Oma bemerkt schließlich, dass das Fieberthermometer sprechen kann, aber nur, wenn man es unter der Achselhöhle hält. Erst glaubt Kasperle, seine Oma sei vertrottelt, doch schließlich kann auch er das Thermometer sprechen hören. So kommt die Schandtat des Zauberers ans Licht. Kasperle ersinnt einen tollkühnen Plan: Er verkleidet sich als Grete, sucht den kurzsichtigen Zauberer auf und behauptet mit verstellter Stimme, auf den Heiratsantrag eingehen zu wollen. Der Zauberer freut sich liebestoll und zaubert sofort einen Priester herbei. Dafür verwende ich notgedrungen die Lehrer-Lämpel-Puppe aus den Geschichten um Max und Moritz. Die beiden werden getraut. In der Hochzeitsnacht schlüpft Kasperle unbemerkt davon und legt dem Zauberer ein Fieberthermometer – diesmal ein echtes – ins

Brautbett. Der Zauberer gerät daraufhin in schiere Verzweiflung und spricht einen Zauberspruch, um den Fiebermesser wieder in die Grete zurückzuverwandeln. Der Spruch tut seine Wirkung, das Thermometer wird wieder zur Grete – aber nicht im Brautbett des Zauberers, sondern zu Hause bei Kasperls Oma. Das Fieberthermometer an der Seite des Zauberers aber ist und bleibt ein Fieberthermometer. Weil all sein Zaubern vergebens scheint, zerbricht der Zauberer voller Wut seinen Zauberstab (einen Holzspatel) und zerreißt sein Zauberbuch (die Packungsbeilage einer Tablettenschachtel).

Während meiner Vorstellung, die keine zehn Minuten dauert, bemerke ich aus dem Augenwinkel, wie die Krankenschwester von eben durch das kleine Sichtfenster in der Zimmertür zu uns hineinschielt. Sie lacht verhalten.

Meine Vorstellung endet mit dem Satz:
»Und die Moral von der Geschicht:
Bösen Zaubrern trau ich nicht!«

Willi klatscht unbeholfen Beifall, die Kinder singen »Tritra-trullala« und der Dackel jault. Es wird Zeit zu gehen!

Anders als auf dem Hinweg bekomme ich Köttel diesmal nur widerwillig in den Rucksack. Er sträubt sich, aber mit gutem Zureden lässt er sich dann doch wieder einpacken. Wir verabschieden uns von Willi und machen uns auf den Weg: Sören an der einen, Wiebke an der anderen Hand und den Hund auf dem Rücken. Im Flur der Abteilung begegnen wir erneut der Krankenschwester. Sie zwinkert uns verschwörerisch zu und im Vorbeigehen wispert sie: »Sie sollten demnächst mal bei uns in der Kinderstation spielen.«

Als wir, im Erdgeschoss angelangt, durch die Eingangshalle des Krankenhauses gehen, piepst Wiebke verängstigt: »Du, Karl, da vorne steht wieder der böse Zauberer!«

»Einfach nicht hinschauen und schnell weitergehen!«

Im selben Atemzug japst Sören: »Köttel guckt hinten zum Rucksack raus.«

»Ach, lass ihn gucken!«

Eilig verlassen wir das Gebäude. Durch die zufallende Tür höre ich noch ein aufgebrachtes »Sie! Sie!«, das mir irgendein Oberarsch hinterherruft. Doch dem schenken wir keine Beachtung mehr, sondern verschwinden zwischen den Reihen parkender Autos.

# 26

# DER PUPPENSPIELER VON MEXIKO

Der Sommer ist gekommen, der Juni ist da und mein Bein ist wieder gesund. Damit geht mein Krankenurlaub zu Ende. In den letzten Tagen hat sich einiges getan: Professor Brinkmann (Köttel) hat wieder Appetit und frisst mit Hingabe, Willi ist mittlerweile in einer Rehaklinik im Bergischen Land und ich habe die Kinokarten eingelöst, die ich von Samuel zum Vatertag bekommen hatte. Wir haben uns an einem Freitagabend einen Superheldenfilm angesehen, bei dem ich weder husten musste, noch eingenickt bin. Das ist der große Unterschied zu klassischen Konzerten. Auch die Knie taten mir hinterher nicht weh. In dem Film ging es um einen Burschen, der als reicher Schnösel nach einem Schiffsunglück auf eine einsame Insel gespült wird und dort lernt, sich mit Pfeil und Bogen am Leben zu erhalten. Jahre später wird er gerettet und kehrt in seine Heimat, eine amerikanische Metropole, zurück, die zwar wie New York aussieht, aber anders heißt, und in der er fortan als eine Art unerkannter Großstadt-*Robin-Hood* für Recht und Gerechtigkeit kämpft. Unter dem Namen *Green Arrow* (Grüner Pfeil) wird er bekannt und räumt mit der Unterwelt der Stadt ordentlich auf.

»*Arrow* ist cool!«, meinte Samuel hinterher. Mein Sohn könnte selbst so ein Superheld sein, mit Pfeil und Bogen versteht er ja umzugehen. Aber in der rheinischen Provinz gibt es Superhelden im bunten Dress nur im Karneval.

Neu ist auch, dass Samuel nunmehr mit der präzisen Regelmäßigkeit eines Schweizer Uhrwerks angefangen hat, mit Köttel vor die Tür zu gehen. Jeden Tag zur selben Zeit. Dabei hatte ich gedacht, Gassigehen mit krummbeinigen Dackeln sei für junge Männer dermaßen ›uncool‹, dass sie lieber ihre fußkranken Väter durch die Straßen laufen ließen. Mittlerweile bewege ich mich zwar wieder schmerzfrei, aber Samuel scheinen die Spaziergänge Spaß zu machen.

Die wichtigste Neuigkeit aber ist, dass ich eine neue Nachbarin habe. Sie heißt Gül und ist die Schwester meines Kollegen Nedim Sadak aus der Redaktion. Beim ersten Hören erinnerte mich der Name Gül – ich muss es gestehen – an das, was Landwirte als übel riechende Brühe zwecks naturverbundener Düngung auf ihre Felder spritzen. Aber wie mich mein deutschtürkischer Freund aufgeklärt hat, handelt es sich um einen beliebten, ursprünglich persischen Vornamen im Lande seiner osmanischen Vorfahren, der ›Rose‹ bedeutet. Gül war schon seit Längerem auf der Suche nach einer Übergangswohnung, einerseits um ihrem Elternhaus zu entfliehen, andererseits um eine verkorkste Beziehung zu verdauen. Das gibt's auch bei Türken! Nun haben Nedim und ich sie vorübergehend im leer stehenden Haus meines Nachbarn einquartiert, gegen Minimiete. Einzige Bedingung, die ich Nedim gestellt hatte, war, aus Willis

Haus weder einen türkischen Basar noch einen orientalischen Harem zu machen. »Dass ich dann öfters in deiner Nachbarschaft auftauche, musst du aber ertragen, alter Mann«, hatte Nedim geunkt. »Meinetwegen. Ich merk ja zum Glück immer rechtzeitig, wenn du in der Nähe bist, wenn's nach Knoblauch stinkt.«

Gül ist eine 24-jährige Schönheit, die ihrem blumigen Namen alle Ehre macht. Überdies ist sie ähnlich keck wie ihr Bruder. Statt mit Willi halte ich nun gelegentlich mit ihr einen Plausch im Vorgarten, wenn wir uns zufällig begegnen.

»Na, wie geht's, Gül? Fühlst du dich wohl in deiner neuen Behausung?«

»Ja, danke.« Sie lächelt. »Nette Gegend.«

»Freut mich zu hören!«

»Nur die Nachbarn da hinten« – Gül weist auf die Rückseite ihres neuen Zuhauses, wo ihr Garten an ein Nachbargrundstück der Parallelstraße stößt – »die sind manchmal etwas laut.«

»Ach, die Berts?! Ja, die sind nervig. Aber im Großen und Ganzen sind sie eher harmlos. Versoffene Brüder, die manchmal Radau schlagen. Wenigstens bleiben sie auf ihrer Seite vom Zaun. Aber am besten hältst du dich fern von dem Pack. Wenn etwas sein sollte, kannst du mich immer ...«

Gül nickt. Es ist ein Nicken, das markiert, dass sie allein in der Welt klarkommt. Auch ohne väterliche Obhut, ohne den Schutz eines großen Bruders und ohne eine Sippschaft, die sie schützt und umgibt. Und mich braucht sie erst recht nicht.

An dieser Stelle ist ein Themenwechsel angebracht. Und weil sie mir wegen ihres Bruders vorkommt wie eine Bekannte, die ich seit Jahren gut kenne und bei der ich mir jeden Spaß erlauben kann, frage ich dreist: »Und? Hast du schon einen Neuen?«

Ihr Lächeln verrutscht zu einem schiefen Grinsen. »Du bist aber neugierig!«

»Es kann manchmal gut sein, wenn man mit seinen Nachbarn auf vertrautem Fuße steht.«

Gül verdreht die Augen, aber so theatralisch, dass man merkt, dass sie das Spiel aus Frotzelei und Scherz mitspielt. »Keine Bange. Ich glaube nicht, dass ich in den nächsten Wochen auf der Toilette zusammenbrechen werde und Hilfe brauche.«

»Nicht nur alten, dicken Männern, sondern auch hübschen, jungen Frauen kann allerlei passieren.«

Gül übergeht meinen Einwand. »Außerdem kann ich dich beruhigen«, sagt sie. »Ich hab noch keinen Neuen. Von Männern hab ich vorerst die Nase voll.«

Von ihrem Bruder Nedim weiß ich, dass ihr Ex aus Magdeburg war. »Vielleicht solltest du es beim nächsten Mal mit einem Rheinländer versuchen«, rate ich ihr.

»Mal sehen! Jedenfalls nie wieder einen Ausländer!«, kontert sie und meint ihren Ex aus Sachsen-Anhalt. Gül hat Humor.

Heute ist mein erster Arbeitstag nach dem mehrwöchigen Krankenurlaub. Meine Tätigkeit als Lokalreporter mit dem Ressort Gedöns kann wieder losgehen. Am Morgen dieses denkwürdigen Tages sitze ich nur mäßig gut gelaunt über meinem Frühstück und blättere lustlos durch die Zeitung, bei der ich selbst beschäftigt bin. Es steht nichts drin, was mich ernsthaft interessieren würde. Ich falte sie zusammen und werfe sie auf einen Stuhl, auf dem sich ältere Zeitungsausgaben stapeln und auf die Entsorgung im Altpapier warten. Da fällt mir auf, dass zwischen all den Zeitungen ein Buch steckt. Es ist das Seelentrösterbüchlein von Lokaldichter Jakob Klumpstadt, »Sei dein innerstes Ich«. Dieses Machwerk sollte ›Schiss mit Ohren‹

heißen! Trotzdem blättere ich das Buch noch einmal durch und muss erneut meinem lieben Willi recht geben, dass es immerhin nette Bilder enthält. »Alles im Leben hat seinen Sinn« heißt die Überschrift eines kurzen Textes, der literarisch zwischen Lyrik, Schulweisheit und Einlauf angesiedelt ist. Schicksalsmächte würden über uns wachen, nichts sei dem Zufall überlassen, jede Begebenheit sei Chance und Risiko. Ich vermisse nur noch den Satz, dass Probleme gut versteckte Lösungen sind, dann könnte man Klumpstadts Werk auch als Manager-Knigge verkaufen. Nach dem Motto: Eine Entlassung ist kein Rauswurf, sondern eine Möglichkeit, sich neuen Aufgaben zu stellen. Bevor meine Laune endgültig ins Griesgrämige absinkt, stecke ich das Buch zurück in den Zeitungsstapel und nehme mir fest vor, es demnächst in den Altpapier-Container zu werfen.

Ich verabschiede mich von Köttel und steige in mein Auto, um zur Arbeit zu fahren – nach rund sechs Wochen, in denen ich körperlich und journalistisch außer Gefecht war. Auf der Autofahrt überlege ich, was mir die Zeit gebracht hat. Die schönsten Erinnerungen verbinde ich mit Sören und Wiebke und dem Puppenspielen. Ich glaube, das ist die einzige Sache auf der Welt, in der ich das Gefühl habe, gut zu sein. Mein Autoradio dudelt vor sich hin. Ich höre am liebsten jazzige Musik, aber aus unerklärlichem Grund steht mein Programmknopf auf einem Sender, der bevorzugt Schlager spielt. Und dann – vor einer roten Ampel – ertönt es! Roberto Blanco und »Der Puppenspieler von Mexiko«. Kann das ein Zufall sein? Unweigerlich muss ich mitsingen. Lauthals und bei heruntergekurbeltem Fenster:

»Der Puppenspieler von Mexiko,
war einmal traurig und einmal froh,
und wenn er spielte dann ohne Glied …
lala lala lala la la …«

(Na gut, ich gebe zu, die vorletzte Textzeile entstammt der Fantasie meines respektlosen Sohnes und nicht der Feder eines Schlagertexters. Mein »La-la-la« ersetzt den Rest des Liedtextes, den ich wieder nicht verstehe.) Gut gelaunt und vollgepumpt mit positiver Energie parke ich mein klappriges Auto am Straßenrand und steuere den Eingang unserer Redaktion an. Mit einem Male habe ich das Gefühl, dass alles im Leben einen Sinn ergibt. Dass nichts Zufall ist. Ich betrete die Redaktion – aber anstatt mich an meinem Schreibtisch niederzulassen, mich beim Chef zurückzumelden oder meine Kollegen zu begrüßen, gehe ich auf direktem Wege zu Frau Ziegenpeter, unserer Verwaltungskraft.

»Morgen, Herr Pohlmann!«, werde ich von ihr begrüßt. »Schön, dass Sie wieder da sind.« Obwohl das ehrlich gemeint klingt, nehme ich mir keine Zeit für lange Wiedersehenszeremonien und Freundlichkeiten. »Guten Morgen«, verkünde ich entschlossen, »ich möchte ein halbes Jahr unbezahlten Urlaub nehmen.«

Unsere liebe Frau von der Verwaltung setzt sprachlos ihre Brille ab.

»Übrigens, Frau Ziegenpeter, hat Ihnen eigentlich schon einmal jemand gesagt, dass Ihr Name gar nicht zu Ihnen passt?«

Stotternd entgegnet sie: »Den Nachnamen hab ich ja von meinem Mann.«

*Also der ist der wahre Ziegenpeter,* denke ich. *Hm, dann müsste sie doch die Ziegenpetra sein?*

»Urlaub wollen Sie?«

»Ja, unbezahlten. Ein halbes Jahr. Mindestens.«

»Was ... was wollen Sie denn machen?«

»Puppenspielen.«

Frau Ziegenpeter versteht die Welt nicht mehr. »Aber alle warten schon darauf, dass Sie zurückkommen. Was wird denn der Chef dazu sagen?«

»Keine Ahnung. Mit dem kann ich gleich sprechen.«

Frau Ziegenpeter wendet sich ihrem Computer zu, um die nötigen Formalitäten zu erledigen. »Ja, wenn Sie meinen ...«

Kurze Zeit später stehe ich unserem Chef gegenüber. Helmut Ungeduld sieht mich mit eiskaltem Blitzen in den Augen an, als hätte ich einen persönlichen Verrat an ihm begangen. Seine Eierkopf-Glatze funkelt.

»Wovon willst du denn leben?«

»Ich habe Erspartes. Ein halbes Jahr ist kein Problem.«

»Das ist doch ... ich weiß nicht ... aber du kannst doch nicht ... Um Himmels willen, wieso denn ausgerechnet Puppenspielen?!«

»Es macht mir Spaß!«

Helmut Ungeduld blökt: »Spaß, Spaß. Das Leben besteht nicht nur aus Spaß.«

»Ihr Freund ist schuld daran«, sage ich seelenruhig und freue mich ein wenig, dass mein Chef sich aufregt.

»Freund? Welcher Freund?«

»Jakob Klumpstadt. Der Dichter. ›Sei dein innerstes Ich‹!«

Mein Chef begreift, worauf ich anspiele. Das Seelentrösterbuch. Er macht eine wegwischende Handbewegung.

»Ach, so ein Blödsinn.«

»Das hab ich bisher auch gedacht. Aber dann hat mich Roberto Blanco überzeugt.«

»Wer?«

»Der Puppenspieler von Mexiko.«

Helmut Ungeduld gibt auf. »Also gut. Du musst wissen, was du tust. Hier geht wahrscheinlich bald sowieso alles den Bach runter ...« Er gibt einen Brummlaut von sich, der fast wie ein Seufzen klingt. Fast tut mir mein Chef leid. Die Zahl unserer Abonnenten scheint weiter im Sinkflug zu sein. Dann gibt er sich einen Ruck. »Ein halbes Jahr also. Bis Ende des

Kalenderjahres! Meinetwegen. Wenn du länger freinehmen willst, stellen wir einen Neuen an und du wirst gefeuert.«

»Freigesetzt!«

»Wie auch immer!« Helmut Ungeduld nimmt Haltung an und reicht mir großmütig die Hand. »Ich wünsche dir jedenfalls viel Erfolg bei allem, was du vorhast. Manchmal muss man eben was Neues ausprobieren.«

»Richtig!«

# 27

# EINMAL TRAURIG UND EINMAL FROH

Die Reaktionen von Familie, Freunden und Bekannten auf meinen eigenwilligen Entschluss fallen höchst unterschiedlich aus. Samuel findet es irgendwie abgedreht, aber völlig in Ordnung. Er berichtet mir, dass der Vater eines Schulkameraden letztes Jahr etwas Ähnliches gemacht habe und drei Monate durch die Anden gekraxelt sei: »Der hat seinen inneren Inka gesucht. Vielleicht muss man so was machen, wenn man fünfzig wird.«

Meine Schwester zuckt nur mit den Schultern. »Warum nicht, wenn du das Geld dazu hast.« Katja weiß ja aus brandneuester Erfahrung, dass Änderungen und mutige Entschlüsse manchmal nötig sind.

Sören und Wiebke sind vollkommen aus dem Häuschen. Sie tanzen zehn Minuten lang durch mein Wohnzimmer, als sie bei einem Besuch erfahren, dass ihr schräger Onkel nichts anderes mehr tun will, als Kasperle zu spielen. »Göt, göt, göt,

göt!«, singen sie und tanzen im Ringelreigen durch die Bude. (Es ist erstaunlich, wie schnell die beiden Östrisch gelernt haben, wo ja bekanntlich in jedem Wort ein ›ö‹ vorkommt.)

Auch Willi, den ich alle paar Tage in der Reha anrufe, findet meinen Entschluss mindestens so gut wie ein Bierchen auf dem Balkon. »Nee, Karl, dat is doch jut. Ich find dat jut. Tu dat!«

Seine Aussprache hat sich deutlich verbessert, was ich mit Erleichterung zur Kenntnis nehme. Leider habe ich während unseres Telefongesprächs den Eindruck, dass er meinen unbezahlten Urlaub für eine Art Vorruhestand hält und erwartet, dass wir demnächst gemeinsam auf dem Balkon Bier trinken werden.

Deutlich verhaltener nimmt Nedim meinen Entschluss auf. »Wie soll ich meiner Schwester klarmachen, dass sie jetzt neben einem Verrückten lebt?«

»Sag Gül einfach, ich wäre eine Art Meddah, ein türkischer Geschichtenerzähler, der Faxen macht und dumme Gesichter, um sein Publikum zu unterhalten.«

»Das mit dem dummen Gesicht kriegst du sicher hin!«

»Danke. Das ist der erste Schritt für eine vielversprechende Karriere.«

»Ich komme dann demnächst mal bei dir vorbei, um Bilder zu machen. Wir bringen dich ganz groß raus mit einer ausführlichen Reportage im überregionalen Wochenendteil!«

»Gute Idee. Ich brauche eine positive Presse. Aber lass bloß nicht Jochen Süder den Text schreiben.«

Der schwierigste Brocken ist meine Mutter. Als ich sie am Mittwoch dieser Woche wieder besuche, hab ich ihr ein paar besonders schöne Blümchen mitgebracht, um sie gnädig zu stimmen.

»Komm rein!«, sagt sie zur Begrüßung. Was sonst?! Wieder bietet sie mir nur Kekse an. »Warum gibt's bei dir eigentlich keinen Kuchen mehr?«, traue ich mich zu fragen.

»Kuchen backe ich jetzt immer am Samstag. Dann kommen Katja und die Kinder vorbei.«

»Ach so.« Seitdem Katja wieder im Städtchen wohnt, spiele ich also nur noch in der zweiten Liga.

Das Thema Kuchen ist für meine Mutter abgehandelt, sie gießt mir Kaffee ein. »Hast du diese Woche nicht wieder mit der Arbeit angefangen?«

»Hätte ich sollen.«

Meine Mutter nimmt mich über ihren Brillenrand hinweg ins Visier. »Was heißt das? Ist dein Krankenurlaub etwa wieder verlängert worden?«

»Das nicht. Aber ich habe mir ein halbes Jahr freigenommen. Unbezahlter Urlaub.«

Es folgt eine bleischwere Pause. Meine Mutter sucht nach passenden Worten. Das Einzige, was sie zustande bringt, ist ein herausgepresstes: »Warum?«

»Was wäre dir lieber: a) Ich möchte eine Bank ausrauben. b) Ich pilgere zu Fuß nach Rom. Oder c) Ich werde Puppenspieler.«

Meine Mutter sieht mich unwirsch an. Aber diesmal ist sie nicht um Worte verlegen: »Mir wäre d) am liebsten: Du denkst an deine Rente und an die Zukunft deines Sohnes und setzt deine gute Arbeitsstelle nicht aufs Spiel.«

»C«, sage ich.

»Was C? Wieso Zeh? Ich denke, du hast etwas am Bein?!«

»Die richtige Antwort lautet: c). Ich werde Puppenspieler. Allerdings nicht in Mexiko.«

Den Rest meines Besuches macht sie mir Vorhaltungen. Was denn in mich gefahren sei? Ob ich bei meinem Sturz vom

Baum auf den Kopf gefallen wäre? Wie ich mir das denn vorstelle? Ob ich tatsächlich dächte, davon leben zu können?

»Das nicht!«, gebe ich zu und blicke mit messianisch ausgebreiteten Armen gen Himmel. »Aber das Strahlen kleiner Kinderaugen ist mir Lohn genug.«

Meine Frau Mutter ist es nicht gewohnt, dass ich keck bis ironisch mit ihr spreche, aber immerhin droht sie nicht damit, mich enterben zu wollen. Unser Gespräch findet erst ein Ende, als sie darauf hinweist, heute Nachmittag noch einen Vortrag an der Volkshochschule besuchen zu wollen.

»Worum geht es denn?«, frage ich.

»Nichts Besonderes«, sagt sie und wackelt mit dem Kopf. Als ich mich anschicke, ihre Residenz zu verlassen, fällt mein Blick zufällig auf einen Zettel, der auf ihrer Anrichte liegt: das Programm an VHS-Vorträgen unserer Stadt. Für heute ist angekündigt: »Geht's noch? Zweisamkeit jenseits der 70«. Es spricht ein Gerontologe aus Dortmund.

»Na, dann viel Spaß beim heutigen Vortrag«, wünsche ich meiner Mutter. Den süffisanten Unterton überhört sie geflissentlich.

»Wir sehen uns nächste Woche!«, erklärt sie und hält mir die Türe auf.

»Ja, falls ich keine Vorstellungen habe.«

Ich verlasse die Seniorenresidenz, wie üblich vorbei an Herrn von Bommelsbeck, dem alten Adligen in seinem ledernen Ohrensessel, dem ich ein stummes »Tschüssi, bis demnächst!« zuwinke.

Meine Kumpel von der Fußballmannschaft Santa Maria 104 reagieren mit Kopfschütteln, Schenkelklopfen und Pferdewiehern auf meine Pläne. Nur unser gnadenloser Coach nimmt die Sache pragmatisch: »Hauptsache, du kommst bald wieder zum Training!«, schnarrt Dirk Drassel. Aber noch muss ich mich schonen, mit dem Kicken will ich noch warten. Andere Mannschaftsmitglieder wie Peter Waider oder Martin Eckstein nutze ich für meine Zwecke; alte Freunde sind schließlich dazu da, um einem in stürmischen Zeiten zur Seite zu stehen. Von Peter, dem Steuerprüfer, lasse ich mich bei drei Bier in unserer Stammkneipe »Am Burgturm« beraten, was ich tun muss, um mich steuerlich möglichst günstig als freiberuflicher Künstler tummeln zu können, und wie ich Ausgaben absetzen kann. Peter Waider gibt sich Mühe mit mir, allerdings fällt auf, dass er kein einziges Wort über mögliche Einnahmen verliert.

Martin, der PR-Experte, opfert mehrere Abende, die er bei mir zu Hause vor meinem (nagelneuen) Computer verbringt, um mir zu erklären, wie man eine Internetseite aufbaut und betreut. Ich erhalte die Adresse www.puppenspieler-pohlmann.de. An diesen Abenden erkundigt sich Martin häufiger als nötig nach meiner Schwester. »Eine Visitenkarte brauchst du auch«, meint Martin, »eine originelle! Zum Beispiel in Form einer Zipfelmütze.« Keine schlechte Idee. Am nächsten Tag gebe ich aber nicht nur Visitenkarten in Auftrag, sondern lasse auch Bleistifte und Luftballons mit meiner Internetadresse bedrucken.

Ansonsten nutze ich die ersten Tage meiner neuen Karriere, um alle bisher gespielten Stücke aufzuschreiben und zu archivieren. Dabei bin ich auf Sörens und Wiebkes Hilfe angewiesen, denn die zwei erinnern sich an viele Stücke und all ihre Einzelheiten besser als ich selbst.

Im Internet mache ich mich kundig, wie man eine Puppenbühne selbst zimmert. In einem Baumarkt decke ich mich mit Spanplatten, Stützpfosten, Farben und Lacken, Scharnieren und allem Sonstigen ein und baue mit der Inbrunst eines Wanderpredigers an einer aufklappbaren Minibühne, die mein mit Tüchern verhülltes Bügelbrett ersetzen soll. Die Spanplatten lasse ich mir im Baumarkt nach meinen Angaben zurechtschneiden. Die Bühne muss so beschaffen sein, dass sie in mein

Auto passt, leicht aufzustellen ist und bei Kämpfen zwischen Kasperle und Teufel nicht zusammenbricht. Die Spanplatten streiche ich in einem blauen Grundton. Oberhalb der Bühnenöffnung, die an den Bildschirm eines Fernsehapparats erinnert, male ich eine rote Kaspermütze. Unterhalb der Öffnung steht der geschwungene Schriftzug »Tri-tra-trullala«, und darunter, klein und dezent, meine Internetadresse. Ich schufte tagelang, bohre, schleife, pinsle, fluche, schwitze, probiere, verwerfe, hantiere, schraube, hämmere und hau mir auf die Finger – doch das Endergebnis kann sich sehen lassen. Nach langem Ausprobieren gelingt es mir sogar, einen Vorhang anzubringen, den ich durch Ziehen an einer Schnur öffnen und schließen kann.

»Ich wusste gar nicht, dass du so handwerklich begabt bist!«, staunt Katja. Ich auch nicht!

In unserer Bücherei leihe ich mir das, was es an Literatur über Puppentheater gibt. Es ist nicht viel. Umso mehr gibt es im Online-Antiquariat. Ich bestelle mir alles, was ich finde, angefangen bei alten Heftchen mit Puppenstücken aus den 1950er-Jahren, wo nur Kasperle und Grete einen Vornamen besitzen und alle anderen nach ihrem Beruf benannt sind (Bäcker, Polizist, Pastor, Lehrer) oder nach ihrer ethnischen Herkunft (Indianer, Eskimo, Neger, Scheich, Chinese).

Ich entdecke pädagogisch Angesülztes aus den 60ern und 70ern, wo Kasper den Kindern die Verkehrsregeln beibringt oder sie vor bösen Onkeln warnt, die ihnen Süßigkeiten anbieten. Irgendwann sind die Kasperle-Stücke gewaltfrei und todlangweilig geworden. Statt mit der Klatsche löst Kasperle alle Probleme als Vermittler und Schlichter. In diesem Zeitraum sind auch die Puppen verschwunden, die böse Grimassen schneiden. Sie wurden weitgehend ersetzt durch abwaschbare Stoffpüppchen mit aufgenähtem Dauergrinsen.

In einem Abriss über die Geschichte fahrender Jahrmarktskünstler lese ich zu meinem Erstaunen, dass das Puppentheater mit den Mysterienspielen des Mittelalters verwandt ist und Kasperle gar auf einen der Heiligen Drei Könige zurückzuführen sei. Im 19. Jahrhundert war Kasperle vor allem ein Tunichtgut und Trunkenbold, der soff und seine Frau verprügelte. Später wurde er zu einer Figur, die altersmäßig kaum zu bestimmen ist: Er drückt die Schulbank wie ein Kind, hat seine ersten Techtelmechtel mit Grete wie ein Jugendlicher, handelt eigenmächtig und furchtlos wie ein erwachsener Held und ist zuweilen so weise wie ein Großvater. Nur das Rätsel, warum Kasperle mindestens seit dem Weltkrieg keine Eltern hat, sondern bei seiner Oma lebt, bleibt ungelöst. Da hilft auch eine alte kulturwissenschaftliche Doktorarbeit nicht weiter, die 1959 an der Freien Uni Berlin abgelegt wurde und die ich mir per Fernleihe kommen lasse: »Puppentheater im III. Reich«. Beim vielen Lesen wird mir klar, dass Kasperle eine europäische Kulturfigur ist, die zwar mit jeder Generation neue Züge annimmt, zugleich aber auch erhalten werden muss. Ich fühle mich berufen, dazu beizutragen, Kasperle zu retten.

Auf dem Auktionsforum E-Hammer suche ich nach weiteren seltenen Puppen mit Altertumswert: Ein Bieter aus Koblenz versteigert einen Indianer und einen Cowboy (vollmundig angepriesen als Winnetou und Old Shatterhand), im Raum Mönchengladbach verscheuert jemand einen Pastor und einen Oberarzt. Ich biete Höchstpreise. Da ich bereits mein Standardpersonal habe, interessieren mich vor allem die Seltenheiten: Sultan, Matrose, Holländerin … (Hoffentlich hilft mir Peter dabei, diese Unsummen für alte Handpuppen von der Steuer abzusetzen.)

Meine erste wirklich wahre Vorstellung als Puppenspieler von Gottes Gnaden habe ich nur wenige Tage nach Fertigstellung meiner Wanderbühne im Kindergarten St. Nikolaus. Ich habe der Leiterin, Frau Fährmann, angeboten, zum Sprachbad-Programm des Kindergartens beizutragen. Nur geht es diesmal nicht um Kroatisch oder Polnisch, sondern um die rheinische Mundart. »In meinem Stück kommen mehrere Figuren vor, die Platt sprechen, aber so, dass alle es verstehen und der Handlung folgen können«, habe ich versichert. Mein Stück trägt den Titel: »Kasperle, der Hase und der Herzschmerz« und ist eine Variation des polnischen Märchens vom Ritter mit dem Hasenherz.

Gegen 9.15 Uhr treffe ich ein. Mir wird ein Raum zugewiesen, wo ich in Ruhe meine aufklappbare Bühne aufbauen und mir alles zurechtlegen kann. Damit Theateratmosphäre herrscht, dunkle ich den Raum ab und stelle Stuhlreihen für meine Besucher auf. Kurz nach 10 Uhr geht es los, einige Betreuerinnen und circa zwanzig Kinder betreten den Raum. Unter ihnen sind Sören und Wiebke sowie die kleine Essi, die sich selbstbewusst in die erste Reihe drängt.

»Hallo Kinder«, begrüße ich meine Zuschauer, nachdem sie Platz genommen haben, und trete neben die Bühne. »Es freut mich, dass ihr zum Kasperle-Theater gekommen seid. Wisst ihr denn auch, wer Kasperle ist?«

»Oh ja!«, ruft ein Kind aus dem Gewimmel meines Publikums. Ich glaube, die Stimme meiner Nichte zu erkennen.

»Der hat eine rote Mütze auf«, ruft ein anderes Kind. Das ist Essi!

»Richtig! Kasperle hat immer eine rote Mütze auf. So wie ich!« Und damit streife ich mir eine rote Zipfelmütze über. Die Kinder lachen. »Was wisst ihr noch über Kasperle?«, forsche ich weiter.

»Der singt immer ›Tri-tra-trullala‹!«

»Genau. Das ist Kasperles Lieblingslied. Er singt es, wenn er kommt und wenn er geht, er singt es morgens, mittags und abends, vor dem Essen, nach dem Essen, mit seiner Oma, ohne seine Oma, zu Hause, im Wald, auf der Straße, in der Schule, in der Badewanne, auf dem Klo, doch am allerliebsten singt er es mit Kindern.« Fröhliches Gequieke und Lachen ist zu hören. Damit das »Tri-tra-trullala« gelingt, studiere ich das Lied erst einmal mit den Kindern ein, mehrstimmig und im Kanon. Beim »Trullala« müssen alle dreimal in die Hände klatschen. Nachdem das Lied gut sitzt, beginnt die eigentliche Vorstellung. Ich spüre, dass mein Publikum voller Vorfreude ist. Der Vorhang öffnet sich, Kasperle erscheint und alles singt gemeinsam »Tri-tra-trullala«. Der erste Teil meiner Geschichte ist an das polnische Volksmärchen angelehnt: Kasperle ist der stolze Ritter, dem eine missgünstige Hexe ein Hasenherz in die Brust senkt. Doch anstatt ängstlich und schreckhaft zu werden, mutiert Kasperle gänzlich zu einem Hasen. (Dazu benutze ich eine neu erstandene Hasenhandpuppe, der ich eine selbst genähte rote Zipfelmütze aufgesetzt habe.) Kasperles Oma wird die Verwandlung auf erschreckende Weise klar. Nun folgt das rheinische Sprachbad.

Oma: »Oos, Käsper, wie siehs' du da uss? Wat häs' du da für lange Uure?«

Kasperle: »Lange Ohren?«

Oma: »Jo, du Jeck, lange Uure! Un' ene' Stetz häste ooch!«

Kasperle: »Einen Schwanz?«

Oma: »Jo, du Jeck, ene' Stetz! Un' du häs' ja jar keen Botz a'!«

Kasperle: »Was? Keine Hose an?«

Oma: »Oos, Käsper, ich jlöv, du bis' ene Haas!«

Die Oma glaubt richtig: Kasperle ist ein Hase. Und als Hase hat Kasperle Angst vor dem Räuber, vor dem Polizisten, vor der Hexe und sogar vor seinem eigenen Spiegelbild. Das sorgt für fröhliche Lacher. Die Kinder müssen an vielen Stellen des Stücks mitraten, kleine Aufgaben übernehmen oder dem Hasenherz Kasperle Ratschläge geben.

Schließlich wird eines Nachts Kasperles Oma vom Räuber entführt. Nun braucht Kasperle allen Mut der Welt. Hier knüpft meine Geschichte an das Theaterstück an, das die polnische Praktikantin Alexandra mit den Vorschülern einstudiert hat. Der Kuss einer Prinzessin (Grete) kann Kasperle erlösen. Mit neuem Mut und nach vielen weiteren Abenteuern ist die Oma wieder herbeigeschafft und Kasperle kein Hase mehr. Zum Schluss können die Kinder nicht nur im Kanon »Tri-tra-trullala« singen, sondern verstehen Wörter wie Uure (Ohren), Stetz (Schwanz), Botz (Hose) und Oos (Aas, das beliebteste rheinische Schimpfwort).

Wie es an den Sprachbad-Tagen in St. Nikolaus üblich ist, gibt es hinterher landestypische Spezialitäten. Ich habe rheinische Muzen gebacken, die am Ende der Vorstellung von Kasperle verteilt werden. Außerdem bekommt jedes Kind einen Luftballon und einen Bleistift.

Später, als die Kleinen zum Spielen nach draußen entlassen worden sind, kommt Frau Fährmann, die Kindergartenleiterin, zu mir. »Also, Herr Pohlmann«, beginnt sie und berührt mich vertraulich an der Schulter. »Ich muss Ihnen gratulieren! Wie Sie mit den Kindern umgehen, ist einfach toll! Und Ihre Geschichte …«

»… war nicht besonders originell«, ergänze ich schnell.

»Nein, das wollte ich nicht sagen. Das war eine schöne Abwandlung von dem, was die Kinder schon kennen. Und sehr lustig gespielt. Vor allem die Stimmen!«

Frau Fährmann ist voll des Lobes. Und sie muss zugeben, dass die Kleinen viele neue Wörter gelernt haben. »Dat hött ich ja jar net jejlöv!«, sagt sie zum Schluss und beweist, dass auch sie mit rheinischem Platt umgehen kann.

# 28

# MERVI

Bisher hatte meine neue Internetseite kaum eine Handvoll Besucher. Doch noch am Tag meiner ersten Vorstellung im Kindergarten steigt diese Zahl kräftig an, rund ein Dutzend Personen klicken bei mir vorbei. Und in meiner Mailbox finden sich zwei Anfragen, ob ich auch auf Kindergeburtstagen spielen könnte. Eine der Fragenden ist die Gattin eines stadtbekannten Immobilienmaklers. Sie schließt ihre Mail mit der lakonischen Bemerkung: »Geld spielt keine Rolle.« Über mögliche Honorare habe ich mir bisher kaum Gedanken gemacht, auf meiner Internetseite steht nur der Hinweis: »Kostenerstattung/Honorar nach Absprache«.

Neben den beiden Anfragen hat mir auch ein Junge aus dem Kindergarten (Manuel, 5 Jahre) in mein virtuelles Gästebuch geschrieben, unter anderem den Satz: »Die Omma fand ich jut!« – in dieser Schreibweise! (Mir geht durch den Kopf, dass wir in unserer Zeitung Kommentare von Kindern abdrucken sollten – mit eigenen Ausdrücken, in Jugendsprache und mundartlich gefärbt, egal wie!)

Die zweite Anfrage wegen Puppentheater ist von der Mutter der kleinen Essi. Sie schreibt mir in nicht ganz fehlerfreiem Deutsch: »Hallo Herr Pohlmann, meine Tochter Essi kennt sie von Kindergarten. Sie ist auch einmal bei Sie zu Hause gewesen mit zwei Freunde. Essi wird bald sechs Jahre und wir planen eine Kinderparty. Sie wünscht eine Puppentheater. Können Sie kommen? Was kostet es? Viele Grüsse – Mervi«

›Mervi‹ gefällt mir. Ob das ein baltischer Name ist? Ich schreibe noch am selben Abend zu später Stunde zurück.

»Liebe Mervi, für Essi würde ich gerne spielen. Sagen Sie mir nur, wann und wo. Wenn ich mich recht erinnere, hat Essi erwähnt, dass Sie in einem Schuhgeschäft arbeiten? Viele Grüße – Karl Pohlmann.«

Die Angeschriebene antwortet noch innerhalb der nächsten fünf Minuten. Sie sitzt sicherlich zu Hause vor ihrem Computer, während das kleine Töchterlein schon im Bett liegt und hoffentlich vom mutigen Kasperle, langohrigen Hasen und süßen rheinischen Muzen träumt.

»Ja, ich arbeite in Annelies Schuhgeschäft, Tivolistrasse, halbtags. Und an Wochenende helfe ich in Gasthaus. Da ist auch Essis Feier, am Samstag, 28. Juni. Klappt das? – Mervi«

Als jemand, der viele Jahre lang seine Brötchen als Journalist verdient hat, war ich stets bestrebt, sprachlich und stilistisch einwandfreie Texte zu produzieren. Berufsbedingt übersensibilisiert, springen mich die Fehler anderer Schreiber immer an wie Raubtiere. Aber die kleinen Fehler dieser Mervi finde ich ebenso liebenswert wie die gelegentlichen Stilblüten meiner kleinen Niften (sprich: Nichte und Neffe). Außerdem scheint sie nicht zu wissen, wo sich auf ihrer Tastatur das ß befindet.

Ich antworte umgehend: »Der 28. Juni ist schon notiert! Ich komme gerne. Welches Gasthaus meinen Sie denn? Damit Sie

Bescheid wissen und ein wenig planen können: Meine Stücke dauern zwanzig bis dreißig Minuten, nicht länger. Eine Puppenbühne bringe ich mit. Über die Bezahlung werden wir uns schon einigen. Weitere Einzelheiten können wir später absprechen. Schönen Gruß und gute Nacht – Karl Pohlmann.
PS: Ich brauche neue Schuhe.«

Dank der Empfehlung von Kindergartenleiterin Frau Fährmann erreichen mich in den nächsten Tagen mehrere Anfragen anderer Kindergärten und -tagesstätten. An Honorar nehme ich, was mir angeboten wird, ansonsten verlange ich nur die Erstattung meiner Fahrtkosten. Ich probe neue Stücke ein und führe eifrig Buch über meine Geschichten. Außerdem bin ich weiterhin auf der Suche nach ungewöhnlichen Puppen und brauchbaren Requisiten.

Am Mittwoch dann haben sich tatsächlich meine Kollegen Jochen Süder und Nedim Sadak bei mir angesagt, um eine Reportage über mich zu schreiben. (Ich muss daher den Mittwochsbesuch bei meiner Mutter absagen und schicke ihr eine Textnachricht, dass ich diese Woche ausnahmsweise am Samstag mit Katja und den Kleinen zu Besuch komme und mich schon jetzt auf den Kuchen freue.) Nedim macht eifrig Fotos von meiner selbst gebauten Bühne, von meinen Kasperle-Puppen und von meiner Wenigkeit. Gleichzeitig stellt Jochen Süder mir nur mäßig begeistert Fragen zu meinen Beweggründen, Zielen, Erfahrungen und Hoffnungen als Puppenspieler und kritzelt ein paar Notizen auf einen Schreibblock. Zwischendurch erklärt er: »Der Chef möchte den Artikel in der überregionalen Wochenendbeilage verwursten.«
Das freut mich!
Jochen Süder fährt fort: »Wie gesagt: Ich hatte an eine Überschrift gedacht wie ›Erfüllung eines Kindheitstraums‹.

Und darunter: ›Wie sich unser Kollege Karl Pohlmann als Puppenspieler verdingen will‹. Was hältst du davon?« – Das klingt in meinen Ohren nicht sehr berauschend. Jochen Süder fehlt es an Fingerspitzengefühl und Einfühlungsvermögen für das Ressort Gedöns. Zudem nervt mich wieder, dass er dauernd ein »Wie gesagt« einstreut, wo es gar nicht hinpasst. Statt direkt auf seine Frage zu antworten, bitte ich ihn: »Dürfte ich später deinen Textentwurf gegenlesen?« Naserümpfend räumt mir Jochen Süder diese Gnade ein.

Am Freitag dieser Woche spaziere ich kurz nach Öffnung der Läden zur Tivolistraße und halte nach Annelies Schuhgeschäft Ausschau, das ich auch bald entdecke. Da ich ein Mann bin, der seit vielen Jahren ohne beratende Frau seine Bekleidung erwirbt und am liebsten im Katalog bestellt, als jemand, der Schuhe trägt, bis sie völlig ausgelatscht sind, und Hemden, bis sich die Ellenbogen durchgescheuert haben, muss ich gestehen, dieses Fachgeschäft noch nie betreten zu haben, obwohl es gar nicht weit von meinem trauten Heim entfernt liegt. Es ist eines der letzten Schuhgeschäfte in privater Hand, die noch nicht zu einer Kette gehören. Bei meiner Ankunft bin ich der einzige Kunde. Hinter der Kasse steht eine junge Frau mit hochgesteckten dunklen Haaren und fröhlichen Pausbäckchen, die altersmäßig irgendwo jenseits der dreißig sein muss. »Guten Morgen!«, begrüßt sie mich freundlich.

Schräg hinter der Kasse befindet sich ein kleiner Nebenraum, dessen Tür offen steht. Dort sitzt eine weitere Frau hinter einem Schreibtisch. Sie ist etwas älter und ich vermute, dass sie die Chefin und Namenspatronin des Ladens ist: Annelie.

»Guten Morgen!«, sage ich so laut, dass beide Frauen sich angesprochen fühlen können, und beginne damit, mich im Laden umzusehen. Dazu setze ich ein Gesicht auf, als wüsste ich haargenau, was ich kaufen will. Ich möchte ungern gleich mit der Tür ins Haus fallen und ohne Einleitung fragen, ob die Verkäuferin hinter der Kasse Mervi heißt. Ich mustere sie halbwegs unauffällig aus den Augenwinkeln. Sieht sie nicht ein wenig fremdländisch aus? (Wie hatte die kleine Essi doch gesagt: Schuhe kann man nur auf Deutsch verkaufen.)

Die Verkäuferin kommt näher. »Kann ich Ihnen helfen?« Sie trägt ein Namensschildchen mit der Aufschrift ›M. Grünewald‹. Das klingt nicht sehr exotisch. Andererseits kann der Nachname ja angeheiratet sein. Das *M* des Vornamens passt jedenfalls.

»Ich suche neue Sportschuhe«, erkläre ich, »am besten solche mit Luftpolstern, die freundlich zu den Knien sind.«

»Die stehen dort drüben.«

Sie führt mich zu einem Regal im hinteren Teil des Ladens. Ich probiere ein paar Schuhe an und lasse mich ausgiebig beraten. Irgendwann muss ich meine Frage loswerden: »Sind Sie vielleicht Mervi? Die Mutter der kleinen Essi?«

»Ich? Nein! Mein Name ist Maria.«

»Sie sehen aus …« Ich krame in Gedanken nach einer passenden Formulierung. Was soll ich sagen, ohne ins Fettnäpfchen zu tappen? Vielleicht: »… als hätten Sie einen Migrationshintergrund.« Oder: »… als könnten Ihre Eltern aus südlichen Gefilden stammen.« Oder gar: »… als wären Sie eine Neudeutsche.«

»Sie sehen hübsch aus!«, rutscht es mir raus.

Bin ich eigentlich wahnsinnig? Im Zeitalter emanzipierter Frauen gilt ein solch plumpes Kompliment als Beleidigung. Noch dazu in einer Ausdrucksweise, als würde ich mich mit einer Vorschülerin unterhalten.

Maria lächelt. An ihrem Hals bilden sich rote Flecken der Verlegenheit. »Danke«, sagt sie und wirft einen Blick über ihre Schulter Richtung Nebenraum. Verlegen streicht sie sich eine Haarsträhne aus dem Gesicht. Dann bietet sie mir eine volle Breitseite ihres Lächelns: »Ich dachte schon, Sie wollten sagen, ich sehe aus wie eine Griechin. Oder eine Türkin. Das denken nämlich viele.«

»Und? Stimmt das?«

»Nein, mein Vater kommt hier aus der Gegend, vom Niederrhein, und meine Mutter aus dem Schwarzwald.«

»Das sieht man.« Wegen der schwarzen Haare, denke ich. Ich bin wirklich dämlich! Im Komplimente-Machen oder Charmant-Sein war ich noch nie gut. Aber das war ja auch nicht meine Absicht. Ich wollte die Mutter von Essi kennenlernen. »Und eine Mervi gibt es hier nicht?«

»Doch, doch ... es gibt hier eine Kollegin, die ich aber selten treffe, weil sie immer dann ihre Schichten hat, wenn ich nicht hier bin. Die heißt Mervi.«

»Kommt deren Mutter auch aus dem Grünewald?«

»Was?«

»Ich meine: aus dem Schwarzwald?«

Während mein unbeholfenes Kompliment von eben (»hübsch«) noch angekommen ist, so habe ich es mir nun endgültig verscherzt. Die Verkäuferin, die gerade Schuhe am Boden zurechtgerückt hat, richtet sich nun in voller Größe vor meinem Hocker auf und erklärt reserviert: »Am besten fragen Sie einmal die Chefin« – sie macht eine leichte Kopfbewegung in die entsprechende Richtung. »Die kennt Mervi besser.« Und während sie ein Paar Schuhe zurück ins Regal stellt, ergänzt sie, ohne mich anzusehen: »Leider haben wir im Moment nichts in Ihrer Größe.«

Nachdem ich von der Chefin erfahren habe, wann Mervi ihre Schichten hat und wann neue Schuhe in meiner Größe geliefert werden, verlasse ich unverrichteter Dinge mit leicht schmerzenden Knien, aber bedingt hoffnungsvoll Annelies Schuhgeschäft.

Am Abend desselben Tages bastle ich an meiner neuen Internetseite. Mittlerweile weiß ich, wie man Bilder hochlädt und bearbeitet, wie man Aktualisierungen vornimmt und wie ich

Einträge im Gästebuch für die Allgemeinheit freischalte. Ich habe eine Seite ›Terminkalender‹ eingerichtet und eine Möglichkeit zum Live-Chat installiert, die zweideutig ›Quatsch mit Kasper‹ heißt. Während ich vor dem Computer hocke, öffnet sich das Chat-Fenster und eine kurze Mitteilung erscheint: »Haben Sie heute in Schuhgeschäft bei Annelie gewesen?« Hinter dem Satz grinsen drei Smileys. Absenderin: Mervi.

»Ja«, schreibe ich zurück. »Ich *bin* heute dort gewesen. Leider habe ich keine passenden Schuhe gefunden.« Meinen Text garniere ich mit einem schluchzenden Smiley (quasi einem Schluchzi).

Ohne darauf weiter einzugehen, schreibt sie: »Wir müssen noch über Essis Geburtstag unterhalten.«

»Ja, gerne. Ich komme demnächst noch einmal bei Annelies Schuhgeschäft vorbei. Anfang nächster Woche, wenn es neue Sportschuhe gibt.«

»Und wenn *ich* da bin!«

»Ja! Am Montagmorgen!«

# 29

# QUÄLGEIST

Am Samstag prangen Kasperles lange Nase und mein Gesicht auf einem großformatigen Bild der überregionalen Wochenendbeilage. Überschrift: »Ein rheinischer Puppenspieler«. Leider hat Jochen Süder nicht alle meine Änderungsvorschläge übernommen, einige Halbwahrheiten und schräge Formulierungen im Text ärgern mich ein wenig, dafür aber hat Nedim Sadak mich mit seinem Foto vorteilhafter ins Bild gesetzt, als ich in natura aussehe. Insgesamt ist die Reportage sicher gute Reklame für mein zipfelmütziges Gewerbe, zumal auch die Adresse meiner Internetseite aufgeführt wird.

Als ich am Vormittag (ausnahmsweise samstags) mit Katja und ihren Kindern meine Mutter besuche, bin ich ein wenig überrascht, dass niemand die Reportage anspricht. Der Grund dafür wird mir bald klar: Die Samstagsausgabe unserer Zeitung liegt bei meiner Mutter noch ungelesen auf einer Ablage – sie hat den Morgen mit Kuchenbacken zugebracht – und meine

Schwester habe ich noch nicht dazu bekehren können, unser Blatt zu abonnieren.

Erst am Abend schickt mir meine Mutter eine Mitteilung: »Ich habe von dir in der Zeitung gelesen. Lass uns nächsten Mittwoch darüber reden.« Das klingt sehr geheimnisvoll. Ich simse ihr zurück: »Ja, bis nächsten Mittwoch. Falls ich keine Vorstellung habe. Sonst gerne wieder Samstag. Der Kuchen war lecker!«

Dann, am Sonntag, ist es so weit: Ich habe die erste Vorstellung bei einem privaten Kindergeburtstag. Ort des Geschehens ist ein Eigenheim in einer feinen Wohngegend unserer Stadt. Als ich die Straße gefunden habe und das Haus ansteuere, tut sich vor mir eine lange Zufahrt auf, die mit weißem Kies bestreut ist. Sie führt zu einem Prachtbau in zarten Gelbtönen mit zweiflügeliger Haustüre. Ein Vordach wird von weißen Säulen getragen. Vor einer Garage, die in etwa die Ausmaße meines Reihenhäuschens hat, stehen ein Landrover und ein protziger BMW. Meinen altersschwachen Popel-Opel parke ich in respektvollem Sicherheitsabstand zu den beiden Edelschlitten. Kaum bin ich ausgestiegen, kommt mir die Dame des Hauses entgegen. Sie hat hochtoupierte braune Haare mit blonden Strähnchen, die mich an die 80er-Jahre erinnern, und einen grellen Lippenstift, der mir von Weitem entgegenleuchtet. Dazu trägt sie ein eng anliegendes rotes Kleid und hohe Schuhe, auf denen sie unbeholfen über den Kies stöckelt. Freudestrahlend kommt sie mir entgegen, als wäre ich ein heiß ersehnter reicher Onkel aus Amerika. Dabei bin ich nur der Märchenonkel von nebenan. Sie reicht mir freundlich die Hand und jetzt, wo ich sie eine Armeslänge von mir entfernt in Augenschein nehmen kann, fällt mir auf, dass ihr Gesicht von unzähligen feinen Fältchen durchzogen ist, die sie mehr oder weniger gekonnt abgedeckt hat. Ihre Freude, mich zu sehen, wirkt echt, ihr breites Grinsen aber wie auf unzähligen Festen und Empfängen einstudiert. Mein erstes Urteil: nette Frau, aber von Sorgen gezeichnet, reich, aber unglücklich.

»Sie müssen Herr Pohlmann sein, der Künstler?«

»Der Puppenspieler!«

»Sehr angenehm. Ich bin Elsi Boffels. Ich freue mich, dass Sie so kurzfristig kommen konnten. Sicherlich haben Sie einen vollen Terminkalender.«

»Nö.«

Unbeirrt redet sie weiter: »Unsere Antonia hat Sie im Kindergarten St. Nikolaus gesehen und wollte Sie unbedingt auf ihrem Fest dabeihaben.«

»Ihre Anfrage hat mich gefreut. Sie waren übrigens nicht die Einzige. Eine andere Mutter wollte auch ...«

»Kommen Sie doch herein. Die Feier beginnt in etwa einer Stunde. Sie haben genügend Zeit, alles herzurichten.«

Frau Boffels lässt mich zwar nicht ausreden, aber das macht sie mir nicht unsympathisch. Während wir den Hausflur betreten, der mich an eine Gemäldegalerie erinnert, kann ich mir nicht verkneifen zu sagen: »So wie Ihre bescheidene Hütte aussieht, könnten Sie für Ihre Kinder sicher eine Privaterzieherin anstellen.«

Sie lacht und tut verlegen. »Ja, ja, sicher. Aber mein Mann kommt aus einfachen Verhältnissen und besteht darauf, dass die Kinder einen normalen Kindergarten besuchen.«

»Ihr Mann ...«

»Doktor Boffels, der Immobilienmakler!«

Das ist mir zwar schon bekannt, aber ich nicke trotzdem, als hätte ich etwas Neues erfahren. Manfred Boffels gehört zur städtischen Prominenz und ist diesseits des Rheins allseits bekannt – jedenfalls jedem, der bei der Lokalpresse gearbeitet hat. Er verdient sein Geld mit teuren Immobilien auf Ferieninseln in ganz Europa. (›Unsere Promis‹ wäre übrigens ein guter Titel für eine neue Serie in unserer Zeitung.)

»Antonia ist also das Geburtstagskind«, versichere ich mich.

»Ja, sie wird morgen sechs«, bestätigt Elsi Boffels mit dem Stolz einer Mutter. »Wir feiern schon ein wenig im Voraus. Heute mit den Kindern, morgen mit Verwandten.«

Damit ich weiß, wen ich vor mir haben werde, erkundige ich mich eingehend nach meinem Publikum.

»Es werden genau zehn Kinder kommen, lauter Kinder von Freunden und Bekannten. Die meisten sind schon ein bisschen älter als Antonia.«

Das erfreut mich wenig. Trotz kurzer Karriere und wenig Erfahrung weiß ich allzu gut, dass es leichter ist, für eine Gruppe von Kindern zu spielen, die etwa im selben Alter sind.

»Wie alt sind denn die Ältesten?«, will ich wissen.

»Elf! Der Älteste ist elf.« Das erleichtert mich ein wenig; es sind zumindest keine Teenager dabei, die sich wahrscheinlich bei mir nur langweilen würden.

»Der Älteste, das ist unser Sohn Marcus.« Frau Boffels lächelt schief, während sie mir den Raum zeigt, in dem ich aufführen soll. »Sie müssen wissen«, ergänzt sie, »dass Marcus leider nicht ganz einfach ist.«

Im selben Moment zischt etwas in meinen Nacken. Ein Insekt? Es dauert eine Weile, bis ich begreife, dass es sich um ein weich gekautes Papierkügelchen handelt, wahrscheinlich mit einem Blasrohr abgefeuert.

»Marcus!«, donnert Elsi Boffels und läuft so zornrot an wie ihr Kleid. »Marcus, komm sofort hierher und entschuldige dich!« Aus dem Augenwinkel erkenne ich, wie ein dicklicher Junge von seinem Versteck hinter einem Sofa aufspringt und durch eine Seitentür in einen dunklen Flur entflieht.

»Marcus! Marcus, komm her oder …!« Die Rufe meiner Gastgeberin verhallen ungehört. Aus dem Flur ist nur ein meckerndes, gemeines Kichern zu hören. Vom Übeltäter Marcus keine Spur. Das verspricht ja, interessant zu werden!

Elsi Boffels wendet sich wieder mir zu. Es ist erstaunlich, wie schnell sie von zornbebend auf aalglatt-freundlich umschalten kann: »Tja, so sind die Jungen eben in dem Alter ...«

Ich zucke mit den Schultern, als wollte ich ihr recht geben und mein Verständnis ausdrücken, dass man in solchen Situationen wehrlos ist. Im Stillen denke ich, dass mein Sohn Samuel erfreulicherweise nie so war, weder mit siebzehn Jahren noch mit elf.

»Ihm fehlt wohl ein wenig die starke Hand«, sagt sie halblaut. »Mein Mann ist ja ständig unterwegs.«

»Ist er denn heute im Hause?«

Elsi Boffels Gesichtsausdruck verrät für einen kurzen Schlag ihrer langen Wimpern eine tiefe Traurigkeit. »Nein. Er kommt erst nächsten Dienstag von einer Geschäftsreise zurück. Dann feiern wir noch mal, im Kreis der Familie.«

Nach einigen weiteren Anweisungen lässt mich die Gastgeberin allein. Ich hole meine aufklappbare Bühne aus dem Auto und bereite alles für meine Aufführung vor. Puppen und Requisiten lege ich hinter der Bühne zurecht. Nach getaner Vorarbeit begebe ich mich zur Gartenterrasse des Hauses, wo die Gäste empfangen werden sollen. Hier ist bereits ein Buffet mit herzhaften Imbissen sowie Kuchen und Torten aufgebaut. Frau Boffels wird unterstützt von zwei Haushaltshilfen mit weißen Häubchen. Etwas verstohlen steht mitten im Trubel der Vorbereitungen Antonia, das Geburtstagskind.

»Herzlichen Glückwunsch zum Geburtstag«, sage ich, beuge mich zu ihr herab und reiche ihr die Hand.

Sie sieht mich eine Weile an. Dann fragt sie mit großen Augen: »Wo ist denn deine Zipfelmütze?«

»Die trage ich nur zu besonderen Gelegenheiten. Aber keine Bange, mein Kasperle hat immer eine rote Zipfelmütze an!«

Sie strahlt über das ganze Gesicht und in diesem Moment weiß ich, dass ich hier richtig bin. Die kleine Antonia ist die Hauptperson des heutigen Tages und sie will vor allem eines: mein Puppenspiel sehen! Selbst wenn der Rest meines Publikums eine Horde Rabauken sein sollte, würde mich nichts davon abhalten, für sie eine Aufführung zu geben.

Bald erscheinen die ersten Gäste: Kinder in steif-feierlicher Kleidung, meist in Begleitung ihrer Mütter in schicker Garderobe. Ich komme mir ein wenig underdressed vor, weil ich nur Jeans und ein blaues Hemd trage.

Die eintreffenden Frauen begrüßen die Gastgeberin mit Wangenküsschen. Das Geburtstagskind Antonia wird mit teuren Geschenken überhäuft, die sie auspackt und dann von einer der Haushaltshilfen auf einem Geschenketisch ablegen lässt. Nach einem Geburtstagsständchen und dem obligatorischen Ausblasen der Kerzen auf einer turmhohen Geburtstagstorte nehmen Kinder und Erwachsene an getrennten Gartentischen Platz und stärken sich. Die Mütter nippen an ihren Kaffeetassen, die meisten Kinder überspringen die herzhafte Stärkung und stopfen sich mit Kuchen und Eis voll. Aus versteckten Lautsprechern spielt leise Kindermusik (»I was made for loving you« in der Schlumpfversion.) Ich werde gebeten, mich zu den Frauen zu setzen, und neugierig befragt, wer ich bin und was ich tue.

»Ach, wie interessant.«

»Waren Sie nicht gestern in der Zeitung?«

»Vielleicht könnten Sie ja auch einmal bei uns vorbeikommen.«

»Wie schön, dass es so etwas noch gibt.«

Fleißig verteile ich Visitenkarten.

Die Kinder hält es kaum eine Viertelstunde am Tisch, dann werden sie von einer der Haushaltshilfen mit Spielen wie Kesselklopfen und Blinde Kuh bei Laune gehalten. Die meisten

Kinder wirken extrem aufgedreht, vermutlich weil sie unter Zuckerschock stehen und ihre Festtagskleidchen sie einschnüren. Außerdem brennt ihnen die Junisonne auf den Kopf. Zwei kleine Jungs tragen sogar Krawatten. Ich halte vergeblich Ausschau nach Marcus, dem dicklichen Jungen. Nur kurz bekomme ich ihn zu Gesicht, er schneidet sich ein Riesenstück von der Geburtstagstorte ab und verschwindet dann eilig ins Innere des Hauses.

Nach einer Stunde gibt mir Elsi Boffels einen Wink: »Vielleicht könnten Sie langsam …?«

Ich verstehe und will mich in meinen Raum zurückziehen.

»Wir machen's wie beim Christkind«, scherze ich. »Wenn ein silbernes Glöckchen zu hören ist, dürfen die Kinder ins Zimmer.«

»Dürfen wir auch mitkommen?«, fragt eine ältere Dame.

»Leider nein. Das Stück ist nicht erwachsenenfrei und nur für Kinder unter zehn Jahren geeignet.«

Im offenen Hausflur bemerke ich, dass ich von einer Empore herab beobachtet werde. Dort oben muss sich der dickliche Marcus versteckt halten. Ich beschließe, ihn zu ignorieren. Als ich die Tür zum Vorführungsraum öffnen will, zischt ein Papierkügelchen an mir vorbei. *Daneben!*, denke ich und strafe den Bengel mit Nichtbeachtung.

Mein Raum ist abgedunkelt, so wie ich's gerne habe beim Puppentheater. Für die Kinder sind Stühle aufgestellt und Sitzkissen ausgebreitet, ein Sessel in der Mitte ist für das Geburtstagskind vorgesehen. Ein Strahler fungiert als Scheinwerfer und hinter der Bühne spendet mir eine kleine Leselampe ausreichend Licht. Kaum habe ich diese eingeschaltet, bemerke ich das Durcheinander, das hier herrscht. Die Puppen sind wild durcheinandergeworfen worden, meine Requisiten muss ich in verschiedenen Ecken des Zimmers erst wieder zusammensammeln, und das Schlimmste: Mein Kasper fehlt! Erst nach einigem Suchen finde ich ihn, unter ein Kissen gestopft. Als ich ihn in die Hand nehme, steigt mir vor Wut die Galle hoch: Mit einem dicken Filzstift hat jemand meinem Kasperle ein Hitler-Bärtchen gemalt. Sein Kleid ist mit einem Hakenkreuz beschmiert. Bei diesem Anblick platzt mir der Kragen! Voller Wut stürme ich in den Flur zurück – den Kasperle in der Hand –, zögere nicht lange und hetze in wenigen Sprüngen die Treppe zur Empore hinauf. Irgendwo schlägt eine Tür zu. Oben angelangt, muss ich feststellen, dass dort niemand mehr mit seinem Blasrohr auf der Lauer liegt. Schwer atmend halte ich inne und versuche einen klaren Gedanken zu fassen. Von der Gartenterrasse dringen die Stimmen der Feiernden zu mir hinauf. Ich sehe mich um. Es gibt hier oben mehrere Schlaf- und Badezimmer, die Türen sind bloß angelehnt. Nur eine einzige Tür am Ende des Ganges ist zu. Dort muss der Quälgeist hocken! Leise schleiche ich hin und horche. Mit dem Ohr an der Tür kann ich deutlich vernehmen, wie auf der anderen Seite jemand schwer atmet. Geräuschlos gehe ich in die Hocke, um durchs Schlüsselloch zu spinksen. Ich will gerade ins Zimmer schielen, als mich durch das Schlüsselloch ein Wasserstrahl ins Auge trifft, abgeschossen von einer Wasserpistole. Ich schreie auf vor Schmerz und stolpere zurück. Es dauert einen Moment, bis ich mich wieder gefasst habe. Wutentbrannt reibe ich mir mein heftig tränendes Auge. Immerhin hat dieser Teufelsbraten keine Säure aus dem Chemie-Baukasten verwendet! Doch das lindert meine Wut nur geringfügig. Entschlossen greife ich nach der Klinke, muss aber feststellen, dass die Tür abgeschlossen ist. Ich rüttle vergeblich und höre nur ein schadenfrohes Lachen aus dem Innern des Zimmers. Wenn ich nicht Gast wäre, würde ich wahrscheinlich die Tür eintreten und aus dem Kinderzimmer einen Folterkeller machen. (In unserem Lokalblatt bräuchten wir dringend ein Diskussionsforum über Mittel und Wege, missratenen Kindern nach der

Abschaffung der Prügelstrafe beikommen zu können, fällt mir in diesem Moment ein.)

»Herr Pohlmann?«, höre ich eine unsichere Stimme von unten. Es ist eine der Haushaltshilfen. »Herr Pohlmann, kann es langsam losgehen?«

Ich straffe mich, streiche meine Haare zurecht und mache kehrt, zurück nach unten. »Hier bin ich!«, melde ich mich. »Leider wird es eine Verzögerung geben. Mein Kasperle ist verunstaltet worden.« Dabei halte ich der Haushaltshilfe mit der weißen Servierschürze meinen Kasper hin. Die Frau kann sich sofort denken, was geschehen ist. Der Sohn des Hauses ist ihr kein Unbekannter. Sie führt mich zu einer Besenkammer, wo sie beherzt nach Lappen und Putzmittel greift. Das Hitler-Bärtchen auf dem Kopf der Puppe lässt sich zu meiner Erleichterung nach einigem Schrubben entfernen. Und zum Glück habe ich in meinem Kofferraum eine Reihe weiterer Puppen liegen, unter anderem meinen Zweitkasper, der in blaues Tuch gekleidet ist. Ich laufe daher kurz zum Auto und wechsle die Kleidchen aus. Vorerst ist der Nachmittag gerettet, mein Kasperle ist wieder einsatzfähig. Bald darauf kann ich mein silbernes Glöckchen läuten, und die Kinder aus dem Garten kommen angerückt. Die Kleineren rennen wie bei der Bescherung, die Größeren sind einen Tick zurückhaltender. Als alle Kinder sitzen, kann die Vorführung beginnen. Alle Kinder sind anfangs zappelig, aufgedreht und überhitzt, die meisten wirken aber auch neugierig. Der abgedunkelte Raum kühlt ihr Gemüt ein wenig ab.

»Lasst mich mal fühlen, ob ihr bereit seid fürs Kasperle-Theater«, sage ich eingangs wie ein Geisterbeschwörer, der nachforscht, ob er Kontakt zum Jenseits aufnehmen kann. Ich lege dem Geburtstagskind meine Hand auf die Stirn und zucke zurück, als hätte ich mir an einer heißen Herdplatte die Finger verbrannt. »Oh, ganz schön heiß!«

Das Gleiche wiederhole ich bei anderen Kindern. »Ich glaube, ihr müsst zuerst alle einmal eure Schuhe ausziehen und vor der Tür abstellen.« Das lassen sich die meisten nicht zweimal sagen, auch die nicht, die mindestens schon im vierten Schuljahr sein müssen. Zwei oder drei Kinder machen zwar gelangweilte, grummelnde Gesichter, spielen aber trotzdem mit. Mein erster Punktsieg, denke ich.

»So, und als Nächstes sollten die Jungen die ersten drei Knöpfe ihrer Hemden aufmachen und die Mädchen alle Schleifen und Bänder ablegen.«

»Darf ich auch meinen Schlips ausziehen?«, fragt einer.

»Unbedingt! Zuschauer mit Schlips sind nicht zugelassen!« Diesmal kommen alle meinen Aufforderungen nach, ohne lange Gesichter zu schneiden.

»Und jetzt, bevor es losgeht, gebe ich euch kühlende Puste!«

Daraufhin greife ich einem der Jungen, der sich seinen Schlips vom Hals gerissen hat, an den Hemdkragen und puste ihm in den Nacken. Er schaut mich verwirrt an.

»Bist du schon gekühlt?«, frage ich.

»Nein!«

»Na, dann muss ich noch mal pusten!« Ich wiederhole die Prozedur.

Diesmal lacht er: »Das kitzelt.«

»Nein, das kitzelt nicht, das kühlt! Die Puste musst du aber jetzt weitergeben an deinen Nebenmann.«

Der Junge schaut mich einen Augenblick fragend an, dann begreift er, wendet sich an seinen Nachbarn und pustet auch ihm in den Hemdkragen.

»Sehr gut«, lobe ich ihn, »und jetzt die Puste immer weitergeben, von einem zum anderen, bis alle gekühlt sind.« So macht die Puste die Runde. Auch die mit den grummelnden Gesichtern sehen jetzt zufrieden aus. Es kann losgehen.

»Wer von euch hat denn eine Oma?«, frage ich noch, bevor ich hinter meiner Bühne verschwinde.

»Ich, ich!«, melden sich einige Eifrige.

»Ich bitte um Handzeichen: Wer von euch hat eine Oma?« Alle Anwesenden zeigen auf wie brave Erstklässler.

»Sehr schön. Wer von euch hat denn zwei Omas?« Die meisten Hände bleiben oben.

»Und wer von euch hat drei Omas?« Immer noch bleiben einige Hände oben. Das muss der Nachwuchs von Geschiedenen und Neuverheirateten sein oder Kinder, die noch nicht zählen können.

»Wer von euch hat denn eine Oma, die Platt spricht?« Ohne eine Antwort abzuwarten, greife ich nach meiner Oma-Puppe und lasse sie sagen: »Aah, Kinge, wie isset üch? Hatt ihr jot jejesse? Leeve Jott, wat is' dat hee wärm! Do kritt me jo et ärme Dier!«

Die meisten Kinder grinsen, andere wissen nicht so recht, was sie sagen sollen. Die Oma-Puppe lasse ich hinter meinem Rücken verschwinden und ergänze: »Tja, wenn man eine Oma hat, die Platt kann, dann ist das Leben nie langweilig. So wie bei Kasperle, der aber von seiner Oma immer *Käsper* genannt wird.«

Genug der Vorrede. Ich verschwinde hinter der Bühne und setze mich zurecht. Die Show kann beginnen.

Ich spiele ein Stück, das an das Märchen von Rumpelstilzchen angelehnt ist. Allerdings muss in meinem Stück keine Müllerstochter Stroh zu Gold spinnen, sondern Grete Lego-Steine in Gemüse verwandeln. Im Laufe des Abenteuers gibt es für die Kinder Gurkenscheiben, Cocktail-Möhren und Paprikastückchen zum Mitessen. Das Gemüse wird mit derselben Hingabe vertilgt wie zuvor das Schokoladeneis im Garten, allerdings ohne die Kinder weiter aufzudrehen.

Ein böser Zwerg hilft Grete bei der Bewältigung ihrer Aufgaben, allerdings unter einer bitterbösen Bedingung: Sollte Grete einmal einen Hasen bekommen – in meiner Fassung wird Grete nicht schwanger, sondern bekommt nur ein Haustier –, so darf der Zwerg den Hasen schlachten und verzehren. Kasperle ist der Retter in der Not, der dem Zwerg das Handwerk legen will, und zwar nicht nur, indem er dessen Namen zu erfahren versucht, sondern auch, indem er dem Bösewicht mit einer Riesenklatsche zu Leibe rückt. Dem tapferen Kasperle steht zudem die schlagfertige und redselige Oma mit Ratschlägen und Aufmunterungen zur Seite – natürlich mit vielen markigen Sprüchen im schönsten rheinischen Platt (»Schlach demm Drecksack vür die Tüll!«).

Mitten in der Vorführung bemerke ich, wie leise die Tür geöffnet und wieder geschlossen wird. Für einen kurzen Augenblick fällt helles Sonnenlicht ins Dunkel des Raums. Ob sich eine der Mütter dazugesellt hat?

Kurz danach, mitten im Puppenspiel, zischt plötzlich ein Papierkügelchen an meinem Kasperle vorbei. Ich hätte es ahnen sollen! Der Quälgeist und sein Blasrohr haben sich eingeschlichen.

»Mensch Marcus!« – »Hör doch auf!«, höre ich einige Kinder sagen, kurz darauf ertönt ein Knuffen und ein »Aua!«. Wahrscheinlich verteilt der Quälgeist Kopfnüsse an alle, die es wagen, gegen ihn aufzubegehren.

»Oh, es hagelt!«, lasse ich meinen Kasperle rufen. »Die Hagelkörner fliegen einem um die Ohren!« So versuche ich, die Situation zu retten, und spiele unbeirrt weiter.

Kasperle streift auf der Suche nach dem Zwerg durch den Wald, da zischt das nächste Geschoss an ihm vorbei. Ich beiße hinter der Bühne die Zähne zusammen und lasse mir vorerst nichts anmerken.

Im Wald trifft Kasperle den Wolf, den er nach dem Verbleib des Zwergs befragt. »Hallo Wolf. Weißt du …?« Paff! Wieder zischt ein Blasrohrgeschoss auf die Puppenbühne und trifft diesmal meinen Wolf. Spontan lasse ich den Wolf tot zusammenbrechen und meinen Kasperle ausrufen: »Oh, wie traurig. Der Wolf ist tot. Vom Hagel erschlagen.« Ohne mein Publikum zu sehen, spüre ich, wie sich Unruhe und Missbehagen ausbreiten. Kasperle aber stellt sich mit breiter Brust auf und ruft: »Nur gut, dass mich noch kein Hagel getroffen hat. Denn wisst ihr was? Wenn *mich* ein Hagelkorn trifft, werde ich zum Riesenkasper und gerate fürchterlich in Rage!« Gespannt warte ich ab. Es dauert keine drei Sekunden und es macht ›Platsch‹! Meine Kasperle-Puppe wird von einem besabberten Papiergeschoss getroffen.

Hinter meiner Bühne liegt meine rote Zipfelmütze. Ich ziehe sie rasch auf, ergreife die Klatsche und springe vor die Bühne. »Ich bin der Riesenkasper!«, schreie ich, aber mit meiner verstellten Kasper-Stimme. »Ich bin riesig und ich bin in Rage!«

Die Kinder sind vollkommen verblüfft. Ich brauche nur zwei schnelle Schritte, schon habe ich den Quälgeist beim Schlafittchen und ziehe ihm die Kasperklatsche über den Hintern. Drei Handgriffe später und der dickliche Störenfried findet sich im Flur wieder. Zu meinem Glück steckt ein Schlüssel im Türschloss. Ich schließe ab und wende mich wieder meinem Publikum zu.

»Tut mir leid, Kinder, aber wenn mich Hagelkörner treffen, werde ich eben zum Riesenkasper. Da kann man nix machen!«

Die kleine Antonia stellt sich, ohne ein Wort zu sagen, auf ihren Sessel und streckt mir ihre Ärmchen entgegen. Ich lasse mich bereitwillig von ihr umarmen. Sie gibt mir sogar ein Küsschen und sagt: »Kasperle hat kein Hasenherz!«

»Oh, danke!«, lache ich und finde zu meiner guten Laune zurück. »Wenn ich ein Küsschen bekomme, verwandle ich mich wieder in meine ursprüngliche Gestalt.« Mit diesen Worten verschwinde ich hinter meiner Bühne und lasse wieder den Puppenkasper auftreten. Die Kinder finden trotz der Unterbrechung mit Riesenkasper schnell wieder in die Geschichte zurück und ich kann ohne weitere Unterbrechungen mein Stück zu Ende spielen. Zum Abschluss singen wir für Antonia noch ›Zum Geburtstag viel Glück‹ und die Kinder werden wieder nach draußen entlassen.

# 30

# NEUE SCHUHE, NEUE WEGE

Als ich das Grundstück der Boffels verlasse, winken mir die Frau des Hauses und das Geburtstagskind hinterher. Aus einem der Fenster im ersten Obergeschoss bemerke ich ein weiteres Augenpaar, das mir zwischen den Vorhängen grimmig hinterherschaut.

Elsi Boffels war hocherfreut, dass der Geburtstagswunsch ihrer Tochter in Erfüllung gegangen ist und dass obendrein die geladenen Mütter ein halbes Stündchen in Ruhe ohne Kinder hatten. Zum Abschied hat sie mir einen Umschlag zugesteckt, in dem zu meinem Entsetzen ein 500-Euro-Schein steckte.

»Das ist viel zu viel!«, habe ich mich gewehrt.

»Ach, wissen Sie, mit Vorbereitung, Anfahrt und Wartezeiten waren Sie doch mehrere Stunden beschäftigt. Wenn man mal zum Rechtsanwalt geht oder in die Autowerkstatt, ist man ja auch gleich ein paar Hunderter los.«

»Es ist trotzdem viel zu viel!«

»Der Rest ist Trinkgeld.«

Ich verbuche es mental als Schmerzensgeld.

Zu Hause gratuliert mir Samuel zu meinem ersten Auftritt gegen professionelle Bezahlung. »Aber denk daran«, mahnt er, »dass du nächstes Jahr auch auf *meinem* Geburtstag spielst, wenn ich volljährig werde!« Wenn er das noch öfter sagt, fange ich an, seinen Wunsch ernst zu nehmen. Als ich ihm von dem Quälgeist und meinem Wutanfall erzähle, zeigt er sich überrascht: »Was denn? Du? Das würde ich gerne mal sehen: du mit Schaum vor dem Mund!« Da zeigt es sich, dass ich selbst beim eigenen Sohn als wohltemperiert, ausgeglichen und beherrscht gelte. Als Langweiler, könnte man sagen.

»Es gibt genügend Situationen, in denen ich am liebsten in die Luft gehen würde«, wende ich ein.

»Das schon. Aber du tust es nie!«

»Was?«

»In die Luft gehen! Im entscheidenden Moment hast du dich immer unter Kontrolle.«

Bei solchen Gesprächen frage ich mich manchmal, ob mein Sohn zu altklug ist.

»Du warst eben nicht dabei, als Willi seinen Schlaganfall hatte«, kontere ich, »da war ich richtig sauer auf deine Oma.«

Samuel runzelt die Stirn. »Von dem, was ich gehört habe, hast du ihr gerade mal ein paar Sätzchen mit Nachdruck ins Telefon geflüstert. Das nennst du einen Wutausbruch?«

»Auf die Berts war ich auch ziemlich wütend.«

»Ja, und bist dabei vom Baum gefallen.«

»Aber wenn es um meinen Kasperle geht, dann kenne ich keine Gnade!«

Am nächsten Montagmorgen marschiere ich noch einmal zu Annelies Schuhgeschäft, gespannt auf frische Ware. Diesmal steht die Chefin höchstselbst hinter der Kasse und macht ein sauertöpfisches Gesicht.

»Morgen!«, sage ich und scanne den Laden mit meinen Augen nach weiteren Lebewesen. Aber außer der Chefin und mir als ihrem einzigen Kunden ist niemand zu sehen.

»Sie kommen wegen der Sportschuhe«, sagt Frau Annelie oder wie immer sie mit Vor-, Zu-, Ruf-, Familien- oder Mädchennamen heißen mag. Dabei klingt sie schon einen Hauch freundlicher.

»Ja ... Sportschuhe in meiner Größe. Mit Luftpolstern.«

Anstatt von einer Angestellten oder Aushilfe werde ich leider von der Chefin persönlich bedient. Ohne langes Suchen zieht sie alsbald meine Wunschschuhe in der passenden Größe aus einem Regal. Ich probiere sie an und mache ein paar Schritte zur Probe. »Ist Mervi heute Morgen nicht hier?«

»Nein!«, sagt die Chefin mit gnadenloser Stimme. Ein leichter Vorwurf klingt in dieser Antwort mit.

»Ist sie krank?«, frage ich.

»Nein, sie nicht, aber ihr Kind. Sie hat eine kleine Tochter.« Und nach einer kurzen Pause: »Sie ist alleinerziehend.«

»Ja, bin ich auch!«, sage ich halblaut, während ich mich bücke und die neuen Sportschuhe wieder auszuziehe.

»Bitte, was?«, fragt Schuh-Chefin Annelie.

»Ich meine: Wie schade, dass Essi krank ist.«

»Ach, Sie kennen die Kleine?!«

»Oh ja, ich werde sogar zu ihrem Geburtstag Kasperle-Theater spielen.«

»Kasperle?« Annelies Gesicht ist anzusehen, wie sie in ihrem Denkstübchen Infos verknüpft, Erinnerungen wachruft und Schlüsse zieht. Sie sieht mich prüfend an: »Waren Sie am Samstag nicht in der Zeitung?«

Ich nicke.

»Wissen Sie«, meint sie vertraulich, »die Mervi, also die Mutter von der Essi ...«

»Die nehm ich!«, sage ich entschlossen und halte der Chefin die Sportschuhe hin.

»Wen? Was?«

»Na, die Schuhe! – Was wollten Sie über Mervi sagen?«

»Ach, nichts«, winkt sie ab.

»Ich vermute, sie kommt nicht aus dem Schwarzwald?«

»Die Mervi? Nein. Das heißt, aus einer waldreichen Umgebung kommt sie schon.«

Ich hebe die Augenbrauen und warte auf eine Erläuterung. Die Chefin räuspert sich: »Sie kommt aus Finnland.«

Vor meinem geistigen Auge tun sich unendliche dunkle Wälder auf. »Finnland«, wiederhole ich träumerisch, als müsste ich den Ländernamen persönlich auf der Zunge schmecken.

»Sie sind ja ziiiemlich neugierig«, sagt Chefin Annelie mit einem plötzlich einsetzenden neckischen Tonfall. Sie hebt sogar ihren Zeigefinger und lässt ihn drohend vor meiner Nasenspitze kreisen. Fehlt nur noch, dass sie mahnt: »Sie alter Schlingel!« Aber so weit geht sie Gott sei Dank nicht.

»Ich muss schließlich wissen, für wen ich spiele«, rechtfertige ich meinen Wissensdrang. »Ein Künstler sollte sein Publikum möglichst gut kennen!«

»Künstler?«

»Puppenspieler!« Aber nach kurzem Überdenken setze ich hinzu: »Puppenspieler *sind* Künstler! – Wie heißt Mervi eigentlich mit Nachnamen?«

»Sinimetsä. Mervi Sinimetsä.«

Das klingt in meinen Ohren mindestens so aufregend wie die berühmteste Vorstellung der Filmgeschichte (»Bond. James Bond.«).

»Nehmen Sie eine Tüte?«, fragt mich die Chefin.

»Wofür?«

»Na, für die Schuhe.«

»Nein danke. Geht auch so.« Ich klemme mir den Schuhkarton unter den Arm und bezahle. »Wieso heißt Ihr Laden eigentlich ›Annelies Schuhgeschäft‹? Ist das Ihr Vorname?«

»Nein. Aber die Geschäftsgründerin, meine Vorgängerin, hieß so: Annelie Bärenwald.«

Ich habe das Gefühl, es wimmelt hier nur so von Wäldern.

»Sie sollten auch ein Namensschildchen tragen wie Ihre Mitarbeiterinnen«, rate ich.

»Ach so, ja …« Die Chefin sieht an sich herab. »Ich hab vergessen, es anzustecken.« Daraufhin kramt sie in einer Schublade hinter der Kassentheke. Nachdem sie es gefunden hat, pinnt sie sich das Schildchen an die Bluse. Darauf steht: W. Busch.

»Schönen Dank, Frau Busch«, bedanke ich mich für die Bedienung. »Und wofür steht das *W*?«

»Für Waltraut.«

Ich hätte es mir denken können.

Am späten Nachmittag ist es dann so weit: Es wird endlich Zeit, wieder vorsichtig mit meinen Laufrunden zu beginnen. Die neuen Sportschuhe mit den kniefreundlichen Luftpolstern warten auf ihre erste Bewährungsprobe. Es ist ein seltsames Gefühl, erstmals nach vielen Wochen wieder durch die Wohngegend zu joggen. Statt meine traditionelle Runde um den Block zu drehen, laufe ich zunächst bis zum nahen Stadtpark, wo viele Spaziergänger mit Hund unterwegs sind. Ich halte Ausschau nach Samuel, der Köttel ausführt, kann ihn aber nirgends entdecken. Im vorsichtigen Trippelschritt geht es voran. Ich bin kaum schneller als ein strammer Wandersmann, aber ich komme mir vor wie der ›Rote Blitz‹. Das ist auch so ein Superheld, einer, der in Lichtgeschwindigkeit rennen kann. In einem Bogen geht es wieder heimwärts; ich gelange in die Reichenbachstraße. Ohne es zu wollen, führt mich mein Weg am Haus der Berts vorbei. Zwei der bertigen Brüder hocken vor ihrer Bude auf der durchgerosteten Hollywoodschaukel in der Abendsonne und halten – wie könnte es anders sein – Bierbüchsen in der Hand. Wenn ich mich nicht täusche, handelt es sich um Norbert und Robert, die beiden jüngeren.

»Wat is' denn dat? Leckmiamasch! Da is' 'n Jogger!«, ruft der eine dem anderen zu, mit Absicht so laut, dass ich es gut hören kann.

»Vott hee!«, grölt der andere, der schon ziemlich betrunken sein muss, und schmeißt unbeholfen eine fast leere Bierbüchse in meine Richtung. Obwohl die Büchse meterweit an mir vorbeifliegt und keine Gefahr darstellt, steigen in mir viele schlechte und kaum vergessene Erinnerungen hoch. Ich stoppe meinen Lauf – das »Verschwinde« kann der pöbelnde Bert sich sparen! Sowieso kann ich dieses unerzogene Verhalten nicht auf mir sitzen lassen. Schon wegen Willi und seinem Dackel nicht. Die Büchse! Ich suche sie unter einem Strauch hervor, unter den sie gerollt ist, wiege sie in der Hand – und schmeiße sie in Richtung der Berts zurück. Obwohl ich all meine Kraft in den Wurf gelegt habe, fliegt die Bierbüchse ohne Wucht und großen Schwung und landet scheppernd auf einem gepflasterten Vorgartenpfad. Viel zu weit weg von den Berts, um sie auch nur in Schrecken zu versetzen. Stattdessen fangen sie wie verrückt an zu lachen.

»Mensch Alter, sauf mehr Zielwasser!«, brüllt der eine.

»Der is' voll bekloppt!«, lallt der andere und sackt vor Lachen von der Schaukel.

Superheld müsste man sein, denke ich, so ein treffsicherer Bogenschütze zum Beispiel (oder Kasperle mit seiner Klatsche). Jemand, der mit dem Gesindel der Stadt kurzen Prozess macht. Immerhin habe ich die Provokation nicht auf mir sitzen lassen, das befriedigt mich auf eine gewisse Weise. Zum krönenden

Abschluss, bevor ich weitertrotte, zeige ich den Berts noch in einer Mischung aus Wagemut und Dreistigkeit meinen Stinkefinger, den sie leider nicht bemerken, weil ihnen vor Lachen die Tränen in den Augen stehen. Wenn ich es recht erkenne, ist Robert, der neben der Schaukel liegt, im Begriff, sich vor Lachen zu bepissen. *Geschieht dir recht, du Volltrottel,* denke ich! *Und beim nächsten Mal ziehe ich beiden mit der Bierbüchse eine Hasenscharte,* schwöre ich mir.

Meine Wut über diese Begegnung verleiht mir neuen Schwung, sodass ich, anstatt in meine Wohnstraße abzubiegen, meinen Lauf fortsetze. Meine Vernunft sagt mir zwar, dass ich's beim ersten Mal nicht übertreiben und vorsichtig sein sollte, aber meine Lust an der Bewegung und meine Ausdauer halten an. Nach einer Weile bemerke ich einen Läufer, der mir folgt. Sollte mir einer der Berts auf den Fersen sein? Aber davon ist kaum auszugehen. Die Brüder sind allesamt so knülle, dass sie keine hundert Meter am Stück laufen könnten. Trotzdem schiele ich über meine Schulter zurück. Ich erkenne einen alten Bekannten: Dirk Drassel, den gnadenlosen Trainer unserer Thekenmannschaft. In meinem Schneckentempo hat er mich bald eingeholt. Zur Begrüßung schlägt er mir ins Kreuz. Für Dirk Drassel ist das ein freundschaftliches Knuffen.

»Mensch Pohlmann. Bist du wieder fit?«, bellt er.

»Jetzt nicht mehr. Du hast mir soeben das Genick gebrochen.«

»Altes Haus!«, lacht er und versetzt mir einen weiteren kumpelhaften Schlag auf den Oberarm. »Schön zu sehen, dass du dich wieder halbwegs bewegen kannst. Und in der Zeitung warst du auch! Wann spielst du denn mal für unseren Verein? Ich nehme an, du kommst morgen zum Fußballtraining?«

»Das wird wohl noch eine Weile dauern, bis ich …«

»Keine Ausreden!«, kommandiert er. »Wir haben schon lang genug auf dich verzichten müssen. Wer fit genug ist zum Laufen, der kann auch wieder Fußball spielen. Oder nicht, Pohlmann?«

Ich halte an, um ein wenig Atem zu schöpfen. Und um Dirk Drassel dazu zu zwingen, ebenfalls zu stoppen, anstatt wild mit den Armen wedelnd um mich herumzuhampeln.

»Was ist los, Pohlmann? Machst du schon schlapp?«

»Wusstest du eigentlich, dass ich einen Vornamen habe?«

»Was hat das mit Fußball zu tun? Also, wir sehen uns morgen! Ich rechne fest mit dir.«

»Tut mir leid, aber da verrechnest du dich.«

Dirk Drassel versetzt mir einen Klaps auf die Schulter und sprintet davon.

Die letzten Meter nach Hause gehe ich. Immerhin fühlt sich alles gut an, ich spüre keine Schmerzen. In unserem Vorgärtchen mache ich noch ein paar Dehnübungen, als Gül, meine neue Nachbarin, in ihrem schicken Cabrio angebraust kommt und am Straßenrand parkt. Gül arbeitet in einem türkischen Reisebüro, wo sie Einwanderern Sehnsuchtsreisen in die ehemalige Heimat verkauft und mit dem Fernweh der Deutschen Geld verdient.

»'n Abend!«, grüßt sie, als sie zur Haustür eilt und den Hausschlüssel aus ihrer Handtasche fischt. Sie lächelt freundlich.

»Hallo Gül. Wie geht's?«

»Danke, gut. Und selbst?«

»Ich bin heute zum ersten Mal seit meiner Verletzung gelaufen … und hab es überlebt.«

Wir plaudern noch über dies und das, bis unser Gespräch auf die Berts kommt. Gül weiß zu berichten, dass die Burschen ihr über den Gartenzaun anzügliche Bemerkungen zugerufen haben.

»Ansonsten ist die Wohngegend ja sehr nett hier«, findet sie.

Dass ich noch vor Kurzem mit Bierbüchsen beworfen worden bin, verschweige ich ihr. Allerdings erinnere ich sie daran, dass Willi Seibocks Reha nicht ewig dauern wird. »Bist du schon fleißig auf der Suche nach einer dauerhaften Bleibe?«

»Na klar. Aber ich befürchte, so nette Nachbarn finde ich nie wieder!« Und wieder lächelt sie, und mir ist unklar, ob sie ironisch auf die Berts anspielt oder ob sie mich damit meint.

Als ich mich am Abend vor meinen Computer setze und meine Postbox öffne, blinken mir jede Menge neuer Mails entgegen. Die meisten stehen in Zusammenhang mit der Zeitungsreportage vom vergangenen Samstag über mein Puppenspiel. Ein Schützenverein aus einem kleinen Nachbarort will mich als Attraktion für Kinder zu seinem Schützenfest einladen. Eine ältere Frau aus Niederzier bietet mir zur kostenlosen Übernahme eine Kiste mit Kasperle-Puppen an, die verwaist auf ihrem Speicher herumsteht. Eine Lehrerin aus einer Gesamtschule in unserer Nachbarstadt fragt an, ob ich kurzfristig eine ihrer Schulklassen besuchen könnte. Und die Organisatoren der frühherbstlichen Ritterspiele auf der Burg Hackfrey in der Voreifel laden mich zur Teilnahme an ihrem Mittelalter-Jahrmarkt ein.

Und es ist auch eine Mail von Mervi dabei, von Mervi Sinimetsä. Sie schreibt:

»Hallo,

leider konnte ich heute nicht zu Arbeit kommen. Essi ist krank. Ich habe dich am Wochenende in die Zeitung gesehen. Ich glaube, wir sind uns schon getroffen. Du bist der mit die Krücke ☺.

Warst du heute in Schuhgeschäft?

Viele Grüsse – Mervi«

Mir fällt auf, dass sie mich plötzlich duzt, aber dagegen habe ich nicht das Geringste einzuwenden. Schließlich kennen wir uns ja irgendwoher, auch wenn mir unklar ist, wo sie mich einmal mit Krücken gesehen haben will. Ich schreibe gleich zurück.

»Hallo Mervi,

von Essi habe ich schon gehört. Ich hoffe, sie hat nichts Schlimmes. Bestelle ihr bitte gute Besserung von mir.

Wo sind wir uns denn schon einmal begegnet?

Heute Vormittag bin ich tatsächlich in Annelies Schuhgeschäft gewesen und habe mir neue Sportschuhe gekauft. Leider musste ich bei der Gelegenheit feststellen, dass die Chefin gar nicht Annelie heißt, sondern Waltraut ☺. Und leider warst du nicht da! Die Einzelheiten wegen Essis Geburtstagsfeier müssen wir also bei Gelegenheit noch absprechen. Vielleicht können wir einmal telefonieren?

Viele Grüße – Karl«

Wie beim letzten Mal lässt die Antwort nicht lange auf sich warten.

»Hallo Karl,

Essi hat nur ein wenig Fieber. Es geht sie hoffentlich bald besser. Wann können wir telefonieren? Oder wir treffen zu einem Kaffee, wenn Essi wieder gesund ist? Am Mittwoch kann sie bestimmt wieder in Kindergarten. Ich habe Zeit ab 14 Uhr. Wie wäre der Café am Kaiserplatz? – Mervi«

Es ist zwar *der* Kaffee und *das* Café, aber das stört mich nicht die Kaffeebohne. Ich maile zurück:

»Mittwoch, 14 Uhr, Café am Kaiserplatz klingt gut. – K.«

# 31

# CAFÉ AM KAISERPLATZ

Leider begehe ich die Unachtsamkeit, meinem Sohn gegenüber zu erwähnen, dass ich am nächsten Mittwoch aus »puppenspielerischen Gründen« eine Kundin treffen werde. Neugierig drängt er mich dazu, ihm Näheres zu erzählen, und als Samuel erfährt, dass diese Frau zwar eine junge Mutter, aber ohne dazugehörigen Vater ist, und dass wir uns in einem Café sprechen möchten, fängt er an, mich aufzuziehen.

»Karl hat 'n Date«, plärrt er. »Karl hat 'n Date!«

»Alles rein geschäftlich!«, will ich abwiegeln, aber Samuel glaubt mir kein Wort.

»Karl hat 'n Date«, triezt er mich weiter und hüpft um mich herum.

Etwas gereizt halte ich ihm vor: »Erstens wäre es mir lieber, du würdest mich als deinen Vater nicht mit dem Vornamen anreden …«

»… und zweitens?«

»Zweitens frage ich mich, was Date eigentlich für ein Ausdruck ist?«

Samuel setzt ein gespielt ratloses Gesicht auf. »Soll ich denn sagen: Papi hat ein Treff? Oder: Mein Herr Vater begibt sich auf ein Rendezvous?«

»Alles völliger Quatsch!«

»Oder wie wär's mit ...« – Samuel lässt eine Kunstpause verstreichen – »... *menge Papp triff' 'n Ahl*.«

Ich bin zwar ein Freund der rheinischen Mundart, aber das ändert auch nichts am Sachverhalt.

»Hast du dir schon überlegt, was du anziehst?«, fragt er, um mich bloß nicht von dem Haken zu lassen, an dem ich in seinen Augen zapple.

»Was ich anziehe?« Daran habe ich noch keinen Gedanken verschwendet, aber ohne lange nachzudenken, antworte ich: »Meine neuen Sportschuhe.«

»Sonst nichts?«, grinst Samuel.

Ich verdrehe die Augen und gehe nicht weiter auf ihn ein.

»Trägst du denn wenigstens eine rote Nelke im Knopfloch, damit sie dich erkennt?«

»Brauche ich nicht. Sie weiß, wie ich aussehe!«

»Echt? Woher denn?«

Zum Glück kann ich darauf glaubwürdig antworten: »Mein Bild war in der Zeitung. ›Der rheinische Puppenspieler‹. Erinnerst du dich?«

»Weißt *du* denn, wie *sie* aussieht?«

»Nein, ich weiß nur, dass sie aus Finnland kommt ...«

»Aus Finnland? Na, dann kannst du sie ja am Geruch erkennen. Sie duftet sicher nach Birkenwald und Sauna-Essenzen.«

»So ein Blödsinn!«

In der folgenden Nacht habe ich seltsame Träume. Im ersten Traum sehe ich mich im ›Café am Kaiserplatz‹ sitzen und rühre heftig in einer Tasse, obwohl sie leer ist. Dann tritt eine Frau ein, die mindestens zwei Meter groß ist. Sie hat fettige, verfilzte braune Haare und grauenhafte gelbe Nagezähne, die zwischen ihren Lippen hervorstehen. Sie setzt sich an meinen Tisch und macht pausenlos Geräusche, als würde sie an einem Keks knabbern. Zu meinem Entsetzen muss ich feststellen, dass die Frau einen langen buschigen Eichhörnchenschwanz hat, der aus ihrem groben, sackartigen Kleid hervorlugt und unruhig hin und her peitscht. Während sie mümmelnd Knacklaute ausstößt, rückt sie immer näher an mich heran, und weil ich sie abstoßend finde, lehne ich mich so weit auf meinem Stuhl zurück, wie es nur geht. Zum Schluss greift sie nach meiner leeren Tasse und wirft sie in einer heftigen, zornigen Bewegung an eine Wand, sodass sie in tausend Teile zerbricht. Aber es fallen keine Scherben zu Boden, sondern lauter Nüsse.

Ich wache auf und tappe verstört in die Küche, um einen Schluck zu trinken. Es dauert lange, bis ich wieder einschlafe.

Im zweiten Traum sitze ich abermals im Café. Vor mir steht ein Glas Milch, obwohl ich Kaffee bestellt hatte. Ich trage nichts außer den Turnschuhen an meinen Füßen und das ist mir so peinlich, dass ich vor Scham am liebsten zusammenschrumpfen und als Ameisenmensch davonlaufen würde. Dann betritt eine Frau das Café. Sie ist eine hübsche Person mit dunklen Haaren, aber ich will nicht, dass sie mit mir spricht oder sich zu mir an den Tisch setzt. Das tut sie aber trotzdem. Die ganze Situation ist so unangenehm, dass mir der kalte Schweiß auf die Stirn tritt. Plötzlich beginnt es in meinem Milchglas zu brodeln. Das Glas läuft über und die Milch ergießt sich auf die Tischdecke. Es sprudelt nun geradezu aus dem Glas heraus, in pumpenden Stößen zischt immer mehr Milch hervor, die schließlich mit der Gewalt von Geysiren bis an die Decke des Cafés schießt.

Nach wenigen Augenblicken ist der Caféraum hüfthoch überschwemmt. In rasanter Geschwindigkeit steigt der Milchpegel. Eine alte Frau am Nebentisch planscht verzweifelt und geht dann in den milchigen Fluten unter. Schließlich birst das große Fenster des Cafés unter dem Druck der Flüssigkeit und eine Sturzflut spült alle Gäste ins Freie auf den Kaiserplatz. Ein gewaltiger Strom bildet sich, der alles verschlingt und mitreißt und unter sich begräbt.

Ich wache schweißnass auf und taumle ins Badezimmer, um kalt zu duschen. An Schlafen ist vorerst nicht zu denken. Nachdem ich wieder einen halbwegs klaren Kopf habe, setze ich mich an meinen Computer und suche im Internet nach allem, was mit Finnland zu tun hat. Ich lese Artikel in Online-Lexika, schmökere in Reiseberichten von Bloggern und klicke mich durch Hunderte von Urlaubsfotos begeisterter Finnlandfreunde. Erst nach mehr als zwei Stunden werden mir allmählich die Lider schwer, ich schleppe mich zurück in mein Bett und falle in meine Kissen.

In meinem dritten Traum sitze ich wieder im ›Café am Kaiserplatz‹, aber diesmal fühle ich mich rundum wohl in meiner Haut. Außerdem bin ich elegant gekleidet und trage eine rote Nelke im Knopfloch. Ich trinke Kaffee, aber aus einer gewaltigen Tasse, die die Ausmaße einer Suppenterrine hat und die überhaupt nicht in dieses feine Café passen will. Da betritt eine schöne blonde Frau den Raum, kommt lachend auf mich zu und setzt sich zu mir. Sie passt in mein Altersfenster potenzieller Partnerinnen. Die Frau beginnt mit mir zu sprechen, aber in einer Sprache, die fremd, urwüchsig und abenteuerlich klingt. Ich weiß, was sie meint, obwohl ich kein Wort verstehe, und nicke ihr zu. Dabei trinke ich in großen Schlucken von meinem Kaffee. Als ich die gigantische Tasse einmal absetze, erkenne ich im Schwarz des Kaffees das verschwommene Bild eines dunklen Waldes. Ich schaue genauer hin und kann mich selbst und die blonde Frau Hand in Hand durch diesen Wald spazieren sehen. Amüsiert schaue ich wieder auf, zu der schönen Frau, die mir gegenübersitzt. Auch sie hat den Wald und unsere Ebenbilder in der Kaffeetasse erkannt und lacht mir zu. Dann stehen wir auf, klettern auf unsere Stühle und springen gleichzeitig, wie auf ein vereinbartes geheimes Zeichen, zusammen in die Kaffeetasse. Wir fliegen durch ein Wirrwarr aus braungrünen Farbtönen. Es ist ein angenehmes Gleiten, ein Schweben, bei dem wir uns fest bei den Händen halten. Mit einem Mal sind wir mitten in diesem geheimnisvollen Wald. Es duftet nach Nadelbäumen. Wir gehen einen Pfad entlang, bis wir zu einer Lichtung kommen. Dort steht ein kleines rotes Holzhaus mit weißen Fensterrahmen, um das herum vier Birken wachsen. Die blonde Frau weist auf dieses Haus und lächelt glücklich. Ich nicke.

»Hast du schlecht geschlafen?«, fragt mich Samuel am nächsten Morgen in einem Tonfall, der nicht nach Hohn und Häme, sondern nach Anteilnahme klingt, wie sie ein halbwegs erwachsener Sohn für einen gebeutelten Vater aufbringt. Kein Wunder, denn Samuel weiß, dass ich manchmal von Albträumen verfolgt werde. Mit einer gewissen Freude stelle ich fest, dass ich zwar eine unruhige Nacht hatte, aber nicht von Haifischflossen geträumt habe. »Nein«, antworte ich deshalb, »ich habe gut geschlafen, nur zu wenig.« Samuel rüstet zum Aufbruch, er muss zur Schule. »Und was hast du heute auf deinem Terminkalender stehen?«, will er noch wissen.

»Ich gehe heute auch zur Schule!«

# 32

# SCHULE DES LEBENS

»Das ist jetzt nicht Ihr Ernst ...«, stammle ich beinahe fassungslos.

Die junge Lehrerin, die mir auf einem abgewetzten Sessel im Lehrerzimmer der Willy-Brandt-Gesamtschule von Bützenich gegenübersitzt, lächelt mich schief an. »Ach bitte, Herr Pohlmann!«, versucht sie, mich zu überreden.

Sie hatte mich eingeladen, im Klassenzimmer Puppentheater zu spielen. Abgesprochen war eine Vorführung vor einer kleinen Gruppe von Erstklässlern, die sich in jenem zarten Alter befinden, in dem man so gerade noch ans Christkind glaubt. Bei dieser Gelegenheit wollte ich das Stück wiederholen, das ich auch schon auf dem Kindergeburtstag bei der fünfjährigen Antonia gespielt hatte. Und nun wird mir unvermittelt eröffnet, dass ich vor Schülern aus der neunten Klasse auftreten soll. In Gedanken sehe ich eine Horde von pickeligen Vierzehnjährigen mit Baseball-Käppis vor mir, die großspurig Kaugummi kauen und mir aufmüpfig entgegenblicken.

»Ich kann keinen Rumpelstilzchen-Verschnitt vor Halbwüchsigen spielen«, entfährt es mir mit jämmerlicher Stimme. »Die schmeißen mir wahrscheinlich mit ihren Schulbüchern die Puppenbühne ein.« Am liebsten würde ich dem Schulgebäude mit wehenden Haaren entfliehen.

Die Lehrerin, eine Frau Haase, die sicher frisch von der Uni kommt und so jung aussieht, als würde sie selbst noch die Schulbank drücken, entschuldigt sich mehrfach: Stundenpläne, Wochentage, Klassen habe sie verwechselt. Für ihre mangelhafte Organisation nennt sie eine ganze Latte von Gründen, die sich zum Teil widersprechen, und dann versucht sie, mich mit großen, mitleidigen Rehaugen zum Bleiben zu bewegen. (Genau genommen sind es Haasenaugen.)

»Das ist auch eine ganz, ganz liebe kleine Gruppe«, beteuert sie und rückt ihre viel zu große Brille zurecht. »Mit denen hab ich in diesem Jahr auch ein Filmprojekt gemacht, da haben wir Verarsche auf Werbespots ... also, ich meine Parodien auf Werbung gedreht und ... verstehen Sie?«

»Ich kann's mir denken! Das sind sicher Kids, die schon im Internet ein zweites Leben geführt haben, bevor sie laufen konnten. Glauben Sie ernsthaft, die interessieren sich für Kasperle-Theater und singen mit mir ›Tri-tra-trullala‹?«

»Sie brauchen ja gar keine Vorstellung zu geben«, schluckt die Lehrerin. »Wenn Sie einfach davon erzählen, wie Ihre Stücke entstehen und wie Ihr Leben als Puppenspieler so aussieht?«

»Da gibt's nicht viel zu erzählen. Ich bin erst seit kurzer Zeit ...«

»Ach, bitte!«

Meine Puppenbühne schaffe ich erst gar nicht ins Klassenzimmer. Stattdessen schleppe ich in einem großen Beutel alle Puppen mit, die ich besitze. Ich habe sie bei Vorstellungen immer komplett im Kofferraum mit dabei, um für alle Eventualitäten gerüstet zu sein. Auf was lasse ich mich da bloß ein? Ich muss verrückt sein! Die junge Lehrerin nickt mir aufmunternd zu, bevor sie mir die Türe öffnet.

In dem Klassenraum hängen etwa ein Dutzend Jugendliche an ihren Pulten. Einige Augenpaare sehen mir freundlich entgegen, die meisten blicken gelangweilt bis gleichgültig, einige wenige machen sich nicht mal die Mühe, aufzuschauen. Ein Punk-Girl hat ihr Gesicht auf ihren Unterarmen liegen und scheint ein Nickerchen zu machen.

»Hallo, hier sind wir«, beginnt die Lehrerin, Frau Haase. »Das hier ist Herr Pohlmann, der Puppenspieler, von dem ich euch erzählt habe.«

Ich nicke der Klasse linkisch zu, einige wenige erwidern meinen Gruß durch ein angedeutetes Lächeln oder eine entsprechende Geste.

Die Lehrerin rückt ihre überdimensionale Brille zurecht. »Ja, also, Herr Pohlmann! Sie haben das Wort.« Dann setzt sie sich zu den Schülern in eine Bank.

Von nun an bin ich also vollkommen auf mich allein gestellt ... Ich schlucke verlegen. Kurzzeitig blitzen in mir Rachegelüste auf und der Vorsatz, der Schule eine deftige Rechnung zu schicken! Doch ich zwinge mich dazu, meine negativen Gedanken abzuschütteln, und überlege stattdessen, was Kasperle in einem solchen Falle tun würde? Er wäre sicherlich die Ruhe selbst, hätte immer einen frechen Spruch auf den Lippen und auf alles eine Antwort parat. Er wäre ein Star vor jedem Publikum und hätte alle Lacher auf seiner Seite. Ich atme einmal tief durch. Jetzt gilt: Augen zu und durch.

»Keine Bange«, beginne ich, »ich werde euch nicht reihum nach euren Namen fragen. Die könnte ich mir sowieso nicht merken!« Dieser launige Einstieg sorgt immerhin dafür, dass auch das Punk-Girl kurz aufsieht.

»Aber ihr dürft raten, wie *ich* mit Vornamen heiße!«

»Klaus-Günther«, ruft ein Vorwitziger in die Runde und sieht sich Beifall heischend unter seinen Mitschülern um. Für die Youngsters von heute stehen Namen wie Klaus-Günther sicher für Altsäcke um die fünfzig, die ihre Kindheit ohne Mobiltelefon verbracht haben und sonntags von ihren Eltern noch zur Kirche geschickt wurden. Ich schüttle den Kopf. Falsch geraten!

»Na, dann eben Adalbert!«, juxt der Spaßmacher weiter. Er ist ein Knirps, der sicher zu den Kleinsten der Klasse gehört und sich anscheinend angewöhnt hat, seine fehlende Körpergröße durch Witz und Wagemut auszugleichen.

»Adalbert könnte stimmen, aber leider hast du dein Pulver schon verschossen«, sage ich bedauernd. »Jeder darf nur einmal raten!«

Immerhin entsteht damit bei den meisten so etwas wie Wettkampfstimmung. Andere versuchen ihr Glück.

»Petrus!« – »Nein, und auch nicht Paulus!«

»Ernst oder Jürgen!« – »Ganz im Ernst: Dann müsst' ich würgen!«

An dieser Stelle ernte ich meinen ersten zaghaften Lacher, das Eis scheint gebrochen. Das Namenraten geht weiter.

»Ich tippe auf Friedhelm!«, ruft einer. – »Das ist genauso falsch wie Wilhelm oder Sturzhelm.«

»Rudolf!«, quäkt ein anderer. – »Meinst du das Rentier mit der roten Nase? Leider daneben!«

»Du heißt bestimmt Angela«, wirft das Punk-Girl dazwischen. – Ebenso zielsicher werfe ich zurück: »Stimmt leider auch nicht, lieber Guido!« In den Augen des Punk-Girls glänzen Abscheu und Widerstandsgeist, aber auch ein Schuss von Respekt für schlagfertige Antworten.

Weitere Vorschläge sind zu hören: »Theo!« – »Theo... retisch wäre das möglich. Aber nein, so heiß ich nicht, so heiß ich nicht...« Und bei diesem Satz fange ich an, durch die Reihen der Pulte zu tänzeln. Ich hüpfe von einem Bein aufs andere und krakele mit verstellter Stimme: »So heiß ich nicht, so heiß ich nicht!« Dann verfalle ich in einen Singsang und zitiere den Reim

»Heute back ich,
morgen brau ich,
übermorgen hol ich der Königin ihr Kind.
Ach, wie gut, dass niemand weiß,
dass ich ...«

»... Rumpelstilzchen heiß!«, vollendet das Punk-Girl wie aus der Pistole geschossen. Anschließend beißt sie sich auf ihre gepiercten Lippen, als hätte sie etwas Unartiges getan. Wahrscheinlich schämt sie sich dafür, aus ihrer Rolle als *Bad Girl* herausgefallen zu sein und im Unterricht mitgearbeitet zu haben. Zudem hat sie bewiesen, dass ihr das ein oder andere Grimm'sche Märchen ein Begriff ist.

Ich halte ergriffen inne. »Rumpelstilzchen!«, proklamiere ich mit großer Pose. »Das ist die Antwort, auf die ich gewartet habe!« Ich greife mir einen herumliegenden Filzstift, gehe hinüber zum Pult des Punk-Girls und male ein Kreuzchen auf ihre Tischplatte.

»Und was soll der Scheiß?«, fragt sie irritiert.

»Für deine richtige Antwort wollte ich dir ein Plus anschreiben!« Das ist mein zweiter Lacher des Tages.

»Na gut«, wechsle ich wieder in einen ernsten Ton hinüber. »Ich heiße natürlich nicht wirklich Rumpelstilzchen, aber das Märchen vom bösen Kobold habe ich vor Kurzem auf dem Geburtstag eines fünfjährigen Mädchens gespielt. Weiß jemand von euch, wie die Geschichte geht?«

»Da is' so 'ne Prinzessin, die muss Stroh in Gold spinnen«, meldet sich ein blasses Mädchen mit Vollmondgesicht.

»Stimmt ... beinahe!«, pflichte ich ihr bei und setze mich auf das Lehrerpult. (Dass sie »*in* Gold« gesagt hat, will ich ihr verzeihen, ich bin ja nicht als Deutschlehrer hier, der Grammatikfehler verbessern muss.)

»Zu Beginn der Geschichte«, erläutere ich, »ist die junge Heldin allerdings noch keine Prinzessin, sondern eine arme Müllerstochter.«

An dieser Stelle bricht die Klasse in Lachen aus und für einen kurzen Moment verliere ich meine frisch errungene Sicherheit.

»Ich freue mich über die gute Stimmung. Aber kann mich jemand aufklären, wo hier der Gag ist?«

Ein Schüler ruft dazwischen: »Na, so heißt die Sabine mit Nachnamen: Müller!«

»Na, sehr schön! Wir haben also jemanden hier, der den Namen Rumpelstilzchen errät, und eine Person, die Tochter eines Müllers ist. Haben wir zufällig jemanden hier, der König heißt?«

Ein Junge mit Totenkopf-T-Shirt zeigt auf und erklärt halblaut: »Ich heiße Andreas Király. Weil mein Vater kommt aus Ungarn. Und Király bedeutet König.«

Die anderen schauen ihn verwundert an. Ich bin sicher, seine Mitschüler hören zum ersten Mal von der Bedeutung seines Nachnamens.

»Bestens! Wisst ihr, wer sonst noch in der Geschichte vorkommt?« Nach und nach kitzle ich die groben Züge der Handlung und das dazugehörige Personal aus den Schülern heraus. Was der eine nicht weiß, kann ein anderer beisteuern. Ich zaubere nun auch die entsprechenden Puppen aus meinem Beutel hervor: den König, Grete (als Müllerstochter), den Zwerg (als Rumpelstilzchen) und Kasperle (als Kundschafter).

»Und wisst ihr, wo der Kundschafter den Kobold entdeckt, der um sein Feuerchen tanzt und davon singt, dass er Rumpelstilzchen heißt?« Da ich – wie erwartet – nur Schulterzucken ernte, gebe ich die Antwort selbst: »Er entdeckt den Kobold da, wo sich Fuchs und Hase *Gute Nacht* sagen!« Ich greife nochmals in meine Tüte, hole einen Fuchs heraus und gehe mit dieser Handpuppe zur Lehrerin. »Gute Nacht, Frau Haase!«, lasse ich meinen Fuchs sagen und der Lehrerin anschließend ein Küsschen auf die Backe drücken. Wieder kann ich einen Lacher verbuchen. Allmählich entwickle ich ein Gespür dafür, was in dieser Klasse ankommt und wann ich von ernst auf lustig umschalten muss. Nach dem Fuchs-Küsschen wird es wieder ernsthafter. Ich frage die Schüler nach eigenen Kindheitserfahrungen mit Rumpelstilzchen und anderen Märchen, und nach ihren Meinungen darüber.

»Ich find's total bescheuert«, schimpft das Punk-Girl, »dass die Tochter vom Müller diesen beknackten König heiratet.« Wutschnaubend fährt sie fort: »Der Sack zwingt sie doch erst, Gold abzuliefern. Hätt' die das nich auf die Reihe bekommen, wäre sie doch von dem Kack-König geköpft worden. Und so einen Schwachsinn verklickert man Kindern?!«

»Stimmt!« Ich muss ihr recht geben. »Fällt euch noch mehr märchenhafter Unsinn ein?«

»Ich find überhaupt ätzend«, nörgelt ein anderer, »dass am Ende von den Märchen immer geheiratet wird.«

»Das is' in jeder Schmuse-Komödie aus Hollywood so.«

Auch ein Mädchen im Öko-Look beschwert sich: »Und dann gibt's immer nur böse Frauen in diesen Storys: böse Stiefmütter, böse Königinnen, böse Feen …«

Es hagelt noch mehr Kritik am Sammelwerk von Jacob und Wilhelm, aber es gibt auch Zustimmung.

»Ich find Märchen schön …«

»Solche Geschichten würd' ich meinen Kindern auch vorlesen. Also, wenn ich mal welche hätte. Rein theoretisch. In ferner Zukunft und so.«

Ich lasse die Jugendlichen eine Weile diskutieren.

»Welche Märchen kennt ihr denn noch?«, frage ich neugierig.

»Deutsche Märchen kenn ich sowieso keine«, winkt ein Junge ab, der aussieht, als lägen die Wurzeln seiner Abstammung im Nahen Osten.

»Dann hoffe ich, du bist weltoffen genug, um welche kennenzulernen«, ermuntere ich ihn zum Mitmachen. Zumindest verzieht er nicht sein Gesicht.

Es gibt nun Zurufe wie »Der Wolf und die sieben Geißlein«, »Hänsel und Gretel«, »Schneewittchen«. Die Namen der Märchen sammle ich an der Tafel und komme mir langsam vor wie ein Lehrer.

»Und was hat das alles mit Kasperle zu tun?«, fragt eine dazwischen.

»Nun ja, bei mir ist das so, dass ich viele meiner Stücke frei erfinde. Manches davon völlig spontan. Aber viele Ideen entleihe ich auch aus bekannten Märchen oder anderen Geschichten. Ich passe sie an meine Idee an und wandle sie ab …«

Dann teile ich die Klasse in vier Gruppen, ohne lange Debatte, wer mit wem zusammenarbeiten will oder wem welches Thema zusagt. Den Vorwitzigen und das Punk-Girl packe ich in eine Gruppe, damit sie sich aneinander die Hörner abstoßen können. Jeder Gruppe teile ich ein Märchen zu und gebe die Aufgabe: »Klärt zuerst unter euch, ob ihr die Geschichte in ihrem Handlungsverlauf zusammenbekommt. Wer in Märchen nicht sattelfest ist, lässt sich alles von den anderen erzählen. Anschließend überlegt euch, wie die Story heute erzählt werden sollte. Und macht dazu Notizen, die später als Drehbuch dienen sollen.«

Die Schüler machen sich gleich an die Arbeit und verfallen in teils hitzige Redeschlachten. Die Lehrerin Frau Haase schaut bewundernd aus ihrer Schulbank zu mir auf. Ein Blick auf die Uhr zeigt mir, dass wir schon fast eine Schulstunde gefüllt haben, obwohl ich ursprünglich nur einen Auftritt von zwanzig Minuten abliefern sollte. Nachdem die Gruppen eine ganze Weile gearbeitet und allerlei aufgekritzelt haben, werden die ersten Arbeitsergebnisse vorgestellt: Eine Gruppe, zu der auch das feministisch angehauchte Öko-Mädchen gehört, hat aus »Hänsel und Gretel« eine moderne Fassung mit dem Titel »Kevin und Gina« gemacht, in der die zwei Kinder von ihrem versoffenen Stiefvater in einer Großstadt ausgesetzt und dort in einen Pfefferkuchenpuff gelockt werden. Dort will ein alter Hexer sie vernaschen. Den Hexer schubsen die Kinder in eine Badewanne und werfen einen laufenden Föhn hinterher, sodass ihn der elektrische Schlag ins Jenseits befördert. Hinterher räumen Kevin und Gina den Safe aus und flüchten mit ihrer lieben leiblichen Mutter nach Mallorca.

Die anderen Bearbeitungen sind auch nicht übel, es gibt viel zu lachen, allerdings gebe ich auch manchen Verbesserungstipp oder kritisiere Einzelheiten, damit mich niemand von den Schülern für ein Pädagogik-Weichei hält, das alles super findet. Die Doppelstunde geht ihrem Ende entgegen. Die Lehrerin bitte ich, mir von den Notizen der Schüler Kopien zu machen und sie mir zuzuschicken, um sie als Ideen-Pool für eigene Stücke zu verwenden. Und die Schüler fordere ich dazu auf, vor Beginn der Sommerferien ihre Stücke mit Puppen auf die Bühne zu bringen, zu filmen und anschließend ins Internet zu stellen. Viele nicken entschlossen.

Als ich das Schulgebäude verlasse, summe ich vergnügt »Der Puppenspieler von Mexiko« vor mich hin. Den Schülern hat's gefallen, ich komme mir pfiffig vor wie Kasperle und am meisten begeistert war Frau Haase.

# 33

# CAPPUCCINO ZUR UNZEIT

Jeder Italiener würde mich zu Recht für einen unzivilisierten Germanen halten, denn ich habe mir einen Cappuccino bestellt, obwohl die Sonne ihren mittäglichen Zenit schon längst überschritten hat. Eine Viertelstunde vor der verabredeten Uhrzeit sitze ich am Mittwoch im ›Café am Kaiserplatz‹ an einem Tischchen beim Fenster, nippe von meinem italienischen Morgengetränk und warte. Ich muss zugeben, mehr Zeit als üblich darauf verwendet zu haben, mir zu überlegen, was ich anziehe. Meine Wahl fiel auf Jeans, die leicht abgewetzt aussehen, aber sauteuer waren, Laufschuhe (mit Luftpolstern) und ein sportlich geschnittenes Oberhemd, das ordentlich gebügelt ist, aber dessen Ärmel lässig von mir nach oben gekrempelt wurden. Außerdem bin ich frisch geduscht, säuberlich gekämmt, dezent parfümiert und mein Dreitagebart ist ordentlich gestutzt. Das Ganze hat eindeutig länger gedauert, als sich auf einen beruflichen Termin vorzubereiten. Neben mir liegen in greifbarer Nähe Notizblock, Stift und Mobiltelefon.

Ich schlürfe wieder an meinem Cappuccino und halte nach der Mutter der kleinen Essi Ausschau, die sich hier mit mir treffen wollte und von der ich leider nicht weiß, wie sie aussieht. Dafür habe ich mich kundig gemacht, wie man auf Finnisch *Guten Tag* sagt.

Hin und wieder muss ich an die Träume denken, die ich vor einigen Nächten hatte. Wenn jetzt nur keine Frau reinkommt mit Eichhörnchenschwanz! Oder eine Milchflut entsteht, die alles mitreißt!

Eine Frau mit dunklen Haaren betritt das Café, die mir bekannt vorkommt. Sie geht hinüber zur Bäckertheke und lässt sich einen Imbiss einpacken. Als sie das Café wieder verlassen will, fällt ihr Blick in meine Richtung. Sie nickt zu mir hinüber und kommt, nach einem kurzen Zögern, an meinen Tisch. Jetzt erkenne ich sie wieder. Das ist die Schuhverkäuferin, die erste, der ich begegnet bin, und die weder Mervi heißt, noch eine Finnin ist.

»Hallo!«, begrüßt sie mich. »Kennen Sie mich noch?«

»Ja, klar. Sie sind ... aus dem Schuhgeschäft.«

»Maria!«, stellt sie sich noch einmal vor und reicht mir die Hand. Mir wäre lieb, sie würde sich nicht lange mit mir aufhalten, immerhin erwarte ich jemand anderen.

»Ja, Maria«, nicke ich, »und der Nachname war Mitterwald, stimmt's?«

»Nein, Grünewald«, verbessert sie mich und setzt sich unaufgefordert zu mir an den Tisch. Immerhin wusste ich noch, dass ihr Name irgendetwas mit *-wald* zu tun hatte.

»Und Ihr Name war ...?«

»Karl Pohlmann.«

»Genau! Ich hab von Ihnen in der Zeitung gelesen. Da fiel mir sofort ein, dass Sie bei uns im Laden gewesen sind. Ich bin übrigens auf dem Weg zur Arbeit. Hab heute meine Nachmittagsschicht.«

Fast möchte ich sagen: »Ja, ich warte auf Ihre Kollegin, die Sie gleich ablösen sollen.«

Maria Grünewald schaut auf ihre Armbanduhr. »Oh, ich bin schon spät dran ...«

»Dann beeil dich doch!«, liegt mir auf der Zunge, aber ich lächle nur freundlich. Sie ist immerhin eine nette Person, wenn auch vielleicht nicht ganz mein Geschmack.

»Haben Sie eigentlich mittlerweile ein Paar Schuhe bei uns bekommen?«

»Ja, hab ich!«, erkläre ich stolz, strecke spaßeshalber mein rechtes Bein aus und hebe meinen Fuß etwas an, damit sie das Schuhwerk bewundern kann. Doch anstatt nur flüchtig zu gucken, ergreift Maria Grünewald meine Ferse, hält meinen Fuß fest und beugt sich ein wenig herab, um den Schuh genauer zu inspizieren. Dabei fällt mein Blick ungewollt in ihren weiten V-Ausschnitt. Bevor das jemandem auffallen kann, schaue ich hastig aus dem Fenster, als gäbe es draußen etwas Interessantes zu entdecken.

»Mmh, diese Marke ...« Mein Gegenüber murmelt vor sich hin wie ein Automechaniker, der sich unter der Hebebühne den Unterboden eines Wagens ansieht und den wartenden Kunden durch sein Selbstgespräch auf eine saftige Rechnung vorbereiten will. Zum Glück habe ich meine Schuhe schon bezahlt, und eingelaufen sind sie auch schon!

Vielleicht könnte ich durch einen Scherz oder ein Wortspiel die Situation beenden, ohne Maria Grünewald zu verprellen. »Bitte lassen Sie mich wieder auf freien Fuß«, will ich gerade sagen, als ich auf der anderen Straßenseite eine adrette Frau mit blonden Haaren und feschem Kurzhaarschnitt bemerke. Mir ist sofort klar: Das muss Mervi Sinimetsä sein. Der Geruch von Birkenwald und Sauna-Essenzen steigt mir in meine innere Nase. Mervi Sinimetsä schaut zu uns hinüber. Ich will mich aufrichten und ihr zuwinken, vergesse aber, dass jemand meinen Schuh begutachtet, winkle unbedacht mein Bein an – und die Frau, die meinen Fuß umklammert hält, verliert den Halt und rutscht halb vom Stuhl. Dabei reißt sie an der Tischdecke, meine Tasse kippt um und sie bekommt einen ordentlichen Schwapp meines Cappuccinos in ihren V-Ausschnitt.

»Aua ... ooh ... iiih!«, sind die drei Ausrufe, die der begossenen Maria entfahren. Das »Aua« vor Schmerz, das »Ooh« vor Überraschung und das »Iiih« vor Ekel. Es entsteht ein Gepolter und ziemliches Aufsehen im Café. Zum Glück war mein Cappuccino schon lauwarm, verletzt hat sich die Ärmste nicht, aber bekleckert ist sie von oben bis unten. Ich springe sogleich auf, helfe ihr wieder auf die Beine, rücke die Tischdecke zurecht, entschuldige mich tausendfach und versuche mit einer Stoffserviette, die Geschundene sauber zu wischen. Ich tupfe an ihr herum, bevor mir klar wird, dass ich sie wahrscheinlich unsittlich berühre, und drücke ihr daraufhin die Serviette in die Hand. »Das tut mir so leid. Wie konnte ich nur ...«

Die Reaktion von Schuhverkäuferin Maria Grünewald wandelt sich nach wenigen Augenblicken von Überraschung in Ärger. »Wie sehe ich denn jetzt aus? Ich muss unbedingt zur Arbeit! Ich bin sowieso schon zu spät dran!«

»Wenn Sie wollen ... Vielleicht könnte man ...« Irgendwie will ich den Schaden wiedergutmachen, aber mir fällt nicht ein, was ihr jetzt am meisten nutzen würde. Während sich Maria weiter trocken wischt, schaue ich noch einmal zum Fenster hinaus. Die blonde Finnin auf der anderen Straßenseite hat sich abgewandt und geht davon. Das Ganze ist fast wie ein übler Albtraum. Mittlerweile ist auch eine Kellnerin angerückt, die das Tischtuch wechseln, die Bekleckerte beruhigen und die gemütliche Atmosphäre des Cafés wiederherstellen will.

Ich drücke der Kellnerin einen Geldschein in die Hand, der die entstandenen Unkosten mehr als doppelt deckt. »Bitte sehr! Ich muss leider unbedingt los!« Und im selben Moment haste ich davon.

»Was? Ich denke, ich bin hier diejenige, die es eilig hat!«, höre ich Maria empört hinter mir herschimpfen.

»Tut mir leid!«, winke ich ihr noch zu. »Daran sind die neuen Schuhe schuld. Ich muss laufen ...«

Als ich draußen auf dem Kaiserplatz auf der anderen Straßenseite stehe, schaue ich mich ratlos um. Wo ist sie nur hin? Von Mervi Sinimetsä ist nichts mehr zu sehen. Mir dämmert jetzt auch, wo wir uns schon einmal begegnet sind ...

Ich muss sie anrufen! Hab ich nicht ihre Telefonnummer gespeichert? Eilig taste ich meine Taschen ab und stelle resigniert fest, dass ich mein Mobiltelefon im Café liegen gelassen habe.

Es ist ein Albtraum!

Im Laufe des Nachmittags – und nachdem ich mein Telefon wiederbekommen habe – versuche ich mehrmals, Mervi anzusimsen. Leider ist ihr Telefon ausgestellt, meine Textnachrichten gehen nicht durch.

Um auf andere Gedanken zu kommen, mache ich am Nachmittag wieder einen kurzen Trainingslauf. Wieder tippele ich leichten Schritts Richtung Stadtpark und von dort am Ufer des Flusses entlang. Plötzlich will ich fast aus den Schuhen kippen! Sehe ich recht? Ich verlangsame meinen Lauf und verstecke mich hinter einer der mächtigen Buchen, die das Ufer säumen. Von dort springe ich in einem günstigen Moment hinter einen Busch und pirsche mich, auf meine Deckung bedacht, weiter vor, um besser ausspähen zu können. Tatsächlich: In einiger Entfernung sehe ich zwei bekannte Personen traulich auf einer Bank sitzen und angeregt miteinander plaudern. Zu ihren Füßen beschnuppern sich schwanzwedelnd zwei Vierbeiner. Es besteht kein Zweifel, da sitzen mein Sohn Samuel mit Professor Brinkmann (alias Köttel) an der Leine und diese polnische Praktikantin aus dem Kindergarten in Begleitung einer schwer zu definierenden Promenadenmischung. Mein Sohn hat 'n Date! Mich beschleicht die Freude des Jägers, der von seinem Hochstand aus Wild erspäht hat. Nein, noch treffender: Ich komme mir vor wie eine Polizeisondereinheit, der ein entscheidender Schlag gegen einen Schmugglerring gelungen ist! So wie nach einer erfolgreichen Razzia, bei der alle Tatverdächtigen gestellt und ausreichend Beweismaterial gesichert werden konnte! Nur mit dem entscheidenden Unterschied, dass ich für die Tatverdächtigen größtes Verständnis aufbringe. Schade, dass ich weder ein Fernglas dabeihabe noch die Möglichkeit, Fotos zu machen.

Jetzt wird mir so einiges klar: warum Samuel Spaß daran gefunden hat, mit einem altersfetten Hund durch die Gegend zu dackeln. Warum er mir diese Arbeit ständig abnehmen wollte. Und auch, warum seine Spaziergänge so lange dauern! Ich begreife nun auch, warum Köttel auf seine alten Tage neue Lebenskräfte gefunden hat. Jede Wette, bei der Promenadenmischung handelt es sich um eine Hundedame!

»He, Sie, was machen Sie denn da?«, höre ich eine dünne Stimme hinter mir. Ganz in meiner Nähe steht eine ältere Dame mit Spazierstock, die mich empört anblickt. »Sie zertrampeln ja die ganzen Rhododendren!«

»Nehmen Sie das nicht persönlich!«, lache ich ihr zu und springe auf den Spazierpfad zurück. »Ich wollte nur die Tierwelt beobachten!«

»Tierwelt?« Die Dame macht ein misstrauisches Gesicht. Sie glaubt mir natürlich kein Wort.

»Ja, die Tierwelt. Wissen Sie, ich arbeite für ein Forschungsprojekt des Landes Nordrhein-Westfalen und setze mich für den Fortbestand des deutschen Dackels ein. Diese Art ist vom Aussterben bedroht.«

»Sie … Sie wollen sich wohl über mich lustig machen?!« Die Alte droht mit ihrem Spazierstock.

»Das würde ich nie wagen!« Ich nicke ihr zu und laufe in einem weiten Bogen nach Hause.

Dort angekommen und kurz vor meinem Sprung unter die Dusche klingelt wütend mein Festnetz-Apparat. »Karl!«, höre ich eine aufgebrachte Stimme am anderen Ende der Leitung und muss unweigerlich an die alte Dame aus dem Stadtpark denken. »Wolltest du nicht heute zu mir kommen? Heute ist Mittwoch!« Au wei, meine Mutter! Die hatte ich ganz vergessen. »Ich bin schon fast bei dir!«, beruhige ich sie. »Gibt es Kuchen?«

Bei meinem Eintreffen ist meine Mutter trotz Verspätung sehr freundlich zu mir. Und sie hat auch wieder einen leckeren Kuchen gebacken, einen, der nicht ganz so knochentrocken ist. »Das ist ein gesunder Möhrenkuchen ohne viele Kalorien«, klärt sie mich auf. Na, mir soll's recht sein. Wie üblich fragt mich meine Mutter nach dem allgemeinen Befinden und nach ihrem Enkelsohn aus. Dass ich selbigen heute im Stadtpark mit einer polnischen Praktikantin bei einem sehr innigen Zwiegespräch erwischt habe, verschweige ich ihr. Dafür erzähle ich stolz, wie viele Anfragen zu Vorführungen bei mir eingehen.

»Ja«, sagt sie bedeutungsschwer. »Deswegen wollte ich auch mit dir reden. Ich habe natürlich den Artikel über dich gelesen. Und die Leitung des Hauses auch!«

Meine Mutter legt eine Pause ein, in der sie mir Kaffee nachgießt.

»Bitte nur eine halbe Tasse, ich habe heute schon einen Cappuccino getrunken.« Das ist zwar keine besonders einleuchtende Begründung, aber in meinem Alter muss man anfangen, auf die Ernährung zu achten. Ich bin gespannt, was meine Mutter von mir will.

»Ja, also die Leitung des Hauses ... Du weißt doch, dass wir ab und zu Kulturabende hier bei uns in der Residenz veranstalten.« Kulturabend ist ein großes Wort, aber mir ist durchaus bekannt, dass es in der edlen Seniorenresidenz meiner Mutter hin und wieder Lesungen, Tanzabende, Folkloredarbietungen und Ähnliches gibt. »Ja, und da ist man mit der Bitte an mich herangetreten« – wenn meine Mutter sich so gepflegt ausdrückt, muss etwas ganz Besonderes kommen – »dich als meinen Sohn zu fragen, ob du einmal hier bei uns eine Puppentheater-Aufführung geben könntest.«

»Hier? Bei euch Alt... bei den Senioren?«

»Warum denn nicht? Wer sagt denn, dass Puppentheater nur etwas für Kinder ist?« Da hat meine Mutter vollkommen recht. Schließlich lassen sich nicht nur Märchen für Puppenstücke ausschlachten, sondern auch große Dramen wie »Faust«, »Romeo und Julia«, »Draußen vor der Tür« ...

»Was denkst du?«, fragt meine Mutter.

»Ja, warum eigentlich nicht? Wie wäre es mit ›Der Besuch der alten Dame‹?«

»Spiel, was du willst! Hauptsache, es ist nicht zu kompliziert und es gibt etwas zu lachen. Du weißt ja, nicht alle hier im Hause sind ...«

Was meine Mutter sagen will, ist sicher, dass nicht alle so belesen, kultiviert und geistig rege sind wie sie selbst, aber das lässt sie unausgesprochen.

Ich verspreche ihr, später bei der Leitung der Residenz vorbeizuschauen und Möglichkeiten einer Vorstellung zu erörtern. Als ich das schließlich tun will, muss ich wieder am alten ostpreußischen Adel vorbei, am betagten Herrn von Bommelsbeck, der wie immer auf seinem ledernen Sessel in der Eingangshalle sitzt und niemanden vorbeilässt, ohne ihn scharf ins Visier zu nehmen. Er funkelt mich heute so böse an, als wäre ich die Inkarnation eines sowjetischen Angriffs. Als ich seinem kritischen Blick begegne, kommen mir Zweifel, ob eine Vorstellung in der edlen Seniorenresidenz eine gute Idee ist.

# 34

# EIFELHOF

Meine Schwester ist ganz angetan, dass ich so spontan sein kann. »So kenne ich dich ja gar nicht!«, lacht sie.

»Man lebt eben nur einmal!« Jedenfalls als Karl Pohlmann, setze ich in Gedanken hinzu. Ich schalte in den vierten Gang.

»Und wo bringst du uns hin?«, will Katja wissen. Sie klappt die Sonnenblende über dem Beifahrersitz herunter, um im Spiegel zu überprüfen, ob ihr Lippenstift ordentlich aufgetragen ist. Sören und Wiebke sitzen friedlich auf der Rückbank des Autos und hören mit Kopfhörern ein Hörspiel. Es freut mich, dass die zwei von der Flimmerwelt der Bildschirme noch nicht völlig verdorben sind und genügend Fantasie für Kopfkino aufbringen.

»Wir fahren zu einer urigen Wirtschaft mitten im Wald!«, antworte ich.

»Bist du auch sicher, dass die aufhaben? An einem Donnerstagabend?«

»Keine Bange, die Öffnungszeiten habe ich überprüft.«

»Ein Familienausflug ins Blaue, einfach so!«, freut sich Katja. Und mit einem leisen Seufzer setzt sie hinzu: »Wenn nur Fabian manchmal so hätte sein können.«

»Hast du von ihm gehört?« Da die Kinder Kopfhörer aufhaben, traue ich mich, meine Schwester nach dem Stand der Scheidungsformalitäten zu fragen.

»Er ist mit allem einverstanden. Die Kinder bleiben bei mir, er zahlt seinen Obolus. Auf Besuchszeiten haben wir uns auch schon geeinigt. Der Rest ist nur Papierkram und eine Frage der Zeit.«

Eigentlich könnte Katja zufrieden sein: kein Rosenkrieg, keine Gehässigkeiten, keine Dramen vor den Augen der Kinder. Nicht mal der kleinste Rechtsstreit! Aber ich glaube, es schmerzt Katja besonders, dass ihr Mann so völlig kampflos aufgibt – abgesehen von seinem halbherzigen Versuch, in einem Gespräch mit mir noch einmal etwas zu kitten.

»Und euer Haus? Will er das verkaufen?«

»Pah! Verkaufen?! Er bleibt wohnen, wo er ist. Er verdient ja gut.«

»Aber das Haus ist doch viel zu groß für ihn«, gebe ich zu bedenken.

»Ich glaub, er hat schon eine Neue!« Katja kaut auf ihrer Unterlippe und schaut zum Fenster hinaus. »Könnten wir über etwas anderes reden? Verrat lieber endlich, wo du uns hinbringst!«

»Also gut: Die Wirtschaft heißt ›Eifelhof‹. Wunderschön gelegen. Du wirst sehen, die Fahrt dorthin lohnt sich.« Und um meine Schwester aufzumuntern, setze ich noch ein Lob hinzu: »Schön, dass du heute zeitig Feierabend machen konntest.«

Wir nähern uns allmählich dem Eifelrand. Katja dreht sich zu den Kindern um und macht mit ihrem Mobiltelefon ein Foto von den beiden.

»Die zwei sind echt süß!«, muss ich meiner Schwester gestehen. »Zur Not würde ich die beiden auch noch mit großziehen!«

»Du bist auch fast wie ein Vater für sie!«, versichert mir Katja in einem Ton, der sehr ernst klingt. »Was ist eigentlich mit Mutter? Hätten wir die nicht mitnehmen sollen?«

»Ich hab sie gefragt«, darf ich guten Gewissens sagen. »Aber sie wollte heute Abend wieder irgendeinen Volkshochschul-Vortrag besuchen.« *Thematisch ging es dabei wohl wieder um Sex im Rentenalter,* grinse ich in mich hinein.

»Und was war mit Samuel? Wollte er nicht mitkommen?«

»Er hatte noch zu lernen ... und wollte später den Hund ausführen!«

Anders als bei der Vatertagstour nähern wir uns dem alten Gehöft diesmal nicht auf Wanderpfaden, sondern – von einer anderen Seite kommend – über eine unbefestigte Zufahrt. Bei unserer Ankunft steht die Sonne noch hoch genug, um draußen sitzen zu können. Ich halte gespannt nach einer Kellnerin mit blondem Kurzhaarschnitt Ausschau. Leider vergeblich. Wir werden von einer dicken Matrone bedient, die zwar sehr freundlich ist und an den Kindern gleich einen Narren gefressen hat, aber leider nicht das ist, was ich erhofft habe. Katja und ich essen Flammkuchen mit Speck und Zwiebeln, die Kinder Knackwürstchen mit Fritten. Zum Nachtisch gibt's ein gigantisches Eis. Zwischendurch toben sich Sören und Wiebke auf dem Spielplatz aus.

»Was schaust du denn die ganze Zeit so nervös durch die Gegend?«, fragt Katja.

»Ich? Nein! Wieso? Ich find's nur schön hier und genieße die Aussicht.« Meine Schwester schaut zwar etwas skeptisch, gibt sich aber mit der Antwort zufrieden. Bevor die dicke Dame mit der Rechnung kommt, unternimmt Katja einen kleinen

Spaziergang um das malerische Gehöft. Als Architektin interessiert sie sich für die Bauweise: ein Sockel aus dicken Steinquadern, traditionelles Fachwerk, schwere Holztüren, ein mit Schieferschindeln gedecktes Dach.

»Hat's jeschmeckt?« Die freundlich-ländliche Matrone dockt an unserem Tisch an.

»Ja, danke! Sehr gut. Sind Sie die Besitzerin des Eifelhofs?«

»Ja-nee ... Der Hof, der haben meine Mann und isch nur jepachtet.«

Katja schaut sich die Gebäude an, die Kinder spielen – ich nutze die Gunst des Augenblicks: »Ist Mervi heute nicht hier?«

»Mervi? Nee, die arbeit' nur am Wochenende un' an Feiertagen.«

Verdammt! Irgendwie habe ich kein Glück mit meinen Dates. Im selben Augenblick kommen die Kinder angerannt. Sie wollen, dass ich sie auf dem Spielgerät, das man im Rheinland *Kotzekarussell* nennt, anstoße.

»Na, ihr! Macht et eusch Spass?«, fragt die Matrone die Kinder und streicht ihnen über die Köpfe.

»Ich komme gleich!«, verspreche ich ihnen, und sie rennen wieder davon.

»Da haben Se aber nette Kinder!«, meint die freundliche Dicke, während sie Gläser und Eisbecher auf ein Tablett räumt.

»Das sind nicht meine Kinder«, muss ich richtigstellen. »Das sind meine Niften!«

»Wat?«

»Also, meine Nichte und mein Neffe.«

»Ach so.«

»Ja, und die Frau ist meine Schwester.«

»Ach sooo!«

»Und bestellen Sie Mervi bitte einen schönen Gruß von mir.«

»Wat soll isch denn saren, von wem?«

»Von Karl, dem Puppenspieler!«

Die Matrone nimmt mich scharf unter die Lupe. »Ach, sin' Sie dat?«

»Sie wissen von mir?«

»Ja-nee, äver die Mervi hat ja 'ne kleine Tochter, nä, und die wollen ja demnäx hier Kinderjeburztach feiern. Un' da hat die Mervi jesacht, dat da auch Puppentheater jespielt würd.«

»Richtig, das werde ich machen.« Wenn mich Mervi nicht wieder auslädt. Und da unser Gespräch schon einmal auf das Puppentheater gekommen ist, lasse ich mir in aller Schnelle den Raum zeigen, in dem ich für die Kinder spielen soll.

»Wir haben da so 'ne kleine Nebenraum mit Bühne, da kaman jut spielen ...«

Auf der Rückfahrt schielt mich Katja kritisch von der Seite an: »Die Fahrt zum Eifelhof war also nicht ganz so uneigennützig?«

»Was? Wie?« Ich komme mir ertappt vor.

»Du wolltest sehen, wo du demnächst eine Aufführung gibst!«

»Ja ... das auch! Im Nachhinein.«

Katja schließt die Augen und lässt sich die letzten Sonnenstrahlen ins Gesicht scheinen. »Danke jedenfalls für die Einladung!«

Nach einer Weile hakt sie nach: »Oder gab es da noch einen Grund?«

Ich überlege kurz, ob ich Katja mit Notlügen und Ausflüchten abspeisen soll.

»Eine Kellnerin ...«.

»Ach nein?!« Katja setzt ein breites Grinsen auf. »Erzähl mehr. Du meinst sicher nicht die Dickmadam, die uns bedient hat!«

Ich verstelle kurz meinen Rückspiegel, um einen Kontrollblick auf die Kinder zu werfen. Sie sitzen wie bei der Hinfahrt brav mit ihren Kopfhörern auf der Rückbank und betrachten abwechselnd die Hülle einer Hörspiel-CD.

»Na los«, drängt Katja, »erzähl mir von der Kellnerin.«

»Sie ist Schuhverkäuferin!«

»Na, was nun: Kellnerin oder Schuhverkäuferin?«

»Eine Finnin!«

»Das wird ja immer interessanter!« Katja setzt sich in eine halbschräge Position, sodass sie mich besser im Blick hat. Ich starre angestrengt geradeaus auf die Straße.

»Also eine Finnin, die kellnert und Schuhe verkauft«, resümiert meine Schwester.

»Eigentlich ist sie die Mutter eines kleinen Mädchens, auf deren Geburtstag ich Puppentheater spielen soll.«

Nun beginnt meine Schwester, mich zu bohren und zu löchern und mir jede Einzelheit zu entlocken, die es zu berichten gibt. Ich bemerke, dass ich schneller fahre als erlaubt, wahrscheinlich, um die Autofahrt zu einem Ende zu bringen. Aber noch bevor wir unser Heimatstädtchen Gürpen erreichen, weiß Katja alles.

»Mein liebes Brüderlein«, zieht sie Bilanz, »ich würde sagen, du hast die besten Aussichten!«

»Wie kommst du denn darauf?«

»Na, hör mal. Denk mal mit der Logik einer Frau! Diese Mervi bestellt dich in ein Café, um ein paar Kleinigkeiten abzusprechen, die ihr problemlos auch am Telefon ausmachen könntet. Ein eindeutiges Zeichen!«

»Findest du?«

»Indiz Nummer zwei: Sie sieht dich zufällig mit einer anderen Frau und macht prompt die Kehrtwende. Anschließend reagiert sie nicht auf deine Nachrichten. Eindeutig, Mervi ist sauer. Eifersüchtig. Beleidigt. Enttäuscht. So reagiert man wohl kaum, wenn man mit einem fast Fremden ein paar organisatorische Dinge absprechen will, oder?«

Vermutlich hat meine Schwester recht. Das hat sie ja meistens!

»Und was sollte ich nun deiner Meinung nach tun?«

»Sie einladen!«

»Zum Kaffee?«

»Nein! Zur Wiedergutmachung brauchst du eine Steigerung. Ich würde sagen: zum Abendessen. Und wenn sie einen Babysitter braucht, kann ihre kleine Tochter gerne zu uns kommen. Sören und Wiebke würden sich sicher freuen!«

Damit blickt sie wieder zum Seitenfenster hinaus und murmelt vergnügt: »Mein Brüderchen interessiert sich für eine Frau. Dass ich das noch erleben darf!«

In diesem Moment muss ich an meinen Kasperle denken, der stets alle Abenteuer mit Heldenmut, Tatkraft, Witz und schrägen Ideen besteht, und zwar meistens, ohne den Schutzmann, seine Oma oder die Grete lange um Rat zu fragen.

»Katja«, sage ich streng, »danke für deinen Tipp! Tu mir nur einen Gefallen!«

»Ja, klar! Jeden! Lass hören!«

»Frag mich von nun an nicht halbstündlich nach dem Stand der Dinge. Gib mir keine Ratschläge, außer wenn ich dich darum bitte. Versuch nichts für mich zu organisieren oder in die Wege zu leiten. Ich brauche keine Sekretärin und keinen Manager. Spiel bitte weder Schicksalsgöttin noch Amor. Sei einfach nur die liebe Schwester!«

»Oh«, meint sie überrascht, »so kenne ich dich ja gar nicht!«

Diesen Satz habe ich neulich schon irgendwo einmal gehört.

# 35

# PROFESSOR BRINKMANN KANN SPRECHEN

Ich bin total begeistert! Ich bin völlig aus dem Reihenhäuschen! Ich könnte abheben wie Superman! Ich komme mir vor wie im Film! Besser noch: wie im Puppentheater, und zwar kurz vor dem großen Finale, in dem Kasperle mit seiner Klatsche das Krokodil verdrischt und anschließend mit Grete fröhlich pfeifend im dunklen, märchenhaften Wald verschwindet. Ich kann kaum mehr einen klaren Gedanken fassen. Ich komme mir vor wie ein Siebzehnjähriger, der sich zum ersten Mal verabredet hat. Wobei die heutigen Jugendlichen das wahrscheinlich schon mit zwölf machen und ihre Verabredungen *Date* nennen. Ich bin total begeistert! Entgeistert! Vergeistert! Mervi Sinimetsä möchte mit mir essen gehen!

Gleich nach dem Besuch des Eifelhofs, noch am selben Abend, habe ich ihr eine E-Mail geschickt und in langen Worten bedauert, dass wir uns im Café am Kaiserplatz leider nicht getroffen haben. Ich habe ausführlich erklärt, wer da zufällig mit mir am Kaffeetisch saß und warum so ein Aufsehen entstanden ist. Und ich schreibe: »Außerdem ist mir jetzt endlich klar, wo wir uns schon einmal begegnet sind. Das war wohl auf dem Eifelhof und muss am Vatertag gewesen sein, als ich noch ein verletztes Knie hatte und auf Krücken laufen musste.«

In der Mail berichte ich auch davon, dass ich mit Schwester und Niften auf dem Hof gewesen bin und mir bereits den Raum für die Theateraufführung angesehen habe. Für Essis Geburtstagsfeier hätte ich schon ein paar gute Ideen und wäre gerne bereit, auch Sonderwünsche zu erfüllen. Und zum guten Schluss habe ich in meiner Mail vorgeschlagen, am kommenden Samstag zusammen essen zu gehen, weil es schön wäre, sich besser kennenzulernen. Das Restaurant ›Zum Schwan‹, das ich empfehle, ist vornehm genug, um dem Abend etwas Besonderes zu geben, aber nicht zu nobel, um abgehoben zu wirken. »Essi kannst du gerne mitbringen!«, habe ich geschrieben, ohne jedoch unerwähnt zu lassen, dass die Kleine auch für einen Abend bei ihren Kindergartenfreunden Sören und Wiebke unterkommen könnte.

»Du/ihr seid herzlich eingeladen!

Mit bestem Gruß – Karl«

Fast vierundzwanzig Stunden hat es gedauert – vierundzwanzig Stunden mit Hitzewallungen, Konzentrationsschwäche, nervösen Zuckungen, Zweifeln, Selbstvorwürfen und verstärktem Stuhlgang –, bis ich eine Antwort erhalten habe.

Dann endlich ein *Bling* – und Mervis Mail war in meiner Postbox.

»Hallo Karl,

vielen Dank für die Einladung. Tut mir auch leid, dass wir uns am Mittwoch nicht getroffen in Café. War dumm.

Ich freue mich auf Samstag. Für Essi habe ich eine Babysitterin ☺. Treffen wir also morgen im Restaurant Schwan.
Bis dahin – Mervi«

Ich bin total be-, zer-, an- und aufgegeistert. Ich packe mir Professor Brinkmann und wiege den alten Dackel wie ein Kleinkind in den Armen, bevor ich ihn auf die weichen Kissen unseres Sofas plumpsen lasse. Ich ziehe mir eine rote Kaspermütze an, singe ›Tri-tra-trullala‹ und hüpfe durch unser kleines Haus. Wild springe ich die Treppe rauf und runter und schlage dabei übermütig mit der Kasperklatsche alle trägen Fliegen tot: klatsch, patsch, ratsch! Tri-tra-trullala!

Samuel steckt den Kopf aus seinem Zimmer: »Was ist denn mit dir los?«

»Ach, nichts! Ich probe nur für eine Aufführung!«

Der Samstag kommt! Um nicht den ganzen Tag damit zu verbringen, mir zu überlegen, was ich am Abend anziehe, fahre ich am Vormittag nach Niederzier, wo die Frau lebt, die mir eine ganze Kiste alter Kasperle-Puppen schenken wollte. Die Fahrt dorthin lohnt sich. Ich muss zwar Kaffee/Kuchen und ein anderthalbstündiges Gespräch über die guten alten Zeiten über mich ergehen lassen, in dem ich davon erfahre, dass die Sommer früher warm, die Kinder noch brav und die TV-Sendungen gehaltvoll waren (»Höck sieht me am Fernsehn ja bluß noch Jewalt, Jewalt, Jewalt …«), aber die Puppenausbeute kann sich absolut sehen lassen. Außer dem Stammpersonal finden sich in der Kiste auch ein Bäcker, ein Gespenst mit Totenschädel, ein Cowboy und andere Kasperl'sche Kostbarkeiten wie eine Schneekönigin im weißen Hermelin oder ein Tatar mit schwarzem Zottelbart und brauner Bärenfellmütze, dem ein Krummsäbel an der Seite baumelt. Ich bin begeistert. Für diese Puppen müsste man auf E-Hammer ein Vermögen bezahlen. Es ist auch eine Puppe dabei, die auf den ersten Blick eher langweilig aussieht und die ich nicht sogleich zu bezeichnen weiß. Sie stellt eine männliche Person mit bräunlich-grauen Haaren dar, die durch ihre Kleidung keiner bestimmten Berufs- oder Volksgruppe zuzuordnen ist. Sie hat eine große Nase und ein breites Grinsen auf den Lippen. Irgendwie erinnert mich diese Puppe an Rudi Carrell, der in den Zeiten, als die Sommer warm, die Kinder brav und die TV-Sendungen noch gehaltvoll gewesen sind, Deutschlands beliebtester Holländer und bekanntester Entertainer war. Ich taufe diese Puppe daher für mich *Quizmaster*.

Leider dauert die Fahrt nach Niederzier nicht lange genug. Der Nachmittag zieht sich. Die Minuten bis zum Abend schleichen dahin. Die Stunden brauchen Monate, um zu vergehen. Soll ich noch einmal joggen gehen?

Samuel bringt mich kurzzeitig auf andere Gedanken. Er kommt gegen vier Uhr am Nachmittag von einem Wettkampf nach Hause, knallt seine Bogenschieß-Ausrüstung unordentlich in eine Ecke im Flur, stopft sich im Stehen vor dem Kühlschrank Reste des gestrigen Essens in den Schlund und erzählt mir mit vollem Mund, dass er am Abend etwas vorhat.

»Ich geh 'nem Freund helfen«, schmatzt er.

»Wem denn?«

»Kennste nich.«

»Helfen, sagst du? Helfen wobei?«

»Ach ... nix Bestimmtes.«

Da mein Sohn mein vollstes Vertrauen genießt und er sowieso viel zu viel Zeit mit Lernen oder Bogenschießen verbringt, gebe ich mich mit den spärlichen Angaben zufrieden.

Samuel kippt einen halben Liter O-Saft mit Sprudel hinunter. »Und was machst du heute?«

»Auch nichts Bestimmtes. Ich gehe essen!«

»Mit wem?«

»Kennst du nicht«, kann ich an dieser Stelle kontern.

Samuel setzt eine volle Breitseite seines Grinsens auf. »Hast du etwa wieder ein Date?«

In diesem Moment gibt unser dackeliger Professor Brinkmann ein »Wuff« von sich. Ich wende mich dem Dackel zu und fordere ihn auf: »Sag das noch mal!«

»Wuff.«

»Kannst du Hundesprache?«, feixt Samuel.

»Wusstest du nicht, dass Professor Brinkmann sprechen kann?« Mit diesem Satz greife ich mir den alten Dackel und setze mich mit ihm an den Küchentisch. Der Hund lässt sich treuherzig alles gefallen. Er hockt auf meinem Schoß, seine Vorderpfoten setze ich auf die Tischplatte, sodass er wirkt wie ein Redner hinter seinem Pult. Dann beginne ich, nach Art eines Bauchredners mit verstellter Stimme dem Dackel Worte in die Hundeschnauze zu schieben. Während ich ihn sprechen lasse, spiele ich mit seinen Ohren, die sich im Takt seiner Äußerungen auf und ab bewegen.

»Hallo Sam!«, brummt Professor Brinkmann mit tiefer Hundestimme. »Wo gehst du denn heute Abend hin? Willst du mich denn ganz alleine lassen?«

Samuel lässt sich die Show gefallen, er steht an den Herd gelehnt und kippt sich als Nachtisch einen Trinkjoghurt hinter die Binde. Amüsiert schaut er mir zu.

»Du gehst doch sonst so gern mit mir spazieren! Warum denn heute nicht?« Professor Brinkmanns Dackelohren richten sich voller Neugierde steil nach oben.

Samuel zuckt nur mit den Schultern.

»Es ist so schööööön«, erklärt der Dackel, und seine Ohren zittern dabei erwartungsfroh, »in den Stadtpark zu gehen und an Parkbänken Verschnauf- und Schnupperpausen einzulegen.«

Samuel schluckt bedächtiger. Mit Glotzaugen hört er zu und spitzt die Ohren.

»Und wen man da so alles trifft!«, schwärmt Professor Brinkmann und flattert mit den Ohren. »Die süßesten Hundedamen aus aller Herrchen Länder!«

Samuels Ohren laufen rot an. Es macht mir Spaß, ihn zappeln zu lassen.

»Und ausgerechnet heute willst du mich hier gaaaanz alleine lassen?« Ich drücke Professor Brinkmanns Hundeschnauze sanft nach unten, sodass es aussieht, als würde der Dackel betrübt zu Boden sehen. Anschließend lasse ich ihn traurig den Kopf schütteln: »Dabei hatte ich mich so gefreut, meine Hundefreundin wiederzuschnüffeln.«

Zum guten Schluss lasse ich Professor Brinkmann Rotz und Hundesabber weinen, wobei ich ihm mit den eigenen Dackelohren die Augen zuhalte. »Buh hu hu …«

Ob unser Pflege-Vierbeiner die Schnauze voll hat, einen Synchronsprecher zu haben, weiß ich nicht, aber just in diesem Moment fängt Köttel wirklich an zu jammern und zu winseln und er reckt sein Köpfchen weit nach oben, wie ein Wolf, der den Mond anheult.

»Och, du Ärmster!«, lacht Samuel, krault Köttel kurz den Hals und verschwindet dann mit der Bemerkung »Ich geh duschen« nach oben. Beim nächsten Mal, wenn Professor Brinkmann zu sprechen anfängt, werde ich ihn noch mehr ausplaudern lassen. Denn Hunde können manchmal ziemliche Plappermäuler sein.

# 36

# GRÜNER PFEIL MIT ROTER MÜTZE

Samstagabend, 19.16 Uhr. Ich bin frisch gewienert, gestriegelt, gewachst, gebügelt und gebohnert: bereit für ein Dinner zu zweit. Es wird Zeit, das Haus zu verlassen. Bis zum ›Schwan‹ sind es laut Navigator nur achtzehn Minuten Autofahrt, inklusive Parkplatzsuche geschätzte dreiundzwanzig Minuten. Mit Fußweg beläuft sich die Gesamtreisezeit auf höchstens siebenundzwanzig Minuten. Es würden mir dann immer noch siebzehn Minuten bleiben, um das Restaurant zu betreten, abzulegen, einen Blick in den Spiegel zu werfen – man könnte ja was an der Nase hängen haben –, mich an den vorbestellten Tisch zu setzen, einen prüfenden Blick in die Speisekarte zu werfen und abzuwarten. Und zwar völlig entspannt!

Ich wünschte, ich wäre so ein Typ, der sich mit Weinen auskennt und der unter den bewundernden Blicken einer jeden Frau in der Lage ist, Sorte, Rebe, Jahrgang, Hanglage sowie

Stunden der Sonneneinstrahlung herauszuschmecken. Wahrscheinlich werde ich mir ein Kölsch bestellen.

19.17 Uhr. Ich ziehe die Haustüre hinter mir zu und überprüfe noch kurz, ob ich alles Wichtige dabeihabe: Portemonnaie, Schlüssel, Telefon mitsamt geladenem Akku sowie Notizblock und Stift, falls wir uns über Kasperle-Theater unterhalten sollten! Es kann losgehen. Mein Adoptiv-Dackel sitzt am Fenster und schaut mir wehmütig hinterher. Samuel ist bereits seit Längerem aus dem Haus. Just als ich die Wagentür öffnen und mich auf den Fahrersitz werfen will, höre ich in der Nachbarschaft eine Frauenstimme lamentieren. Wer macht seinem Unmut denn da so lautstark Luft? Sind das Flüche, Drohungen oder Hilferufe? Ich halte inne und horche ... Kein Zweifel: Das ist Güls Stimme! Sie schimpft und zetert. Ob sie eine Auseinandersetzung mit ihrem Bruder Nedim ausficht? (Dabei bin ich mir nicht einmal sicher, ob die zwei sich auf Deutsch oder auf Türkisch miteinander streiten würden.) Hektisch schaue ich auf meine Armbanduhr: 19.18 Uhr. Ich müsste los! Doch Güls Stimme wird lauter und dringlicher. Ich empfinde es als meine nachbarschaftliche Pflicht zu überprüfen, was dort vor sich geht. Kurz entschlossen drücke ich die Wagentüre wieder zu und gehe einige Schritte zurück Richtung Haus. Güls Rufe scheinen aus dem Garten zu kommen. Ich spitze die Ohren. Einzelne Wortfetzen lassen mich schneller werden: »... zurück ... Blödmann ... raus!«

Gegen wen auch immer Gül sich hier verbal zur Wehr setzt, sie macht es ordentlich. Fragt sich nur, ob Worte ausreichen? Ich krame meinen Schlüssel wieder hervor, schließe die Haustür auf und marschiere auf kürzestem Wege durch Flur, Wohnzimmer und Küche zur Hintertür in unseren Garten hinaus. Mein Jackett lege ich im Vorbeigehen rasch auf dem Sofa ab. Köttel folgt mir neugierig und trottet mit mir hinaus auf die Terrasse.

Nun ist auch eine zweite Stimme zu vernehmen, eine brummige, männliche. Ich pirsche mich sogleich an die Hecke, die die Gartengrundstücke voneinander trennt, und schiele durch Gestrüpp und Laubwerk. Gül steht neben ihrer Wäschespinne, an der Blusen und Unterhöschen baumeln. Wie eine wehrhafte Amazone ihren Schild, so hat Gül einen leeren Wäschekorb in den Händen, mit dem sie sich einen ungebetenen Gast vom Leibe hält. Verdammt, das ist einer der Berts! Der versoffene Schweinepriester ist wahrscheinlich über den Bretterzaun geklettert, der die Gärten unserer Reihenhäuser nach hinten abgrenzt. Ich zögere keine Sekunde und zwänge mich durch die Hecke in Güls Garten.

»Was geht hier vor?!« Wütend baue ich mich vor dem Eindringling auf. Dass ich weder der Allergrößte noch der Stärkste und auch nicht mehr ganz der Jüngste bin, ist mir in diesem Augenblick völlig egal. Jetzt erst bemerke ich, dass ein Bert leider selten allein kommt. Ein paar Schritte entfernt lauert noch ein zweiter, der dieselbe dämliche Visage aufgesetzt hat. Die beiden – es sind wohl wieder Norbert und Robert – drehen sich langsam wie die Tanzbären zu mir um.

»Gül, alles in Ordnung?«, frage ich.

»Wie man's nimmt!«, antwortet Gül tapfer.

»So, ihr zwei!«, sage ich mahnend. »Ihr verschwindet jetzt am besten wieder dahin, wo ihr hergekommen seid!«

»Ach, nee?« Norbert ballt die Fäuste. »Dat wolle mir äver ens sehen!« Plötzlich legt sich von hinten ein Arm um meinen Hals und drückt mir die Luft ab. Von irgendwo muss sich noch ein dritter Bert an mich herangeschlichen haben. Ich spüre seinen schlechten Atem in meinem Nacken. Seine Schnapsfahne ist betäubend. Drohend zischt er mir ins Ohr: »Alter, mach dat de wegkommst, sons' kriegste Ärjer, aber ordentlisch!«

Während ich hilflos zapple wie ein Fisch im Fangnetz, tritt Norbert an mich heran und boxt mir gegen die Brust.

»Verpiss disch!«

Mit einem zappelnden Fisch außerhalb seines Elements habe ich nun auch die großen Glupschaugen und das Schnappen nach Luft gemeinsam. Die beiden Angreifer packen mich bei den Schultern und schmeißen mich ziemlich unsanft durch die Hecke zurück in meinen Garten. Ich stürze zu Boden. Japsend und röchelnd versuche ich, mich wieder aufzurappeln.

»Hilfe!«, höre ich Gül rufen.

»Schrei net, Alte!«, brummt einer.

Ächzend reibe ich meinen geschundenen Hals. Es dauert ein wenig, bis ich überhaupt wieder halbwegs klar gucken kann. Neben mir steht Köttel und sieht mich verwundert an. Dann hebt er den Kopf und beginnt, die Angreifer durch die Hecke hinüber anzuknurren. Mühsam kämpfe ich mich wieder auf die Füße und torkle zur Hecke, um zu sehen, was sich weiter abspielt. Norbert, Robert und ihr Vetter Siegbert haben Gül eingekreist wie die Wölfe eine Hirschkuh. Leider werde ich mir alleine nur Backpfeifen und Boxhiebe einhandeln. Hilfe muss her! Ich stolpere zurück ins Haus und wanke ans Telefon. Eilig tippe ich die Notrufnummer.

»Schnell! Gül ist in Gefahr. Drei Berts greifen an!« Die Stimme am anderen Ende zwingt mich zur Ruhe. Ich muss klar meinen Namen und die Adresse nennen und in wenigen Worten beschreiben, was vor sich geht. Das dauert seine Zeit, denn ich bin ziemlich außer Atem. Kurz darauf ist das Gespräch zu Ende. *Haben die auch wirklich alles verstanden?*, frage ich mich. Wie lange wird es dauern, bis ein Einsatzwagen hier ist? Was kann ich tun, bis die Ordnungshüter anrücken? Da fällt mein Blick auf Samuels Bogenschieß-Ausrüstung, die im Flur steht. Superheld müsste man sein. Ich kämpfe kurz gegen ein Schwindelgefühl an, dann springe ich in den Flur, werfe mir den Köcher mit den Pfeilen über die Schulter, greife nach dem Bogen und haste durchs Wohnzimmer erneut nach draußen. Aus unerklärlichen Gründen greife ich dabei auch im Vorbeihasten nach meiner roten Kasper-Zipfelmütze, die ich mir überstülpe. Jeder Superheld braucht einen bunten Dress. Wieder im Freien, dringen Schreie, Stimmengewirr und Hundebellen an mein Ohr. Köttel, der alte Dackel, hat sich in meiner Abwesenheit durch die Hecke gewurstelt und blafft, wie ich bald zu sehen bekomme, aus sicherer Entfernung einen der Berts an.

»Hau ab, du Scheißköter!«, höre ich den schimpfen.

Ich greife nach einem Pfeil, lege ihn auf die Sehne – und springe durch die Hecke! Kaum in Güls Garten gelandet, spanne ich den Bogen bis zum Anschlag und ziele auf die Saufbrüder. Einer von ihnen ist mit dem Dackel beschäftigt und hält mit grimmiger Miene wurfbereit einen unreifen Apfel in der Hand. Die andern beiden umringen Gül. Sie haben sie von der Wäschespinne weggetrieben zu einem Apfelbaum, wo ihr einer den Wäschekorb entwunden hat und der andere sie am Unterarm festhält.

»Lasst sie los, ihr Drecksäcke!«, schreie ich.

Norbert, Robert und Siegbert mustern mich feindselig.

Nach einer Schrecksekunde setzt Norbert ein gemeines Grinsen auf: »Tach, du Jartenzwersch! Hau ab, sonst kriste eene op die Zwölf!«

Der Arsch weiß wohl nicht, wen er vor sich hat! Ich muss den Burschen klarmachen, dass mit mir nicht zu spaßen ist. Wütend richte ich meinen Pfeil von einem zum anderen.

»Eine falsche Bewegung und einer von euch kriegt einen Pfeil in die Rippen, das verspreche ich euch!«

Das hilft! Alle verharren wie in Todesstarre. Der Einzige, der sich an meine Drohung nicht gebunden fühlt, ist Köttel.

Er stürmt urplötzlich auf Siegbert los und verbeißt sich in dessen Hosenbein. Der Angegriffene zögert erst, dann wirft er den Apfel mit einem zornigen Knurren in Richtung Hund, verfehlt aber sein Ziel. Um den Dackel bangend, ziele ich unentschlossen von einem zum anderen, als sich ungewollt der Pfeil von der Sehne löst. Der Pfeil schnellt auf Norbert, den Rädelsführer, zu, zischt haarscharf an seinem Kopf vorbei, durchschießt die Kapuze seiner zerschlissenen Kapuzenjacke, reißt ihren Besitzer mit und bohrt sich in den Stamm des Apfelbaums. Dort bleibt Norbert wie festgenagelt hängen. Der andere, Robert, lässt augenblicklich Güls Arm los und sieht mich entsetzt an. Gül besinnt sich nicht lange und eilt aus dem Schussfeld.

Niemand ist überraschter als ich selbst. Mein Zufallstreffer war ein Kunststück, wie es Wilhelm Tell, Robin Hood oder *Green Arrow* nicht besser hinbekommen hätten. Ein rauschhaftes Gefühl von Unbesiegbarkeit durchzuckt mich. Unverzüglich greife ich nach einem neuen Pfeil aus dem Köcher und lege nach.

»Das war nur ein Warnschuss!«, stoße ich grollend hervor und meine rote Zipfelmütze peitscht wie der Schweif eines angriffslustigen Panthers durch die Luft. »Beim nächsten Mal ziele ich auf hintere Backenzähne!«

Derweil zerrt und reißt Köttel unbeirrt weiter an Siegberts Hosenbein.

»Köttel, kusch! Komm her!« Zu meiner Überraschung gehorcht mir der Hund, lässt Siegbert mit angebissener Hose stehen und hoppelt gänzlich unkampfhundemäßig zu mir herüber.

Auch Gül stellt sich nun neben mich. »Soll ich die Polizei rufen?«

»Schon geschehen«, sage ich so laut, dass alle Anwesenden es hören können. »Die sollten bald hier sein!«

Doch anstatt von der Straße ein Martinshorn zu vernehmen, hören wir unverhofft aus dem hinteren Teil des Gartens eine weitere Stimme.

Jemand hat eine lose Latte im Bretterzaun beiseitegedrückt und schiebt sich durch die Lücke. Das muss Herbert sein, der Älteste der Sippschaft.

»Wat soll der Scheiß?«, flucht er.

Mit dem Ingrimm eines rasenden Rolands lasse ich erneut einen Pfeil von der Sehne springen, nur diesmal mit Absicht. Das Geschoss schlägt mit mehreren Metern Abstand zu meinem beweglichen Weichziel (Herbert), aber mit einem beeindruckenden Knattern in den Bretterzaun ein.

»Stehen geblieben!«, rufe ich zornig hinüber und lange über die Schulter nach einem dritten Pfeil.

Mittlerweile habe ich mir so viel Respekt verschafft, dass Robert und Siegbert die Hände heben. Nur der festgeheftete Norbert windet sich am Stamm des Apfelbaums und atmet schwer.

»Nicht schießen!«, ruft Herbert vom Zaun herüber und hebt ebenfalls die Hände. »Ich wollt nur sehen, wo die Schwachköppe hin sind.«

»Falls du damit deine hirnrissigen Brüder meinst, die sind hier!«

»Isch bin kein Bruder«, traut sich Siegbert dazwischenzupampen. »Isch bin bloß dem sein Vetter!«

»Noch so eine dumme Bemerkung und ich schieß dir in den Sack!« Ich stelle fest, dass ich notfalls nicht nur brutal, sondern auch vulgär sein kann.

Herbert, der älteste Bruder, nähert sich vorsichtig. Er scheint der Einzige zu sein, der noch einen letzten Rest Verstand zwischen den Ohren hat. »He, Mann. Nur die Ruhe! Wir jehn jetz' wieder, un' die Sache hat sich. Okay?«

Da weder Gül noch ich etwas einwenden und auch Köttel keine neuen Angriffe startet, bewegen sich Robert und Siegbert zögerlich und in Mäuschenschritten, mit erhobenen Händen und ohne mich aus dem Blick zu lassen, in Richtung Bretterzaun. Auch Norbert gelingt es schließlich, Kopf und Arme aus seiner Kapuzenjacke zu ziehen. Er steht mit einem Male mit seinem nackten Schwabbelbauch im Garten. Ich bedeute ihm durch eine Kopfbewegung, sich zügig davonzumachen. Alle vier Berts verdrücken sich. Herbert hält die Latte beiseite und lässt einen nach dem anderen auf das eigene Grundstück zurückschlüpfen.

»Lasst euch hier nie wieder blicken!«, rufe ich ihnen hinterher.

Herbert hebt beschwichtigend die Hände. »Keine Bange! Die Säcke hatten jesoffen. Denen werde isch der Kopp waschen, dat verspresch isch.« Dann verschwindet auch er.

»War das jetzt klug, die laufen zu lassen?«, fragt Gül. Sie wirkt erstaunlich gefasst. Eine starke Frau. *Wonder Woman.*

»Weiß nicht. Warten wir ab, bis die Polizei hier ist …«

Dann gehe ich hinüber zum Apfelbaum und ziehe den Pfeil aus dem Stamm. Das ist gar nicht so einfach.

»Wahnsinn! Ein echter Meisterschuss!«, höre ich Gül hinter mir. In ihrer Stimme klingt nicht nur Erleichterung, sondern auch tief empfundene Anerkennung. »Danke!«

Ihr Lob habe ich eigentlich gar nicht verdient. Vorerst behalte ich für mich, dass sich der erste Pfeil unbeabsichtigt gelöst hat.

Ich schiebe den Pfeil zurück in den Köcher. »Vielleicht ist es keine gute Idee, der Polizei zu erzählen, dass ich auf jemanden geschossen habe.«

Auch den zweiten Pfeil, der im Bretterzaun steckt, reiße ich wieder aus dem Holz. Die durchlöcherte Kapuzenjacke werfe ich über den Zaun zu den Berts hinüber.

»Warum hast du eigentlich die rote Zipfelmütze auf?«, fragt Gül.

»Gute Frage ... Die gehört einfach dazu!«

Etwas unschlüssig gehen Gül und ich in ihr Haus zurück, wo ich Mütze und Waffen ablege.

Es dauert weitere fünf Minuten, bis die Polizei eintrifft.

»Also, noch mal im Klartext«, will der Polizeibeamte wissen und wendet sich erneut an Gül: »Drei Männer vom hinteren Nachbargrundstück sind in Ihren Garten eingedrungen und haben Sie beim Wäscheaufhängen belästigt. Richtig?«

Gül nickt zur Bestätigung.

»Und Ihr Nachbar von nebenan, Herr Pohlmann« – der Beamte wirft mir einen pfeilschnellen Blick zu – »hat Ihnen beigestanden.«

Gül nickt noch einmal, diesmal mit Nachdruck.

»Eigentlich waren es vier Männer«, berichtigt Gül.

»Vier?«

»Ja, später ist noch ein vierter Mann durch den Bretterzaun in meinen Garten gestiegen.«

Der Polizeibeamte schaut erneut zu mir herüber. »Und Sie, Herr Pohlmann, waren es auch, der den Notruf verständigt hat.«

»Richtig!«

Der Polizeibeamte wechselt mit seinem jüngeren Kollegen, der im Türrahmen steht, einen ungläubigen Blick. Der Ältere der beiden hat sich an den Wohnzimmertisch gesetzt. Ich glaube, ein leichtes Kopfschütteln bei ihm zu bemerken.

»Und Ihnen, Herr Pohlmann, ist es gelungen, vier Männer in die Flucht zu schlagen? Vier Männer, die uns hinlänglich als Ruhestörer bekannt sind? Mir ist immer noch nicht ganz klar, wie Ihnen das gelungen ist.«

Ich erkenne, dass es keinen Sinn mehr macht, um den heißen Brei herumzureden. »Ich ... habe die drei ... oder eigentlich vier Berts mit ... mit einer Waffe bedroht. Mit Pfeil und Bogen!«

Der Polizeibeamte hebt verblüfft seine Augenbrauen und wartet auf weitere Erklärungen. Anstatt herumzudrucksen, hole ich Samuels Schießausrüstung hervor.

»Hier!«, erkläre ich. »Die Sachen gehören meinem Sohn. Er betreibt Bogenschießen. Das schien mir in der Not das beste Mittel.«

Der Polizeibeamte wiegt mit einer Mischung aus Anerkennung und Verwunderung seinen Kopf. »Und damit haben Sie die Kerle tatsächlich verscheucht?«

»Ja.«

Die beiden Beamten machen einige Notizen. Dann meint der Diensthöhere: »Wir werden gleich den Nachbarn einen Besuch abstatten und uns die Gegenseite anhören. Frage an Sie, Frau Sadak: Fühlen Sie sich weiterhin bedroht und – vor allem – möchten Sie Strafanzeige erstatten?«

Gül schüttelt den Kopf.

Als die beiden Uniformierten wieder aus dem Haus sind, halte ich mit Gül kurzen Kriegsrat:

»War das jetzt eine gute Entscheidung?«

»Ja!« Meine junge Nachbarin ist überzeugt, das Richtige getan zu haben. »Ich bin sicher, die Brüder trauen sich nicht mehr zu mir in den Garten. Außerdem will ich keinen Ärger. Kein Aufsehen. Wenn mein Vater davon erfährt, trommelt er den gesamten Klan zusammen und reitet eine Strafexpedition gegen die Berts.«

Mir gefällt Güls Ausdrucksweise. Ich habe den Eindruck, dass sie sich trotz ihres jungen Alters auch mit *John-Wayne*-Filmen auskennt.

Ich gebe nach. »Na gut. Aber ich hole wenigstens noch meinen Werkzeugkasten und nagle den Bretterzaun dort wieder zu, wo die Latten lose sind.« Vielleicht könnte ich auch noch ein paar Fallstricke spannen.

Als ich schließlich in meine Wohnung zurückgehe, fällt mein Blick auf mein Jackett, das einigermaßen säuberlich auf dem Sofa liegt. Mein Date!! Ein hastiger Blick auf die Armbanduhr: 21.05 Uhr. Ich bin schon über eine Stunde zu spät!

# 37

# SHIT WITH SUGAR

Mindestens ebenso schnell wie ein Flitzebogen sause ich zu meinem Mobiltelefon. Auf dem Display steht: »Drei Anrufe in Abwesenheit«. Alle von Mervi! Ich versuche sofort, sie zurückzurufen – vergeblich! Ihr Handy ist abgestellt. Was jetzt? In aller Eile suche ich nach der Nummer des Restaurants und rufe beim ›Schwan‹ an. Nach zirka hundertviermaligem Klingeln meldet sich eine Kellnerin mit müder Freundlichkeit.

»Zum Schwan!«

»'n Abend. Mein Name ist Pohlmann. Ich hatte für acht Uhr einen Tisch reservieren lassen.«

»Ach, Sie sind das ...«

Das klingt sehr ermutigend.

»Es tut mir leid. Ich konnte wegen eines Notfalls nicht kommen.«

»Was meinen Sie, wie oft im Monat wir diesen Satz zu hören bekommen?«, sagt die Kellnerin mit kratz- bis klobürstiger Stimme. Den Vorwurf übergehe ich großzügig und frage hastig: »Ist Mervi ... also ich meine: Ist die Frau ... ist sie ...«

»Falls Sie die Dame meinen, die wohl mit Ihnen hier verabredet war: Die ist vor etwa fünf Minuten wieder gegangen.«

Ich könnte fluchen! (Verrückterweise fällt mir ein, was meine liebe Tante aus England in solchen Fällen immer zu sagen pflegte: *Shit with sugar!*) Mit einem Anflug von Verzweiflung in der Stimme will ich wissen: »Hat sie irgendwas gesagt oder eine Nachricht hinterlassen?«

»Die Dame hat nur ein Glas Wein getrunken. Besonders fröhlich hat sie nicht ausgesehen. Bevor sie ging, hat sie noch ein paar Bierdeckel zerbröselt.«

»Zerbröselt« – was ist denn das für ein Ausdruck? Am liebsten würde ich der Kellnerin einen Bierdeckel sonst wohin stecken. Sie scheint es zu genießen, mir Hiobsbotschaften zu verkünden.

»Sonst nichts?«

»Warten Sie mal ...« Ich höre, wie die Kellnerin herumkramt. Es klingt, als wühle sie in einem blechernen Behälter, vielleicht einem Abfalleimer.

»Auf einen Bierdeckel hat sie etwas geschrieben«, meldet sie sich zurück.

»So? Was denn?«

»Santana.«

»Santana?« Das ist der Name einer Latino-Gruppe. Warum sollte das jemand auf einen Bierdeckel kritzeln?

»Nein, Moment«, höre ich die Kellnerin am anderen Ende. »Ich hab mich verlesen. Hier steht: *saatana*!«

Im Zweifelsfalle muss das Finnisch sein. »Könnten Sie mir das buchstabieren?«

Mit einem Stöhnen kommt die Kellnerin meinem Wunsch nach. Hinterher hat sie die Stirn, mich zu fragen: »Kommen Sie noch vorbei, um etwas zu essen?«

»Tut mir leid, aber für heute bin ich bedient.«

Meine Versuche, Mervi am selben Abend noch irgendwie zu erreichen, bleiben ohne Erfolg. Sie antwortet nicht. Ich kenne zwar ihre Telefonnummer und ihre E-Mail-Adresse, aber leider weiß ich nicht, wo sie wohnt, und es gelingt mir auch nicht, ihre Anschrift in Erfahrung zu bringen. Hinfahren ist also unmöglich. Irgendwann gebe ich auf. Mich tröstet auch nicht, in einem Online-Wörterbuch die Übersetzung für *saatana* zu finden – ein übler finnischer Fluch! Ich gehe an den Kühlschrank und köpfe eine Flasche Bier.

*Shit with sugar!* Kack! *Saatana!* In diesem Reigen internationaler Flüche fehlt nur noch das rheinische Idiom: Leckmiamaasch.

Nach dem fünften Bier überlege ich, ob ich – ausgestattet mit Brandpfeilen – gegen die Berts eine Strafexpedition reiten sollte. Nach dem siebten Bier döse ich auf dem Wohnzimmersofa ein. Professor Brinkmann kuschelt sich an mich. Ein alter Dackel ist besser als wie nix! Er und ich waren heute für einen kurzen Moment wahre Helden. Superhelden! Westernhelden! Kasperlepuppen-Helden! Und man weiß ja von Helden, die sich für andere aufopfern, dass sie immer nur verkorkste Beziehungen haben. Deswegen bleibt Superman ein trauriger Außenseiter von einem fremden Planeten, ohne je eine irdische Frau zu ehelichen. Deswegen reiten Haudegen wie John Wayne am Ende ihrer Abenteuer stets allein in die Prärie hinaus. Deswegen lebt Kasperle immer noch bei seiner Großmutter. Und wahrscheinlich hat die katholische Kirche auch deswegen den Zölibat erfunden.

Immerhin gibt es einen alten Dackel, der sich in meiner Nähe wohlfühlt.

Als ich am nächsten Morgen wieder aufwache, ist es bereits hell. Eine wohltätige Hand hat mich in der Nacht zugedeckt und plötzlich beginnt jemand, mich heißblütig zu küssen. Der Sonnenschein ist echt, auch die Decke habe ich mir nicht eingebildet, nur die Küsse kommen von einem alten Dackel, der mich ableckt, wahrscheinlich weil er Futter haben will oder Gassi geführt werden muss. Um Köttel loszuwerden, rülpse ich ihm röhrend ins Hundegesicht. Die Bierfahne scheint ihm nicht zu behagen, er lässt von mir ab. Aber wer hat mich in der Nacht zugedeckt?

Da höre ich Schritte auf der Treppe. Samuel! Sekunden später platzt mein Sohn ins Wohnzimmer.

»Morgen! Du bist also schon wach!? Du musst ja ganz schön getankt haben gestern Abend! Wolltest du nicht ausgehen? Ach, hast du vielleicht meinen Bogen irgendwo gesehen?«

Ich weigere mich, irgendwelche Antworten zu geben, bevor ich nicht eine Tasse Kaffee bekommen habe. Samuel hat Erbarmen mit mir und bereitet uns fröhlich pfeifend und unter einem Heidenlärm aus klappernden Tassen, Tellern und Hundenäpfen ein Sonntagsfrühstück.

»Lass hören!«, fordert er mich erneut auf, als ich ihm schließlich am Tisch gegenübersitze und wieder einigermaßen geradeaus gucken kann. Verkatert und mit belegter Stimme berichte ich ihm von den Vorkommnissen des gestrigen Abends, Kaffee schlürfend und an einem labbrigen, aufgebackenen Brötchen kauend: dass ich leider gar nicht recht aus dem Haus gekommen bin, dass die Berts in fremder Leute Gärten eingedrungen sind, dass sie Gül belästigt haben und dass ich sie mit Pfeil und Bogen davongejagt habe. Samuel bekommt große Augen.

»Und die Polizei war auch da?«

Ich lasse wie ein Ohnmächtiger meinen Kopf auf die Brust sinken, was Samuel richtig als ein Ja versteht. Er löchert mich mit allerlei weiteren Fragen, die ich einsilbig und ausweichend beantworte. Mein Meisterschuss, mit dem ich einen Gegner an den Apfelbaum genietet habe, flößt Samuel am meisten Respekt ein. Allerdings ist ihm auch klar, dass ich nur einen Glückstreffer gelandet habe. Er verschluckt sich halb an seinem Marmeladenbrötchen: »Das hätte auch ins Auge gehen können. Im wahrsten Sinne des Wortes!«

Mein Sohn hat recht. Mir wird erst im Nachhinein klar, dass ich mich beinahe wegen Totschlags oder fahrlässiger Tötung ins Gefängnis hätte schießen können. Notwehr und Bert'sche Blödheit wären mir möglicherweise als mildernde Umstände angerechnet worden. Im schlimmsten Falle hätte ich die unschuldige Gül treffen können. Mir wird schlecht bei dem Gedanken, was losgelassene Amateur-Helden alles anrichten können.

In meiner Mischung aus Schlaffheit und Verwirrung komme ich nicht auf die Idee, meinen Sohn zu fragen, wie *sein* Samstagabend verlaufen ist. Er verabreicht mir noch eine Kopfschmerztablette und führt mich zurück zum Sofa, bevor er nach meinen Hinweisen seinen Bogen mit Köcher und Pfeilen wiederfindet und sich zu einem Wettkampf verabschiedet. Kaum bin ich allein im Haus, versuche ich noch einmal Mervi anzurufen, aber ihr Telefon ist immer noch ausgeschaltet.

Missmutig grummle ich vor mich hin und döse wieder ein. Ein weiteres Mal werde ich geweckt durch Köttel, der an meiner Decke zupft. *Was hat er denn jetzt schon wieder?,* denke ich. Nach einiger Zeit wird mir klar, dass Köttel in den Garten gelassen werden will. Als Hund, der nicht sprechen kann, ist man eben darauf angewiesen, sich anderweitig bemerkbar zu machen. Genau! Das ist es! Wenn man nicht sprechen kann oder nicht gehört wird, muss man auf andere Weise auf sich aufmerksam machen. Ich springe auf, lange nach meinem Telefon und rufe in der Redaktion an. Denn eines ist klar: Was ich jetzt brauche, ist Öffentlichkeit! Eine gute Presse! Einen Artikel, der morgen in der gesamten Region erscheint und mich als Retter in der Not darstellt. Als aufopferungswilligen Helden, der eine Übermacht Halunken vertrieben und eine arme, unschuldige junge Frau gerettet hat. Das ist der Stoff, aus dem Heldensagen gemacht werden. Am besten wäre ein ganzseitiger Bericht mit einem Bild auf der Titelseite, das mich in großer Pose mit Pfeil und Bogen zeigt. Bildunterschrift: »Beherzter Bogenschütze rettet Nachbarin. – Aus reiner Selbstlosigkeit ließ er sein Date platzen.« Irgendetwas in der Art! Nur so kann ich Mervi klarmachen, warum ich sie gestern habe sitzen und Bierdeckel zerbröseln lassen, und dabei das Gesicht wahren. Dass ich durchaus die Gelegenheit gehabt hätte, eine kurze Textnachricht zu schreiben, wenn ich nur zeitig auf den Gedanken gekommen wäre, müsste natürlich vor der Welt verschwiegen werden. Der gestrige Würgegriff um meinen Hals, der Schlag gegen die Brust und mein Sturz durch die Hecke müssten dermaßen aufgebauscht werden, dass sie in jeder Frau den Drang zum Salben von Wunden und zum Verbandwechseln auslösen. Dann käme zur Heldenverehrung noch ein Schuss Mitleid hinzu – eine unschlagbare Kombination, um die Herzen von Frauen zu erobern!

Ungeduldig höre ich, wie es am anderen Ende der Leitung klingelt. Noch bequemt sich niemand von der Sonntagsbesetzung, abzuheben. Im selben Moment klingelt es auch an meiner Haustür. Nach kurzem Zögern breche ich widerwillig meinen Anruf ab und schlurfe zur Tür. Davor steht Gül. In ihren Händen hält sie einen Korb, aus dem es verlockend duftet.

»Hallo Karl. Darf ich reinkommen?«

Was für eine Frage. Ich bitte sie ins Wohnzimmer.

»Ich wollte mich noch einmal ganz herzlich für deine Hilfe von gestern Abend bedanken.«

»Ja. Klar. Kein Problem. War doch selbstverständlich. Hat Spaß gemacht.« Was erzähle ich da eigentlich für einen Blödsinn? Gül sieht mich beim letzten Satz etwas verwirrt an. Dann reicht sie mir den Korb. »Hier, als kleines Dankeschön. Ich habe heute Morgen gebacken.«

In dem Korb befindet sich unter einem Tuch frisch gebackene Baklava, zuckersüßes türkisches Blätterteig-Gebäck, in Rautenform geschnitten. »Oh, danke. Das wäre doch nicht nötig gewesen.«

»Doch, doch!«, beharrt Gül. »Aber …« – sie zögert einen Augenblick – »ich wollte dich auch noch einmal bitten, nichts an die große Glocke zu hängen und niemandem von der Sache zu erzählen.«

»Nicht?«

»Nein, bitte nicht. Mein Vater bekäme einen Herzkasper. Dem gefällt sowieso nicht, dass ich ohne Onkel, Bruder oder Haremswächter allein lebe.« Gül sollte für die Zeitung schreiben, sie ist nicht auf den Mund gefallen und findet stets passende Worte. Schade nur, dass sie genau *das* nicht will: Zeitung und Öffentlichkeit.

»Ja, natürlich. Ganz wie du willst. Halten wir den Ball flach …«

»Wenn alles gut geht, kann ich sowieso bald umziehen. Ich glaube, ich habe endlich etwas Passendes gefunden.«

»Schön für dich. Das ging ja schnell. Dann werden wir ja leider nicht allzu lange Nachbarn gewesen sein.«

»Nein.«

Wir plaudern noch eine Weile über die Berts und ihre Rüpelhaftigkeiten und wie man sie in Zukunft in die Schranken weisen könnte. Noch bevor sich Gül wieder verabschiedet, meldet sich ruhestörend mein Telefon. Es ist Jochen Süder, mein Kollege von der Zeitungsredaktion.

»Hallo, bist du's?«, fragt er.
Was für eine sinnvolle Begrüßung!
»Ja, ich bin ich«, antworte ich brummig.
»Du hattest hier angerufen?«
»Wirklich?«
»Wie gesagt, so steht's hier auf dem Display: ›Anruf Pohlmann‹.«
»Dann wird es wohl stimmen, dass ich bei euch angerufen habe. Hat sich aber schon erledigt ...«

Nachdem das Telefonat beendet und auch Gül wieder gegangen ist, lasse ich mich mutlos auf das Sofa sinken. Um mich zu trösten, stopfe ich mir ein Stück Baklava in den Mund und werfe auch Köttel einen Happen zu, obwohl ich weiß, dass das weder für mich und erst recht nicht für einen dicken Dackel gesund ist.

*Shit with sugar.*

# 38

# IN FORTGESCHRITTENEM ALTER

Als ich am Nachmittag wieder einigermaßen klar denken kann, kommt mir ein rettender Einfall: Ich werde Sören und Wiebke anrufen. Leider ist das gemeinsame Handy von Nichte und Neffe am Wochenende ausgeschaltet und so muss ich notgedrungen die Nummer meiner Schwester wählen.

»Kann ich Sören oder Wiebke sprechen?«, frage ich Katja.

»Ja ... warum nicht!«, antwortet sie etwas überrascht. »Was gibt's denn?«

»Nichts Besonderes. Hat mit einer Kasperle-Aufführung zu tun«, schwindle ich. Kurz darauf habe ich Wiebke am Apparat.

»Hallo Wiebke. Sag mal, du weißt doch, dass ich nächsten Samstag am Geburtstag von eurer Freundin Essi Puppentheater spielen soll.«

»Ja! Ich und Sören kommen auch!«

»Ja, ja. Weiß ich ...« Ich stelle Wiebke ein paar Fragen zu Essis Vorlieben und bitte sie um Tipps für eine gelungene Vorstellung. Wiebke hält sich nicht zurück: »Da muss eine Prinzessin vorkommen, aber auch ein Böser, und es soll lustig sein und spannend und am Ende mit ganz viel Tollem.«

*Danke, meine liebe Nichte, ich werde versuchen, deine Hinweise zu berücksichtigen.* Im Hintergrund ruft Sören dazwischen: »Am Ende muss es krachen und knallen und laut sein. Und alle Kinder müssen Süßigkeiten kriegen.«

»Sag mal«, will ich wissen, »ist euer Telefon etwa auf Lautsprecher eingestellt?«

Zu meiner Beruhigung verneint Wiebke. »Nein, aber Sören hört mit!« Vor den gespitzten Ohren meiner neugierigen Schwester bin ich also hoffentlich halbwegs sicher.

Schließlich komme ich zu der Frage, auf die ich von Anfang an hinauswollte: »Habt ihr nicht Essis Telefonnummer gespeichert?« Es kommt keine Antwort, aber ich spüre, wie Wiebke am anderen Ende der Telefonverbindung nickt. »Könntest du die mir mal durchgeben?« Wieder meldet sich Sören als lauschender Dritter: »Wiebke weiß nicht, wie das geht, aber ich kann dir die Nummer schicken.«

Wenige Minuten später bin ich im Besitz von Essis Telefonnummer. Wenn ich schon nicht die Mutter erreiche, vielleicht dann wenigstens die Tochter. Ich rufe an, es klingelt und mein Herz pocht, als würde ich in Berlin anrufen, um für unser Lokalblatt den Bundesminister für Zivilschutz und Herzensangelegenheiten um ein Interview zu bitten.

»Hallo«, meldet sich Essis kecke Kleinmädchenstimme.

»Hallo Essi, hier ist Karl. Weißt du, der Onkel von Sören und Wiebke.«

»Ach, der Kasperle-Spieler. Du bist der Mann mit der dicken Nase.«

So genau wollte ich es nicht wissen.

»Ist deine Mutter da?«

»Nein. Die ist laufen.«

»Laufen? Wann kommt sie denn wieder zurück?«

»Etwas später als sonst. Sie läuft immer lange, wenn sie schlecht gelaunt ist.«

»Weshalb ist sie denn schlecht gelaunt?«

»Weiß ich nicht. Vielleicht weil sie heute nicht arbeiten geht. Meistens ist sie sonntags auf dem Eifelhof.«

Da ich die Gelegenheit habe, ungestört mit Essi alleine zu sprechen, klopfe ich ein wenig auf den Busch: »Was habt ihr denn gestern Abend gemacht?«

»Da war Mama weg. Aber nicht sehr lange. Ich glaub, da war sie in einem Restaurant, wo sie aber nicht gekellnert hat. Ich hatte Besuch. Mama meint ja immer, ich brauche einen Babysitter, wenn sie mal abends weg ist. Gestern hatte ich gleich zwei: eine Polin, die kenne ich vom Kindergarten, und einen Engländer, das war der Mann, der auch Kasperle guckt. Beide können aber Deutsch sprechen. Wir haben Mau-Mau gespielt, ich hab fünf Mal hintereinander gewonnen …«

Essi ist nicht zu bremsen. Dieses Kind ist wirklich von der kommunikativen Sorte. Sie plappert minutenlang weiter, ohne Luft zu holen.

»Wo steckt denn eigentlich dein Papi? Passt der nie mal auf dich auf?«

Essi lacht. »Nein. Meine Mama sagt immer, ich wäre ein Karnevalskind.«

»Was sind das denn für Kinder?«

»Bevor ich geboren wurde, hat meine Mama in Köln Karneval gefeiert. Und dann bin ich auf die Welt gekommen.«

Ja, so etwas kommt vor.

In geheimnisvollem Ton ergänzt Essi: »Vielleicht war mein Vater ja ein Prinz.«

Bestimmt! Ein Karnevalsprinz!

»Hast du denn Oma und Opa?«

»Ja, aber die wohnen in Karstula!«

»Wo?«

»Das ist in Finnland. Aber mein Opa und meine Oma sind schon sehr alt. Die feiern auch keinen Karneval. Opa hat kaum noch Haare.«

Dann berichtet mir Essi rund zehn Minuten lang von ihrer finnischen Verwandtschaft. Dass sie noch einen Onkel hat, der mit Familie in Helsinki wohnt, dass Oma und Opa ein Haus am See besitzen, dass es dort im Sommer nicht dunkel wird, dass die Oma immer Törtchen backt. Und tausend andere Dinge.

»Warum wohnt ihr denn in Deutschland?«, will ich wissen.

»Du wohnst doch auch hier!«

Da hat Essi recht. Und dann erzählt sie davon, dass ihre Mutter in Köln studiert, aber schon sehr lange, weil sie ja nebenher arbeitet. Sie studiere »Pädalogik«, meint Essi, angeblich damit die Mama wisse, wie sie, Essi, zu erziehen sei. »Aber ich komm bald in die Schule«, schließt die Kleine selbstbewusst, »dann braucht mich keiner mehr zu erziehen.«

An passender Stelle lenke ich unser Gespräch zurück zum gestrigen Abend und zur Verfassung der lieben Mama. »Hat deine Mami denn nicht erzählt, *weshalb* sie schlecht gelaunt ist?«

Wieder wechselt Essi in den Flüsterton: »Weißt du, Karl, ich glaube …«

»Warum flüsterst du eigentlich? Bist du nicht allein zu Haus?«

»Doch, aber in der Zeitung steht, der amerikanische Geheimdienst hört bei allen wichtigen Sachen mit.«

Essi gefällt mir immer mehr. Das Mädchen ist nicht auf den Kopf gefallen. Geheimnistuerisch berichtet sie weiter: »Ich glaube, Mama wollte einen Mann treffen.«

»Nein?! Echt? Hat sie denn so etwas gesagt?«

»Nein, das nicht. Aber sie hat sich so schön gemacht. Was glaubst du, wie oft die sich umgezogen hat? Ich musste ihr die ganze Zeit sagen, was ihr steht. Und dann hatte sie keine passenden Schuhe. Obwohl sie ja bei Annelie arbeitet. Da gibt es doch Schuhe genug.«

Weitere zehn Minuten erstattet mir Essi ausführlichen Bericht über Abendgarderobe und Aufmachung ihrer Mutter. Auch Unterwäsche und Strumpfhosen werden ausführlich besprochen. Mir wird klar, was ich möglicherweise alles verpasst habe.

Ich nutze die Gunst der Stunde und erfrage weitere Einzelheiten: »Wie alt ist deine Mutter eigentlich?«

»Och, die ist ganz alt. Bestimmt über dreißig. Oder sogar noch mehr. Ich weiß auch gar nicht, warum sie noch Pädalogik studiert. Ich bin ja schon groß.«

Dann erzählt mir Essi weitere zehn Minuten, was sie später einmal machen will, wenn sie erwachsen und ganz alt ist. Sie will die Eisbären retten und noch oft ihre Großeltern in Finnland besuchen und mal nach Amerika fahren, obwohl es dort einen Geheimdienst gibt, und sie will einen Mann heiraten, der mindestens vier Sprachen sprechen kann, außer wenn er taubstumm sei. In ihrer Kindergartengruppe wäre auch ein Junge namens Ludwig, der taubstumm ist, und der wäre trotzdem ein sehr netter Kerl, aber nicht ganz so nett wie Sören. Sie wolle mindestens sechs Kinder, weil sie Großfamilien schön findet, und ihr Mann müsste für ihre Kinder immer Kasperle spielen, so wie ich. Und sie würde nie in Köln Karneval feiern, höchstens wenn sie so alt wäre wie ihre Oma aus Finnland.

Essis Redeschwall ist wie eine Springflut, die alles mit sich reißt. Irgendwann macht es mehrmals »Pieps«. »Ich glaube, mein Akku ist bald leer. Aber weißt du, Karl …«

Sie spricht weitere drei Minuten ohne Punkt und Komma von ihrer bevorstehenden Geburtstagsparty, bis auf einmal mit einem letzten Piepsen unser Gespräch ein abruptes Ende nimmt. Akku leer. Das war's! Und obwohl unser Telefonat fast vierzig Minuten gedauert hat, habe ich das Wichtigste noch nicht gesagt: dass ihre Mutter mich einmal zurückrufen oder wenigstens ihr Telefon wieder einschalten sollte.

Immerhin habe ich einige interessante Einzelheiten erfahren.

Zwar hat es nicht mit einem Telefonat geklappt, vielleicht aber mit einer Mail? Ich setze mich vor meinen Computer. In meiner Mailbox finde ich ein paar Anfragen für Vorstellungen, die mich diesmal aber nur beiläufig interessieren.

Um die verfahrene Situation zu klären, mein dummes Gesicht zu retten und meine Chancen bei Mervi zu wahren, muss ich mich »freischreiben«, muss mein sträfliches Ausbleiben von gestern erklären, ohne allzu viel über Gül zu verraten:

»Liebe Mervi,

ich bin untröstlich, dass ich gestern Abend zu spät zu unserem Essen gekommen bin. Leider musste ich kurzfristig einer Bekannten, die namentlich nicht genannt werden will, helfen, weil sie von mehreren Ruhestörern bedroht wurde.«

Obwohl ich mich als Zeitungsmann für einen Meister der flotten Feder halte, klingen meine Erklärungen so staubtrocken wie Polizeiberichte und so glaubwürdig wie Artikel über UFO-Sichtungen über dem Kölner Dom. Ich fange meine Mail ein Dutzend Mal von vorne an und habe das Gefühl, nie den richtigen Ton zu treffen. Ohne Zeugen glaubt mir kein Mensch, dass ich mit Pfeil und Bogen vier Berts vertrieben hab, um eine Frau in Not zu erretten. Noch dazu mit roter Zipfelmütze. Ich würde es selbst nicht glauben.

Welche Notlüge könnte ich verwenden, um meinen Kopf aus der Schlinge zu ziehen?

Schließlich schreibe ich knapp und trocken:

»Liebe Mervi,

es tut mir leid, dass ich gestern zu spät gekommen bin. Ein Notfall! Danach habe ich versucht, dich irgendwie zu erreichen, leider vergeblich. Heute Morgen habe ich mit Essi telefoniert, aber da warst du nicht zu Hause. Ich hoffe, ich kann alles wiedergutmachen, und würde dich gerne zum Essen einladen. Aber diesmal koche ich selbst! Passt dir Dienstagabend?«

Nach längerem Zögern drücke ich auf *Verschicken*. Mal sehen, was kommt ... Irgendwie habe ich das Gefühl, das alles schon einmal erlebt zu haben.

# 39

# KASPERLES OMA

Wie beim letzten Mal lässt Mervis Antwort auf sich warten. Wie beim letzten Mal könnte ich vor Aufregung rundlaufen und mit den Fingernägeln die Tapeten von den Wänden kratzen. Zum Glück lenken mich bevorstehende Aufführungen und deren Planung ein wenig ab. Für den Kindergeburtstag von Essi, der ja am nächsten Samstag sein soll, habe ich telefonischen Kontakt mit einem Pyrotechniker aufgenommen, den ich um sieben Ecken kenne. Er ist Fachmann für Feuerwerk und sorgt bei Großevents wie *Rhein in Flammen* und *Rock am Ring* für Showeffekte. Ich habe fest vor, Sörens Rat zu beherzigen, dass es am Ende meines Puppentheaters »krachen und knallen und laut sein soll«, und überlege mir daher ein dramatisches Ende, das dem Showdown eines amerikanischen Actionfilms gleicht. Dazu muss ich wissen, welche Kracher, Böller und Raketen man in geschlossenen Räumen abfackeln darf. In einem Spezialgeschäft in einem Kölner Vorort, das ich am Montagnachmittag aufsuche, decke ich mich mit allem Nötigen ein und probiere noch am selben Abend im Garten aus, wie man die Explosionen im Miniformat zum Zischen und Funkenschlagen bringt. Tischfeuerwerk aus China, abgenommen vom TÜV Rheinland, gehört ebenso zu meinen Einkäufen wie Knallerbsen, Wunderkerzen und ähnlicher Klimbim für die Dekoration riesiger Geburtstagstorten. Außerdem habe ich ein Ratgeberbüchlein gekauft mit dem verheißungsvollen Titel »Mehlbomben, Partycracker & Konfettiregen. Alles für die tolle Sause!«. Darin sind Tipps nachzulesen, wie man allerlei selbst bastelt und den Gästen jedweder Festivität die gute Laune um die Ohren ballern kann. Seitdem ich mir ein eigenes transportables Puppentheater gebaut habe, habe ich eine handwerkliche Ader in mir entdeckt, eine Tüftler-Seele, die vor keinem Experiment zurückschreckt. Essis Geburtstagsaufführung muss alles bisher Dagewesene in den Schatten stellen. Und so lasse ich es denn in meinem Garten versuchsweise zischen und puffen und überlege mir, wie ich welchen Effekt am Samstag einsetze.

Mein Knallen bleibt nicht unbeachtet. Ich bemerke, wie ich schräg über den hinteren Gartenzaun von neugierig glotzenden Augenpaaren beobachtet werde. Strubbelige Haarschöpfe lugen über dem Bretterzaun hervor. Mindestens zwei Berts liegen dort auf der Lauer. Es hätte mir eigentlich klar sein müssen: Motten werden vom Licht angezogen und blöde Berts von Ballerei. Da ich keine Lust auf Versteckspielchen habe, stelle ich mich auf einen umgestülpten Bottich für Regenwasser, um gut sichtbar zu sein, und rufe hinüber: »Nur damit ihr Bescheid wisst: Ich baue hier Tretminen und Selbstschussanlagen auf. Also wagt euch ja nicht mehr auf fremde Grundstücke!« Die Augenpaare verschwinden. Unterdrückte Flüche sind zu hören.

Um meine explosiven Einkäufe sicher zu lagern, schließe ich sie am Ende meiner ersten Versuchsreihe in unseren windschiefen Schuppen zu Heckenschere und Blumendünger. Ich weiß zwar noch nicht, worauf das alles hinausläuft, aber ich brauche unbedingt noch Luftschlangen, einen Ventilator, Furzkissen und Luftballons.

Am späten Montagabend trifft endlich Antwort von Mervi ein! Sie mailt: »Danke für die Einladung. Dienstag kann ich leider nicht. Wie wäre es mit Mittwoch?«

Mervi hat eine Art, sich kurz und knapp auszudrücken, bei der ich unsicher bin, ob das typisch finnisch ist, sich auf ihre beschränkten Deutschkenntnisse zurückführen lässt oder doch davon zeugt, dass sie eingeschnappt ist. Gegen Letzteres spricht immerhin, dass sie bereit ist zu kommen. Ich antworte unverzüglich und wir machen Mittwochabend, 19 Uhr, aus. Nun muss ich nur noch überlegen, was ich koche, und ich muss meinen Sohn aus dem Haus wimmeln. Bei der ersten Gelegenheit, als mein Sohn am Abend ins Haus schneit, nehme ich diese organisatorische Aufgabe in Angriff: »Lieber Samuel«, hebe ich an und versuche es auf die witzig-großmütige Art. »Ich habe aufgrund besonderer Umstände in meiner unendlichen Gnade beschlossen, dir als Minderjährigem von lächerlich-zarten siebzehn Jahren am nächsten Mittwoch – sprich: übermorgen – Ausgang bis Mitternacht zu gewähren. Bei guter Führung auch länger!«

»Mensch Karl, was ist denn in dich gefahren?«

Ich hasse es, dass mein Sohn mich mit Vornamen anredet. Wo bleibt da der respektvolle Abstand? Ich schalte zurück auf sachlichen Normal-Modus: »Ich bekomme am Mittwochabend Besuch.«

Samuel grinst. »Sicherlich etwas Geschäftliches …«

»Selbstverständlich! – Könntest du nicht wieder deinem Freund, den ich nicht kenne, bei nichts Bestimmtem helfen und den Abend sinnvoll woanders verbringen?«

In Samuels Gesicht erkenne ich einen Anflug von Röte. Ob ihm peinlich ist, dass sein leiblicher Vater, der sich altersmäßig dem halben Jahrhundert nähert, sturmfreie Bude haben will?

Samuel setzt ein grüblerisches Gesicht auf. »Mal sehen, was sich machen lässt.« Damit verschwindet er auf sein Zimmer und führt hinter verschlossener Tür Telefongespräche.

Nach etwa einer halben Stunde ruft er mir von oben zu: »He, Karl! Alles klar. Ich bin am Mittwochabend weg. Meine Bekannte kann wieder Hilfe gebrauchen. Du hast also deine Ruhe!«

»Bestens!«, rufe ich durchs Treppenhaus zurück. Hat Samuel eben ›meine Bekannte‹ oder ›mein Bekannter‹ gesagt? Mir soll's egal sein!

Am folgenden Tag spiele ich Puppentheater in der Seniorenresidenz meiner Mutter. Ich habe mich kurzfristig mit der Heimleitung auf einen Termin geeinigt. In einem Fest- und Versammlungsraum, der für meine Aufführung ordentlich bestuhlt worden ist, baue ich meine Bühne auf. Um 17 Uhr soll's losgehen. Bereits eine dreiviertel Stunde vorher drängen die ersten Neugierigen in den kleinen Saal und wollen sich einen Sitzplatz in den vordersten Reihen sichern. Das macht mich ein wenig nervös, denn am liebsten hätte ich die Zuschauer erst zehn Minuten vor Beginn hineingelassen. Aber die ersten grauen Panther haben sich schon angeschlichen und belauern ihre Beute – mich, ihren Unterhalter des heutigen Abends. Im Publikum überwiegen die alten Damen. Hier zeigt sich auf anschauliche Weise, dass Frauen eine höhere Lebenserwartung haben. Männer sind eher Mangelware und der alte Herr von Bommelsbeck gehört zu den wenigen Ausnahmen. Der ostpreußische Adlige begnügt sich aber nicht mit einem der üblichen Stühle, sondern lässt sich von einem Pfleger einen bequemen Ohrensessel heranrücken, der dem Thron gleicht, auf dem er immer in der

Eingangshalle hockt. Der Blick des Herrn von Bommelsbeck kreuzt den meinen, ich nicke ihm freundlich zu und bewege meine Lippen, als würde ich ›Guten Tag‹ sagen. Statt zurückzunicken oder einen Gruß zu brummen, starrt von Bommelsbeck nur unwirsch in meine Richtung.

»Brauchen Sie noch etwas?«, fragt mich der Pfleger, an dessen Brust ein Namensschildchen mit der Aufschrift ›Günter‹ haftet.

»Nein, nein. Alles in Ordnung.«

»Gut. Dann denken Sie nur daran«, mahnt mich Günter, »dass die alten Herrschaften nicht allzu lange sitzen oder sich konzentrieren können.«

»Keine Bange! Länger als zwanzig bis dreißig Minütchen wird mein Stück nicht dauern. Wie abgesprochen.«

»Sehr gut. Um 18.15 Uhr steht unser Abendimbiss auf dem Programm.« In einer Seniorenresidenz mit alten Adligen läuft alles nach Plan!

»Noch eine Frage!«, sage ich halblaut und zupfe den Pfleger am Ärmel. »Was ist denn mit dem alten Bommelsbeck los? Der schaut ja heute besonders missmutig!«

»Nur keine Sorge«, beruhigt mich der Pfleger, »bei dem ist alles in Ordnung. Er hat nur seit Kurzem ein neues Hörgerät. Is' wohl 'n bisschen ungewohnt für ihn.«

Das ist gut zu wissen!

Etwa eine Viertelstunde vor Beginn der Aufführung betritt auch meine Mutter den Raum. Sie schaut sich um und wirkt ein wenig entrüstet, wahrscheinlich weil die erste Reihe längst besetzt ist. Ob sie davon ausgeht, dass ihr ein Ehrenplatz gebührt, weil sie den Abend mit auf den Weg gebracht hat und ich ihr Sohn bin? Besonders Herr von Bommelsbeck wird von ihr mit einem kritischen Blick bedacht. Ich nehme an, weil sie ihm seine Extrawurst bzw. seine Sonderbestuhlung neidet.

Dabei sollte man doch auf alte Menschen Rücksicht nehmen! Herr von Bommelsbeck ist immerhin ein paar Jährchen älter als meine Mutter.

Punkt 17 Uhr wird das Licht im Saal heruntergedimmt. Bevor es losgeht, halte ich eine kurze Begrüßungsansprache.

»Sehr geehrte Damen und Herren! Es freut mich, dass Sie so zahlreich erschienen sind.«

»Ich bin nicht erschienen«, quäkt eine Alte dazwischen, die im Rollstuhl sitzt, »man hat mich hier reingeschoben.« Ihr Zwischenruf löst allgemeines Gelächter aus. Nur meine Mutter hat ihr missbilligendes Gesicht aufgesetzt.

Ich setze erneut an: »Liebe Erschienenen, liebe Reingeschobene, liebe Umgebetteten. Es freut mich jedenfalls, dass Sie hier sind. Und wie ich annehmen darf: alle freiwillig!«

»Is' hier heute nich' Funkemariechen-Tanz?«, höre ich einen alten Mann in Reihe vier halblaut fragen. Niemand beachtet ihn oder geht auf seine Bemerkung ein, was daran liegen mag, dass seine Zwischenfrage kein Scherz war, sondern auf reine Schusseligkeit zurückzuführen ist. Nur Scherze werden vom Publikum belacht.

Ich greife nach meiner Kasperle-Puppe: »Das ist Kasperle. Ich bin sicher, Sie sind ihm alle schon einmal begegnet!«

Mein Aufwärmprogramm trägt erste Früchte, die Alten regen sich.

»Ja, sicher!«, ruft jemand.

»Früher, da jab et bei uns immer Kasper-Theater. Da jab et aber noch kein Fernsehen«, lässt sich ein anderer vernehmen.

Zwei dicke Omis ganz vorne stimmen ein gesummtes »Tritra-trullala« an.

»Wie Sie sicher alle wissen, ist Puppentheater eine alte Spielmannskunst. Allerdings ist sie vom Aussterben bedroht. Kasperle und ich finden: Das darf nicht sein!« Ich lege eine kurze Kunstpause ein und warte auf zustimmendes Nicken.

Dann fahre ich fort: »Wer von Ihnen hat in früheren Jahren schon einmal einem Puppentheater beigewohnt? Ich bitte um Handzeichen!« Die Allermeisten zeigen auf, einige allerdings erst nach einem gewissen Zögern und einem »Wat soll ich tun?« an den Sitznachbarn.

»Sehr schön. Und wer von Ihnen hat schon einmal selbst Puppentheater gespielt?« Mehrere Hände bleiben oben.

Ich erzähle den Senioren, dass ich liebend gern Ideen sammle und es mir eine Freude wäre, wenn sie mir ihre schönsten Kasperle-Erinnerungen aufschreiben könnten: alles, was sie einmal vor Jahrzehnten auf Jahrmärkten oder in privater Gesellschaft gesehen oder gar selbst gespielt haben. (Das wäre auch guter Stoff für eine neue Zeitungsrubrik.)

Dann geht's los: Ich verschwinde hinter meiner Bühne und beginne mit dem allbekannten »Tri-tra-trulalla«. Es gibt mehrere Senioren, die mitsingen, mitsummen oder auf ihren Stühlen minimal melodisch hin und her wippen. In meine Bühne habe ich mir ein Guckloch gebohrt und mit einem einäugigen Spion ausgestattet, um ab und zu Reaktionen aus dem Publikum aufschnappen zu können. Soweit ich das erkennen kann, wirken die Alten gespannt bis fröhlich.

In meinem Stück durchlebt Kasperles Oma, die für gewöhnlich robust und rüstig ist, eine tiefe Krise. Sie ist traurig und niedergeschlagen. Oma ist eine alleinstehende Frau, die nichts anderes tut, als sich um Kasperle zu kümmern, Kuchen zu backen und hin und wieder dem Schutzmann Bescheid zu stoßen, der ja dumm wie Brot ist und selten Räuber fängt. Außerdem ist Oma die einzige Frau im Örtchen, die den König nicht mit ›Majestät‹ anredet, sondern mit ›Könnik, du Jeck‹, und die dem gekrönten Oberhaupt des Kasperle-Universums auch schon mal ein »Sach ens, häst du se ni' mi' all?« an den Kopf wirft. Aber nun ist die liebe Oma bedrückt und mutlos, denn auf ihre alten Tage drückt und plagt sie ein schier unerfüllbarer Wunsch!

»Ach nee«, jammert sie, »ach nee, isch wüdd su jern noch ens poppe!«

Als dieser anzügliche Ausdruck fällt, wird es im Zuschauerraum seltsam ruhig. Ich spüre geradezu, wie die Ohren gespitzt werden und wie selbst die alten Damen, die bisher miteinander getuschelt haben, mit ihrem lauten Ruhestandsflüstern aufhören.

Kasperle belauscht seine Oma, wie sie lamentiert und wehklagt und vom Poppen faselt. Hilfsbereit, wie Kasperle ist, eilt er sofort in den nächsten Laden, um Abhilfe zu schaffen. Nur leider hat er Omas Wunsch völlig falsch verstanden. »Hier, Oma!«, sagt er stolz, als er wieder nach Hause zurückkehrt. »Ich habe dir etwas vom Laden mitgebracht!«

»Wie? Wat?«, fragt Oma lustlos. »Wat häst du da vür misch jekoof'?«

»Etwas, was du dir dringend wünschst!« Und mit großer Geste holt Kasperle eine Tüte Popcorn hervor. »Weil du dauernd über ›poppen‹ geredet hast!«

»Oos, jlövst du, du könns' misch op de Ärm nämme?!«, grollt Oma, rennt in die Küche und kommt mit einem Holzlöffel zurück. Damit beginnt sie, Kasperle zu verdreschen. »Du Drecksack, jetz' kris' du se äver jeseckt!« Und so geht es über Kasperle her. Im allgemeinen Trubel platzt mir dabei ungewollt sogar die Tüte mit Popcorn, die mein Kasperle in den Händen hält; das Popcorn fliegt durch die Gegend und rieselt von der Bühne.

Etwas später hört der böse Teufel von Omas Jammerei. In der Nacht schleicht er sich an ihr Bett und bietet ihr im Dunkeln einen Pakt an: Durch Voodoo-Zauber will der Höllenfürst Omas Ehemann noch einmal aus dem Grabe zurückholen.

»Dann könnt ihr poppen, bis die Fetzen fliegen!«, verspricht der Teufel verheißungsvoll, wobei der Fürst der Hölle sich natürlich Hoffnungen auf Omas Seelenheil macht. Spätestens an dieser Stelle ist mein Stück nicht nur frivol, sondern auch noch makaber. Die Zuschauer sind so mucksmäuschenstill, dass man dritte Zähne fallen hören könnte.

Schließlich geht die Oma auf den teuflischen Deal ein. Eines Nachts schleicht sie sich auf den Friedhof und vollzieht den Voodoo-Zauber. Es rumpelt und pumpelt, und aus dem Grab wühlt sich der tote Opa hervor. Nun kommt erstmalig meine Gespenster-Puppe zum Einsatz, die ich der Frau aus Niederzier zu verdanken habe. Es ist eine Puppe mit Totenschädel und weißem Kleidchen. Oma muss erkennen, dass ihr Gatte gar nicht mehr so aussieht, wie sie ihn in Erinnerung hatte. Richtig kränklich sieht er aus, abgehärmt und bleich. Oma platzt heraus: »Oos, du siehs' äver fimmschisch us!«

Der wiederauferstandene Opa kontert: »Ja, un' du? Du siehs' us wie ene ahle Pappkarton.«

Oma wundert sich, wie der Opa so etwas überhaupt sagen könne, wo er doch keine Augen mehr im Kopf habe. »Wie kanns' du Jeck su jett sare? Du häs' doch keen Ooche mi im Kopp!«

Aber Gespenster sehen auch mit leeren Augenhöhlen. Dann erzählt der Opa davon, dass er im Jenseits ein schöner Jüngling sei und sich ärgere, dass man ihn aus dem Grab zurückgeholt hätte. »Wovür häs' du dat jemaat?«, schimpft er.

Da gesteht ihm die Oma: »Isch wüdd su jern noch ens poppe!«

Das Opa-Gespenst nickt zustimmend: »Jo, is' jot!« Und die zwei verschwinden von der Bühne.

Wenig später: Kasperle liegt in seinem Bettchen und erwacht aus seinem Nachtschlaf, weil es im ganzen Haus nach Pech und Schwefel riecht. Schlau, wie er ist, kommt Kasperle schnell auf die Idee, dass der leibhaftige Teufel in der Nähe sein muss. Er sucht und sucht ... und findet den Fürst der Finsternis, wie er vor Omas Schlafzimmertür horcht.

»Der Sausack führt sicher nur Böses im Schilde. Ich muss ihn pfählen!«, ruft Kasperle und holt sich den Holzlöffel, mit dem er noch vor Kurzem selbst verprügelt worden ist. Es kommt zu einem lautstarken Zweikampf zwischen Kasperle und Teufel, bei dem der zipfelmützige Held nach langem, hartem Ringen den Sieg davonträgt. Der Teufel flüchtet kleinlaut. Erleichtert klopft Kasperle an die Schlafzimmertür seiner Oma: »Oma, alles klar bei dir? Ich hatte gerade einen Zweikampf mit dem Leibhaftigen.«

Oma öffnet und meint: »Ja, Jong, isch äver och!«

»Ich hab den alten Sausack windelweich geklopft!«, berichtet Kasperle stolz.

»Ja, Jong, isch äver och!«

»Der wird nie wiederkommen, so brutal hab ich ihn rangenommen!«

»Ja, Jong, isch äver och!«

Kasperle schneidet ein wenig auf und stellt seine Heldentat in das hellste Licht: »Zuerst, als ich den alten Widerling in finstrer Nacht erspähte, da hab ich mich zu Tode erschrocken, so fürchterlich sah er aus. Und gestunken hat er! Aber dann hab ich ihn ordentlich rangenommen!«

»Ja, Jong, isch äver och!«, meint Oma.

»Das war ganz schön hart! Es flogen die Fetzen, kann ich dir sagen. Um ein Haar wäre ich dabei draufgegangen!«

»Oos, isch äver och!«

Kasperle stöhnt: »Es war grauenhafter als je zuvor. So etwas will ich nie wieder erleben.«

»Jong, isch äver och ni' mi'!«

»Na, dann ist ja alles klar. Gute Nacht, Oma. Schlaf schön und träum was Süßes.«

»Jo, Jong, schlof jut!«

Die zwei wünschen sich einträchtig gute Nacht, und bevor sie in ihr Bett zurückgeht, verspricht die Oma noch, Kasperle morgen einen Kuchen zu backen. Den besten und größten Kuchen, den man sich nur denken kann! Vergnügt springt Kasperle wieder in sein Bettchen und freut sich, dass seine allerliebste Omama wieder ganz die Alte zu sein scheint.

Mein Stück neigt sich dem Ende zu. Ich lasse zum Abschluss meinen gespenstischen Opa noch zurück ins Grab wanken: »Oos, wat bin ich fruh, dat isch widder zoröckkann un' meng Roh han!«

Beim Gang zum Friedhof begegnet der Opa dem Teufel, der weinend auf dem Boden hockt. Der Opa triezt ihn und singt hänselnd: »Nä, nä, nä-nä, nä! Du bis' dä Deuvel, ich ben ene Engel …«, und verschwindet fröhlich.

In der allerletzten Szene bewirtet Oma den gut gelaunten Kasperle mit einem Kuchen, wofür ich eine himbeerrote geschlossene Tupperware-Kuchenform aus Kunststoff einsetze.

»Su, Jong, do häst du jett!«, sagt Oma zufrieden und tischt ihrem Enkel einen gigantischen Popcorn-Kuchen auf. Die Welt ist wieder in Ordnung und Kasperle singt sein fröhliches »Tritra-trullala«.

Im Saal herrscht unerträgliche Stille. Ich luge durch meinen Spion. Verzerrt durch die Weitwinkellinse sehe ich den alten Adligen, Herrn von Bommelsbeck, in der ersten Reihe sitzen. Ich sehe, wie er weihevoll die Arme erhebt. Dann klatscht er in die Hände. Ein einziges Mal! Es klingt, als würde er eine Ohrfeige austeilen. Und dann beginnt er leise zu kichern. Er klatscht ein weiteres Mal, so als müsse er sich für eine Bekundung seiner Gunst erst warm machen. Schließlich erhöht sich sein Takt, er applaudiert schneller, andere fallen ein, es ist wie das Aufbrausen eines Wirbelsturms. Durch meinen Spion glaube ich sogar meine Mutter zu erkennen. Auch sie applaudiert dezent mit geschürzten Lippen. Es dauert eine kurze Weile, dann tost der Saal. Die Alten klatschen, was das Zeug hält. Herr von Bommelsbecks Kichern hat sich mittlerweile zu einem lautstarken Lachen gesteigert. Ihm stehen die Tränen in den Augen. Mühsam wuchtet er sich aus seinem Ohrensessel und applaudiert im Stehen weiter. Dabei lacht er so laut und tief, dass es durch den ganzen Saal dröhnt. Vor lauter Lachen strauchelt er und plumpst in seinen Sessel zurück, aber vom Weiterklatschen kann ihn das nicht abhalten. Die Alten grölen und johlen wie eine Piratenbande, die einen Schatz gehoben hat. Nun wage ich mich hinter meiner Bühne hervor und verbeuge mich zaghaft. Dabei öffne ich die Kuchenform, die mit Popcorn gefüllt ist, und halte sie den Senioren hin, die in der ersten Reihe sitzen. Sie greifen beherzt zu. Viele andere erheben sich nun, um nach vorne zu eilen und sich auch etwas vom Popcorn zu holen. Ich komme mir vor wie ein Priester, der die Hostien ausgibt. Ganz hinten im Saal sehe ich Günter, den Pfleger, der mir beim Aufbau geholfen hat. Er grinst übers ganze Gesicht und nickt mir aufmunternd zu.

# 40

# DAS ERSTE ABENDMAHL

Mittwochabend, 18.53 Uhr: Durch die Vorhänge sehe ich, wie sich ein alter mattgrüner Polo, der wahrscheinlich aus den 80er-Jahren stammt, auf unserer Straße in eine Parklücke zwängt. Es muss ein Auto ohne Zentralverriegelung, ohne Einparkhilfe und ohne Warnblinker bei Nicht-Anlegen des Sicherheitsgurtes sein. Eine alte Kiste mit Kratzern und stumpfem Lack. Solche Autos fahren nur noch mittellose Studierende, Alleinerziehende mit chronischem Geldmangel, Menschen mit individualistischer Ader oder Personen mit Migrationshintergrund. Mervi ist alles auf einmal! Zufällig parkt sie ihren Wagen neben meinem alten Gefährt, dem popeligen Opel, der dauernd Macken hat. Die Autos passen zusammen.

Angespannt und darauf bedacht, nicht entdeckt zu werden, beobachte ich, wie Mervi sich noch ihren Lippenstift nachzieht. Dann steigt sie schwungvoll aus und vergewissert sich kurz, dass sie vor der richtigen Hausnummer steht.

Sekunden später klingelt es an der Haustür. Ich öffne – und starre Mervi an. Sie sieht umwerfend aus. Und dabei kein bisschen aufgedonnert! Keine Föhnfrisur, keine Stöckelschuhe und auch keine Ohrringe, die Singvögeln als Sitzstange dienen könnten. Sie trägt eine weite, weiße Bluse, helle Jeans und sportliche, halbhohe Schuhe. Über den Arm gelegt trägt sie eine dünne Strickjacke. Von ihrer Schulter baumelt eine kleine lederne Handtasche mit weiter Schlaufe. Zwar ist ihre Garderobe eher schlicht, trotzdem sieht sie sehr schick aus. Ihre grünen Augen blitzen. Ihre hellblonden, kurzen Haare lassen sie fast so mädchenhaft aussehen wie ihre Tochter Essi im Kindergartenalter.

»Willst du mir nicht hereinbeten?!«

Sie meint sicherlich ›hereinbitten‹, aber andererseits ist mir danach zumute, mich niederzuwerfen und sie anzubeten.

»Ja, natürlich. Willkommen! Schön, dass du da bist! Hast du alles gut gefunden?«

»Sonst wäre ich ja nicht hier.«

»Äh ... ja!« Mir wird klar, dass ich hier keinen unnötigen Small Talk brauche.

Ich führe sie ins Wohnzimmer. Alles ist aufgeräumt und nett hergerichtet, der Esstisch festlich gedeckt, Kerzen brennen, der Weißwein ist kalt gestellt.

»Was gibt es denn zu essen?«, will Mervi wissen.

Die Frau verliert keine Zeit.

»Also ... als Vorspeise gibt es Kräuter-Gambas in Butter gegart. Anschließend eine Tomatencremesuppe mit Sahnehäubchen. Das Hauptgericht ist gebratenes Zanderfilet an Limettenschaum. Dazu Butterkartoffeln. Und als Nachspeise *Mousse au Chocolat*.«

Mervi lächelt auf ihre kecke, burschikose Art. »Möchtest du mich füllen?«

Ihr Deutsch ist irgendwie niedlich. Bevor ich darauf antworten kann, fragt sie noch: »Was war die Vorspeise?«
»Gambas. Kräuter-Gambas.«
»Was ist das?«
»Gambas sind Krebstiere. Garnelen.«
»Ach so. Und was war die Hauptspeise?«
»Zander.«
»Das ist ein Fisch, oder? Auf Finnisch *kuha* ...«
»Keine Ahnung, wie der auf Finnisch heißt, aber Fisch ist richtig! Hoffentlich magst du Fisch.«
Ich selbst bin ein bodenständiger Typ, der Fisch vor allem in Form von Fischstäbchen zu sich nimmt. Aber ich bin davon ausgegangen, dass alle Frauen Fisch mögen.
»Du darfst mich überraschen«, schmunzelt sie vielsagend.
Dann zieht sie ein kleines Päckchen aus ihrer Handtasche.
»Hier, für dich.«
Sie reicht mir ein Präsent.
»Danke, das wäre aber nicht nötig gewesen. Darf ich das aufmachen?«
»Was denn sonst?«, lacht sie.
Noch einmal nehme ich mir vor, keinen Small Talk zu betreiben, keine Höflichkeitsfloskeln zu dreschen, kein unnötiges Gerede zu machen.
Unter dem Geschenkpapier kommt eine kleine Flasche mit einer schwarzen Flüssigkeit zum Vorschein.
»Das ist Salmiakschnaps«, erklärt Mervi, »eine Spezialität aus Finnland.«
Noch einmal bedanke ich mich.
Während sich Mervi etwas in meinem Wohnzimmer umsieht, nimmt sie den Kühlkübel mit dem Weißwein in Augenschein. Neugierig zieht sie die Flasche aus den Eiswürfeln. »Und was ist das?«

»Das ist ein Grauburgunder. Vom Kaiserstuhl. Jahrgang 2008. Du trinkst doch Wein?«

»Wein ist okay. Sonst trink ich lieber Bier. Aber ich muss nachher ja sowieso noch zurückfahren.« Sie schiebt die Flasche zurück in den Kübel.

Ich trinke auch lieber Bier, geht mir durch den Kopf. Warum habe ich mein Geld für teuren Rebensaft vergeudet, nur um Eindruck zu schinden? Diese Frau ist ein finnisches Naturkind aus einem Land der Beerenliköre und Branntweine.

Mervi tritt vor das Fenster zum Garten. »Oh, wer ist denn da?«

Auf der Gartenterrasse sitzt Professor Brinkmann und blickt mit großen traurigen Dackelaugen hinein. Ich hatte ihn ausgesperrt, um die Wohnung auf Vordermann bringen zu können.

»Das ist mein Pflegedackel.«

»Komische Hunderasse. Hab ich nie gehört.«

»Na ja, das ist ein alter Dackel, der meinem Nachbarn gehört. Aber er hatte einen Schlaganfall und ist jetzt in Kur.«

»Wer? Der Dackel?«

»Nein, der Nachbar! Willi heißt er und wohnt hier gleich nebenan.« Ich deute in die entsprechende Richtung. »Der Ärmste ist auf der Toilette zusammengebrochen. Nur dank Köttel hab ich ihn überhaupt gefunden.«

»Köttel? Heißt das nicht Kacka?«

»Äh ... also, der Hund heißt eigentlich Professor Brinkmann.«

Mervi schüttelt amüsiert den Kopf. »Komischer Name für ein Hund. Können wir ihn reinlassen?«

»Klar. Wenn du willst ...«

Mervi will. Ich öffne die Türen und Professor Brinkmann kommt zufrieden ins Wohnzimmer getrottet. Er lässt sich von unserem Gast gebührend begrüßen und hätscheln. Dabei hat er einen Gesichtsausdruck, als wolle er nach mehreren Stunden im Garten zum Ausdruck bringen: »Das hab ich mir aber auch verdient.« Während Mervi ihn krault, erzähle ich von Willis Schlaganfall, wie ich ihn gefunden habe und wie er ins Krankenhaus gebracht worden ist.

»Stimmt es, dass du den Hund ins Krankenhaus geschmuggelt hast?«, fragt Mervi mit spitzbübischem Zug um die Mundwinkel.

»Wer hat dir denn so etwas erzählt?«, reagiere ich etwas unsicher.

»Essi! Und die hat es von ihren Freunden in Kindergarten. Aber bei Essi bin ich nie sicher, sie übertreibt manchmal.«

»Na ja, so sind Kinder eben.«

Nachdem Professor Brinkmann sich genügend hat liebkosen lassen, hüpft er nach Art dicker Dackel schwerfällig aufs Sofa und rollt sich zusammen.

Mervi schaut ihm hinterher. »Und der Hund gehört dein Nachbar? Das ist aber lieb, dass du für den Hund kümmerst.«

Ich wehre verlegen ab. »Ach, meistens geht mein Sohn mit ihm spazieren.«

»Du hast einen Sohn?«

»Ja, einen! Er macht demnächst sein Abitur.«

»Oh, schon so groß.«

Während der Vorspeise, von der ich den Eindruck habe, dass sie mir leidlich gelungen ist, befragt mich Mervi zu meinen Familienverhältnissen: ob ich mehr Geschwister als nur meine Schwester habe, ob meine Eltern noch leben, was mein Sohn macht ... Ich beantworte ausführlich alle Fragen, erzähle von meiner Schwester Katja, die mit ihren Kindern erst vor einiger Zeit nach Gürpen zurückgezogen ist, berichte von meiner rüstigen Mutter, die in einer Seniorenresidenz ihre üppige Pension verlebt, und gebe Auskunft über Samuel, den besten Sohn, den man sich nur denken kann, der so reich an Talenten ist und nur den Fehler hat, dass er mich mit Vornamen anspricht. (In der Hinsicht bin ich altmodisch.) Jedes Mal, wenn ich Antwort gegeben habe, stelle ich die gleiche Frage zurück. Und Mervi erzählt von ihren Eltern im mittelfinnischen Karstula, von ihrem Bruder in Helsinki und natürlich von ihrer Tochter Essi, die so lebhaft ist. Das alles tut sie in einem Deutsch, von dem ich den Eindruck habe, dass es mit seinen vielen kleinen Fehlern zur Erheiterung und Verschönerung der deutschen Sprache wie geschaffen ist. Ich könnte ihr jedenfalls stundenlang zuhören. Inzwischen sind wir bei der Tomatencremesuppe mit Sahnehäubchen angelangt. Die Masterfrage des Abends stellt Mervi aber nicht: Sie fragt mich nicht nach Samuels Mutter – und ich frage nicht nach Essis Vater. Stattdessen löffelt sie den letzten Rest aus ihrer Suppenterrine und sinniert: »Erst Garnelen, dann Zander. Du magst sicher Meeresfrüchte? Ich bewundere mich …« – Mervi will sicher sagen: »Ich wundere mich«, aber mit ihren Wortschatzfehlern habe ich keine Probleme, ich bewundere sie ja schließlich auch.

»… ich bewundere mich, dass es dazwischen Tomatensuppe gibt.«

Sie macht mich neugierig. »So? Was hättest du denn erwartet?«

Mervi lutscht an ihrem Löffel: »Zum Beispiel Haifischflossensuppe.«

Haifischflossen?! Das wäre das Letzte, was ich auftischen würde. Nicht nur, weil die armen Haifische dafür grausam sterben müssen. Bei dem Stichwort *Haifischflosse* wird mir ganz unwohl. Ich weiß, Mervi wollte nur einen Scherz machen, aber es verdirbt mir für den Augenblick die Stimmung.

»Habe ich etwas falsch gesagt?«, fragt Mervi besorgt. Ihr muss aufgefallen sein, dass meine Gesichtszüge eingefroren sind. Ich beginne mit dem Abräumen der Suppenteller und bin froh, mich kurz in die Küche flüchten zu können. Und anstatt neue Teller aufzulegen und den nächsten Gang einzuläuten, stelle ich zwei Schnapsgläschen vor uns auf den Tisch.

»Ich hab keine Ahnung, ob das geschmacklich zusammenpasst, aber vielleicht ist jetzt der richtige Augenblick für einen Salmiakschnaps gekommen.«

Mervi grinst. »Warum nicht?!«

Ich gieße uns ein, wir prosten uns zu und kippen die Gläschen hinunter. Der Salmiakschnaps schmeckt nach Hustensaft, aber ich lasse mir nichts anmerken.

Dann offenbare ich Mervi, woran mich Haifischflossen erinnern. Wie Britta gestorben ist. Ich erzähle von dem Sonntagsausflug, von dem Regenwetter und wie Britta zum Parkautomaten rübergelaufen ist. Von dem herbeirasenden Motorrad. Von den Scheibenwischern, auf die ich gestarrt habe. Von den holländischen Touristen, die angelaufen kamen.

Mervi hört gespannt zu. Sie stellt keine Zwischenfragen, sie nickt nicht, sie setzt auch kein Gesicht der Betroffenheit auf. Sie schaut mich nur an.

Nachdem ich geendet habe, herrscht eine betroffene Stille. Wir zwei sitzen da und niemand gibt einen Ton von sich, nicht mal ein kleines Seufzen oder tröstendes Brummen. Ich bin sogar froh darüber, dass Mervi nichts sagt, und mir fällt ein, gelesen zu haben, dass Finnen die Stille ertragen, ohne immer etwas sagen zu müssen. Das gefällt mir.

Ich gieße mir noch einen Salmiakschnaps ein. Verglichen mit dem edlen Grauburgunder ist der schwarze Fusel ein grauenhaftes Gesöff, aber zwischen Tomatensuppe und Zander passt er wunderbar.

Ich hebe mein Glas – »Prost!« – und kippe den Hustensaft hinunter. »Das liegt acht Jahre zurück. Und das Leben geht weiter.«

Nun greift auch Mervi zum Salmiakschnaps und gießt sich einen weiteren ein, den sie fachfräuisch herunterkippt.

»Jetzt wahrscheinlich bin ich wieder dran?!«

Ich nicke, auch wenn ich nicht ganz sicher bin, worauf sie hinauswill. Dann kommt sie ins Erzählen. Ich erfahre davon, wie sie das erste Mal vor mehr als fünfzehn Jahren nach Deutschland gekommen ist, wegen einer Arbeit bei einer finnischen Firma in Düsseldorf. Damals sei sie in Finnland jahrelang verlobt gewesen, aber das wäre dann in die Brüche gegangen, weil sie erkennen musste, dass ihr Zukünftiger zur Gewalttätigkeit neigen konnte. Irgendwann habe sie sich entschieden, dauerhaft in Deutschland zu bleiben, vor allem, weil ihr die fröhliche Art der Rheinländer so gefallen habe.

»Außerdem mag ich kein Schnee!«, gibt Mervi resolut zu verstehen.

»Nicht? Ich dachte, alle Finnen mögen Schnee …«

»Quatsch!«

Nach ein paar Jahren in Deutschland, so Mervi weiter, habe sie etwas Neues machen wollen und hätte in Köln mit einem Zweitstudium der Pädagogik begonnen. Das studiere sie nun schon seit über acht Jahren, mit längeren Unterbrechungen wegen Essi. Ohne Umschweife berichtet sie auch davon, wie die Kleine ihren Anfang genommen hat. Köln, Karneval und ein Clown waren der Grund: »Essi ist ein Karnevalskind.«

Ich erinnere mich, dass Mervis Tochter dieselben Worte benutzt hat, als ich mit ihr telefonierte.

»Hast du den Vater denn nie wiedergesehen?«

Mervi macht eine abwinkende Handbewegung. »Ich weiß gar nicht, wie er ungeschminkt aussieht.«

»Und hast du nicht versucht, ihn ausfindig zu machen?«

»Warum? Um Geld zu fordern?« Ihr Gesichtsausdruck verrät, dass das unter ihrer Würde gewesen wäre.

»Man kann sagen, Essi war ein Unfall«, bekennt sie selbstbewusst, »aber ich finde, sie ist ein Glücksfall!«

Ich nicke zustimmend!

»Hältst du mich jetzt für …?« Mervi sucht nach einem passenden Wort.

*Ich halte dich für toll,* denke ich.

Als könne sie Gedanken lesen, fährt sie fort: »Ich wollte Essi haben! Sonst wäre sie auch nicht auf der Welt.«

»Ich bin froh, dass es sie gibt!« Meine gute Laune ist längst zurückgekehrt. »Neben Sören und Wiebke ist Essi immerhin mein größter Fan!«

Dann gibt es Zander. Und zwar an Limettenschaum.

Beim Hauptgericht sprechen wir über unseren Berufsalltag. Mervi findet es bewundernswert, dass ich mir eine Auszeit vom Dasein als Lokalreporter genommen habe und mich als Puppenspieler versuche. Ich meinerseits kann nur bewundern, dass sie es als Alleinerziehende schafft, Studium, zwei Jobs und die Pflichten einer Mutter unter einen Hut zu kriegen.

»Nächstes Jahr schreibe ich meine Abschlussarbeit. Dann bin ich endlich fertig mit dem Studium!«, strahlt sie.

»Und dann?«

»Dann werde ich pädagogische Puppenspielerin!«

Wir lachen.

Es wird Zeit für den Nachtisch.

Während ich wieder in die Küche verschwinde, steht Mervi auf und stellt sich erneut vor das Fenster zum Garten. Durch die Küchentür kann ich sehen, wie sich plötzlich ihr Gesichtsausdruck verdunkelt. Etwas erstaunt folge ich ihrem Blick. Jenseits der Grenzhecke ist Gül wieder in ihrem Garten zugange.

»Dein Nachbar Willi habe ich anders vorgestellt!«

»Ach … das ist Gül. Eine gute Bekannte. Sie wohnt nur vorübergehend in Willis Haus.«

Mervi blickt mich kritisch an.

Ich hole die Nachspeise aus dem Kühlschrank hervor und trage sie auf. »Bitte sehr! *Mousse au Chocolat*!«

Mervi steht immer noch am Fenster und macht keine Anstalten, sich an den Tisch zu setzen.

»Nimm Platz«, lade ich sie ein. »Und übrigens, ich habe dir noch nicht verraten, weshalb ich letzten Samstag zu spät war.«

Mervi verschränkt die Arme vor der Brust. »Zu spät? Du hast überhaupt nicht gekommen!«

»Das hatte mit Gül zu tun ...«

Mervi setzt sich wieder zu mir, aber anstatt den Dessertlöffel zu ergreifen, gießt sie sich noch einen Salmiakschnaps ein.

»Musst du nicht noch Auto fahren?«, gebe ich zu bedenken.

»Ich trinke ja gar nicht. Erzähl jetzt!«

»Ja, also letzten Samstag: Ich wollte gerade das Haus verlassen und zum ›Schwan‹ fahren ...«

Mit großen Augen hört mir Mervi zu.

# 41

# PRIVATSHOW

Nach meinem Bericht habe ich den Eindruck, dass Mervi mir meine Entschuldigung abkauft. Nur meinen Meisterschuss lasse ich unerwähnt, denn die Wahrheit ist einfach zu unglaubwürdig. Mervi sieht jedenfalls halbwegs zufriedengestellt aus, mit einem allerletzten Rest Unglauben in den Augenwinkeln.

Die *Mousse au Chocolat* ist restlos ausgelöffelt und mein Gast leckt sich die Lippen.

»Wir sollten jetzt über das reden, weshalb ich bin hier«, findet sie.

Ich blicke sie verdutzt an.

»Über Essi und ihre Geburtstag«, ergänzt sie.

»Ja, natürlich!«

Mervi teilt mir mit, welche Sonderwünsche ihre kleine Tochter hat und wie viele Kinder kommen werden: insgesamt fünfzehn, die allermeisten aus dem Kindergarten, unter ihnen auch ein taubstummer Junge. Dass ich durch das Telefongespräch mit Essi sowie durch Infos aus zweiter Hand von Nichte und Neffe bereits bestens informiert bin, behalte ich für mich.

Im Gegenzug lasse ich Mervi wissen, welche Ideen ich bisher für meine Geburtstagsvorstellung hatte, obwohl meine Story noch nicht ganz ausgereift ist. Mervi will alles hören und befragt mich auch zu sämtlichen Vorstellungen, die ich je gegeben habe: zu Hause für meine Niften, im Kindergarten, vor Jugendlichen in der Schule, vor untreuen Schwägern, verwöhnten Bälgern und begeisterten Senioren sowie bei einem Dutzend weiterer Gelegenheiten. Dabei vergeht die Zeit. Die zweite Flasche Grauburgunder ist längst geköpft.

Mervi legt den Kopf zur Seite. »Kannst du mir nicht etwas vorspielen?«

»Ist das dein Ernst?«

»Bitte, bitte!«

Ich hatte noch nie ein Treffen mit einer Frau, bei dem ich Puppentheater gespielt habe. Aber für alles muss es ein erstes Mal geben. Ich hole meine aufbaubare Bühne ins Wohnzimmer und lege mir gleichzeitig eine Geschichte zurecht. Aus meiner Puppenkiste greife ich mir neben Kasperle und seiner Großmutter, die unweigerlich immer vorkommen, die Schneekönigin im weißen Hermelin, den Tataren mit dem Krummsäbel und einige andere Puppen. Auch ein paar Requisiten lege ich mir zurecht. Der Raum wird abgedunkelt, die Bühne beleuchtet. Mervi macht es sich auf dem Sofa neben Professor Brinkmann gemütlich, dabei trinkt sie den letzten Rest Salmiakschnaps.

»Ist die Flasche schon leer?«, frage ich sie.

»Die Flasche ja. Mein Glas noch nicht!«

»Dann gib sie mir bitte.«

Mervi blickt mich mit einer Mischung aus Verwunderung und Erheiterung an.

»Die Flasche brauche ich für mein Stück!«, erkläre ich.
»Salmiakkikossuko?«
»Ja! Und eine Flasche Wein auch.«
In Mervis Augen lese ich Vorfreude und Spannung.
Kurz darauf geht es los. Kasperle singt sein Begrüßungslied:
»Tri-tra-trullala …«
»Muss ich mitsingen?«, fragt Mervi.
»Unbedingt!«

Mein Stück ist eine sehr freie Abwandlung des bekannten Hans-Christian-Andersen-Märchens »Die Schneekönigin«. In meiner Fassung ist es aber nicht die unterkühlte Regentin, die einen kleinen Jungen in ihr eisiges Reich entführt, sondern die Schneekönigin flieht vor einem wilden Tartaren, der ihr den Hermelin rauben will, in südlichere Gefilde.

Zur gleichen Zeit freut sich Kasperles Oma auf einen karnevalistischen Kostümball für Senioren. Bei den Vorbereitungen muss ihr Kasperle mit Rat und Tat zur Seite stehen, denn Oma ist unschlüssig, was für ein Kostüm sie anziehen soll. Zunächst will Oma als Hexe gehen.

»Ja, aber Oma!«, wendet Kasperle ein. »Warum willst du denn als Hexe gehen?«

»Weil isch dann fies bin. Un' wenn isch hingerher meng Maske affnämm, dann sare die Löck: Nee, wat is die schön!«

Egal, was die Leute sagen – Kasperle kann seine Oma überzeugen, dass Hexe keine gute Kostümidee ist.

Dann setzt sich Oma in den Kopf, auf dem Ball als Cowboy zu erscheinen, und probiert ein Wildwest-Kostüm an. Bei jedem Kostümwechsel meiner Figuren benutze ich andere Puppen und signalisiere nur durch die gleichbleibenden Stimmen, wer hinter der jeweiligen neuen Puppe steckt.

Kasperle staunt: »Aber Oma, warum willst du dich denn als Cowboy verkleiden?«

»Ja, Jong, wenn misch eener blöd kütt, dann scheeß isch der kapott!«

»Was denn, Oma?«, lamentiert Kasperle. »Wenn dir einer blöd kommt, willst du ihn totschießen? Ja, aber …«

Weil ich nicht ganz sicher bin, ob Mervi auch rheinisches Platt versteht, lasse ich Kasperle alles wiederholen, was seine Oma von sich gibt. Meine Übersetzungen sind anscheinend nötig, denn jedes Mal, wenn ein Oma-Gag auf Hochdeutsch wiederholt wird, höre ich Mervi glucksen.

Schließlich gelingt es Kasperle, seine Oma zu überreden, sich als Rotkäppchen zu verkleiden. Dafür hat Kasperle die besten Argumente: Zum einen will sich Oma an den Jäger heranmachen, was im Rotkäppchen-Kostüm sicherlich am ehesten gelingt. Zum anderen könne Oma als Rotkäppchen Kuchen und Wein mitnehmen, weil das zum Kostüm dazugehört. »Wenn du Hunger hast«, erklärt ihr Kasperle, »kannst du Kuchen essen! Und wenn dir langweilig ist, Oma, kannst du Wein trinken!«

Oma muss ihrem Enkel recht geben: »Ja, Jong, da häst du reat!« Kasperle begleitet seine Oma auf den Karnevalsball als Clown.

Dort findet sich auf wunderbare Weise schließlich auch die Schneekönigin ein.

An dieser Stelle des Stücks spiele ich mit Fernbedienung von meinem CD-Spieler den Schneewalzer ein.

»Hallo du«, begrüßt Kasperle, nun als Clown, die Fremde aus dem hohen Norden. »Bist du das Weißkäppchen? Meine Oma ist nämlich das Rotkäppchen.«

Mit der Schneekönigin tanzt Kasperle Schneewalzer. Oma macht sich derweil an den Jäger ran, erhält aber eine Abfuhr und setzt sich die Flasche Wein an den Hals. Lallend kippt sie von der Bühne.

Wie im Andersen-Märchen kommt auch bei mir der Teufel vor, der allerdings keinen Zauberspiegel besitzt, welcher in tausend Scherben zerspringt und dessen Splitter in die Augen der Menschen dringen, sondern mein Teufel hat eine Flasche schwarzen Zauberschnaps, den er verschleudert und dessen Tropfen Unschuldigen in die Augen spritzen. Ein Spritzer fliegt auch der Schneekönigin ins Auge und von nun an ist ihr Blick auf die Welt – ganz wie im Märchen – getrübt: Alles Lustige ist von nun an für sie bitterernst und alles Schreckliche ist für sie der größte Spaß. So findet die Schneekönigin den Clown gar nicht mehr lustig, über die beschwipste Oma, die peinlicherweise das ganze Fest aufmischt, muss sie aber hämisch lachen.

Als die Schneekönigin verlauten lässt, dass sie auch keinen Schnee mehr mag, obwohl sie doch die Schneekönigin ist, erkennt Kasperle, dass hier der Teufel seine Klauen im Spiel haben muss.

Am Schneewalzer hat die Schneekönigin auch keinen Gefallen mehr, sie verlässt den Ball, ohne sich von Kasperle zu verabschieden, und zieht in die weite Welt hinaus. Dabei läuft ihr ein kleines Häschen zu, das sie mitnimmt. Gemeinsam verschwinden die beiden.

Kasperle macht sich nach dem Karnevalsball auf die Suche nach seiner Schneekönigin, entledigt sich aber vorher des Clownskostüms und steckt seine Oma in eine Ausnüchterungszelle. Alle großen Abenteuer der Menschheitsgeschichte sind Reisen ins Unbekannte – Kasperles Auszug ist da keine Ausnahme, nur dass er beständig »Tri-tra-trullala« singt und durch nichts aufzuhalten ist. Im Verlauf seiner Reise begegnet er dem Teufel, den er durch eine List mit dem eigenen Schnaps betrunken macht und in einen Sack stopft (Samuels Turnbeutel). Kasperle trifft auch auf den Tartaren. Der Unhold ist immer noch von dem Gedanken getrieben, der Schneekönigin den weißen Hermelin abzujagen. Als Kasperle seine bösen Absichten erkennt, kann er ihm seinen Krummsäbel entwenden und den Unhold zum Teufel in den Sack zwingen.

Als Kasperle ans Ende der Welt gelangt, springt ihm das Häschen über den Weg. Es hoppelt unruhig hin und her und weiß nicht, ob es lieber nach links oder rechts, nach vorne oder hinten hoppeln soll. Aber es weist Kasperle schließlich den Weg zur Schneekönigin, die reglos auf einem kargen Felsblock hockt. Kasperle möchte sie aufheitern, aber seine Faxen findet die Schneekönigin fürchterlich öde. Versehentlich kitzelt Kasperle die Schneekönigin mit den Fransen seiner Zipfelmütze an der Nasenspitze, die Schneekönigin muss niesen und da … klingelt Mervis Telefon.

Da meine Zuschauerin den Anruf entgegennimmt, halte ich in meinem Puppenspiel inne. Hinter meiner Bühne höre ich, wie sie sich auf Finnisch unterhält.

Mervi redet beschwichtigend und mit tröstender Stimme auf jemanden ein. Klar, dass es sich nur um Essi handeln kann. Ich höre eine Weile zu und hoffe, dass es schnell vorbei ist. Das Schlimmste, was die Medien- und Technikwelt in den letzten Jahrzehnten hervorgebracht hat, sind Werbeunterbrechungen, tragbare Telefone und Seifenopern mit mehr als tausend Folgen. Die Konsequenz ist die Zerhackstückung unserer Traumwelten.

Das Gespräch zieht sich. Nach einer Weile gebe ich auf und trete hinter meiner Bühne hervor. Nur meinen Kasperle lasse ich auf der Hand. Aus der Traum!

Am Ende ihres Gesprächs wechselt Mervi ins Deutsche. »Ja … ja, ist schon gut … nein, das macht nichts …« Das muss die Babysitterin am anderen Ende der Leitung sein. Schließlich beendet Mervi ihr Telefonat.

»Es tut mir leid!«, sagt sie betrübt.

»Ist etwas mit Essi?«

»Sie kann nicht einschlafen.«

»Trotz Babysitter?«

Mervi nickt traurig.

»Da kann man wohl nichts machen. Dann ... musst du sicher bald nach Hause.«

»Ja.«

»Autofahren lasse ich dich aber nicht mehr! Grauburgunder und Salmiakschnaps sind eine unberechenbare Kombination.«

»Ich kann mir ein Taxi bestellen.«

»*Ich* kann dir ein Taxi bestellen. Oder besser noch: eine Fahrgelegenheit! Wo wohnst du überhaupt?«

Mervi nennt mir ihre Adresse in einem Vorort von Gürpen.

»Und was ist mit dem?«, fragt sie kleinlaut und zeigt auf die Handpuppe.

»Fortsetzung folgt«, lasse ich meinen Kasperle sagen und zum Abschied winken.

# 42

# TAXIFAHRT

Gül hat mehrere Brüder. Einer davon ist Nedim, mein Kollege von der Redaktion. Ein anderer heißt Hakan und ist Taxiunternehmer. Froh darüber, sich bei mir für die Errettung seiner Schwester vor den finstern Berts revanchieren zu können, dauert es dank Güls Vermittlung keine fünf Minuten, bis ein Taxi zum Sondertarif zu mir unterwegs ist.

Mervi hat sich bereits ihre Strickjacke angezogen, denn trotz sommerlicher Temperaturen sind die Nächte kühl. Wir warten schweigend auf die Ankunft des Taxis. Die schneeköniginnenhafte Märchenstimmung ist leider dahin, die salmiakschnapsige Unbeschwertheit auch. Ich lege meine Handpuppen wieder säuberlich auf die Seite, Mervi streift an meinen Bücherregalen vorbei und blickt gelegentlich aus dem Fenster zur Straßenseite hinaus. Irgendetwas liegt in der Luft, das gesagt werden sollte, aber keiner von uns tut es.

Plötzlich entdeckt Mervi das Seelentrösterbüchlein von Literaturonkel Jakob Klumpstadt im Regal.

»Oh, du liest Jakob Klumpstadt?!«
»Ja. Manchmal. Notgedrungen.«
»Den finde ich schweinegut!«
Ein seltsames Wort. Ob man sich so auf Finnisch ausdrückt? Mervi zieht das Buch hervor und beginnt es durchzublättern.

Da mir nicht mehr nach überflüssigen Höflichkeiten zumute ist, sage ich unverblümt: »Ich finde Klumpstadt eher klumpig statt gut!«

»Bitte?«

»Ich finde ihn grauenhaft. Platt. Abgedroschen. Zum Würgen!«

Mervi blickt vom Buch zu mir auf und lächelt. Sie ist kein bisschen beleidigt, dass ich ihre Sicht der Dinge nicht teile.

»Doch! Der ist sehr gut! Weißt du, er schreibt nicht nur Alltagsweisheiten. Hast du schon mal pädagogische Artikel von ihm gelest? Er hat viel geschrieben zu positives Denken. Und er macht Seminare. Er …«

»Da kommt das Taxi!« Ich weise nach draußen. Vor meiner Tür ist eine schwere Limousine angerollt, deren beleuchtetes Taxischild durch die Nacht strahlt. Mervi klappt das Buch zusammen und will es wieder ins Regal zurückstellen.

»Möchtest du es geliehen haben? Oder meinetwegen geschenkt?«

»Geliehen ja«, sagt Mervi fröhlich, »aber nicht geschenkt.« Sie klemmt das Buch unter den Arm, streicht Professor Brinkmann kurz zum Abschied über seinen Dackelkopf und begibt sich mit mir in den Flur. An der Haustüre dreht sie sich stürmisch zu mir um und meint unverhofft: »Komm mit!«

»Wohin?«

»Taxi fahren! Zu mir. Zu Essi. Sie würde bestimmt freuen. Nur ganz kurz! Du kannst doch mit dem Taxi zurück in die Stadt. Bitte!«

»Warum nicht? Gerne!«

Wenig später versinken wir im abgeschlossenen Innenraum eines Luxustaxis in zwei Sitzbänken aus dunkelrotem Leder. Ebenholztischchen, abgedunkelte Scheiben, Minibar und sonstiger Schnickschnack ergänzen die exquisite Ausstattung unserer Fahrgelegenheit. Hinterm Steuer sitzt der Chef persönlich, Güls Bruder Hakan. Er ist der Älteste der Sadak-Geschwister und befehligt eine größere Taxi-Armada – ein bulliger Typ mit freundlichen braunen Knopfaugen und buschigem Vollbart. Wir kennen uns flüchtig und begrüßen uns beim Wiedersehen per Handschlag. Mit einem Grinsen hat er Mervi und mir die Tür aufgehalten.

Kaum hat die Fahrt begonnen, meldet sich Hakans Stimme aus einer Wechselsprechanlage: »Bitte bedient euch aus der Minibar, wenn ihr möchtet!«

»Minibar? In einem Türkentaxi?«, muss ich ihn triezen. »Da steht doch bestimmt nur Rosenwasser drin!«

Ohne sich aus der Ruhe bringen zu lassen, antwortet Hakan: »Da ist alles drin, was du dir denken kannst: vom italienischen Grappa bis zum russischen Wodka.«

»Hast du nur Mafia-Getränke dabei?«

»Kölsch ist auch an Bord!«, teilt Hakans tiefe sonore Stimme mit.

Das ist auch nicht viel besser. Der Kölner Klüngel ist ja ähnlich verrufen.

»Und deutscher Weißwein?«

»Na, sicher!«, brummt Hakan.

»Wie sieht's denn aus mit Salmiakschnaps?«

»Tut mir leid«, antwortet unser Fahrer nach kurzem Zögern, »da muss ich passen.« Er ergänzt: »Das höre ich zum ersten Mal. Aber wenn du willst, kann ich dir unterwegs katholisches Weihwasser besorgen.«

Hakan hat denselben Humor wie sein Bruder Nedim.

»Danke, nein«, winke ich ab, obwohl wir zum Fahrer keinen Sichtkontakt haben, »bring uns nur heil zum Ziel.«

Die Wechselsprechanlage verstummt, wir fahren durch die Straßen der Innenstadt.

Mervi lehnt sich leicht an mich. »Wann spielst du denn den Rest des Geschichtes?«

»Bald!«, verspreche ich.

Nach einer Weile fragt sie noch: »Haben wir schon geeinigt, was dein Puppenspiel bei Essis Geburtstag kostet?«

»Nicht wirklich ...«

»Was kostet es?«

»Ein Abendessen! Aber ohne Fisch, dafür mit Kasperle.«

Mervi greift nach meiner Hand und drückt sie herzlich, wie um sich zu bedanken.

Es dauert nicht lange und wir erreichen ihr Zuhause. Mervi wohnt in einem Mehrfamilienhaus im dritten Stock. Hakan verspricht, auf mich zu warten, und greift nach seinem Smartphone, um sich die Zeit zu vertreiben.

Mervi und ich betreten das Haus und steigen die Treppen hinauf. »Wenn Wochenende wäre, könnte Essi morgen lange schlafen«, erklärt Mervi noch einmal mit Bedauern. »Aber sie muss früh auf und in die Kindergarten. Sonst hätte ich noch können bleiben.«

»Schade.«

Als sie schon den Schlüssel ins Loch steckt, ergänzt sie: »Du kennst die Babysitterin vielleicht. Sie arbeitet auch im Kindergarten, wo du hast Puppentheater gespielt.«

Wir schlüpfen durch die Wohnungstür und betreten zunächst einen schmalen Flur mit altem Parkettfußboden, an dessen Wand entlang säuberlich Schuhe aufgereiht stehen. Die Babysitterin kommt uns entgegen. Ich kenne sie tatsächlich: Es ist die junge Alexandra aus Polen, die im Kindergarten St. Nikolaus ein Praktikum macht und mit den Kleinen das Märchen vom Hasenherz einstudiert hat. Zuerst macht sie große Augen, als sie mich als Begleitung erkennt, dann wendet sie sich ohne langen Gruß an Mervi: »Tut mir sehr leid! Essi ist heute ganz unruhig. Sie will nicht einschlafen.«

Mervi nickt ihr beschwichtigend zu. »Schon gut.«

»Und ich wusste auch nicht, dass sie ihr Telefon mit ins Bett geschmuggelt hat. Das haben wir erst bemerkt, als wir sie sprechen hörten.« Alexandra macht eine kurze Pause und betritt mit Mervi das kleine Wohnzimmer.

Hilflos zuckt Alexandra die Schultern. »Vielleicht ist sie ja inzwischen eingeschlafen.«

»Wo ist denn dein Freund?«, fragt Mervi halblaut.

»Der ist noch bei Essi im Kinderzimmer.«

Inzwischen habe ich wie Mervi meine Schuhe ausgezogen und folge den Frauen ins Wohnzimmer, das mit Esstisch und Kochecke zugleich als Küche dient. Alle Wände hängen voll mit Urlaubspostkarten, selbst gemalten Kinderbildern und Zeitungsausschnitten. Ich erkenne mehrere Artikel über mich und die Puppenspielerei, manche davon Ausdrucke aus der Online-Ausgabe unserer Zeitung, eingerahmt von krakeligen Bildern mit Wachsmalstiften, die Kasperle und die Figuren aus »Max und Moritz« zeigen.

Mervi greift nach ihrem Portemonnaie und will ihre Babysitterin auszahlen.

»Nein, nein«, wehrt Alexandra ab, »dafür möchte ich nichts haben.« Mervi besteht darauf. Während die zwei sich flüsternd über die Bezahlung streiten, höre ich leise Schritte aus dem Kinderzimmer. Heraus tritt – mir fällt die Kinnlade nach unten – mein Sohn Samuel. Ihm geht es nicht anders als mir, auch ihm steht die Überraschung ins Gesicht geschrieben.

»Was machst du denn hier?«, fragen wir uns fast gleichzeitig.

In Samuels Gesicht entgleist ein Lächeln: »Ich ... äh ... helfe meiner Bekannten. Beim Babysitten.«

Das hätte mir eigentlich klar sein sollen. Väter sind wahrscheinlich von Natur aus schwer von Begriff. Oder ich bin einfach besonders doof.

»Ihr kennt euch?«, fragt Mervi neugierig.

»Ja, flüchtig«, scherzt Samuel. Alexandra steht grienend dabei, ihr sind alle Zusammenhänge sicher längst bekannt.

Im selben Moment öffnet sich erneut die Kinderzimmertür und eine verschlafen aussehende Essi kommt herausgetrippelt. Sie läuft auf ihre Mutter zu und lässt sich in den Arm nehmen.

»*Kulta, mikset nuku?*«, höre ich Mervi sagen, während sie ihre Tochter herzt und ihr einen Kuss auf die Stirn drückt.

Ohne darauf einzugehen, was ihre Mutter sagt, schaut Essi mich an und fragt verschlafen: »Hallo Karl. Kommst du zum Kasperlespielen?«

»Ja, aber nicht heute. Auf deiner Geburtstagsfeier.«

Da draußen ein Taxi wartet, ist keine Zeit für lange Gute-Nacht-Geschichten oder Erklärungen. Mervi schickt ihre Tochter zurück ins Bett und verspricht, gleich wieder bei ihr zu sein.

»Ich bin dann auch weg!«, meint Alexandra und greift nach ihrem Sturzhelm, um nach Hause zu fahren. Sie ist mit einem Motorroller unterwegs.

»Und *du* kannst mit mir fahren«, sage ich zu Samuel, »ich bin mit dem Taxi hier.« Er begleitet Alexandra hinunter auf die Straße. Mervi und ich bleiben für einen Moment allein im Wohnungsflur zurück.

»Danke für die nette Abend!«, sagt sie zum Abschied.

»Ich habe zu danken.«

»Beim nächsten Mal ist es hoffentlich nicht so kurz.«

»Ja.«

»Und dann ich koche.«

»Das wäre schön.«

»Ich mache Karelischen Fleischtopf.«

»Klingt lecker.«

»Mein Vater kommt aus Karelien.«

Ich nicke, obwohl ich keine Ahnung habe, wo Karelien liegt, aber ich bin mit allem einverstanden, solange es keine Haifischflossensuppe gibt.

Mervi packt mich mit beiden Händen beim Hemdkragen.

»Und jetzt sollst du mich küssen!«

Wenig später kutschiere ich mit meinem Sohn im Luxustaxi nach Hause.

»Ich hoffe, ihr hattet einen netten Abend«, sage ich zu Samuel, der mir gegenübersitzt.

Er grinst mich wieder an. »Ich hoffe, ihr auch.«

»Jetzt weiß ich wenigstens, wem du hilfst und wobei.«

*Das Leben schreibt die besten Geschichten,* denke ich. Das wäre eine gute Rubrik für unsere Zeitung: ›Geschichten, die das Leben schrieb‹.

»Und? Wie ist die kleine Essi so?«, frage ich noch.

»Ganz nett. Manchmal etwas anstrengend. Und nicht kleinzukriegen. Außerdem gewinnt sie gegen mich und Alexandra immer im Mau-Mau.«

Bei diesem Stichwort fällt mir das längere Telefongespräch ein, das ich vor einigen Tagen mit Essi geführt habe. Hatte sie da nicht erzählt, dass ihre Babysitter eine Polin und ein Engländer seien?

»Wie kommt es eigentlich, dass Essi dich für einen Engländer hält?«, frage ich Samuel.

»Tut sie das?« Er überlegt kurz. »Vielleicht deshalb, weil sie und Alexandra mich Sam nennen.«

Wahrscheinlich deshalb.

Auch eine ernstere Frage kann ich mir nicht verkneifen: »Ist Alexandra nicht ein bisschen alt für dich? Sie muss doch schon um die zwanzig sein.«

Samuel sieht mich entwaffnend an: »Ich frag dich ja auch nicht, ob Essis Mutter zu jung für dich ist. Du bist doch bestimmt zehn Jahre älter als sie ...«

»Acht!«, verbessere ich ihn und kann kaum glauben, dass Mervi auch schon ein reifes Alter erreicht hat. Ihrem Aussehen nach könnte sie kaum dreißig sein.

Es knackt in der Wechselsprechanlage des Taxis. »Wie wäre es jetzt mit einem Drink, meine Herren?«, fragt Hakan.

»Danke, nein«, antworte ich für uns beide.

Nach kurzer Pause meldet sich unser Fahrer noch einmal: »Karl, ich hab gehört, dass du jetzt als so eine Art Meddah arbeitest, als lustiger Geschichtenerzähler.«

»Könnte man so sagen. Als Puppenspieler.«

»Ich feiere im Herbst ein Betriebsfest und suche noch nach Programm für den Abend. Etwas Amüsantes.«

»Wenn du mich engagieren willst, stehe ich zur Verfügung. Sind die meisten deiner Fahrer nicht Türken?«

»Viele, aber nicht alle.«

Ich brauche nicht lange, um mich zu entscheiden. »Na ... warum nicht? Wie wäre es zum Beispiel mit einem Stück, das den Titel trägt: ›Süper-Küsperle und der Harem des Grauens‹?«

Hakan lacht durch die Sprechanlage. »Abgemacht!«

Samuel wirft mir einen anerkennenden Blick zu. Es ist schön zu bemerken, wenn der eigene Sohn stolz auf einen ist.

»Was du immer für Ideen hast!«, staunt er. »Wo kommen die nur alle her?«

Das wüsste ich manchmal auch gerne. Wenn's um Kasperle geht, sprudeln sie nur so aus mir hervor.

Nun drücke ich auf den Knopf der Sprechanlage, der in die Armlehne eingelassen ist: »Um noch einmal auf dein Angebot zurückzukommen, Hakan: Hast du auch türkischen Raki in deiner Minibar?«

»Selbstverständlich! Greift zu!«

Ich bediene mich. In der Minibar, die alles andere als mini ist, finden sich sogar gefrostete Gläschen. Ich gieße zwei davon halb voll und fülle den Rest mit Eiswasser auf.

Samuel schaut mir ungläubig zu.

»Aber ich hab morgen Schule«, wendet er zaghaft ein.

»Trink. Du wirst bald achtzehn!«

Wir stoßen an und kippen den Raki hinunter.

Samuel verzieht das Gesicht. »Das schmeckt wie Hustensaft.«

»Ja. Den Geschmack hatte ich heute schon einmal auf der Zunge!«

# 43

# DER TAG DANACH

Obwohl ich in der Nacht nach unserem Abendessen nur wenig Schlaf finde, wache ich am nächsten Morgen kraftstrotzend auf. Ich stehe unter Hochspannung, kurz vor dem Überkochen. Mir ist zum Unkrautausreißen! Ich bin vollkommen aufgewühlt und total kirre im Kopf. Ist das gestern wirklich alles passiert? Und falls ja: Ist es tatsächlich *mir* passiert?

Ich versuche, meine Erinnerungen wachzurufen, meine Gedanken zu ordnen, meine Gefühle zu sortieren ... es will mir nicht gelingen. Beim Blick auf mein Mobiltelefon bemerke ich, dass Mervi mir in aller Frühe schon eine Textnachricht geschickt hat. Sie schreibt: »Essi freut sich schon auf Samstag. Ich auch!«

Umgehend antworte ich: »Und ich erst!« Mit sieben Ausrufezeichen!

Freude ist ansteckend und alles scheint wahr zu sein: der Zander an Limettenschaum, Salmiakschnaps, Mervi und ihre grünen Augen, das Luxustaxi und ein Kuss jenseits des Siedepunktes. Sicherheitshalber überprüfe ich, ob meine nachglühenden Ohren auf dem Kopfkissen Brandspuren hinterlassen haben.

Kaum ist Samuel zur Schule, ziehe ich meine Sportsachen über und gleite in meine luftgepolsterten Laufschuhe. Ich brauche jetzt einen Zehn-Kilometer-Lauf! Mindestens! Wenn man – wie ich – völlig aus dem Häuschen ist, muss man raus aus dem Haus. Unser Pflegedackel schaut mich erwartungsvoll an. »Nühs, nühs!«, sage ich ihm und drohe mit dem Zeigefinger. (Ich gehe verstärkt davon aus, dass der Hund Platt kann.) »Du wirst später ausgeführt, Köttel! Samuel will dich am frühen Abend sicher wieder stundenlang mit in den Stadtpark nehmen.«

Einmal mehr schaut mich Professor Brinkmann mit seinen traurigen Dackelaugen an, die immer zum Nierenstein-Erweichen sind. Ich beuge mich zu ihm herab und kraule ihn hinter den Ohren. »Professor Brinkmann, auch Köttel genannt, lieber Hund! Du warst doch schon heute Morgen in unserem Garten kacken. Was willst du mehr? Ich kann dich nicht mitnehmen, ich bin beim Laufen viel zu schnell für dich! Das war anders, als ich noch an Krücken ging. Nun sei nicht traurig, heute triffst du sicher wieder deine Freundin, die süße polnische Promenadenmischung mit der Terrierschnauze!«

Professor Brinkmann wendet sich von mir ab und legt sich aufs Sofa. »Dann eben nicht!«, sagt sein Hundegesicht. Ich wusste, dass er mich versteht.

Ich trete vor die Tür und sauge die frische Morgenluft ein. Die Welt ist ganz so, wie ich es erwartet habe: Eine frühe Sommersonne lacht mir entgegen. Ich muss losstürmen! Dampf ablassen! Wenn einem das Herz bis zum Halse schlägt, ist es heilsam, es sich aus dem Leibe zu rennen. Kurz darauf wetze ich durch die morgendlichen Straßen.

Nach einer Weile sehe ich in einiger Entfernung einen anderen Jogger, der zum Ufer der Gülpe abbiegt. Eine Ahnung beschleicht mich. Ich folge dem Läufer und arbeite mich an ihn heran. Kein Zweifel! Da vorne läuft Dirk Drassel, der Trainer unserer Thekenmannschaft. Er sieht so aus, als kämpfe er mit Seitenstichen. Der soll mich kennenlernen! Es dauert nicht lange und ich habe ihn fast eingeholt. Noch einmal steigere ich meine Geschwindigkeit, dann flitze ich an ihm vorbei. Beim Überholen mache ich ein gleichgültiges Gesicht, als wäre es die natürlichste Sache der Welt.

»Morgen, Dirk!« – und vorbei bin ich.

»He!«, höre ich ihn hinter mir schreien. »He! Was soll das?« Ich weiß gar nicht, worüber er sich so aufregt.

»Begrüßt man so einen alten Sportskameraden?«, krakeelt Dirk Drassel mir hinterher. Ein kurzer Blick über die Schulter zeigt mir, dass er mit rasselndem Atem stehen geblieben ist und verärgert die Arme in die Hüfte stemmt. Ich drehe mich um 180 Grad und laufe ein paar federnde Schritte im Rückwärtslauf. »Ich komme demnächst wieder zum Training. Wenn ich Zeit hab! Grüße an die Jungs von Santa Maria 104!« Ich winke kurz, wende mich wieder um und renne weiter – in vollem Tempo!

Mir ist klar, dass Dirk Drassel das kaum auf sich sitzen lassen kann und nach kurzem Kräftesammeln versuchen wird, mich einzuholen. Um ihm diese Freude nicht zu machen, sprinte ich voraus und biege bald darauf unbemerkt in einen Seitenpfad ein, wo ich mich im Unterholz verberge. Tatsächlich dauert es nicht lange und Dirk Drassel kommt wie ein wild gewordener Eber angepresscht, mit Schaum vor dem Maul. Mit diebischer Freude lasse ich ihn an meinem Versteck vorbeistürmen und warte, bis er außer Sichtweite ist. Dann laufe ich in die Richtung zurück, aus der ich gekommen bin – flink, unbeschwert und gut gelaunt. Nur ein kleines bisschen plagt mich mein Gewissen und flüstert, dass ich irgendwie gemein bin.

Gegen Ende meines Laufs, nach etwa acht bis neun Kilometern, erspähe ich Dirk noch einmal. Mir schwant, dass er eine Strecke gelaufen ist, die etwa dem Doppelten meiner eigenen entspricht, einen bekannten Rundweg an beiden Ufern der Gülpe entlang. Er lehnt schwer keuchend und vornübergebeugt an einem Verkehrsschild. Der Ärmste muss sich bis zur Erschöpfung verausgabt haben und sieht aus, als könne er sich nur noch auf dem Zahnfleisch weiterbewegen. Vergeblich hat er wohl versucht, mich irgendwo einzuholen. Er rotzt gelben Schleim an den Straßenrand. Einiges von dem, was er da ausspeit, scheint zu pulsieren und fortkriechen zu wollen. Leichtfüßig überhole ich Drassel nun ein zweites Mal, und zwar mit demselben ausdruckslosen Gesicht.

»Schönen Tag noch, Dirk!« – und vorbei bin ich.

Ich höre ihn hinter mir herjapsen, aber er ist nicht mehr in der Lage, einen artikulierten Satz auszusprechen oder einen Ruf auszustoßen. Mir geht durch den Kopf, dass ich das bekannte Märchen vom Hasen und vom Igel auch einmal als Vorlage für ein Kasperle-Stück nutzen könnte.

»Wenn et eenmol jot flupp', dann flupp' et!« ist eine Seibock'sche Weisheit, die mir an diesem Vormittag mehrfach durch den Kopf geht. Ich fühle mich fit wie ein Marathonläufer; die Frühstücksbrötchen, die ich mir im Anschluss an den Morgensport beim Bäcker geholt und nach Stammkunden-Vorzugsbehandlung erhalten habe, waren besonders lecker und in meinen Mails erwarten mich nur angenehme Neuigkeiten: Ende des Sommers findet in Köln ein Kleinbühnen-Schaustellertreffen statt, bei dem ich mich angemeldet hatte und zu dem ich nun, wie mir bestätigt wird, als teilnehmender Puppenspieler angenommen worden bin. Außerdem findet sich die Anfrage zu einem Interview von einem lokalen Radiosender in meiner

E-Post, die ich gerne annehme. Zwei weitere Mails kommen von Eltern, die mich auf Kindergeburtstage bestellen wollen. Die Auktionsplattform E-Hammer teilt mir mit, dass mein Gebot auf die Handpuppe eines Sultans das höchste war und ich demnächst stolzer Besitzer einer weiteren seltenen Puppe sein werde. Auf meiner Internetseite gibt es mehrere Gästebucheinträge, die alle voller Zuspruch und Anerkennung sind und die ich gut gelaunt freischalte. Eine Mail ist von Hakan, der mir noch einmal bestätigt, dass er mich mit einem Puppenstück für gestandene Männer und hartgesottene Taxifahrer zu seinem Betriebsfest einladen will. (»Süper-Küsperle und der Harem des Grauens« – die Sultan-Puppe wird in diesem Stück zum Einsatz kommen!)

Während ich an meinem Schreibtisch sitze und Termine plane, klingelt es auf meinem Festanschluss. Es meldet sich Sabine Leugens, die Tochter meines Nachbarn Willi Seibock. Sie berichtet davon, dass ihr Vater mit der Genesung gute Fortschritte mache und sicher bald entlassen werde könne. Das freut mich aufrichtig und trifft sich auch zeitlich gut, denn meine Neu-Nachbarin Gül hat mir kürzlich noch bestätigt, bald wieder ausziehen zu wollen.

»Vater kann hoffentlich weiterhin alleine leben, mit ambulantem Pflegedienst und Haushaltshilfe«, erklärt Sabine Leugens. Das ist mehr, als ich zu hoffen gewagt hätte.

»Schön zu hören«, sage ich überschwänglich, »und Köttel wird sich auch riesig freuen!«

»Wer?«

»Professor Brinkmann.« Es ist schon kompliziert, wenn ein Hund einen akademischen Titel im Namen trägt, aber einen fäkalen Spitznamen hat. Zum Glück leidet der Hund nicht an einer gespaltenen Persönlichkeit.

Kurz vor Mittag geht eine weitere Textnachricht von Mervi bei mir ein: »Grüße von der Uni in Köln. In 3 Wochen ist hier ein Wochenendseminar mit Jakob Klumpstadt. Es ist öffentlich. Willst du mitkommen?«

Oh nein! Der Seelentrösteronkel mit dem positiven Denken. Ich simse zurück: »Klumpstadt finde ich grauenhaft. Aber wenn du dabei bist, komme ich trotzdem gerne mit!!!«

Mervi schreibt kurz darauf: »Super! Ich brauche nur einen Babysitter ☺.«

»Ich kenne da zwei ...«

Nach einem Mittagsimbiss werkle ich weiter an der anstehenden Aufführung zu Essis Geburtstagsfeier. Ich habe mir noch mehr Böller und Tischraketen kommen lassen und experimentiere im Garten unter anderem an einer Konfettibombe. Der Ratschlag meiner Niften geht mir durch den Kopf: »Am Ende muss es krachen und knallen und laut sein. Und alle Kinder müssen Süßigkeiten kriegen.« Tatsächlich lasse ich es in meinem Garten probeweise krachen und zischen und hoffe, mir nicht den Unmut meiner rechtschaffenen Nachbarn zuzuziehen.

Ich probiere auch eine Wunderkerzen-Kette aus, die sich im Dominoeffekt entzünden und gleichzeitig Luftballons zum Platzen bringen soll. Zudem bastle ich an dem Plan, auf meiner Puppenbühne einen Vulkanausbruch zu simulieren, entscheide mich dann aber dafür, brodelndes Höllenfeuer und einen dampfenden Hexenkessel darzustellen. Mit Raketen bin ich so gut bestückt, dass ich den Geburtstag auch mit einem minutenlangen klassischen Außenfeuerwerk verzaubern könnte. Von einem entfernten Bekannten, der als Diskjockey und Party-Entertainer arbeitet, will ich mir noch einen Nebelwerfer ausleihen, und über meiner Bühne will ich farbige Lichter anbringen, die ich je nach Stimmung und Kulisse per Knopfdruck ändern kann: Rot für die Hölle, Blau für hohe See, Grün für Wald, Braun für Omas Kartoffelkeller. Während meiner Tüftelei kommen mir ständig neue Ideen und der klammheimliche Wunsch beschleicht mich, bis zu Essis Fest noch einen Monat Zeit zu haben.

Mitten im Aushecken und Pläneschmieden klingelt ein weiteres Mal mein Telefon. Diesmal ist es meine Mutter, die ich gestern, am Mittwoch, entgegen unserer Besuchstradition habe versetzen müssen.

»Kannst du nicht ausnahmsweise heute einmal vorbeikommen?«, fragt sie mich mit einem Unterton, als würde eine freudige Überraschung auf mich warten. Ich bin sicher, sie will mit mir über meine Kasperle-Aufführung in der Seniorenresidenz sprechen. Da ich, wie ihre Freundlichkeit ahnen lässt, keine moralischen Vorwürfe zu befürchten habe, sage ich zu, obschon es viel zu tun gibt. Wir einigen uns auf halb vier Uhr für eine Stippvisite. Nach Beendigung des Gesprächs fällt mir auf, dass Mervi mir schon die dritte Kurzmitteilung des Tages geschickt hat: »Komme bald mit Regio-Bahn aus Köln, abhole dann Essi von Kindergarten. Dann können wir Auto holen. Bist du um fünf zu Hause?«

»Jaaaaaaaa!!!!«

Es gibt Tage im Leben, die so voll sind, dass man sich wünscht, die Sonne würde wie in Finnland für zwei Monate nicht untergehen!

Punkt 15.30 Uhr treffe ich in der Seniorenresidenz meiner Mutter ein. Mein Gang durch die Flure gleicht einem Triumphzug. In der Eingangshalle sitzt wie immer der adlige Herr von Bommelsbeck, der mir schon von Weitem gut gelaunt zuwinkt.

»Guten Tag, Herr von Bommelsbeck!«, begrüße ich ihn, erstmals seit Jahren so, dass ich dabei hörbare Laute von mir gebe.

»Sehr gut!« Er spricht langsam und mit brüchiger Stimme und gibt mir durch einen Wink zu verstehen, dass ich nicht nur vorbeieilen soll. Höflich bleibe ich vor seinem Tischchen stehen.

»Wann spielen Sie uns wieder Puppentheater, Herr Pohlmann?«, fragt er mit einem schiefen Lachen in seinem Greisengesicht. Ich kann mir plötzlich vorstellen, wie er als kleiner Junge ausgesehen haben muss. »Weiß noch nicht. – Sind Sie zufrieden mit Ihrem neuen Hörgerät?«

Herr von Bommelsbeck nickt eifrig.

Auch die Frau, die im Rollstuhl sitzt, kommt mir schwungvoll entgegengerollt und besteht darauf, mir dankbar die Hand zu schütteln. »Ich musste ja so lachen. So lachen!«, wiederholt sie mehrfach und will meine Hand gar nicht mehr loslassen.

Zwei ältere Damen lauern mir im Treppenhaus auf und singen bei meinem Erscheinen »Tri-tra-trullala«. Auch sie wollen wissen, wann ich die nächste Vorstellung gebe, und haben auch sogleich ein halbes Dutzend Vorschläge parat, was im Stück alles passieren könnte. Allerorten frohe Gesichter, zustimmendes Lächeln und verbales Schulterklopfen!

Meine Mutter öffnet mir mit einer Miene, als hätte ich einen lustigen Lausbubenstreich gespielt, bei dem sich zwar anfangs alle erschreckt, aber zum guten Schluss auch mächtig amüsiert hätten. Wäre ich noch nicht volljährig, würde sie mich bestimmt begrüßen mit »Du Schlingel«. Auch sie ist der Ansicht: »Bei Gelegenheit müsstest du unbedingt noch einmal ein Theaterstück zum Besten geben! Die Leitung hat schon bei mir angefragt.« Dann überreicht sie mir stolz Dutzende Papiere, die meisten handschriftlich beschrieben, mit Notizen ihrer Mitbewohner, die meiner Aufforderung gefolgt sind, Erinnerungen ans Puppentheater für mich festzuhalten. Ich überfliege die Blätter und lese Überschriften wie »Kasper und die Kuh, die sich nicht melken lassen wollte«, »Der Liebestrank« oder »Kasperle und die Reise zum Mond«.

»Klasse«, freue ich mich, »das ist ja eine Fundgrube an Ideen!«

Meine Mutter sieht mich großmütig an: »Das sind nur Tuben mit Farben, aus denen du Gemälde malen musst.« Meine Mutter neigt in ihrer Ausdrucksweise zuweilen zu Pathos und Feierlichkeit. Nicht umsonst besucht sie dauernd Volkshochschulvorträge und liest alle Buchtitel der Belletristik-Verkaufslisten.

»Wie meinst du das?«

»Seien wir ehrlich, mein Sohn. Die Handlung deiner Stücke kann banal sein. Aber all deine Einfälle und Überraschungen, dein Wortwitz, die Sprachspielereien … und wie du die Stimmen verstellen kannst: Das ist genial!«

Ich frage mich, wie meine Mutter zu ihrem Urteil kommt, denn wenn ich mich recht entsinne, hat sie gerade mal ein einziges Stück von mir gesehen. Aber ich lasse das Lob unkommentiert im Raume stehen und sozusagen von allen vier Wänden widerhallen.

Enttäuscht darüber, dass ich es heute besonders eilig habe, muss mich meine Mutter nach kaum einer Stunde wieder ziehen lassen.

Unten im Empfangsraum läuft mir noch der Pfleger über den Weg, der mir beim Aufbauen geholfen hat.

»Herr Pohlmann, Sie müssen im nächsten Monat unbedingt wieder bei uns spielen. Wir bestehen darauf!«

»Einverstanden!«, entgegne ich gut gelaunt. »Ich hab auch schon Ideen, wie's weitergehen soll!«

»So?«

»Ja! Das Ganze braucht ein Happy End. Beim nächsten Mal wird Kasperles Oma den Jäger heiraten und die beiden adoptieren einen vergesslichen Gartenzwerg, der ihnen zuläuft.«

»Ich bin mit allem einverstanden!«, lacht der Pfleger. »Hauptsache, Sie spielen an einem Abend, an dem ich Dienst habe!«

»Geht klar! Wie wär's, wenn ich morgen früh zurückrufe, damit wir einen Termin ausmachen können, Herr ... eh ...«

»Sagen Sie Günter zu mir!«

»Gerne, aber nur, wenn du Karl zu mir sagst.«

Wir schütteln uns die Hände.

Gegen halb fünf trudle ich wieder bei mir zu Hause ein. Noch bevor ich meinen popeligen Opel in eine der Parkbuchten unserer Straße gefahren habe, fällt mir auf, dass Mervis Wagen bereits weg ist. War sie schon hier?

Während ich zu meiner Haustür eile, fällt mir auf, dass ich gar kein Mobiltelefon dabeihatte und daher nicht zu erreichen war. Ich öffne die Tür und finde einen Zettel, den man mir durch den Briefkastenschlitz geschoben hat. Auf der einen Seite steht eine Notiz von Mervi:

»Hallo.

Ich konnte schon etwas früher weg aus Köln und war mit Essi kurz vor vier hier. Leider warst du nicht zu Hause. Wir haben auch versucht, dich anzurufen.

Bis bald – Essi und Mervi!

PS: Essi hat dir im Kindergarten ein Bild gemalt.«

Ich drehe den Zettel herum. Auf der anderen Seite befindet sich ein farbenfrohes Bild von Kinderhand, mit weichen Buntstiften gemalt. Darauf zu sehen sind drei Personen, die durch einen Nadelwald gehen: eine Frau mit blonden Haaren, ein kleines Mädchen mit breitem Grinsen im Gesicht und ein Mann mit zwei Köpfen. Am Himmel steht eine volle, goldgelbe Sonne. Durch die Luft tanzen dunkle Schneeflocken. Beim genaueren Hinsehen wird mir klar, dass der Mann keine zwei Köpfe hat, sondern dass der zweite Hals nichts anderes ist als der rechte Arm, der nur etwas kurz und dick geraten ist. Und über der rechten Hand trägt der Mann eine Handpuppe mit roter Zipfelmütze. Links im Bild ist ein blauer Teich zu sehen, in dem sich viele Fische tummeln. Aus dem Wald schaut ein Hirsch hervor, der den drei Spaziergängern hinterherlugt. Im Wurzelwerk des Waldes ist ein zweiter Kasper zu erkennen, der – so scheint es – mit dem Handpuppen-Kasperle einen verstohlenen Blick wechselt.

Meine Enttäuschung darüber, dass Mervi und ich uns verpasst haben, weicht beim Anblick von Essis Bild einem tröstlichen Wohlgefühl. Wie süß!

Im Wohnzimmer finde ich mein Mobiltelefon auf dem Tisch liegen – auf dem Display prangt die Mitteilung, dass mich ein halbes Dutzend unbeantwortete Anrufe erreicht haben. Ich drücke sofort auf den Rückrufknopf, es klingelt nur zweimal und es meldet sich Essi.

»Hallo Karl! Wo bist du gewesen?«

»Hallo Essi. Bist du's?«

»Ich bin ich!«, bestätigt Essi mit Nachdruck. Das kommt mir bekannt vor.

»Ich wollte eigentlich deine Mutter sprechen.«

»Du hast aber mich angerufen!«

»Tut mir leid ...«

»Tut es dir etwa leid, mich anzurufen?«

»Nein, nein, das nicht! Ist deine Mutter da?«

»Mami ist kurz nebenan ein paar Sachen einkaufen. Wo warst du denn?«

»Ich war bei meiner Mutter!«, erkläre ich Essi.

»Hast du auch eine Mutter?«

»Natürlich habe ich eine Mutter!«

»Davon hast du aber noch nie erzählt!«

Essi entgeht nichts! Nach den ersten Sätzen wird mir klar, dass sich unser Gespräch wieder hinziehen wird. Essi ist kein

Mädchen, mit dem man kurz und bündig ein Zwei-Minuten-Gespräch führen könnte.

»Hast du denn auch einen Papi?«, fragt sie.

»Nein, der ...«

»Bist du auch ein Karnevalskind?« Bevor ich darauf etwas sagen kann, fragt Essi schon: »Mochtest du mein Bild?«

»Oh ja! Sehr sogar. Danke schön!« Während wir telefonieren, halte ich ihr Werk in der Hand und betrachte es schmunzelnd.

»Das hast du alles sehr schön gemalt!«, lobe ich sie. »Den Wald, die Sonne, die drei Leute, den Hirsch ...«

»Das ist doch kein Hirsch!«, fällt mir Essi verärgert ins Wort. »Das ist ein Elch!«

»Ja sicher, ein Elch!«

Im weiteren Verlauf unseres Gesprächs erfahre ich außerdem, dass es sich bei den dunklen Schneeflocken um schwirrende Mücken handelt und dass der zweite Kasper, der auf dem Waldboden hockt, in Wahrheit ein finnischer Waldwichtel ist.

Es dauert ungefähr fünfzehn Minuten, bis im Hintergrund eine Wohnungstür zu hören ist, die sich öffnet und wieder schließt.

»Äiti, täällä on Karl puhelimessa. Haluatko puhua sen kans?«, höre ich Essi ins Finnische wechseln. Dann meldet sich Mervi am Apparat und ich habe erneut das Gefühl, dass mir die Sonne lacht und dass ein Schwarm finnischer Mücken durch meine Eingeweide tanzt.

# 44

# VOLL ENTFLAMMT

In der nächsten Nacht falle ich in einen unruhigen Schlaf und habe wieder einmal die seltsamsten Träume: Ich sehe mich mit Mervi durch einen zauberhaften Wald wandern. Die kleine Essi geht in unserer Mitte, wir halten sie links und rechts bei der Hand. Dabei plappert sie unentwegt, aber sie ist nicht zu verstehen. Ich habe zwei Köpfe, von denen einer ständig zurückschaut, als läge etwas hinter mir, das ich im Auge behalten muss. Ein Dackel, der auf Krücken läuft, kreuzt unseren Pfad. Dutzende andere sonderbare Gestalten tauchen hinter bemoosten Felsen auf oder lugen hinter Fichtenbäumen hervor. Ein Bogenschütze mit grüner Mütze lauert im Gebüsch, der mir einen Pfeil nach dem anderen ins Herz schießt, ohne dass es wehtut. Auf einer Lichtung kämpft eine Amazone mit südländischem Aussehen gegen vier Trolle, die alle denselben Namen haben. Wir marschieren an ihr vorbei und sind uns sicher, dass sie den Kampf gewinnen wird. Auf einem Ast sitzen zwei alte Eulen, von denen die eine ihren Kopf in jede Richtungen dreht, während die andere ein Hörgerät aufhat und hundertvier Jahre alt ist. Wir kommen an einem Schild vorbei, auf dem mit großen Lettern geschrieben steht: »Wie ernst ist die Wahrheit?«

In einem tiefschwarzen See, der von Birken umstanden ist, tummeln sich mattgrüne Fische, die »Tri-tra-trullala« ins Wasser blubbern und sich vor Lachen biegen. Ganz in der Nähe steht ein primitives Plumpsklo. In die aus rohen Brettern zusammengenagelte Tür ist aber kein Herz geschnitten, sondern in das Holz ist der Schriftzug *Kaiserstuhl* eingebrannt. Aus dem Plumpsklo ruft eine vertraute Stimme: »Wenn et flupp', dann flupp' et!«

Essi beginnt ganz leicht über dem Waldboden zu schweben und plaudert ohne Unterlass weiter. Sie ist sehr glücklich. Ein Hase und ein Igel rennen vorbei, aber der Igel ist schneller. Im tiefsten Waldesdickicht, wo kein Lichtstrahl hinfindet, steht Roberto Blanco und singt »Der Puppenspieler von Mexiko«, aber auf Finnisch. In der Dunkelheit ist nur das Weiß seiner Augen und seiner Zähne zu erkennen.

Die Sonne über uns pafft und pufft wie ein Feuerwerk, Konfetti umschwirrt uns wie ein Mückenschwarm, aber so geräuschlos und friedlich wie Schneeflocken. Plötzlich beginnen die Bäume um uns zu beben. Einer nach dem anderen hebt vom Waldboden ab wie eine Rakete und zischt in den Sommerhimmel, wo die Baumriesen mit lautem Knallen zerspringen und als buntes Licht auf uns herabrieseln. Auf einmal steht der ganze Wald in Flammen, aber das Feuer ist angenehm warm und vermag uns nichts anzuhaben. Nur die vier Trolle, die alle denselben Namen haben, fliehen in wilder Panik vor der züngelnden Lohe. Mervi und ich stehen in einem Ring aus Feuer. Sie gibt mir einen Kuss und der zweite Kopf, der immer nur nach hinten schaut, fällt ab. Es schmerzt ein wenig, aber es ist eine Erleichterung. Der zweite Kopf schmilzt im Feuer wie ein Klumpen Wachs. Für einen kurzen Moment sieht er grässlich verformt und bedrohlich aus, aber dann wandelt er sich in eine Kaspermütze. Ich greife nach ihr und setze sie auf. Die Mütze stimmt mich fröhlich, ihr Zipfel baumelt unbeschwert schlackernd vor meinem Gesicht. Mervi lacht aus tiefstem Herzen. Ihr Lachen klingt silbern. Mit den Fransen meiner Mütze berühre ich ihre Nase, es kitzelt und bringt sie zum Niesen.

Da springt ein mannsgroßes Eichhörnchen auf uns zu. Es trägt ein Namensschildchen mit der Aufschrift »Günter« auf dem rotbraunen Fell. Das Eichhörnchen packt mich unsanft bei den Schultern und ruft: »Wach auf!« Aber ich will nicht aufwachen. Das Feuer ändert seine Farbe, erlischt langsam und wandelt sich in herbstlich verfärbtes, rötliches Laub. Mervi und Essi unterhalten sich freudig, ich verstehe nicht, wovon sie sprechen, aber ich höre immer wieder das Wort *ruska* heraus. Kaum liegt das Laub auf dem Waldboden, schießen Pilze mit Gesichtern aus ihm hervor. Sie wachsen in Windeseile und leuchten dabei in unterschiedlichen Farben. Ein hochroter Fliegenpilz hat das Gesicht unseres Redaktionschefs Helmut Ungeduld. »Wach auf!«, knurrt er ungehalten.

*Du hast einen Eierkopf,* denke ich und kümmere mich nicht weiter um ihn, sondern entzünde lieber für Mervi, Essi und mich ein Lagerfeuer. Der grüne Bogenschütze läuft hinzu. Er sieht aus wie Samuel. Er reißt all seine Pfeile aus dem Köcher, zerbricht sie und wirft sie als Brennholz in unser Lagerfeuer.

»Wach auf, Karl!«

Ich mag es nicht, dass mein Sohn mich beim Vornamen nennt.

»Wach auf!«

»Was ist los?«, stammle ich.

»Es brennt!«

Mühsam richte ich mich im Bett auf.

»Es brennt in der Nachbarschaft«, wiederholt Samuel.

Jetzt erst bemerke ich den schweren Rauchgeruch, der in der Luft hängt. Mit traumschweren Lidern blinzle ich aus dem Fenster zum Garten hinaus. Schräg gegenüber schlagen helle Flammen aus dem Erdgeschoss eines Nachbarhauses.

»Was, um Himmels willen …?«

»Das Haus der Berts!«, schreit Samuel. »Es brennt!«

»Hast du …? Ist …?« Ich bin immer noch im Halbschlaf und nicht in der Lage, mich vernünftig auszudrücken.

»Die Feuerwehr ist unterwegs«, keucht er, »ich habe schon das Martinshorn gehört.«

Ich springe auf, mir schwirrt ein wenig der Kopf, aber ich bin wach. »Los, alle Fenster schließen!« Ich weiß zwar nicht, ob diese Anweisung vernünftig ist, aber zumindest schützt das unsere Innenräume halbwegs vor Qualm. Dann hetzen wir beide in Schlafanzügen in unseren Garten. Professor Brinkmann folgt uns mit besorgtem Dackelgesicht. Unter dem Vordach unserer Gartenterrasse liegt aufgerollt unser angeschlossener Gartenschlauch. Nutzlos! Unser Schlauch ist nicht lang genug, um bis zum Nachbarhaus zu reichen, andererseits ist der Brandherd weit genug entfernt, um nicht auf unser Haus überschlagen zu können. Jedenfalls noch nicht.

»Du bleibst hier beim Schlauch!«, befehle ich Samuel. »Sollte es Funkenflug geben, spritz unsere Hauswand an!«

Im Reihenhaus neben uns steht Gül im Bademantel am Fenster. Auch sie verfolgt mit versteinerten Zügen die Vorgänge auf der anderen Seite ihres Gartens. Unsere Blicke begegnen sich kurz. Ich winke ihr zu und versuche durch ein zuversichtliches Kopfnicken auszudrücken, dass alles gutgehen wird und keine Gefahr für uns besteht.

Hastig schlüpfe ich in meine neuen Sportschuhe, die zum Auslüften auf der Terrasse standen. Dann steuere ich zielstrebig auf den hinteren Gartenzaun zu, um mir ein genaueres Bild von den Vorgängen um das Haus der Berts machen zu können. Das Feuer knackt und zischt. Verdammt! Da fällt mir siedend heiß ein, dass all meine Feuerwerkskörper im Gartenschuppen lagern. Wer weiß, was passiert, wenn der Schuppen Feuer fangen sollte? Dann fliegt uns die gesamte Bude um die Ohren!

Es fällt schwer, gegen den grellen Schein des Feuers genauere Einzelheiten auszumachen, nur dunkle Umrisse sind zu erkennen – Bäume, Sträucher, der Zaun, unser Schuppen –, die sich vor dem hellen Flammenlicht absetzen. Als ich den hinteren Teil unseres schmalen, lang gezogenen Reihenhausgartens erreiche, wird mir bald klar, dass meine Sorge unbegründet ist. Denn als ich endlich vor unserem Schuppen stehe, wird ersichtlich, dass die Tür gewaltsam aufgebrochen worden ist – sie steht halb offen. Atemlos schaue ich mich kurz in dem kleinen Schuppen um. All meine Böller, Raketen und Feuerwerkskörper sind verschwunden. Hier steht nichts mehr, was leicht entzündlich wäre oder hochgehen könnte. Oder doch: mein Reservekanister mit Rasenmäherbenzin und eine Flasche mit Grillanzünder. Aber im Moment besteht wohl keine unmittelbare Gefahr.

Ich eile zum Zaun und recke mich, um auf die andere Seite schauen zu können. Die Hitze des Feuers ist deutlich spürbar, sie bläst mir wie ein glühender Wüstenwind ins Gesicht. Zunächst kann ich selbst mit zusammengekniffenen Augen kaum etwas erkennen, nur dass der untere Stock des Hauses lichterloh brennt. Außer dem Prasseln des Feuers ist das fast pfeifende, surrende Geräusch eines Sogs zu hören, den die wilde Feuersbrunst verursacht. Aufgeregte Rufe gellen durch die Nacht. Sie klingen weniger nach Hilferufen als nach Kommandos. Die Feuerwehr muss schon vor Ort sein. Erst nach kurzer Gewöhnung meiner Augen will es mir gelingen, Genaueres zu sehen. Das obere Stockwerk scheint noch heil zu sein, aber an der Außenwand des Hauses lecken die Flammen schon gierig in die Höhe. Über dem Dach stieben Funken in die Luft und schwarze Rauchwolken lassen das Gebäude wie eine riesige Fackel erscheinen.

Vom Vorgarten des Bert'schen Hauses aus arbeitet sich ein Löschtrupp vor. Plötzlich gibt der Bretterzaun, an dem ich mich hochgehangelt habe, nach und kippt vornüber in den Garten der Berts. Mit einem Mal bin ich mitten im Geschehen. Ich springe auf die Füße und will hinüber zur anderen Seite laufen, wo die Feuerwehrmänner arbeiten. Halb geblendet stolpere ich dabei gegen drei traurige Gestalten. Es sind die Berts! Keine Ahnung, wer von ihnen wer ist, aber sie sehen allesamt wie willenlose Zombies aus. Sie stehen zerzaust, angerußt und mit ausdruckslosen Augen in ihrem Garten und starren auf ihr brennendes Heim. Immerhin wirken sie unverletzt.

»Ist alles in Ordnung mit euch?«, schreie ich den Erstbesten an. Er stinkt nach Alkohol und glotzt ausdruckslos durch mich hindurch. Dabei röchelt er. Die Burschen stehen unter Schock oder sind besoffen. Wahrscheinlich beides. Einer von ihnen hustet.

»Los!« Ich treibe die drei wie willenlose Rindviecher vor mir her Richtung Straße. Dort stehen zwei Löschzüge und ein Rettungswagen, allesamt mit kreisendem Blaulicht. Als wir an der Seite des Hauses vorbeihasten, bemerke ich, wie sich eine schemenhafte Gestalt aus einer Dachbodenluke zwängt. Verflucht, da oben steckt noch einer!

Als uns die Feuerwehrmänner erspähen, winken sie uns eilig heran. Die Berts schubse ich in Richtung Rettungswagen. Torkelnd werden sie von Sanitätern in Empfang genommen.

Zwei Feuerwehrmänner stehen neben mir und halten einen schweren Schlauch, dessen Wasserstrahl sie auf ein Fenster der Häuserfront gerichtet haben. Ein weiterer Schlauch wird eben in Position gebracht. Andere Männer sehe ich zu den Nachbarhäusern ausschwärmen. Die Straße ist für Verkehr bereits durch Signalbänder abgesperrt worden. Ich wende mich sofort an einen Feuerwehrmann, der unbewegt im Trubel steht und den Einsatz zu leiten scheint. Er ist ein stämmiger Kerl mit grauem Bart. Ich schreie ihm zu:

»Im Haus ist noch einer!«

»Was? Wo?«

»Er versucht, aufs Dach zu klettern! Auf der linken Seite des Hauses!« Ich zeige in die entsprechende Richtung. Sofort ruft der Graubart einigen Umstehenden Befehle zu und bellt etwas Unverständliches in sein Funksprechgerät.

Dann wendet er sich wieder an mich und brüllt gegen den Lärm an: »Wohnen Sie auch in dem Haus?«

»Nein, ich bin ein Nachbar. Von der gegenüberliegenden Seite.«

»Wissen Sie, wer und wie viele in dem Haus leben?«

»Drei erwachsene Männer, ein Dauergast ...«

Der Befehlshabende nickt.

»Der Vierte steckt noch irgendwo da oben!«, schreie ich ihm ins Ohr.

Er nickt noch einmal und schiebt mich dann auf die Seite. »Danke! Treten Sie zurück hinter die Absperrung. Halten Sie sich zur Verfügung.«

Ein Sanitäter legt mir noch eine Decke über die Schultern, im Schlafanzug mache ich wahrscheinlich einen hilfsbedürftigen Eindruck. Kalt ist mir nicht.

Mehrere uniformierte Männer mit Schutzmasken sprinten gleich darauf in die Richtung, die ich gewiesen hatte. Sie tragen ein Sprungtuch. Auch ein weiterer Schlauch wird entrollt und zur linken Hausseite geschleppt. Ich stehe hinter der Absperrung und beobachte gebannt das weitere Geschehen, leider ohne alles sehen zu können. Minuten vergehen. Andere Nachbarn und vereinzelte Schaulustige versammeln sich. Die Absperrung wird scharf von einem Feuerwehrmann patrouilliert, der in regelmäßigen Abständen »Zurückbleiben!« ausruft. Aus den Gesichtern der Umstehenden lese ich Entsetzen, Unglaube und Anspannung, aber auch Faszination. Einige machen sogar Fotos.

Ich überlege kurz, ob ich um den gesamten Häuserblock herumlaufen und zu Samuel zurückkehren soll. Mein Sohn wird sich bereits Sorgen machen.

Ein weiterer Feuerwehrmann bewegt sich mit einer leeren Bahre im Laufschritt zur Seite des Hauses. Kurz darauf wird der fehlende Bert auf der Bahre von vier Männern herangetragen und zum Rettungswagen geschafft. Sein Sprung in Sicherheit ist offensichtlich geglückt. Ein Sanitäter presst ihm sofort ein Atemgerät aufs Gesicht. Verdacht auf Rauchvergiftung, vermute ich. Einige Umstehende klatschen spontan Beifall.

Von mehreren Seiten wird jetzt mit voller Kraft gelöscht. Dessen ungeachtet haben die Flammen bereits vom Obergeschoss Besitz ergriffen. Andererseits zeigen die Löscharbeiten weiter unten erste Wirkung.

Da tippt mir jemand von hinten auf die Schulter, ich drehe mich um, hinter mir steht Nedim, mein junger Kollege vom Lokalblatt. Er hält eine Fotokamera mit Teleobjektiv in der Hand.

»Du auch hier?«, fragt er ein wenig erstaunt.

»Ja!« Ich berichte ihm in knappen Sätzen, was passiert ist.

»Und *du* bist im Einsatz?«, frage ich zurück.

»Klar doch! Für die Morgenausgabe ist es natürlich schon zu spät, aber übermorgen gibt es einen Exklusivbericht.«

Er richtet seine Kamera auf mich und macht ein Bild, bevor ich ihn davon abhalten kann. »Außerdem würde ich dich gerne interviewen. Eine Retterstory!«

»Bitte nicht!«, wehre ich ab. »Wie hast du eigentlich so schnell hiergefunden?«

»Meine Schwester hat mich angerufen. Gül hat übrigens auch die Feuerwehr verständigt!«

»Dann mach doch die Retterstory bitte mit ihr!«

Nedim fotografiert weiter das brennende Haus, als der graubärtige Feuerwehrmann heranstiefelt. Er hält unter den Zivilisten hinter der Absperrung Ausschau. Als sein Blick auf mich fällt, stapft er mit großen Schritten auf mich zu. Er lüpft das Band der Absperrung und bedeutet mir, näher zu treten. Aus dem Augenwinkel bemerke ich Nedims enttäuschtes Gesicht. Er hatte wohl gehofft, selbst vorgelassen zu werden oder ein paar Informationen vom Löscheinsatz aus erster Hand zu erfahren. Aber auch sein Presseausweis, den er demonstrativ um den Hals trägt, nutzt ihm wenig.

Der Graubart führt mich ohne lange Worte zum Rettungswagen. Dort kauert sie, die Brut des alten Albert: Herbert, Norbert, Robert und Siegbert. Sie bieten ein Bild des Jammers. Der Älteste der Brüder liegt auf einer Bahre und keucht. Er wird ärztlich versorgt.

»Sind das alle?«, werde ich gefragt.

Ich nicke zur Bestätigung.

Der Befehlshabende gibt den Sanitätern einen Wink. Der Motor wird gestartet, der Fahrer lässt einmal kurz sein Martinshorn aufheulen, dann setzt sich der Wagen in Bewegung. Die vier Ramponierten werden ins Krankenhaus verfrachtet.

Während wir dem Wagen hinterherschauen, raunt mir der Graubart zu: »Die ersten drei sind wohlauf. Jedenfalls sieht es so aus. Leichter Schock, mehr nicht. Der Vierte muss behandelt werden. Hat viel Rauch eingeatmet. Aber der Sprung hat ihn gerettet.« Er sieht mich anerkennend an.

»Besteht Gefahr für die Nachbarshäuser?«, erkundige ich mich.

»Keine direkte. Es sieht so aus, als hätten wir das Feuer unter Kontrolle.«

Das freut mich zu hören. »Ich vermute, Sie werden nach der Brandursache forschen.«

»Ja. Morgen!«, kommt die knappe Entgegnung. »Man wird Sie als Zeugen sicher noch befragen wollen.«

»Ich glaube, ich weiß, was hier passiert ist.«

Mein Gegenüber zieht die Augenbrauen hoch. »Lassen Sie hören!«

»Tischfeuerwerk und Raketen in geschlossenen Räumen. Wahrscheinlich im Suff und mit Zigaretten im Mundwinkel.«

# 45

# DER ROTE BLITZ

Die Sonne des nächsten Tages offenbart einen kläglichen Anblick: Vom Haus der Berts stehen nur noch die niedergebrannten Außenmauern und ein verkohlter Dachstuhl. Immer noch scheint es im Gebälk zu glimmen und zu rauchen. Ein schwerer Brandgeruch liegt in der Luft. Stundenlang wurde gelöscht, übrig geblieben ist ein durchnässter, ascheschwarzer Schutthaufen. Auch umstehende Bäume sind versengt. Die ganze Umgebung sieht aus, als hätte ein feuerspeiender Drache gewütet. (Jedenfalls fällt mir solch ein Vergleich für das Rheinland ein. Würde ich in New York leben, könnte man vermuten, Godzilla sei durch das Haus getobt.)

Aber das alles darf mich nicht von meiner Mission abhalten! Morgen ist Essis Geburtstagsfeier und ich will eine Vorstellung abliefern, die alles Dagewesene in den Schatten stellt. Andererseits hat mir der Verlust meiner Raketen und Böller auch zu denken gegeben. Vielleicht sollte ich mich weniger auf äußere Effekte und Knall-Einlagen konzentrieren, sondern mich auf die Stärken des eigenen Puppentheaters besinnen. Ich nehme mir vor, die Kinder nicht beeindrucken zu wollen, indem ich ihnen Actionkino vorspiele. Stattdessen will ich ihnen etwas bieten, was kein Kino kann: sie mitmachen lassen!

Dennoch muss ich mir teilweise Zubehör und Requisiten auf die Schnelle neu besorgen – zumindest auf Konfettibombe und Nebelwerfer will ich nicht verzichten!

Samuel hat an diesem Freitag erst um 10 Uhr Schule und wir können in Ruhe miteinander frühstücken. Wir sind allerdings beide ziemlich übernächtigt. Gesprächsthema Nummer eins ist natürlich die vergangene Nacht und der Brand in der Nachbarschaft.

»Demnächst kommt übrigens wieder ein neuer Superheldenfilm in die Kinos!«, meint Samuel.

*Was hat das mit dem Brand zu tun?*, frage ich mich.

»Der Film heißt *Red Flash*«, erzählt mein Sohn unbeirrt weiter, »mit so einem Typen, der sich in Supergeschwindigkeit bewegen kann.«

»Und?«

»Ich hab schon einen Trailer gesehen. Da brennt eine Wohnung oben im Hochhaus und der ›Rote Blitz‹ rast in das Gebäude und rettet eine ganze Familie.«

Ich gieße mir Kaffee nach und lasse Samuel weiterreden.

»In einer Szene schmeißt *Flash* ein Baby zum Fenster raus, rennt durch das brennende Treppenhaus hinunter auf die Straße und fängt es unten wohlbehalten wieder auf.«

In der Filmwelt ist es immer so, dass hilflose Frauen, wehrlose Alte und unschuldige Kinder von tapferen Helden gerettet werden. Im wahren Leben kann man die Feuerwehr bestenfalls darauf hinweisen, wo noch ein Trunkenbold zu bergen ist, der sich mit seinen Saufbrüdern den Schlamassel selbst eingebrockt hat.

Samuel grinst: »Du bist der Rote Blitz von Gürpen!«

»Blödsinn! – Die Frage ist, ob du dir den Film noch mit mir ansehen willst oder in Zukunft lieber mit Alexandra ins Kino gehst.«

Samuel kontert: »Die Frage ist, ob der Film jugendfrei ist und Essi mit reindarf. Dann könntest du zusammen mit ihr und Mervi gehen.«

Ich hab keine Ahnung, ob Mervi und Essi Superheldenfilme mögen. Anstelle von Kinobesuchen, überlege ich, kann man ja auch durch Wälder spazieren, in denen es vor Bogenschützen, Amazonen, Trollen, mannsgroßen Eichhörnchen, singenden Fischen und Pilzen mit Gesichtern nur so wimmelt.

»Was machst du denn heute Abend?«, möchte Samuel noch wissen.

»Ich habe ein Treffen mit einer gewissen Mathilde.«

Samuel sperrt den Mund auf, obwohl darin noch sein halbes Frühstücksbrötchen steckt. »Ist das dein Ernst?«

»Mein völliger!«

»Mathilde? Was denn für eine Mathilde?«

Ohne mehr zu verraten, frage ich Samuel noch: »Ich hoffe, du und deine Alexandra kommt morgen mit auf den Eifelhof. Ihr seid doch auch eingeladen bei Essi, oder?«

»Klar, wir hatten vor zu kommen. Hoffentlich dürfen wir beim Kasperle-Theater zusehen.«

»Wenn ihr wollt …«

»Kasperle ist besser als Superheldenfilme«, lacht Samuel, »man weiß nämlich nie, was als Nächstes kommt.«

»Schön. Ihr seid selbstverständlich willkommen. Mathilde wird auch mit dabei sein.«

Samuel zieht die Stirn in Falten: »Was denn bloß für eine Mathilde?«

Dann ist er da, der große Tag! Der Tag von Essis Geburtstagsfeier! Ich bin schon in aller Frühe auf und fahre rechtzeitig zum Eifelhof, um alles für meine Aufführung vorzubereiten. Die dicke Matrone, die mit ihrem Mann den Hof gepachtet hat, führt mich gut gelaunt in den kleinen Saal, in dem ich aufführen soll.

»Kann ich den Saal von innen abschließen?«, frage ich sie.

»Ja-ja, äver waröm?«

»Damit ich in Ruhe alles vorbereiten kann. Das ist so wie an Heiligabend, wenn das Christkind kommt: Das Weihnachtszimmer muss bis zur Bescherung verschlossen bleiben.«

Die Dickmadam schüttelt lachend den Kopf. »Hee is' dä Schlössel!«

Ich installiere farbige Leuchter, bringe den geliehenen Nebelwerfer in Position, schließe Boxen an eine Musikanlage, rücke Bänke und Stühle zurecht, lege mir meine Utensilien bereit. All das braucht seine Zeit.

Die eigentliche Feier soll um 15 Uhr beginnen. Mervi und das Geburtstagskind kommen gut eine Stunde vorher, um sich um die Geburtstagstorte und alles Nötige kümmern zu können. Auch den beiden verwehre ich den vorzeitigen Zutritt in mein Sälchen, als sie an meine Tür klopfen. Sie haben zwar keine Ahnung davon, was ich mit Weihnachtszimmer meine, geben sich aber damit zufrieden, noch etwas warten zu müssen.

Am liebsten würde ich mich bis zu meiner Aufführung verstecken, mich hinter meine Bühne verkriechen und in Gedanken das Stück noch einmal durchgehen. Fast scheue ich mich davor, Mervi wiederzusehen, obwohl ich mir nichts sehnlicher wünsche. Seit unserem Abendessen sind zwei Tage vergangen, in denen wir uns gefühlte hundertsiebzehn Textnachrichten zugeschickt und zusammengerechnet etwa fünfeinhalb Stunden miteinander telefoniert haben. Nach unserem Abendessen hätten wir uns längst wiedertreffen sollen-wollen, aber am Donnerstag haben wir uns unglücklicherweise knapp verpasst und gestern Abend hatte ich ein zeitintensives Treffen mit Mathilde. Und beinah bin ich froh über diese Verhinderungen. Wie wird es sein, Mervi erneut zu begegnen?

Meine bange Zurückhaltung liegt sicherlich auch daran, dass ich alt genug bin, um behutsam zu sein. Wenn man wie ich in die Jahre kommt, fängt man an, den Advent zu genießen, anstatt ungeduldig die Bescherung herbeizusehnen wie in Kinderjahren. Man ahnt, dass die Zeit des Wartens die schönste ist und die Zeit der Ungewissheit den größten Zauber hat. Vielleicht steckt aber auch die Angst dahinter, zur Bescherung könnte ein Knecht Ruprecht erscheinen, der mich mit der Rute vertrimmt, weil ich nicht brav gewesen bin; oder es ist die klamme Sorge, ein hübsch verpacktes Geschenk könnte sich als wertloser Plunder entpuppen, der wenig taugt und bald entzweigeht. Irgendwann frage ich mich, warum ich mitten im Sommer an Weihnachten denken muss.

Ich ziehe meine Kasperle-Puppe über die Hand.
»Kasperle, bist du bereit?«
Kasperle nickt.
»Und, bin ich bereit?«
Kasperle nickt sehr heftig.
Ich verlasse den Saal.

Draußen unter freiem Himmel ist eine Art Pavillon aufgebaut, ein Zeltdach mit bunten Wimpeln, wo die Festgesellschaft bei Kaffee und Kuchen beisammensitzt. Auch die Eltern der Kinder dürfen wegen des langen Anfahrtswegs dabeibleiben und mitfeiern. Auf den ersten Blick sind Mervi und Essi nicht zu sehen, sie sind wahrscheinlich in der Küche zugange. Ich bin unsicher, wie ich Mervi begrüßen soll. Mit einem netten: »Hallo, wie geht's?« Oder mit einem freundschaftlichen Kuss auf die Wange? Sollte ich ihr förmlich die Hand geben? Sie leicht an mich drücken oder ihr stürmisch um den Hals fallen? Sind wir schon ein Paar? Muss das offiziell unter uns ausgehandelt werden? Ist dieser Status öffentlich und vorzeigbar? Welche Tiefe und Haltbarkeit hat diese Beziehung? »Hach«, stöhne ich, »Kasperle, solche Probleme hast du nicht!«

Ich stehe noch im Schatten des Zeltdachs und grüble, da höre ich plötzlich ein lautes Kinderjauchzen. Es kommt vom Haupthaus des Eifelhofs. Ich wende mich um: Dort steht Essi im Türrahmen, das Geburtstagskind! Sie hat mich entdeckt und stürmt nun mit ausgebreiteten Armen über die Wiese auf mich zu. »Karl!«, ruft sie mehrfach und strahlt vor Freude. Essi trägt ein kurzes geblümtes Sommerkleid, das ihr um die dünnen Beine flattert. Ich beuge mich zu ihr herab, fange sie in meinen Armen auf und wirble sie einmal herum. Sie presst ihr überhitztes Gesicht an das meine. »Karl! Bist du jetzt endlich fertig in deinem Saal? Ich bin jetzt sechs Jahre alt. Bald kommen die Gäste! Wusstest du, dass Sören und Wiebke auch kommen? Wir haben eine ganz große Torte für mich! Mit Erdbeeren obendrauf! Wann spielst du Kasperle? Mein Opa und meine Oma aus Karstula haben mir ein Riesenpaket geschickt. Das darf ich aber erst später aufmachen. Hast du auch ein Geschenk für mich? Du hast ganz viele Leute gerettet! Heute Nacht darf ich mit einigen Freunden auf dem Dachboden vom Eifelhof schlafen. Da haben wir dicke Matratzen hingelegt. Zum Nachtisch gibt es Eis, und Rosa hat gesagt, wir dürfen auch Ponyreiten. Bald fangen die Sommerferien an, und wenn die zu Ende sind, geh ich schon in die Schule ...«

»Ja, und dann dauert es nicht mehr lange, und das Christkind steht vor der Tür! Und kurz danach machst du dein

Abitur!« Essis Redeschwall schwappt gegen den Damm meiner Unterbrechung und ist vorerst gebremst.

»Ach, Karl!«, seufzt Essi. Sie schließt genießerisch die Augen und lehnt sich innig an mich. Ich habe das Gefühl, ihren Herzschlag spüren zu können.

Während ich sie leicht hin und her wiege – nein, passender ist der rheinische Ausdruck: während ich sie huckele – und sie auf meinen Armen halte, habe ich eine Erscheinung: Vom Haupthaus schwebt mir eine Fee entgegen! (Und ich bin verdammt froh, dass es kein Feer ist.) Sie hat goldenes Haar, das überirdisch glänzt. Die Fee trägt ein leichtes Gewand, das vom Sonnenlicht durchflutet wird und ihren Astralkörper überirdisch illuminiert. Ihre verklärten Gesichtszüge strahlen wie von innen heraus, aus ihrem Gesicht funkeln die grünen Augen wie zwei Edelsteine hervor. Gemessenen Schrittes kommt diese Lichtgestalt auf mich zu, umglänzt von einer Aura des Unwirklichen. Im Hintergrund zwitschern Vögel und schnauben ein paar Pferde, aber in meinen Ohren klingt das wie ein paradiesischer Chor, der jubiliert und Hosianna singt. Cherubim und Serafim stoßen in ihre Posaunen und blasen in ihre Trompeten. Als die Gestalt mich endlich erreicht hat, was sie – wie alle Erscheinungen, die nicht von dieser Welt sind – in Zeitlupe tut, setzt sie ein entzückendes Lächeln auf und spricht in einer himmlischen Sprache, die voller Magie klingt: »*Nyt riittää, Essi. Nyt on mun vuoro!*«

Ich weiß zwar nicht, was dieser Zauberspruch bedeutet, aber Essi löst ihre Umarmung und lässt sich zu Boden gleiten. Sie schaut zu der Fee auf, die beiden wechseln einige weitere Worte in ihrer wundersamen Sprache, dann läuft die Kleine ebenso begeistert, wie sie gekommen ist, in das Haupthaus zurück. Die Fee sieht mir tief in die Augen. Von ihrem Blick geht eine hypnotische Wirkung aus, die mich wehr- und willenlos macht.

Dann schlingt die Fee ihre schlanken Arme um meinen Hals und schmiegt sich verführerisch an mich. Sie gibt mir einen Kuss, der mir bestätigt, dass für diese Feier keine Böller, Kracher und Raketen nötig sind, um ein Feuerwerk zu entfachen.

»Hallo, mein Held!«, flüstert sie. »Wir sind sehr stolz von dich.«

»Stolz? Auf mich?«, nuschle ich in meinem Trance-Zustand.

»Wegen dem Feuer!«, haucht die Fee.

Stimmt. Davon hatte ich erzählt.

»Aber wieso Held?«

Die Fee fasst mein Gesicht mit ihren beiden Händen. »Du stehst doch groß in die Zeitung!«

»Wie bitte?«

Kurze Zeit später kann ich mich davon überzeugen, dass Mervi recht hatte. In der Küche des Eifelhofes lässt mich die freundliche Dickmadam, die Beherrscherin von Haus und Hof, die übrigens Rosa heißt, durch die heutige Samstagszeitung blättern. Ich breite sie auf einem Küchentisch aus. In der überregionalen Wochenendbeilage findet sich eine ausführliche Reportage über den Großbrand in Gürpen. Text und Fotos von Nedim Sadak. Es gibt mehrere großformatige Bilder, eines vom brennenden Haus der Berts, ein weiteres von der kohlenden Häuserruine am Morgen danach. Ein kleines Porträtbild zeigt den Feuerwehrmann mit dem grauen Bart, der namentlich vorgestellt und als routinierter Einsatzleiter gelobt wird. Direkt daneben befindet sich ein Foto von Gül mit der Bildunterschrift: »Eine aufmerksame Nachbarin verständigte die Feuerwehr. Schlimmeres Unheil konnte verhindert werden.«

Ein mittelgroßes Foto zeigt mich, halbwegs unkenntlich gemacht durch einen schwarzen Balken über den Augen. Daneben findet sich eine Textbox, in der steht: »Ein Superheld von nebenan: Durch das beherzte Eingreifen eines Nachbarn konnten drei unter Schock stehende Bewohner des Hauses aus der Gefahrenzone gebracht werden. Ein weiterer, der in den Flammen eingeschlossen war, wurde durch seine sachdienlichen Hinweise rechtzeitig gerettet. Der Nachbar möchte ungenannt bleiben.«

Das Foto lässt mich in der Tat aussehen wie einen Superhelden. Ich trage einen eng anliegenden, farbigen Frottee-Schlafanzug, dazu poppige Sportschuhe. Über meinen Schultern hängt eine Decke, die wie ein Umhang aussieht.

»Also, do hött isch Sie äver net drop erkannt«, meint die Dickmadam zu mir.

»Essi hat dich sofort erkannt«, sagt Mervi, die neben mir steht und mir beim Lesen über die Schulter sieht. Sie lehnt sich an mich und ich spüre die Wärme ihres Körpers.

Ich weiß nicht, ob ich mich über die Reportage freuen oder ärgern soll.

»Da kommen schon die ersten Gäste!«, ruft Essi bei einem Blick aus dem Fenster und unterbricht damit mein Grübeln. Während sich das Geburtstagskind und seine Mutter um die Ankömmlinge kümmern, zücke ich mein Mobiltelefon und wähle Nedims Nummer.

»Hast du ein Rad ab?«, ranze ich ihn ohne Vorwarnung an.

»Ist es nicht komisch?«, meint Nedim seelenruhig. »Seitdem du nicht mehr *für* die Zeitung schreibst, bist du dauernd *in* der Zeitung!«

»Schönen Dank, du Arsch!«

»Ich nehme das als Kompliment. Immerhin habe ich ja deinem Wunsch entsprochen und dich nicht namentlich genannt. Auf dem Foto bist du unkenntlich gemacht.«

»Unkenntlich? Du bist sicher auch der Meinung, Adam war bekleidet, nur weil er ein Feigenblatt vorm Gemächt trug?«

»Keine Bange, Karl. Ich bin sicher, niemand erkennt dich. Außer deinen engsten Bekannten. Ich wusste übrigens schon immer, dass du ein Held bist.«

Es fällt mir schwer, Nedim böse zu sein. Vor allem an einem Tag wie diesem. Immerhin hat er nicht geschrieben, dass ich den Erretteten noch vor gar nicht allzu langer Zeit mit Kastration per Pfeilschuss gedroht hatte.

# 46

# GEHILFE WIDER WILLEN

Etwa fünfzehn Kinder sind zu Essis Feier eingeladen, die im Laufe der nächsten halben Stunde auf dem Eifelhof eintrudeln. Der Hof und seine Gastwirtschaft sind an diesem Nachmittag auch für andere Besucher geöffnet, nur der etwas abseits stehende Pavillon ist für die geschlossene Gesellschaft von Essis Gästen reserviert.

Die meisten Kinder werden von ihren Müttern gebracht. Viele Kindergesichter sind mir von meinen Besuchen im Kindergarten bekannt. Unter ihnen ist auch der kleine Junge, der Ludwig heißt und taubstumm ist.

Eine der Mütter, die Kinder ankarrt, ist meine Schwester Katja, die Sören und Wiebke mitbringt. Außer meinen Niften sitzen mein Sohn Samuel und seine Freundin Alexandra im selben Auto. Damit nicht genug: Im Gepäckraum des Kombis hocken der schwer hechelnde Professor Brinkmann und die schwanzwedelnde Terrier-Promenadenmischung, die Alexandra gehört. Sören und Wiebke führen die beiden Hunde stolz an

Leinen zum Geburtstagskind, das sich über den vierbeinigen Überraschungsbesuch besonders freut. Die Hunde werden nach einer stürmischen Begrüßung im Schatten einer Ulme festgebunden. Die freundliche Dickmadam setzt ihnen einen Napf mit Trinkwasser vor die Hundeschnauzen; trotz ihrer gigantischen Ausmaße bückt sie sich dabei tatsächlich bis zum Boden.

Essi bekommt von allen Besuchern Geschenke überreicht, die vorerst beiseitegelegt werden. Im Trubel der Ankünfte findet meine Schwester Gelegenheit, mir unbemerkt zuzuflüstern: »Deine Mervi ist ja eine tolle Braut! Ich hätte gar nicht geglaubt, dass mein altes Brüderchen bei solchen Frauen noch Chancen hat!«

»Woher willst du überhaupt wissen, ob sie …?«

»Das braucht man nicht zu wissen«, zischt Katja nachdrücklich, »das sieht man!« Im selben Atemzug verbessert sie sich: »*Ich* sehe das. Ich bin eine Frau!«

Katja glaubt immer alles zu wissen und den Überblick zu haben. Aber diesmal hoffe ich, dass sie mit ihrer Einschätzung richtig liegt.

Als letzter Gast kommt Elsi Boffels angefahren, die Gattin des reichen Immobilienmaklers. Sie bringt ihre Tochter Antonia mit, auf deren Geburtstag ich vor Wochen auch schon gespielt hatte. Frau Boffels ist für das rustikale Ambiente viel zu herausgeputzt, sie sieht aus, als wolle sie zu einer Opernpremiere. Sie umarmt mich bei unserem Wiedersehen, als wären wir seit meinem Gastspiel in ihrem Hause die besten Bekannten. Dann zieht sie mich geheimnistuerisch auf die Seite.

»Lieber Herr Pohlmann, ich hätte da eine Bitte.«

»Ich bin ganz Ohr.«

»Antonia und ich sind nicht allein gekomken.« Sie blickt hinüber zu dem Landrover, mit dem sie vorgefahren ist. Mir fällt auf, dass hinter den getönten Scheiben des Wagens noch jemand auf der Rückbank sitzt.

»Können Sie sich an meinen Sohn Marcus erinnern?«

Der Quälgeist! Der Blasrohr-Schütze! Wie könnte ich den vergessen?

»Ja, kann ich!«, antworte ich kurz angebunden.

Elsi Boffels hakt sich vertraulich bei mir ein und zieht mich ein paar Schritte über die Wiese. Ich bemerke, dass Mervi mit eingeschnapptem Gesicht beobachtet, wie Elsi Boffels mit mir lustwandelt.

»Ich weiß«, sagt Frau Boffels, »dass Marcus nicht das einfachste Kind ist.«

»Nein.«

»Aber in seinem tiefsten Innern ist er ein lieber Junge.«

Das sagen alle Mütter. Das ändert nichts an der Tatsache, dass es Kinder gibt, die manchmal Kasperles Klatsche verdient haben.

Sie fährt fort: »Seitdem Marcus davon weiß, dass Sie heute hier spielen, bittet er darum, mitkommen zu dürfen. Er möchte Ihr Puppenspiel sehen.«

Ich bleibe wie angewurzelt stehen.

»Soll das ein Witz sein?«

»Ich verspreche, dass er sich gut benehmen wird. Während die anderen Kinder feiern, will er im Auto sitzen bleiben und am Computer spielen. Aber wenn Sie aufführen, möchte er gerne zusehen.«

Auf einen halbwüchsigen verzogenen Störenfried kann ich gerne verzichten. Mir ist zum Zusammenknicken. Ich sammle all meine Kräfte und antworte nach laut hörbarem Aus- und Einatmen: »Ich möchte vorher mit ihm sprechen!«

Elsi Boffels strahlt. »Sicher doch. Gerne!« Und mit einer einladenden Handbewegung will sie mich zu ihrem Luxusauto geleiten.

»Ich möchte alleine mit ihm sprechen!«, betone ich.

Elsi Boffels hält inne, ihr gewinnendes Kunstgalerie-Lächeln löst sich kurzzeitig auf. »Ja. Wenn Sie meinen ...«

Der dickliche Marcus sitzt im Wagen und stiert vor sich hin. Ich möchte mich zu ihm auf die Rückbank setzen, aber die Türen sind von innen verschlossen. Als ich vergeblich am Türgriff rüttle, mache ich ohne lange zu zögern kehrt und will die Angelegenheit schon abhaken, da höre ich es klacken. Marcus hat mit einem Knopfdruck die Verriegelung gelöst. Also dann! Ich öffne eine der Hintertüren und lasse mich neben ihm auf die Sitzbank fallen. Die ersten paar Sekunden sage ich gar nichts. Wir sitzen schweigend nebeneinander und sehen uns noch nicht einmal an.

»Du willst also beim Puppentheater zusehen?«, entfährt es mir wie ein Stoßseufzer.

Marcus nickt leicht. Dabei schaut er nach wie vor stur geradeaus.

»Und warum?«

Der Junge zuckt kaum merklich die Schultern. Er wirkt keineswegs mehr rotzfrech, sondern heute eher wie ein Häuflein Elend. Nach kurzer Bedenkzeit fälle ich eine Entscheidung: »Na gut, du darfst zusehen, aber nur unter drei Bedingungen! Die erste ist, dass du nicht störst!«

Marcus sieht das erste Mal auf. Wieder nickt er zustimmend.

»Die zweite Bedingung ist, dass du mir sagst, warum du zusehen willst!«

Er macht keinen Mucks.

Ungeduldig trommle ich mit meinen Fingern auf der Kopfstütze vor mir. »Ich höre! Warum?«

Marcus atmet schwer. Da auch nach längerer Wartezeit eine Antwort ausbleibt, öffne ich mit einem energischen Ruck meine Autotür und will aussteigen.

»Weil ...«, brummt er.
Ich ziehe die Tür wieder zu und spitze die Ohren. »Ja?«
»Weil ... ich auch Kasperle sehen will.«
Ach, so ist das.
»Hast du dein Blasrohr dabei?«, frage ich streng.
Marcus schüttelt den Kopf.
»Filzstifte? Wasserpistolen?«
Er schüttelt seinen Kopf nur noch heftiger.
»Schleudern? Knallerbsen? Furzkissen?«
»Nein!«
»Schreckschusspistolen? Stinkbomben? Sonstige Scherzartikel?«
»Nein, auch nicht!«
»Auch keine Handys mit nervenden Klingeltönen?«
»Nein. Gar nichts!«
»Gut. Dann hör jetzt meine dritte Bedingung.«
Marcus schaut mir zum ersten Mal in die Augen.
»Also, Marcus. Du bist schon zwölf, oder?«
»Elf!«
»Na gut, dann eben elf Jahre. Meine heutige Vorstellung ist für Fünf- bis Sechsjährige. Glaub also bloß nicht, du kannst dich einfach dazusetzen und so tun, als wärst du noch im Kindergarten. Meine dritte Bedingung: Ich brauche da jemanden, der mir hilft!«

Die Geburtstagstorte mit den Erdbeeren wird aufgetragen, Essi bekommt ein Ständchen gesungen und bei guter Laune wird im Sonnenschein Kaffee und Kakao getrunken. Das Geburtstagskind und seine Gäste aus dem Kindergarten sitzen an einem niedrigen Tisch mit kleinen Stühlchen, die Erwachsenen an einem anderen direkt daneben. Essi ist sehr darauf bedacht, dass jeder ein großes Stück Torte bekommt, das sie selbst abgeschnitten hat. Auch den angebundenen Hunden möchte sie von den süßen Sachen bringen, aber die Erwachsenen halten sie davon ab. Rosa, die freundliche Dickmadam, hat zum Glück Hundekuchen vorrätig.

Meine Schwester beugt sich leicht zu mir herüber und wispert in mein Ohr: »Sind die beiden nicht ein hübsches Paar?«

»Wer? Die Hunde?«

Katja verdreht die Augen. »Ich meine natürlich Samuel und dieses Mädchen aus Polen.«

»Die Hunde sind aber auch ein schönes Paar«, beharre ich.

»Ja, nur dass der Dackel zu dick und zu alt ist für diese quirlige Hundedame.«

»Du meinst sicher, so wie bei Mervi und mir?«

Katja schielt mich von der Seite an und flüstert mir mit neckischem Unterton zu: »Du bist gar nicht mehr so rundlich wie früher. Das Krückenlaufen hat dir gutgetan. Und so eine lebensfrohe Finnin passt zu dir!« Nach einem Schluck Kaffee setzt sie hinzu: »Doch, doch! Ihr zwei seid auch ein hübsches Paar.«

Katja setzt ihre Kaffeetasse wieder ab und sieht für einen Augenblick verdrießlich aus. Ich ahne, woher der Anflug von Unmut kommt.

»Du solltest dir einen netten Franzosen suchen!«, rate ich ihr flachsend.

»Wieso denn einen Franzosen?«

»Ich hab mal gelesen, dass Franzosen dominante Frauen mögen. Vor allem kühle Architektinnen aus Deutschland!«

»Blödmann!«

Nachdem sich alle gestärkt haben, fragt Elsi Boffels mit schiefem Lächeln, ob sie ein Stück Kuchen zu ihrem Landrover hinüberbringen dürfe, dort sitze ihr uneingeladener Sohn auf der

Rückbank. Mervi macht bei der Frage ungläubige Augen, nur das Geburtstagskind reagiert sofort. Essi läuft hinüber zu dem klobigen Wagen und klopft so lange vehement gegen die hintere Tür, bis sie sich öffnet.

»Warum sitzt du denn hier im Auto? Ich hab doch Geburtstag!«, höre ich sie bis zu unserem Tisch hinüber fragen. Bald darauf zieht sie den elfjährigen Marcus, der im Vergleich zur feingliedrigen Essi wie ein schwerfälliger Riese aussieht, an der Hand zum Pavillon hinüber. Mit verkniffenem Gesichtsausdruck hockt er sich auf ein Kinderstühlchen, das unter seinem Gewicht fast zusammenbricht, und mampft ein Stück Kuchen.

Wenig später beginnt Essi damit, ihre Geschenke zu öffnen. Sie freut sich über alles, was sie auspackt, und fällt nach jedem Päckchen einem anderen um den Hals. Als Letztes öffnet sie das große Paket ihrer finnischen Großeltern, aus dem ein Steckenpferd mit Plüschkopf und roten Zügeln zum Vorschein kommt. Essi macht Luftsprünge vor Freude und galoppiert nach zwei Ehrenrunden um den Pavillon mit ihrem Pferdchen zu dem kleinen Spielplatz hinüber. Die anderen Kinder laufen ihr als wilde Horde hinterher. Nur der elfjährige Marcus trollt sich zurück auf die Rückbank seines Autos. Ich bemerke, wie er unauffällig hinüberschleicht. Allerdings hat er dort nicht lange seine Ruhe. Es dauert kaum drei Minuten und Essi bollert wieder an seine Tür und fordert ihn entschlossen dazu auf, zum Spielplatz zu kommen, die Kleineren würden jemanden brauchen, der sie auf der Schaukel anstößt.

Ungefähr eine halbe Stunde haben die Kinder ihren Spaß und die Erwachsenen Ruhe zum Kaffeetrinken, bis das erste Kind sich wehgetan hat. Ein kleiner Junge ist vom *Kotzekarussell* geplumpst und hat sich die Hände aufgeschürft. Dagegen hilft

Eis, sozusagen die Nachspeise zur Süßspeise, mit dem kollektiv alle Kinder getröstet werden.

»Wann spielst du endlich Kasperle?«, fragt Essi mich zum wiederholten Male.

»Wenn du willst, dann sofort!«

Essi will. Auch Mervi ist einverstanden.

»Gebt mir zehn Minuten. Dann könnt ihr alle kommen«, verspreche ich und ziehe mich kurz danach in den kleinen Saal zurück. Marcus nehme ich als meinen Gehilfen mit.

# 47

# DIE PRINZESSIN OHNE NAMEN

Endlich dürfen die Zuschauer in den Saal! Die Kinder nehmen unmittelbar vor der Bühne Platz, die Erwachsenen weiter hinten. Essi setzt sich auf einen Stuhl in der ersten Reihe, den ich mit ihrem Namen beschriftet hatte. Bevor der Raum verdunkelt wird, stülpe ich mir meine rote Zipfelmütze über den Kopf und richte mich hinter der Puppenbühne auf, sodass mein Oberkörper über den geschlossenen Vorhang hinausragt. In der rechten Hand halte ich meinen Kasperle.

»Liebe Essi, unser Geburtstagskind von stolzen sechs Jahren! Liebe Mervi, unsere Gastgeberin!« Den Angesprochenen werfe ich jeweils einen Blick zu. Essi sieht so gespannt aus, als würden mir gleich zwei Flügel wachsen, mit denen ich davonfliegen könnte. Mervi sieht so verzückt aus, als wolle sie auf einen Flug mitgenommen werden. Meine Schwester Katja, die unmittelbar neben ihr sitzt, sieht so ernüchtert aus, als ob ich eine dämliche Zipfelmütze auf dem Kopf hätte.

»Liebe Kinderinnen und Kinder, liebe Eltern und noch Ältere. Liebe Sonstige. Herrrrrzlich willkommen zum Kasperle-Theater! Bevor es losgeht, möchte ich mich kurz vorstellen. Damit ihr's alle wisst: Ich bin nicht der Kasperle! Ich bin kein anderer als der Karl. Kasperle ist ein kerniger Kerl, aber ich bin der Karl. Zwar nicht Karl der Große, aber Karl, der Kasperle-Spieler, ein kauziger Komiker. Alles Karl, oder was?«

Sören und Wiebke kichern bereits.

»Ich bin aber heute nicht alleine hier! Darf ich vorstellen: der markige Marcus.« Mit ausladender Geste präsentiere ich meinen Gehilfen. »Und wenn ihr euch fragt, warum Marcus hier auf der Seite steht, dann hängt das damit zusammen, dass er mir zur Seite steht, sozusagen als Assistent mit Talent!«

Einige Kinder klatschen zaghaft Beifall. Marcus' Ohren bekommen eine feuerrote Farbe. Linkisch deutet er einen Diener an.

»Und außerdem«, verkünde ich, »wird mir Mathilde bei meiner Aufführung helfen.«

Eine Frau mittleren Alters erhebt sich von einer der hinteren Stuhlreihen und kommt zu mir nach vorne. Sie ist die Mutter von Ludwig, dem taubstummen Jungen.

»Mathilde wird für mich dolmetschen.« Wieder wird applaudiert, diesmal kräftiger. Mathilde positioniert sich schräg vor der Bühne, sodass sie mit dem Gesicht zum Publikum steht, aber auch das Puppentheater verfolgen kann. Sie rückt einen Notenständer zurecht, der dort für sie bereitsteht und auf dem sie einige Notizen ablegt. Wir nicken uns zu. Dann beginnt Mathilde damit, alles, was ich sage, für ihren Sohn in Gebärdensprache zu verdolmetschen. Das ist am Anfang unnötig, denn Ludwig kann mich sehen und das Meiste durch Lippenlesen erschließen. Aber spätestens wenn die Puppen auftreten, wird er auf die Gebärden angewiesen sein. Ich möchte, dass mein Stück einen langen Vorlauf hat, sodass sich die übrigen Kinder an die Dolmetscherin gewöhnen. Wie zu erwarten, schenken sie ihr zunächst große Aufmerksamkeit und halten ihre ausgeprägte Mimik für seltsames Grimassenschneiden. Andererseits ist allen schon bekannt, dass sich Ludwig anders verständigt als andere Kinder.

»Ihr wisst bestimmt alle, was Kasperle zur Begrüßung immer singt?«, frage ich ins Rund.

Mehrere Kinder, allen voran Sören und Wiebke, intonieren sogleich ein »Tri-tra-trulalla«.

»Ja, so ist es normalerweise!«, bestätige ich. »Aber die heutige Geschichte ist ganz traurig, zumindest fängt sie traurig an, deshalb müsst ihr auch ein ganz trauriges *Trö-trö-trölöllö* singen.«

Ich singe ihnen eine traurige Version von Kasperles Leib- und Lieblingslied mit der Miene eines Bestatters vor.

»Bitte mitsingen! Und wehe, ich erwische jemanden, der gut gelaunt ist!«

Mit unterdrücktem Lachen singen die Kinder ein trauriges *Trö-trö-trölöllö*. Nur ein Junge bohrt in der Nase, ist aber ansonsten voll bei der Sache.

»Das klappt ja bestens! Später möchte ich aber noch mehr Traurigkeit hören. Tieftraurig, todtraurig, transusentraurig! So traurig wie ihr seid, wenn ihr mal vergesst, das Licht auszuschalten oder euch die Zähne zu putzen.«

Ich zaubere die Handpuppe einer Prinzessin mit goldenem Krönchen hervor.

»Meine Geschichte handelt von einer kleinen, traurigen Prinzessin. Sie ist klein, weil sie noch nicht groß ist. Und sie ist traurig, weil sie keinen Namen hat.« Ich lasse mein Prinzesschen ein paar Mal betrübt schniefen.

»Die Ärmste ist so traurig, weil sie keinen Vornamen hat. Sie wird von allen immer nur *Prinzessin* genannt. Das ist so, als würde man einen Hund nur Hund nennen. Oder als würden eure Eltern euch nur mit Junge oder Mädchen ansprechen.«

Die meisten Kinder sehen betroffen aus. Anderen ist geradezu anzusehen, wie sie sich ausmalen, keinen Namen zu haben. Es entsteht ein kurzer Moment der Stille.

Da piepst unverhofft und leise ein kleines Mädchen in den Raum:

»Ich hab einen Opa, zu dem sagen alle nur Opa!«

Die Erwachsenen lachen schallend auf. Einige Kinder lachen mit, wahrscheinlich weil es in ihrer Familie ähnliche Fälle gibt. Ich warte geduldig, bis das Lachen verebbt ist, und sage mit schicksalsschwerer Stimme: »Ja, traurig. So kann es gehen im Leben.«

An das kleine Mädchen gerichtet, frage ich: »Ist dein Opa denn schon alt?«

Die Kleine nickt. Sie trägt eine rosa Schleife im Haar, die mit Bestimmtheit hin und her bammelt.

»Dann hat dein Opa seinen Namen vielleicht nur verlegt. Wenn du ihn das nächste Mal siehst, frag ihn doch mal, ob er seinen Namen wiedergefunden hat.«

Das Mädchen mit der rosa Schleife blickt sich suchend nach seiner Mutter um, als brauche es für dieses Vorhaben tatkräftige Unterstützung. Das Bommeln ihrer Schleifen nehme ich jedoch als Zustimmung.

Dann schaue ich die Kinder der Reihe nach eindringlich an: »Ich hoffe, *ihr* habt alle einen Vornamen? Oder? Hände hoch, wer einen Vornamen hat!«

Alle Kinder zeigen auf. Nur der Junge, der eben in der Nase gebohrt hat, muss sich das erst von seiner Mutter versichern lassen.

»Alle Kinder haben einen Namen?! Toll! Wer von euch kann denn seinen Namen schon schreiben?«

Fast alle Finger bleiben oben. Ein Finger steckt in einer Nase.

»Sehr schön! Dann bitte ich euch alle, euren Namen auf einen kleinen Zettel zu schreiben! Und wer noch nicht schreiben gelernt hat, kann seinen Vater oder seine Mutter um Hilfe fragen. Aber nur, falls die Eltern schreiben können.«

Auf meinen Wink verteilt mein Gehilfe Marcus Stifte und Zettel. Die Kleinen krakeln eifrig ihre Namen auf die Papierstückchen, einige mit elterlicher Hilfe. Anschließend werden die Zettel eingesammelt und in einen alten Zylinderhut gesteckt.

»Wer von euch kann denn nicht nur schreiben, sondern auch schon lesen?«

Wieder gehen viele Finger in die Höhe. Zu meiner Überraschung zeigt auch der Nasenbohrer auf.

»Du kannst auch schon lesen?«, frage ich ihn.

»Ja. Aber nur meinen Namen.«

»Nicht schlecht!«

Ich lasse die Prinzessinnen-Handpuppe hinter meiner Bühne verschwinden und hole stattdessen ein Schild hervor, genauer gesagt ein Brett, auf das ich mit großen Holzbuchstaben aus dem Spielzugladen das Wort PRINZESSIN gepinnt habe.

Wiebke meldet sich als Freiwillige, um vorzulesen. »Da steht: Prinzessin!«

»Richtig! Prinzessin. Denn um eine Prinzessin geht es ja in unserer Geschichte. Und jetzt heißt es: Ohren auf, Augen auf, Mund zu und keine Finger in die Nase stecken!«

Das Schild befestigte ich an zwei dafür vorgesehenen Schnüren am oberen Rahmen meiner Puppenbühne. Dann verschwinde ich sachte hinter dem Vorhang, dimme an meinem Schaltpult das Licht herunter und tauche den Raum mit einem farbigen Strahler in ein geheimnisvolles Blau. Nur auf Dolmetscherin Mathilde bleibt ein Spotlicht gerichtet. Die Nebelmaschine wird angeschaltet und ich spiele für einige Sekunden eine rührselig-traurige Musik ein (aus Dvořáks Symphonie *Aus der Neuen Welt*). Spannung liegt in der Luft! Ich blende die Musik aus, ziehe den Vorhang auf und lasse Kasperle auftreten.

»*Trö-trö-trölöllö*«, singt Kasperle mit hängenden Schultern. Nur wenige Kinder denken ans Mitsingen, daher muss Kasperle sie ermahnen. »Hallo Kinder. Ich bin ganz traurig. Und damit es mir in meiner Traurigkeit besser geht, hoffe ich, dass ihr alle mitsingen könnt. Ungefähr so traurig, als wenn ihr vergessen habt, das Licht zu putzen oder eure Zähne auszuschalten. Oder umgekehrt. Ist ja auch egal.«

Beim zweiten *Trö-trö-trölöllö* singen alle transusig mit.

»Ich bin so traurig, Kinder«, berichtet Kasperle, »weil die kleine Prinzessin so traurig ist. Sie ist die Tochter des Königs Umberto Bambino Langnese Spaghetti III. Und der Depp hat so viele Namen, dass er glatt vergessen hat, seiner Tochter auch einen zu geben. Und jetzt ist sie schon sechs Jahre alt und weint bitterlich.«

Der König erscheint.

»Kasperle, mein Kasperle. Mein treuester Untertan. Komm zu mir, deinem König und Beherrscher.«

»Was gibt es, Majestät?«

»Oh, ich bin ein alter Hornochse. Ich habe vollkommen vergessen, meiner Tochter einen Namen zu geben. Wir haben sie stets und ständig nur Prinzessin genannt. Nur meine Frau, die Königin, hat sie manchmal auch Schatzilein gerufen. Oder Schnuckiwutz oder Butzibutzi oder Hasenfurz. Da muss das Kind ja verwirrt sein.«

»Es ist eine Schande, Majestät, dass Eure Tochter keinen Namen hat!«, weiß Kasperle. »Dagegen muss etwas getan werden!«

»Ja, aber was nur?«, klagt der König. »Ich habe meine Frau bereits in den Kerker werfen lassen. Aber das hat auch nicht viel genützt, unser Kind hat immer noch keinen Namen. Vielleicht sollte ich noch ein paar Minister köpfen lassen. Was denkst du, Kasperle?«

»Hier kann nur meine Oma weiterhelfen«, ruft Kasperle aus.

»Wieso deine Oma? Sollte ich sie hängen lassen? Glaubst du im Ernst, das hilft?«

»Nein. Hier hilft weder hängen noch köpfen. Aber meine Oma weiß Bescheid. Die weiß immer Bescheid. Meine Oma weiß immer, was zu tun ist. Außerdem hat meine Oma auch keinen Vornamen!«

»Richtig«, näselt der König, »deine Oma ist in meinem ganzen Königreich nur als Oma bekannt. Oma, oh Mann!«

Beim Puppenspiel kommen mir viele Repliken spontan in den Sinn und ich hoffe inständig, dass ich meine Gebärdendolmetscherin nicht überfordere.

Kasperle sucht seine Oma auf.

»Hallo Oma!«

»Ah, Käsper!«

Kasperle befragt nun seine Oma, was sie von der Sache mit der namenlosen Prinzessin halte, ob sie auch schon als kleines Mädchen Oma geheißen hätte und ob Großmutter das Gegenteil von Kleinvater sei. Wie ich hinter der Bühne bemerke, kommen meine Sprachspielereien und Wortkapriolen an. Das stachelt mich umso mehr an.

Oma gesteht Kasperle, dass sie eigentlich Elfriede heißt.

»Was? Elfriede?« Kasperle ist entsetzt. »Soll das bedeuten, du hast mich all die Jahre reingelegt? Und ich hab immer fest geglaubt, du heißt Oma und damit basta!«

»Nee, Jong, su isset! Isch heeß Elfriede.«

»Ich dachte, nur Milchkühe heißen Elfriede. Aber keine ausgewachsenen Frauen!«

Nach längerem Disput gibt Oma ihrem lieben Kasperle den Rat, in die weite Welt hinauszuziehen und nach einem Namen für die Prinzessin zu suchen. So beginnt eine Abenteuerfahrt epischen Ausmaßes: Ausgestattet mit tausend Goldstücken aus der Schatzkammer des Königs Umberto Bambino Langnese Spaghetti III. zieht Kasperle von dannen. Im Wald begegnet er der Hexe, und Kasperle bittet sie, einen Namen zu hexen. Aber Namen lassen sich nicht herbeihexen. Die böse Hexe will Kasperle stattdessen lieber braten, und nur weil die Kinder Zeter und Mordio schreien und Kasperle im entscheidenden Moment immer warnen können, wenn die Hexe mit der Bratpfanne naht, entkommt unser Held den Gefahren des Gebratenwerdens.

Kasperle erlebt weitere Abenteuer mit dem Zauberer, der keinen Namen herbeizuzaubern vermag, und mit dem Gespenst, das vergeblich einen Namen aus dem Jenseits heraufbeschwören will. Je nach Szene wechsle ich die Farbe der Beleuchtung und spiele spannende Musik ein. (Beim Erscheinen des Gespensts erschallt der grausige Chor aus dem Intro von Orffs *Carmina Burana*.)

Im Laufe der Geschichte sind die Kinder immer wieder aufs Neue gefordert, mitzuwirken und Kasperle zu helfen. Zum Dank erhält jeder einmal ein Schokoladen-Goldstück.

»Ach, Kinder«, stöhnt Kasperle, »nun war ich schon im Hexenwald, im Zaubergebirge und in der Geisterhöhle. Wo soll ich denn noch hingehen?«

Weil es auf einmal nach ranzigem Käse stinkt, glaubt Kasperle, nach langer Wanderschaft in der Hölle angekommen zu sein. Dann aber muss er feststellen, dass er in Holland ist. Hier stehen Windmühlen, die den Käsegeruch in alle Himmelsrichtungen verbreiten. Kasperle trifft auf einen freundlichen Holländer – meine *Rudi-Carrell*-Handpuppe. Rudi stellt sich Kasperle als Quizmaster vor, der ihm verspricht, ein Namensquiz zu veranstalten und der Prinzessin endlich zu einem Namen zu verhelfen. So ziehen die zwei frischgebackenen Freunde zurück an den Hof des Königs und die Herolde verbreiten im ganzen Reich die Kunde, dass sich alle Welt an einem Quiz beteiligen möge.

»Lass dich überraschen, schnell ist es vollbracht«, singt der Quizmaster mit holländischem Akzent und begrüßt das Kandidatenvolk, das sich auf dem Hofe des Königs versammelt hat. Mittels Audiodatei lasse ich lautes Gejubel und den Jingle einer bekannten Castingshow erklingen. Einer nach dem anderen tritt nun vor – der Polizist, die Grete, der Pastor, die Witwe Bolte – mit einem Zettelchen, auf dem ein Namensvorschlag steht. Es sind dieselben Zettel, auf die die Kinder ihre eigenen Namen geschrieben haben.

»Ich finde, die Prinzessin sollte Sören heißen!«, schlägt der Jäger vor.

Großes Gelächter unter den Kindern!

»Wunderbar, köstlich, ganz hervorragend«, jubiliert der Quizmaster und quittiert jeden Vorschlag mit einem spaßigen Spruch. Außer einer Auswahl an Kindernamen wird noch manch anderer Namensvorschlag gemacht, märchenhafte Namen wie Schönblödchen, Achselfusel oder Naseweiß und Rosenkot. Sie alle werden in einem Zylinder gesammelt und der Prinzessin vorgestellt. Die Ärmste kann sich aber beim besten Willen nicht entscheiden. Nun schreitet Kasperle ein!

»Holde Prinzessin! Wir tun ja alles, um einen Namen für dich zu finden. Ich bin um die halbe Welt gereist, um einen Namen für dich zu entdecken. Wir haben ein Quiz veranstaltet, um einen Namen für dich zu finden. Aber nichts hat geholfen. Gar nichts! Nix! Wenn dir keiner der Vorschläge gefällt, dann musst du selbst einen Vorschlag machen.«

»Ja, aber …«, wimmert die Prinzessin. »Was und womit soll ich denn vorschlagen? Ich habe ja noch nicht einmal einen Hammer, mit dem ich schlagen könnte! Wie soll ich denn da bitte schön vorschlagen?«

»Was?«

»Ich brauche unbedingt einen Vorschlaghammer, sonst kann ich auch keinen Vorschlag machen!«, besteht die Prinzessin.

»Also, Kinder«, wendet sich Kasperle verzweifelt an die Menge, »was sollen wir nur tun? Hat denn von euch einer einen Hammer dabei, mit dem man vorschlagen könnte?«

Ratlosigkeit herrscht.

»Vielleicht sucht ihr mal zwischen den Ohren eurer Sitznachbarn … oder in euren Hosen und Röcken … oder unter euren Stühlen!«

Vor meinem Theaterstück habe ich mit Klebeband unter Essis Stuhl einen Spielzeughammer befestigt. Als sie ihn entdeckt, entfährt ihr ein Freudenschrei. Stolz bringt sie den Hammer zur Puppenbühne, die Prinzessin ohne Namen nimmt ihn entschlossen entgegen.

»Und jetzt werde *ich* vorschlagen!« Und die Prinzessin hämmert auf das Schild mit dem Schriftzug *Prinzessin* ein.

Kasperle skandiert: »Vor-schla-gen, vor-schla-gen!«

Das *P* purzelt herunter.

»Rinzessin wäre ein schöner Name!«, meint Kasperle.

»Nein, nein, nein!«, fiept die Prinzessin, »ich will noch mehr vorschlagen!« Und sie hämmert weiter, bis noch ein Buchstabe herunterfällt und noch einer und noch einer … Die Holzbuchstaben waren von mir so angebracht, dass einige nur lose aufgeklebt, andere fest angenagelt waren. Nach längerem Hämmern bleibt von *Prinzessin* nur noch ein *Essi* übrig.

»Das wäre doch ein schöner Name!«, frohlockt Kasperle.

»Ja«, stimmt die Prinzessin ihm bei, »das wäre sogar ein sehr schöner Name!«

Kasperle bricht in Hurra-Rufe aus! Fanfaren schmettern! Ich gebe Marcus ein verstecktes Zeichen und er löst die Konfettibombe aus. Kombiniert mit einem Blitzlichtgewitter meiner Lichtmaschine ergibt das die tollste Partystimmung. Die Kinder springen von ihren Stühlen auf und hüpfen jubelnd durch den Konfettiregen. Ich lasse sie eine Weile toben. Dann wird das Licht wieder auf Normalbeleuchtung gedreht, beruhigende Musik ertönt (aus Griegs *Peer Gynt*). Das Konfetti ist herabgerieselt, die Kinder setzen sich wieder auf ihre Plätze.

Es folgt der Ausklang der Geschichte: Die Prinzessin mit dem neuen Namen ist überglücklich. Sie ernennt Kasperle für seine Verdienste zum Oberhofratgeber und dem Quizmaster schenkt sie aus Dankbarkeit ein Stück stinkenden Käse. Kasperles Großmutter wird auf den Namen *Alte Omma* umgetauft. Außerdem kann sich die Königin aus dem Kerker befreien und die Macht an sich reißen. Sie degradiert Umberto Bambino Langnese Spaghetti III. zum Hofnarren, der für den Rest seines Lebens im Clownskostüm herumhampeln muss.

Dann holt Kasperle noch eine Schachtel hervor: »Das hier ist für unser Geburtstagskind!«

Essi tritt vor und nimmt das Geschenk entgegen. Es befindet sich darin eine Krone mit der Aufschrift *Prinzessin*, auf der ich die Buchstaben *essi* rot angemalt habe. Mit einem zufriedenen Grinsen, das von einem Ohr zum anderen reicht, setzt sie sich die Krone auf ihr Köpfchen. Zum Schluss singen alle lauthals mit Kasperle »Tri-tra-trullala«, der Vorhang schließt sich und tosender Applaus belohnt mich für meine Darbietung. Es sind keine stehenden Ovationen, sondern hüpfende und springende! Überwältigt trete ich vor die Bühne, greife meine Dolmetscherin Mathilde bei der einen Hand, meinen Gehilfen Marcus bei der anderen und zu dritt verbeugen wir uns. Marcus' Nasenspitze berührt dabei fast den Fußboden.

# 48

# MATRATZENLAGER

Es gibt solche Momente im Leben, von denen man hofft, dass sie einen bleibenden Eindruck hinterlassen; einen Eindruck, der die Stürme der Zeit übersteht oder doch zumindest für die Dauer eines Menschenlebens Bestand hat. Welcher Großvater wünscht sich nicht, dass irgendein Erlebnis, ein Geschenk oder eine unscheinbare Alltagsgewohnheit bei den Enkelkindern zur goldenen Erinnerung wird, woran diese Enkel mit Wehmut und Freude noch zurückdenken, wenn sie selbst zu Großeltern geworden sind?

Das heutige Puppentheater ist so ein Moment, jedenfalls hoffe ich es für das Geburtstagskind. Ich wünsche mir, dass Essi davon möglicherweise noch zehren wird, wenn sie alt, grau und runzelig geworden ist und statt sechs Jährchen ehrwürdige sechsundneunzig zählt. Ich könnte mein Leben in Frieden beschließen mit dem Gedanken, dass es mindestens einen Menschen gibt, der noch in Jahrzehnten an mich denkt und irgendwann einmal im Altenheim (oder in einer Seniorenresidenz beim Kulturabend) mit brüchiger, aber selig-zufriedener Stimme erzählt: »Als ich meinen sechsten Geburtstag feierte, da war ein Mann, der hieß Karl. Und der war Puppenspieler ...«

Essi strahlt! Ich habe nie ein kleines Kind gesehen, dem das vollkommene Glück so ins Gesicht geschrieben steht. Nach der Vorstellung drückt sie mich so fest, dass mir die Luft wegbleibt. Für den Rest des Tages schwebt sie im Kasperle-Himmel und setzt ihr PrinzESSIn-Krönchen nicht mehr ab.

Auch die Reaktionen der anderen Zuschauer sind durchweg positiv. Die Kinder hüpfen ausgelassen durch den Saal. Mathilde, meine Dolmetscherin, bedankt sich aufrichtig, dass ich auch an ihren Sohn gedacht habe. Marcus, mein Gehilfe, grinst mir kurz zu. Ich nehme das als Bekräftigung eines Nichtangriffsabkommens. Seine Mutter Elsi Boffels schüttelt mir hinterher beidhändig und in überschwänglichen Wellenbewegungen meine Hand, sodass ihre zwei mal fünf Armreifen nur so klimpern. Sie möchte unbedingt wissen, wie sie sich dafür erkenntlich zeigen könne, ihren verzogenen Sohn als Assistenten eingesetzt zu haben.

»Es ist erstaunlich, wie Sie mit Kindern umgehen können!«, lobhudelt sie. Ihre Meinung kann ich nicht teilen – das Einzige, was ich habe, sind klare Bedingungen und eine Kasper-Klatsche in der Hinterhand.

Selbst Samuel ist von der Vorstellung ganz angetan: »Mensch Karl! Ich wusste gar nicht, welche technischen Spielereien du ausheckst. Super Show!« In diesem Moment macht es mir nichts aus, dass mein Sohn mich mit dem Vornamen anredet. Neben ihm steht Alexandra, die zur Bestätigung heftig nickt. »Auch die Story war hammermäßig!«, meint er. »Hoffentlich spielst du nächstes Jahr auf meiner Abi-Feier!«

Ich verspreche Samuel, mein Bestes zu geben.

»Falls du keine zündenden Ideen haben solltest, müssen wir den Vorschlaghammer rausholen!«, lacht er und begibt sich mit seiner Freundin (Händchen haltend) wieder nach draußen auf die Wiese.

Beinahe kommt es mir vor, als würde ich einen runden Geburtstag feiern und die Gäste stünden Schlange, um mir einzeln ihre Glückwünsche zu überbringen. Schulterklopfen, nette Worte, Händeschütteln. Nachdem der Saal sich fast ganz geleert hat, steht schließlich Mervi vor mir. Statt lange zu erklären, wie's ihr gefallen hat, fällt sie mir um den Hals und drückt mich, als hätte ich sie aus jahrelanger Kerkerhaft unter Umberto Bambino Langnese Spaghetti III. befreit. Erst nach Sekunden löst sie sich und folgt dann den Kindern, um die es sich zu kümmern gilt.

Als Letzte steht meine Schwester vor mir.

»Mittlerweile verstehe ich, warum du dir unbezahlten Urlaub genommen hast. Dein Puppenspiel war grandios! Erstaunlich, wie du die Stimmen verstellen kannst. Und so witzig alles!«

So viel Lob aus Katjas Munde habe ich selten auf einmal gehört.

»Ansonsten«, fährt sie mit harschem Ton fort, »bist du der größte Hornochse, den ich kenne!«

»Was?«

»Von Frauen hast du einfach keine Ahnung! Worauf wartest du eigentlich noch?«

»Wie?«

»Eine Bessere als Mervi findest du nie wieder. Jedenfalls nicht in diesem Leben! Die Ärmste zerfließt ja geradezu. Schneid dir mal eine Scheibe von deinem Kasperle ab! Der weiß immer, wo's langgeht, und fackelt nicht lange!«

Ich zucke die Schultern.

Katja lässt nicht locker: »Du magst sie und sie mag dich. Und zwar heftig! Was gibt es da noch zu überlegen? Willst du erst noch eine halbjährige Probezeit einlegen? Oder ...«

»Oder was?«

»Noch ein Jahrzehnt Trauerzeit!«

Die Bemerkung war unnötig.

Mir fällt nichts Besseres ein, als zu sagen: »Ich muss hier noch aufräumen.«

Katja stöhnt. »Das hab ich mir fast gedacht.«

Nach dem Puppentheater steht Reiten auf dem Programm. Alle Kinder dürfen eine Runde auf einem alten Pony mit durchhängendem Bauch, struppiger Mähne und baumelndem Geschlechtsteil drehen. Das Tier wird von einem Männlein namens Heiner am Zügel geführt, der sich als der Ehemann von Dickmadam Rosa herausstellt und mit ihr den Eifelhof betreibt. Er ist äußerlich das genaue Gegenteil seiner Gattin, klein und schmächtig, aber genauso freundlich und offenherzig.

»Noch ein schönes Paar!«, denke ich. Schönheit liegt im Auge des Betrachters.

Nach etwa drei Stunden Fest und Trubel nehmen die meisten Gäste ihren Abschied. Nur Mervi und das Geburtstagskind sowie meine Schwester mit Kindern, der taubstumme Ludwig, Samuel und seine Alexandra, die beiden Hunde und meine Wenigkeit bleiben von der Festgesellschaft übrig. Als es auf den Abend zugeht, schmeißt der schmächtige Wirt Heiner einen Grill an. Es gibt Knackwürstchen für die Kinder, Grillspeck für die Fleischfresser und vegetarische Bratlinge für Andersgläubige.

Schließlich rüstet auch meine Schwester zum Aufbruch. Ihre Kinder lässt sie mit tausend guten Ratschlägen, zwei Schlafsäcken und einer Taschenlampe zurück. Sören und Wiebke gehören neben dem kleinen Ludwig zu den auserwählten Kindern, die mit Essi auf dem Eifelhof übernachten und es sich im Matratzenlager für die Nacht gemütlich machen dürfen.

Mein Sohn samt Freundin steigt zu Katja ins Auto, um mit ihr nach Gürpen zurückzufahren, auch die Hunde nehmen sie wieder mit.

Der Abend dämmert, die Ponys schnauben, die Mücken schwirren und die Welt ist schön. Die Dickmadam ist dick, Essi ist eine Prinzessin, der Eifelhof ist urig und das Leben könnte kaum schöner sein. Alle Gäste haben den Hof längst verlassen, nur die vier Kinder, die beiden Wirtsleute sowie Mervi und ich bleiben zurück. Und Mervi ist besonders schön! Die Kinder machen es sich in ihrem Matratzenlager unter schwerem Gebälk auf dem Dachboden des Hauptgebäudes gemütlich. Sie kichern und spaßen und kuscheln sich in ihre Decken, sie strampeln mit den Füßen, weil glücklich zu sein kitzelt, und freuen sich, dass der Tag so schön war. Mervi und ich stehen hinter der Tür, die einen Spaltbreit geöffnet ist, lauschen den vieren eine Weile, schmunzeln, freuen uns, halten uns stumm und ahnen, die Nacht wird schön. Sie nimmt mich bei der Hand, zieht mich fort und nimmt mich mit in eine Gästekammer. Und ich weiß es.

In der folgenden Nacht ist mir, als wanderten Mervi und ich durch einen zauberhaften Wald. Essi plappert nebenan und verstummt allmählich, weil glücklich zu sein müde macht. Ich habe nur einen Kopf, aber der ist so voll, dass kein Platz für Gedanken bleibt. Ein Bogenschütze mit grüner Mütze schießt mir einen Pfeil nach dem anderen ins Herz und es schmerzt vor Freude. In magischer Dunkelheit kämpft eine nordische Kriegerin. Es gibt vier drollige Kinder und eines ist froh, einen Namen zu haben. Draußen im Geäst sitzen zwei alte Eulen, aber sie schweigen und schließen die Augen und erzählen niemandem etwas davon. Die Wahrheit ist still und schön.

Ein tiefschwarzer See, von Birken umstanden, mattgrüne Fische. Eine Tür mit Herz und eine vertraute Stimme. Schweben, ohne Unterlass. Es ist egal, wer Hase oder Igel ist. Mein Puppenspiel war ein Erfolg und ich bin Karl der Große. Es pafft und pufft wie ein Feuerwerk. Bäume beben. Raketen zischen in den Sommerhimmel. Buntes Licht rieselt herab. Alles steht in Flammen, aber es ist warm und angenehm. Ein Ring aus Feuer. Erleichterung. Es stimmt mich fröhlich. Leises Lachen aus tiefstem Herzen. Ihr Lachen klingt golden. Ich nehme mir vor, nie wieder aufzuwachen. Das Feuer ändert seine Farbe, erlischt langsam und wandelt sich in Ruhe. Ein Leuchten in unterschiedlichen Farben. Ein Lagerfeuer mit Brennholz für ein ganzes Menschenleben.

# 49

# HUTZELMÄNNCHEN

Es ist scheißteuer, aber ich mache es trotzdem. Und alles noch freiwillig! Es stellt sich die Frage, ob ich eigentlich verrückt geworden bin. Jedenfalls hätte ich mir das nie träumen lassen, obwohl ich immerhin eine Art Altmeister in Sachen verrückte Träume bin. Mit »es« meine ich etwas, was man in Süddeutschland »Schmarren« nennt, in Norddeutschland »Schietkram« und im Rheinland »Kappes«! Konkret: ein Seminar mit Jakob Klumpstadt.

Mehrere Wochen nach Essis Geburtstag nehme ich allen Ernstes an einem zweitägigen Seminar an der Uni Köln teil, das von niemand anderem abgehalten wird als von jenem Verfasser pseudoliterarischer Ergüsse und tränentriefender Seelentrösterbücher, die ich in meinem tiefsten Inneren immer für Schiss mit Ohren gehalten habe. Es gibt nur einen wirklich wahren Grund, warum ich diese Folter auf mich nehme: Mervi zuliebe! Sie ist eine Klumpstadt-Anhängerin, und das ist vielleicht das

Einzige an ihr, das ich bedenklich bis gewöhnungsbedürftig finde. Ansonsten ist Mervi ein Traum!

Das Seminar trägt den Titel »Positives Denken, Lebensplanung und Zukunftsvisionen«.

Als Mervi und ich den Saal betreten, in dem das Seminar stattfindet, ist dort, von einem Projektor an die Wand geworfen, folgendes Zitat zu lesen:

»If you can dream it, you can do it. –
Walt Disney«

Na prima, denke ich, wahrscheinlich tritt hier gleich die Micky Maus auf!

Weit über hundert Personen haben sich zu dem Seminar angemeldet. Viele, die mit uns in den Saal strömen, wirken freudig erregt und gemütsmäßig so erhitzt wie Kleinkinder beim Ostereiersuchen. Ich scheine der Einzige zu sein, der kritisch-unterkühlt auftaucht. Um noch einen Vergleich zu bemühen: so wie jemand, der sich auf einer Kappensitzung zwischen Skepsis und Langeweile wundert, warum die anderen bei jedem Tusch lachen und sich die Schenkel klopfen. Wäre Mervi nicht bei mir, würde ich rückwärts wieder den Saal verlassen.

Mit nur fünf Minuten Verspätung betritt der große Guru den Saal: Jakob Klumpstadt, live und in Farbe. Es muss einige eingefleischte Klumpstadt-Fans unter den Zuschauern geben, die für ein aufbrausendes Raunen sorgen, als er erscheint. Immerhin wedelt niemand mit Palmzweigen oder ruft Hosianna. Klumpstadt sieht klein und unscheinbar aus, fast wie ein altes Hutzelmännchen mit krausem Bart, das man eher in einem Wald in der Eifel als in einem Saal der Uni Köln erwarten würde. Erfreulicherweise springt er nicht die Stufen zum Rednerpult hoch, wie amerikanische Präsidentschaftskandidaten das tun, um jung und dynamisch zu wirken. Und er winkt auch nicht theatralisch huldvoll ins Publikum wie rheinische Schützenkönige. Er stellt sich ohne große Geste an ein Pult und wartet, bis das Publikum völlig zur Ruhe kommt und ihm zuhört. Als Star des Tages trägt er eine hellgraue Joppe, darunter ein rustikal rot-weiß kariertes Hemd und eine verwaschene Jeans. Einfach und erdverbunden. Ein Projektor geht an, der Klumpstadts Gesicht in Überlebensgröße auf eine Leinwand projiziert. Er hat wache, hellblaue Augen, die freundlich hinter runden Brillengläsern blinzeln. Er wirkt weder wie ein gelackter Erfolgsmanager bei der Karriereberatung noch wie ein selbst ernannter Messias, der seinen Auftritt von Fanfarenstößen begleiten lässt und im Hippie-Gewand auf die Bühne tritt. Immerhin!

Mit zurückhaltender, fast zaghafter Stimme begrüßt Klumpstadt die Anwesenden. Er spricht anfangs so leise, dass alle zum konzentrierten Zuhören gezwungen sind.

»Von allen Anwesenden wünsche ich mir für dieses Wochenende drei Dinge!«, erklärt er in seiner Einleitung mit Nachdruck. »Drei Dinge: Geduld! Ehrlichkeit! Und Offenheit! – Geduld, weil vieles im Leben seine Zeit braucht. Nur falsche Propheten, Demagogen und die Werbeindustrie versprechen schnelle Lösungen, die über Nacht funktionieren.«

Jakob Klumpstadt hat seit Beginn des Seminars schätzungsweise achtzehn Sätze gesagt. Bis hierhin waren alle ganz vernünftig und nachvollziehbar.

Er legt eine kurze Pause ein. »Ehrlichkeit erwarte ich von jedem, der hier ist. Ehrlichkeit sich selbst gegenüber. Ehrlichkeit, wenn es darum geht, eigene Schwächen und Stärken zu benennen und über sich selbst nachzudenken.« Klumpstadt grinst verschmitzt. »Niemand braucht an diesem Wochenende nach vorne zu treten und vor versammeltem Publikum Geständnisse zu machen oder Lebensbeichten abzulegen. Wir sind hier nicht bei den anonymen Alkoholikern und auch nicht bei einer Erweckungsbewegung. Aber Ehrlichkeit sich selbst gegenüber – das braucht jeder!«

*Na gut,* denke ich. Im eigenen Kopf kann ich ehrlich sein bis zum Gehtnichtmehr.

»Und als Letztes: Offenheit. Offenheit vor allem von denen, die hierhergekommen sind, weil sie ein Freund oder eine Freundin mitgebracht hat. Von all denen, die überredet wurden teilzunehmen oder die nur halbherzig hierhergekommen sind. Vielleicht weil ihnen jemand das Ticket zu diesem Seminar geschenkt hat. Offenheit von all denen, die befürchten, die Teilnahmegebühr könnte rausgeschmissenes Geld sein oder dieses Wochenende vergeudete Zeit.«

Ich komme mir wie auf frischer Tat erwischt vor.

»Für dieses Wochenende braucht ihr Offenheit!« Jakob Klumpstadt nimmt sich die Freiheit, seine Gemeinde ohne Vorwarnung zu duzen. Wahrscheinlich ist die fehlende Förmlichkeit eine Form von Offenheit.

»Offenheit heißt nicht zuletzt: Unvoreingenommenheit! Die Bereitschaft, manches neu zu sehen oder Dinge zu tun, die ihr bisher noch nicht getan habt. Offenheit, sich an diesem Wochenende auf Sachen einzulassen … Gedankenspiele, Übungen, Gespräche, Bewegungen … die anfangs komisch erscheinen und ungewohnt sind. Offenheit soll auch heißen: Spaß am Ausprobieren! Und auch eine kräftige Portion Mut zum Gefühl! Gefühle. Freude. Rührung. Wir verstehen unsere Welt durch Gefühle. Nicht durch Zahlen. Was wir an diesem Wochenende nicht brauchen, ist eine Mentalität der Buchhaltung!«

Wer will schon als Buchhalter enden, der nur noch kalte Kosten-Nutzen-Rechnungen anstellt? Ich jedenfalls will Puppenspieler sein und Jakob Klumpstadt ist es damit erstmals gelungen, einen Nerv bei mir zu treffen.

Klumpstadt entpuppt sich als guter Redner, der weiß, wie er sein Publikum zu packen hat. Auf eine schlichte, unprätentiöse Art gewinnt er mit der Zeit etwas Mitreißendes, das ich ihm nicht zugetraut hätte. Er spricht etwa eine halbe Stunde lang über das menschliche Dasein, das von äußeren Faktoren geformt zu sein scheint, aber vielmehr von inneren Einstellungen geprägt ist.

»Ob uns die Sonne scheint oder nicht, können wir kaum beeinflussen. Aber ob wir auch einem Regentag etwas abgewinnen können, liegt völlig bei uns!«

*Ist das jetzt schon Philosophie oder nur Binsenweisheit,* geht mir kurzzeitig durch den Kopf. Aber eine solche Abwägerei ist wahrscheinlich viel zu buchhalterisch und ich versuche sogleich, mein kritisches Nachsinnen abzustellen.

Schließlich steht eine erste Übung an. Alle Teilnehmer sollen eine Liste aufsetzen, auf der mit zwanzig Worten verschiedene Rollen festgehalten werden, die man im Leben einnimmt.

»Jeder von uns«, erklärt Klumpstadt, »ist zum Beispiel Nachbar, Kollege oder Lebenspartner. Jeder ist Sohn oder Tochter, die meisten auch Bruder oder Schwester. Und viele von euch sind Vater oder Mutter. Jeder ist Kunde im Supermarkt oder Patient beim Arzt. Einige sind Hundehalter, Zierfischzüchter, Bierdeckel-Sammler oder Katholik. Jeder von uns nimmt Dutzende von Rollen im Leben ein. Schreibt sie alle auf!«

»Geht auch Ex-Ehemann?«, ruft einer mit frotzelndem Unterton dazwischen.

Klumpstadt lässt sich nicht aus der Ruhe bringen. »Natürlich! Warum nicht Ex-Ehemann? Wenn diese Rolle für das eigene Leben wichtig ist! Ebenso wie Fan des 1. FC Köln, Blogger, Sternsinger oder Studienabbrecher.«

Alle beginnen mit angestrengten Mienen zu kritzeln. Meine persönliche Liste füllt sich zunächst schnell: Vater, Journalist, Kollege, Nachbar, Sohn, Vereinskamerad, Fußballspieler, Freund, Bruder, Onkel …

Nach kurzem Zögern ergänze ich: Witwer.

Was bin ich noch? Natürlich: Puppenspieler.

Und seit Neuestem: Partner, Beinahe-Stiefvater ...
Trotz allem ist es gar nicht so einfach, auf mindestens zwanzig Rollen zu kommen. Ich schaue mich im Saal um. Alles schreibt und überlegt oder schaut sich um, so wie ich, als könne man in den Augen der anderen erkennen, was man sonst noch ist. Nach weiterem Überlegen vervollständige ich meine Liste um: Frühstücksbrötchen-Käufer, Gelegenheitsbehinderter, Ersatz-Hundehalter, Jogger, Zufallsbogenschütze, Träumer.
Damit habe ich meine zwanzig Lebensrollen zusammen.

In einem nächsten Schritt müssen wir alle zwanzig Rollenbezeichnungen mit mindestens zwei positiven Adjektiven versehen.
»Nur positive Adjektive zählen!«, mahnt Klumpstadt mit freundlicher Bestimmtheit. »Also Wörter wie: gut, brav, nett, aufmerksam, schlau, einfühlsam, mitdenkend, sympathisch, geschickt, humorvoll, geduldig ... Jedes Wort darf aber nur ein einziges Mal verwendet werden! Und wenn einem keine Adjektive mehr einfallen, dann kann man welche dazuerfinden. Zum Beispiel: leckerkuchenbackig, weihnachtsgeschenkeersinnend, biomülltütenverwendend ...«
Die ganze Übung scheint mir sehr auf Selbstlobhudelei hinauszulaufen, aber weil ich heute offen und unvoreingenommen sein will, erledige ich anstandslos auch diese Aufgabe.
Vater: hoffnungsvoll, stolz
Journalist: erfahren, ausdrucksstark
Kollege: (meistens) nett, zuverlässig
Nachbar: hilfsbereit, gastfreundlich
Sohn: kuchenmampfend, auskunftswillig
Vereinskamerad: ergeben, mitmachbereit
Fußballspieler: brauchbar, aufopferungswillig
Freund: stammtischerprobt, Gesülze ertragend
Bruder: unterstützend, mitfühlend

Onkel: kinderfreundlich, liebevoll
Witwer: ernst, treu
Ist »ernst« ein positives Adjektiv? Und ist »treu« noch wahr? Vielleicht sollte ich Klumpstadts Rat beherzigen und es mit Wörtern versuchen, die ich spontan selbst erfinde. Ich ersetze »ernst« und »treu« durch »langzeittrauernd« und »nicht vergessend«. Dabei komme ich auf den Geschmack, mir Wörter auszudenken, wie sie nicht im Buche – erst recht nicht im Duden – stehen. Das fällt mir nicht sonderlich schwer und macht mir obendrein Spaß:

Puppenspieler: kreativ-pompös-monströs, Lacher provozierend

Partner: auserwählt-aus-unerklärlichen-Gründen, unglaublich-überglücklich

Beinahe-Stiefvater: kronenverleihend, drückfest

Frühstücksbrötchen-Käufer: unaufdringlich, sonderangebotewürdig

Gelegenheitsbehinderter: krückenerfahren, bizepsgestählt

Ersatz-Hundehalter: dackelsprachenverständig, spazierwillig

Jogger: Luftpolsterschuh-beschwingt, Vereinskameraden überholend

Zufallsbogenschütze: superheldenmäßig, Bösewichte vertreibend

Träumer: verrückt-fantasiereich, seherisch.

Nachdem auch das erledigt ist, gibt es vom Hutzelmännchen Klumpstadt neue Anweisungen: »Nun sucht sich bitte jeder von euch einen Partner. Stellt euch einander vor, indem ihr euch gegenseitig eure Listen vortragt. Also zum Beispiel nach der Art: ›Hallo, ich bin ein lieber, fürsorglicher Vater, ein zurückhaltender, unfallfreier Autofahrer, ein leidenschaftlicher, klassikliebender Geigenspieler ...‹«

Augenblicklich wende ich mich Mervi zu und will ihr vortragen, was für ein Typ ich bin, als Klumpstadt ergänzt, dass wir uns jemanden suchen müssten, den wir nicht schon kennen. Wie schade! Die Menge der Teilnehmer gerät in Wallung, die leichte Bestuhlung des Saals gerät aus den Fugen, ein emsiges Hin- und Herlaufen beginnt. Ich gerate nach kurzem Suchen an ein pickeliges Mädchen, das genauso gut vierzehn oder vierundzwanzig sein könnte. Sie hat struppige Haare und trägt eine getönte Brille, wie sie seit mindestens zwei Jahrzehnten aus der Mode ist.

»Wer fängt an?«, frage ich.

»Sie, bitte«, antwortet sie verlegen und grinst schräg an mir vorbei.

»Sag ruhig *du* zu mir! Ich heiße Karl. Den Vornamen habe ich mir nicht ausgesucht, aber es gibt Schlimmeres.«

Sie reicht mir linkisch die Hand. »Hallo, ich bin die Bine.« Ihr Händedruck ist ohne jede Kraft.

Mit gezückter Liste stehe ich vor dem verkniffenen Mädchen und lese vor: »Also, ich bin ein hoffnungsvoller, stolzer Vater, ein erfahrener, ausdrucksstarker Journalist, ein …«

Bine hört aufmerksam zu. Es ist Aufgabe des Partners, sein Gegenüber anerkennend anzusehen und die Selbstbeschreibungen mit kurzen, lobenden Zwischenbemerkungen zu quittieren. Bine macht das mustergültig, wenn auch mit piepsiger Stimme: »Oh, wie schön. – Toll. – Super. – Prima. – Gut. – Spitze.«

Als ich ihr eröffne, dass ich als Sohn kuchenmampfend und auskunftswillig bin, hat sie kurzzeitig ein Lächeln im Gesicht, das nicht nach Verlegenheit aussieht.

Am Ende meiner Liste angekommen, habe ich das Gefühl, in den Augen der pickeligen Bine ein Erfolgsmensch zu sein, deren Anerkennung und Bewunderung für mich nicht nur einem Rollenspiel entspringt. Und das ausgerechnet für mich, einen Langweiler-Normalo ohne besondere Talente. Vom Puppenspielen vielleicht einmal abgesehen.

Dann ist Bine an der Reihe: »Ich bin eine liebe, sorgende Besitzerin von zwei kleinen Katzen, eine engagierte, überzeugte Tierschützerin ...«

Die ersten sechs oder sieben Rollen, mit denen Bine sich beschreibt, haben alle etwas mit Tieren, Umwelt oder Menschenrechten zu tun, bevor sie auch ihre Rolle als Schwester, Tochter oder angehende Ernährungswissenschaftlerin erwähnt. Ich erfahre über sie, dass sie reiten kann, Portugiesisch lernt und gut vegetarisch kocht. Am Ende ihrer Liste habe ich den Eindruck, dass die Weltgemeinschaft viele Probleme lösen würde, wenn alle Menschen so wären wie Bine. Es fällt mir überhaupt nicht schwer, ihre Selbstbeschreibungen mit lobenden Worten zu begleiten: »Nett. – Klasse. – Beeindruckend. – Vorbildlich. – Interessant.«

Als Bine fertig ist, sieht sie mich dankbar an. Und ich wundere mich, wie ich zunächst in der Einschätzung ihres Alters so unsicher hatte sein können. Natürlich sieht sie aus wie Mitte zwanzig. Das verraten ihre Haltung und Körpersprache.

Es folgt eine zweite und dritte Runde, in denen wir uns mit wechselnden Partnern zusammentun müssen und denen wir uns wieder anhand unserer Liste vorstellen. Jedes Mal gibt es Steigerungen der Lobbekundungen. Waren es anfangs nur anerkennende Worte, die man sich sagen sollte, sind es in den weiteren Runden Schulterklopfen, Hochrufe, Anfeuerungen und Umarmungen. Ich hätte nie geglaubt, dass ich einmal einer rundlichen Frau aus Köln-Bilderstöckchen zujubeln würde, nur weil sie mit Erfolg auf ihrem schmalen Balkon Tomaten züchtet, die sie kostenlos im gesamten Wohnblock an Rentner verteilt. Mir fällt ein baumstarker Kerl mit rötlichem Bart um den Hals, nur weil er von mir hört, dass ich als Freund auch schon einmal das Gesülze alter Kumpel ertrage.

»Wie war's?«, will Klumpstadt hinterher wissen. Die Gesichter der Teilnehmer sprechen Bände. Ohne lange auf Antwort zu warten, doziert Klumpstadt: »Es tut uns allen gut, gelobt zu werden. Genauso wie es wichtig ist, die eigenen Stärken nicht kleinzureden oder unbeachtet zu lassen. Es ist schön, wenn andere an einen glauben. Aber wir müssen auch an uns selbst glauben. Jeder von uns sollte genügend Gründe haben, um auf sich selbst ein bisschen stolz zu sein. Genügend Gründe, um selbstbewusst zu sein. Genügend Gründe, um glücklich zu werden.«

Was dann folgt, ist eine Art Vorlesung, in der Klumpstadt eine Unzahl von Beispielen dafür auflistet, wie positives Denken, Zuversicht, das zielsichere Verfolgen eigener Träume und eine feste Überzeugung Menschen vorangebracht haben. Auf einer der beiden Leinwände werden die Ausführungen durch zahlreiche Bilder illustriert. Klumpstadt bemüht sogar Ergebnisse wissenschaftlicher Forschung. Er erzählt von einem Experiment mit Schäferhunden, bei dem einige Vierbeiner lernten, Hindernisse zu überwinden, während andere Hunde unangenehme Bedingungen in einem geschlossenen Zwinger ertragen mussten. Als man später alle Hunde in ein gemeinsames Gehege steckte mit einem Zaun, der mit etwas Anstrengung übersprungen werden konnte, schafften es mit der Zeit alle Hunde der ersten Gruppe, sich zu befreien, während die Tiere der zweiten Gruppe abgestumpft ihr Schicksal der Gefangenschaft hinnahmen.

Klumpstadt klopft heftig auf sein Rednerpult. »Die Hunde der zweiten Gruppe waren daran gewöhnt, zu den Verlierern zu gehören! Sie versuchten es nicht einmal! Und das, obwohl sie mitansehen konnten, wie einige ihrer Artgenossen es schafften. Es fehlte ihnen nicht an Kraft. Es fehlte ihnen nicht an ausreichend Futter. Es fehlte ihnen nur am Willen. Am Glauben an sich selbst! Vielleicht auch an der Geduld, sechs-, siebenmal vergeblich am Zaun hochzuspringen, so wie es auch die Hunde der ersten Gruppe tun mussten.«

Im Publikum erkenne ich viele betroffene Gesichter. Ich bemerke Stirnen, hinter denen es tickt und rattert. Ich sehe Köpfe, die nicken, und Finger, die eifrig Notizen machen.

*Und was ist, wenn man kein Schäferhund ist, sondern ein dickbäuchiger Dackel?*, denke ich. Aber den Gedanken kann ich nicht lange weiterspinnen, denn kurz darauf entlässt Klumpstadt uns in die Mittagspause.

# 50

# BRETT VORM KOPF

»Ist er nicht genial?«, schwärmt Mervi, als wir uns im Gedränge wiederfinden. Ich brauche nicht lange zu fragen, wen sie meint, stattdessen wiege ich meinen Kopf in einer Mischung aus Nicken und Schütteln, so als würde ich ihr halb und halb beipflichten. Ein nettes Hutzelmännchen! Er hat mehr zu sagen, als ich ihm zugetraut hätte. Mervi und ich begeben uns nach draußen, um irgendwo einen Imbiss einzunehmen.

Mervi ergreift meine Hand. »Weißt du, ohne Klumpstadt hätte ich wahrscheinlich nie angefangen zu studieren. Ich wäre sicher nur Schuhverkäuferin und wäre wahrscheinlich zurückgegangen nach Karstula.«

»Wäre das so schlimm?«, frage ich neckisch. »Verkäuferin zu sein irgendwo in der finnischen Provinz?«

»Das wäre nicht schlimm«, lacht Mervi, »das wäre katastrophisch!«

»Du meinst: katastrophal.«

»*Ihan sama!*« Mervi zieht zwar ein wenig unwillig an meiner Hand, aber ich weiß, dass sie mir meine Verbesserungen nicht übel nimmt, im Gegenteil: Sie besteht darauf und will ihr Deutsch weiter verbessern.

»In Karstula ist nichts los«, stöhnt sie. »Da gibt es Bäume und ein paar Seen, eine Tankstelle und ein Supermarkt.«

»Mehr nicht?«

»Doch. Ein paar Männer, die nach Fisch stinken.«

»Immerhin wohnen deine Eltern in Karstula!«, gebe ich Mervi zu bedenken.

»Ja, und außerdem viele Rentner, Leute ohne Arbeit und welche, die nur betrunken sind.«

Wir überqueren eine Straße vor dem Uni-Gebäude und steuern auf ein kleines Restaurant mit Mittagstisch zu.

»Karstula habe ich mir bisher ganz idyllisch vorgestellt«, sage ich in schwärmerischem Ton. »Viel Natur, frische Luft, helle Sommernächte, romantische Hütten … Und ich dachte auch, du fährst immer gerne nach Finnland zurück.«

»Tu ich ja. Zu Weihnachten und für ein paar Wochen im Sommer. Ansonsten ist Karstula der Arsch der Welt!«

»Aber sicher ein schöner Arsch!«

Mervi hat genug von ihrer alten Heimat. »Reden wir lieber über Jakob Klumpstadt!«, schlägt sie vor.

»Ja, und über positives Denken. Es ist nie zu spät, am schönsten Ort der Welt aufgewachsen zu sein.«

Mervi sieht mich fast vorwurfsvoll an. »Willst du für Jakob Klumpstadt jetzt Konkurrenz machen?«

»Sag das ohne *für*! Du musst dir *Jakob Klumpstadt* als Dativobjekt denken. Also: *wem* Konkurrenz machen!«

»Grrrr!«, macht Mervi wie eine gereizte Raubkatze und bleckt ihre Zähne. Das ist international und über Sprachengrenzen hinaus verständlich und völlig frei von Grammatik- oder Satzbaufehlern.

Nach der Mittagspause geht es im Klumpstadt'schen Seminar mit einer neuen Übung weiter. Das Hutzelmännchen mit der runden Brille bittet uns, alles Schreckliche, Unangenehme und Unheilvolle aufzuschreiben, das uns in den vergangenen Monaten zugestoßen ist. Das ist kein Problem für mich! Mein Stift fliegt über das Papier: Ich habe mein Bein verletzt – streng genommen gleich zweimal – und musste wochenlang auf Krücken laufen. Meiner lieben Schwester Katja steht die Scheidung ins Haus. Mein Nachbar Willi Seibock hatte einen Schlaganfall. In unserer Nachbarschaft sorgen eine Handvoll Asoziale für ständige Unruhe. Ein rotzfrecher Lümmel hat mir meinen Kasperle mit Hitler-Bärtchen bemalt. Vor Kurzem hat es lichterloh nebenan gebrannt …

»Halt! Das genügt!«, ruft Klumpstadt nach wenigen Minuten dazwischen. »Legt eure Stifte beiseite. Wie ich sehe, hat niemand Probleme, Negatives zu finden und unendliche Listen zu schreiben. Jedem von uns gelingt es, aus kleinen Missgeschicken große Unglücke zu machen oder Sachen aufzuschreiben, die letztlich kaum der Rede wert sind. Denn wer nach etwas sucht, worüber er sich beschweren kann, der wird immer etwas finden! Immer!«

Ich bemerke einige Seminarteilnehmer in meiner Nähe, die klammheimlich noch etwas zu Ende schreiben.

»Das heißt nicht«, hebt Klumpstadt wieder an, »dass es nicht tatsächlich schlimme Dinge gibt. Schreckliche Ereignisse, die einen aus der Bahn werfen. Der Verlust eines lieben Menschen zum Beispiel. Ein Unfall. Eine Krankheit. Aber ich behaupte auch: Alles Schlechte hat sein Gutes.«

Wieder ein Zwischenruf. »Was soll denn an Krieg gut sein?«

»An Krieg an sich ist überhaupt nichts gut. Das stimmt! Aber schauen wir uns die Folgen eines bestimmten Krieges an. Nenn mir einen konkreten Krieg!«

»Der Zweite Weltkrieg!«, schallt es zurück.

»Der Zweite Weltkrieg war grausam. Ein Schrecken ohne Beispiel. Aber ohne Zweiten Weltkrieg hätten wir sicher keine deutsch-französische Freundschaft.«

Der Zwischenrufer lässt ein sarkastisches »Ha-ha« vernehmen.

Jakob Klumpstadt lächelt gnädig. »Deutsch-französische Freundschaft klingt vielleicht nichtssagend. Nach Selbstverständlichkeit. Nach blutleerer Diplomatie. Tatsächlich ist es aber so, dass wir nach Jahrhunderten von Grenzstreitigkeiten und Kriegen mit unserem westlichen Nachbarn in Frieden leben. Und das seit mehreren Generationen. Das ist absolut einmalig in der Geschichte Europas! Es gibt sogar mehr deutsch-französische Ehen als Ehen zwischen Rheinländern und Ostdeutschen!«

Der Saal bricht in Lachen aus. Allmählich erkenne ich in Jakob Klumpstadt auch Qualitäten eines Alleinunterhalters.

Schließlich werden wir aufgefordert, unsere Liste an Unglücken noch einmal durchzugehen und alles Negative mit mindestens einer positiven Folge oder Nebenerscheinung zu versehen.

Ich komme ins Grübeln: Wenn ich nicht mein Bein verletzt hätte, wäre ich wahrscheinlich nie auf die Idee gekommen, etwas anderes auszuprobieren als meinen Job als Lokalreporter. Hätte meine Schwester nicht ihren dämlichen Mann verlassen, würden meine Niften Sören und Wiebke weiterhin im fernen Hamburg leben und mein Leben sähe sehr viel langweiliger aus. Und was noch viel schlimmer ist: Ohne die zwei und ohne das Puppenspiel hätte ich wahrscheinlich nie Mervi kennengelernt.

Ohne Willis Schlaganfall wäre ich nie stolzer Hundehüter geworden. Ich hätte nie erkannt, wie beruhigend es ist, sich mit einem dicken Dackel zu unterhalten, zumal deutsche Dackel, ebenso wie Nachbarn, die zum Fenster rausgucken, eine aussterbende Spezies sind.

*Verdammt!,* durchfährt es mich, *Klumpstadt hat recht.* Es funktioniert! Seine Methode öffnet einem die Augen. Zumindest, wenn man lange genug nachbohrt und bereit ist, nach dem Positiven zu suchen. Mit ein bisschen Gehirnakrobatik und einem Denken um drei Ecken ist alles möglich.

Ohne die rüpelhaften Berts hätte ich mich nie als Superheld fühlen dürfen. Und hätte mir Marcus Boffels, der Quälgeist, nie ein Hitler-Bärtchen auf meinen Kasperle gemalt, hätte ich zu Essis Geburtstag keinen Gehilfen gehabt.

Es folgt eine Nachbesprechung in Kleingruppen, in der wir uns wechselseitig das Gute am Schlimmen vor Augen führen. Die Stimmung ist geradezu ausgelassen. Auf einer Leinwand erscheint der Merkspruch: »Die Welt ist so, wie wir sie sehen.«

Nach einer kurzen Kaffeepause am Nachmittag hält Klumpstadt wieder einen kürzeren Vortrag, den er mit vielen fast biblischen Gleichnissen würzt.

»Denken wir uns zwei kleine Kinder«, beginnt er, »die mit ihrem Vater einen Spaziergang im Wald machen. Sie legen eine längere Strecke zurück. Irgendwo machen sie Rast bei einem kleinen Bach, essen ein paar Butterbrote mit Käse und trinken etwas. Dann kommen sie auf die Idee, aus Ästen, Tannenzapfen und Steinen einen Damm zu bauen, mit dem sie den Bach aufstauen. Das Ganze ist anstrengend und schweißtreibend und schmutzig und letztlich ein harter Kampf gegen die Übermacht des Wassers. Die Kinder kommen mit ihrem Vater am frühen Abend verdreckt, mit feuchten Socken und kräftigem Hunger nach Hause zurück.«

Jakob Klumpstadt schaut prüfend ins Publikum, bevor er fortfährt:

»Denken wir uns zwei andere Kinder. Sie werden von ihren Eltern zu einem großen Vergnügungspark eingeladen. Die Kinder fahren mit den tollsten Fahrgeschäften. Sie lassen sich von Achterbahnen rauf und runter schaukeln, von Karussells hin und her wirbeln. An der Losbude gewinnt eines der Kinder sogar einen Schlüsselanhänger und eine Plastikblume. Es gibt Eis und Pommes und Pizza und Cola und Zuckerwatte und hinterher noch für jeden ein Geschenk aus dem Souvenirladen und einen Heliumballon. Es ist schwer zu sagen, welche Kinder den schöneren Tag erlebt haben. Aber die Chancen stehen nicht schlecht, dass es die Kinder aus dem Wald sind, die sich beim Zubettgehen glücklicher fühlen.«

»Hast du gehört?«, flüsterte ich Mervi ins Ohr. »Wir sollten unbedingt nach Finnland. Da gibt es viel Wald.«

»Ja, aber die Bäche dort sind die Hälfte des Jahres zugefroren«, wispert sie zurück.

Mervi übertreibt maßlos, aber ich bemerke einmal mehr, dass sie sich in hiesigen Breiten wohlfühlt wie ein Finne in der Sauna oder besser gesagt wie ein Kölner beim Kölschtrinken. Dann lauschen wir wieder den Ausführungen.

»Es ist weniger wichtig, *was* wir erleben, als *wie* wir es erleben!«, ruft Klumpstadt aus. »Und was sehr wichtig ist: Gefühle von Glück und Zufriedenheit haben etwas mit Aktivität zu tun! Die Kinder, die durch den Wald gewandert sind und selbst einen Staudamm gebaut haben, genießen das Gefühl, etwas getan zu haben. Die Kinder im Vergnügungspark wurden auf vielen Geräten herumgeschleudert und haben Geschenke in die Hand gedrückt bekommen.«

Mervi beugt sich wieder zu mir hinüber. »Deswegen sind deine Kasperle-Vorstellungen auch viel besser als Fernsehsendungen. Da können die Kinder mitmachen.«

Der Nachmittag fliegt mit ausgefallenen Gruppenspielen und merkwürdigen Übungen dahin, durchsetzt von weiteren interessanten Kurzvorträgen des Hutzelmännchens, bevor der Höhepunkt des ersten Seminartages ansteht. Es geht um Selbstüberwindung, Vertrauen, Entschlossenheit ... und um das Durchschlagen eines etwa drei Zentimeter dicken Holzbretts! Wie auf ein geheimes Zeichen betritt ein Dutzend junger Aushilfskräfte, wahrscheinlich Studenten, den Saal. Sie alle tragen einheitliche gelbe T-Shirts mit dem Bildaufdruck einer runden randlosen Brille, wie der Meister selbst sie trägt. An mehreren Stellen des Saals bauen sie eine Art Bock aus Bimssteinen auf, über den ein Brett gelegt wird. Klumpstadt macht es uns auf der Bühne vor. »Jeder von uns ist in der Lage, Hindernisse zu überwinden. Über sich selbst ein kleines Stückchen hinauszuwachsen! Mehr zu leisten, als er sich anfangs zutraut!« Mit einer kurzen, zackigen Bewegung schlägt Klumpstadt zu und durchbricht das Brett mit seinem Handballen. Das Publikum applaudiert, einige jubeln! Aber es gibt auch Personen, die verstummen und denen es mulmig wird. Und es gibt Leute wie mich, die argwöhnen, dass das Brett angesägt gewesen ist.

Mit einer einladenden Handbewegung fordert das Hutzelmännchen auf der Bühne alle Teilnehmer auf, es ihm nachzutun.

»Komm! Jetzt sind wir dran!«. Mervi stupst mich zu einer der Schlangen, die sich vor den Böcken aus Bimssteinen gebildet haben.

»Willst du wirklich, dass wir uns die Finger brechen? Wer weiß, vielleicht fange ich ja noch auf meine alten Tage eine Karriere als Pianist an und dann ...«

Mervi akzeptiert keine Ausreden. »Du hast beim Kasperle-Spielen einmal deine Hand blau gehauen, mit eine Hammer! Dann kannst du auch eine Brett durchhauen!« Mervi scheint nichts zu vergessen. Wir reihen uns ein. Die Wartenden bekommen von den studentischen Hilfskräften bereits ihr Brett in die Hand gedrückt. Das erinnert mich an Hinrichtungen, bei denen die Delinquenten ihre Folterwerkzeuge selbst zum Richtplatz schleppen müssen. Das Brett ist tatsächlich aus Massivholz und leider an keiner Stelle vorgesägt. Vor uns krachen die Hölzer. Ich bin bass erstaunt, wie vielen es gelingt, ihrem Brett den Garaus zu machen. Aber es gibt auch solche, die kneifen und im letzten Moment kopfschüttelnd zur Seite treten. Einige wenige stehen mit niedergeschlagenem Blick am Rand des Saales und reiben sich ihre schmerzenden Handgelenke. Sie sind die Gescheiterten.

Ich erkenne die rundliche Frau aus Köln-Bilderstöckchen, die auf ihrem Balkon Tomaten züchtet. Sie hat ihr Brett erfolgreich geteilt und trägt die Holzstücke als Trophäe stolz vor sich her. Die Glückliche! Ich bin mir sicher, dass sie ab nächstem Jahr Melonen züchten wird.

In der Schlange neben mir sehe ich auch die tier- und umweltschützende zaghafte Bine, meine Gesprächspartnerin von heute Morgen, auch sie mit Brett in der Hand. Sie winkt mir schüchtern zu und probiert erfolglos ein siegessicheres Lächeln. Sie sieht aus, als wäre sie bestenfalls zwölf Jahre alt. Ich recke den Daumen hoch und mache ein »Es wird schon klappen«-Gesicht.

Dann sind Mervi und ich an der Reihe.

»*Ladies first*!«, sage ich zu Mervi und lasse ihr gerne den Vortritt. Sie fackelt nicht lange, legt ihr Brett auf den Bock aus Bimssteinen, lässt sich noch kurz von einem Studenten erklären, wie sie zuschlagen soll, holt aus, schreit infernalisch und zertrümmert gnadenlos ihr Brett. »Jetzt du!«

*Das ist unfair*, denke ich. Mervi ist Finnin. Ihr liegt das Holz-Zertrümmern sicherlich im Blut. Ich bin nur ein Vertreter der schreibenden Zunft und ein Puppenspieler. Aber es gibt kein Zurück mehr. Da liegt es, mein Brett, und will zerdeppert werden, auf dass ich mir und der Welt beweise, wer den stärkeren Willen hat. Mervi klopft mir auf die Schulter. »Du kannst das. Ich kann es ja auch!«

Auf meinem Brett gibt es zwei Astlöcher, die wie dunkle Flecken aus dem hellen Holz hervorgucken. Wie ein Augenpaar glotzen sie mich an. Aug in Aug mit meinem Brett! Ich muss es mit Selbstsuggestion versuchen. Das ist die Lösung! Wenn ich mir vorstelle, dieses blöde Brett sei das dumme Gesicht von meinem nervenden Kollegen Jochen Süder aus der Redaktion. Oder noch besser von meinem Chef Helmut Ungeduld mit seinem rot anlaufenden Eierkopf. Nein, noch besser: Dieses Brett ist der Querschnitt von vier fiesen Visagen: Herbert, Norbert, Robert und Siegbert! Instinktiv schießt mein Unterarm nach vorne. Ohne Gnade. Erbarmungslos. Brutal. – Es kracht! Die Berts sind besiegt und was früher mal ein Brett war, sind nur noch zwei Brettchen. Mervi umarmt mich freudig.

»Och, das war doch kinderleicht ...«, wiegle ich ab.

# 51

# VISIONEN

Etwa eine Dreiviertelstunde später sitzen Mervi und ich im Nahverkehrszug nach Gürpen. Der erste Seminartag ist zu Ende, es geht nach Hause. Wir schauen zum Fenster hinaus und Mervi schmiegt sich an mich.

Hinter uns liegen hässliche verbaute Kölner Vorstädte, vor uns liegt niederrheinische Feldlandschaft.

Da klingelt mein Mobiltelefon.

»Was ist?«, fragt Mervi. Als fürsorgliche Mutter muss sie immer gleich an ihren Nachwuchs denken, wenn unverhofft irgendwo ein Telefon klingelt, selbst wenn es nicht ihres ist. Essi hat den ganzen Tag mit Sören und Wiebke bei meiner Schwester verbracht.

Während ich mein Telefon aus der Jacke hervorkrame, meine ich noch: »Denken wir positiv. Ich bin sicher, es erwarten uns freudige Neuigkeiten.«

Auf dem Display erkenne ich Nedims Namen.

»Das ist ein Kollege von mir, von der Zeitung«, erkläre ich Mervi und nehme das Gespräch entgegen.

»Hallo Karl. Hast du Zeit? Ich musste dich unbedingt anrufen.«

»Hallo Nedim. Was gibt's?«

»Du wirst es nicht glauben! Du weißt doch, dass ich über den Hausbrand bei den Berts berichtet habe.«

»Sicher!«

»Und dass ich an einem Folgebericht arbeite.« Nedim klingt völlig begeistert. »Rate mal, was ich herausgefunden habe?«

»Lass hören!«

»Die Nachforschungen und Vernehmungen haben eindeutig ergeben, dass die Berts den Hausbrand selbst verschuldet haben. Und mies versichert waren die Jungs auch noch! Die werden ihr Grundstück verkaufen müssen.«

»Soll das heißen, dass wir die Kerle endlich los sind?«

»Das ist noch nicht alles! Die Berts haben angeblich irgendeinen wohlhabenden Onkel im Ruhrpott, der sich um die vier kümmern will. Um die gesamte Brut vom alten Albert: Herbert, Norbert, Robert und ihren Vetter Siegbert. Alle, wie sie da sind!«

»Is' nicht wahr ...«

Nedim ist nicht zu bremsen: »Dieser Onkel besitzt, wie ich erfahren habe, irgendeine Firma, eine Spedition, wo die vier einen Job bekommen sollen. Sie ziehen allesamt nach Bochum und müssen für ihr Billigbier endlich richtig malochen!«

Ich wusste es! Freudige Neuigkeiten. Man muss nur positiv denken!

»Mensch Nedim! Wenn du kein Moslem wärst, würde ich denken, du überbringst mir die Frohe Botschaft.«

»Das ist immer noch nicht alles! Das Allerbeste kommt noch! Jetzt halt dich fest! Rat mal, wie der Onkel heißt?«

»Ich habe keine Ahnung!«

Nedim lässt mich einige Augenblicke zappeln. »Es ist unglaublich, aber wahr. Der Onkel heißt ...«

»Na, los doch! Muss ich erst vor dir niederfallen und dich anbetteln, bevor ich mehr höre?«

»Der Onkel heißt Engelbert. Engelbert! Kannst du dir das vorstellen?«

»Seit heute ja!«, antworte ich seelenruhig.

Am nächsten Morgen sind Mervi und ich pünktlich um neun Uhr wieder an der Uni, um uns ein zweites Mal erleuchten und belehren zu lassen. Ich hätte am liebsten ausgeschlafen, lange gefrühstückt, den Dackel ausgeführt und den Kindern eine Sonntagsmatinee Puppentheater vorgespielt (»Kasperle und das glückliche Hutzelmännchen«). Aber Mervi ist schon seit sieben Uhr putzmunter und treibt mich an.

Vor dem Saal stehen die studentischen Hilfskräfte mit ihren gelben T-Shirts und begrüßen alle Teilnehmer so herzlich, als wären wir verloren geglaubte Familienmitglieder. Im Saal spielt beruhigende, sphärische Musik und an einer Leinwand ist der Spruch zu lesen: »Die Welt ist so, wie wir sie uns schaffen.«

In der ersten Vorlesung des Tages geht es bei Klumpstadt um Biologie und Evolution. Darum, wie die Erfolgsgeschichte der Säugetiere auch eine Erfolgsgeschichte der Gefühle gewesen sei. Er spricht wie gestern unterhaltsam und allgemein verständlich, seine Aussagen durch viele Bilder auf der Leinwand untermalend.

Anders als Fische und Reptilien und noch viel stärker als Vögel hätten die Säugetiere Gefühle entwickelt, die eine Bindung zur eigenen Brut und zum Partner ermöglicht hätten. Es wären in der Evolution Formen von Zuneigung entstanden, von Mitgefühl und von Gemeinschaftsbanden, die über Zweck-Fress-Bündnisse weit hinausgingen. Auch eine Lust am Spielen hätten die Gefühle hervorgebracht. Ein Kurzfilm wird eingeblendet, der Löwenjunge beim Spiel mit einer Vogelfeder zeigt. Eine Affenhorde ist zu sehen, die einem schlafenden Artgenossen Streiche spielt. Als nächste Einblendung erwarte ich bereits Rheinländer des frühen 20. Jahrhunderts beim Skatspielen, aber so weit kommt es nicht.

»Gefühle sind entwicklungsgeschichtlich nicht nur ein nettes Plus«, lässt Klumpstadt wissen. »Denn die Gefühle gehen Hand in Hand mit Intelligenz. Sie ermöglichen uns, Umstände besser zu behalten, Zusammenhänge herzustellen, Informationen aufzunehmen. Wir wissen heute, dass es bei Kindern eine direkte Wechselbeziehung gibt zwischen schulischem Erfolg und Zuneigung im Elternhaus.«

Ich grüble kurz darüber nach, wieso mein Sohn ein Musterschüler ist, der eine Eins nach der anderen in seinen Klausuren schreibt. Dabei fehlen Samuel seit vielen Jahren 100 Prozent mütterlicher Zuneigung.

»Was den Menschen vom Tier unterscheidet«, erläutert Klumpstadt, »sind *noch* mehr Gefühle und *noch* mehr Intelligenz! Die Möglichkeit, sich mittels einer hochkomplexen Sprache zu verständigen! Damit verbunden die Entstehung von Kunst und Kultur! Nur Menschen betreiben Wissenschaft. Nur Menschen philosophieren. Nur Menschen bauen sich ein Weltbild mit Moralvorstellungen, Religion oder Gesetzen. Nur Menschen können Tränen weinen und Tränen lachen. Und vor allem: Wir besitzen die Möglichkeit, uns die Welt so zu schaffen, wie wir sie uns denken.«

In weiteren Ausführungen klärt uns Klumpstadt darüber auf, dass Gefühle auch negativ sein können: Eifersucht, Neid, Gier, Hass, Rachegelüste oder auch Niedergeschlagenheit, Unlust, Mutlosigkeit, Verzweiflung. Bei unseren nächsten Verwandten im Tierreich sei das ähnlich: Elefanten wären bekanntlich nachtragend, auch Delfine könnten unter Depression leiden.

Was mir an Klumpstadt gefällt, ist, dass er nie um einen handfesten Vergleich verlegen ist. Er hat immer nette Anekdoten, praktische Beispiele, anschauliche Bilder oder Gruppenübungen parat, die seine Erörterungen verdeutlichen.

Nach der Mittagspause geht es um Schatzkarten. So nennt Klumpstadt Zukunftsvisionen in Skizzenform, die dazu gut sein sollen, Ziele zu visualisieren und Träume zu verwirklichen.

»Es hilft«, verkündet er, »sich seine Ziele aufzumalen und an die Wand zu hängen! Sich die eigenen Wünsche im wahrsten Sinne des Wortes vor Augen zu führen!« An seine Worte schließt er eine Meditationsübung an, bei der Klänge aus dem Schoß von Mutter Erde zu hören sind.

Nach der Meditation werden große Papierbögen und schwarze Filzstifte verteilt, mit denen wir unsere persönliche Schatzkarte malen sollen. »Nur Mut!«, ruft Klumpstadt in die Menge.

»Was ist, wenn man gar nicht malen kann?«, will jemand wissen.

»Doch. Jeder kann malen!«, schmunzelt Klumpstadt. »Zumindest so gut, dass man weiß, *was* man malt. Wenn einer von euch einen Doktorhut malt, der für einen anderen aussieht wie eine Schlafmütze, macht das gar nichts! Und wenn einer seinen besten Freund malt, der aussieht wie ein Strichmännchen, macht das auch nichts! Hauptsache, der Zeichner weiß Bescheid.«

Die Seminarteilnehmer zerstreuen sich im gesamten Saal. Viele hocken sich irgendwo hin und zeichnen auf dem Fußboden, andere setzen sich an Tische, die entlang der Wände stehen. Wieder andere kauern vor ihren Stühlen, die sie als Schreibunterlage benutzen.

»Viel Spaß«, wünscht mir Mervi, »du bist ja ein kreativer Mensch!«

Bin ich das? Mervi muss es wissen. Und ich male drauflos! Ich mal mir meine Zukunft. Die Welt ist so, wie wir sie uns schaffen.

In der Mitte meines Bildes befindet sich ein kleines Haus mit lauschigem Garten. Es ist mein Haus, grundrenoviert und generalüberholt und nach hinten ausgebaut. In dem Haus wohnen nicht nur ich, sondern auch eine hübsche Frau mit blonden Haaren und ein kleines Mädchen, das stolz einen Schulranzen auf dem Rücken trägt. Über unserem Haus lacht die Sonne.

Schräg darunter – etwa dort, wo sich auf der Deutschlandkarte Heidelberg befindet – steht ein junger Mann mit Pfeil und Bogen. Um seinen Kopf schwirren Raketen, denn er ist auf dem besten Wege, Astrophysiker zu werden. Von dem jungen Mann geht eine Denkblase aus, darin sieht man viele fröhliche Gesichter vor einer Puppenbühne mit Kasperle, denn der junge Mann hatte vor Kurzem seine Abiturfeier, bei der er und seine Freunde durch eine irrwitzige Vorführung königlich unterhalten wurden, an die der junge Mann mit Freuden zurückdenkt.

Neben meinem Haus führt ein völlig genesener und kerngesunder Frührentner mit kleinem Bäuchlein seinen Dackel spazieren. Der Frührentner winkt fröhlich in die Welt hinaus und sein Hund wedelt so stark, dass sein Hinterteil vom Boden abhebt.

Hinter meinem Grundstück wird auf den Ruinen eines abgebrannten Nachbarhauses neu gebaut. Die Architektin ist zwar nur ein Strichmännchen, aber in meinen Augen hat sie eine frappierende Ähnlichkeit mit meiner Schwester Katja. Ihr zur Seite stehen zwei süße Kinder mit glücklichen Gesichtern, die ebenfalls Schultaschen auf dem Rücken tragen.

Links auf meinen Papierbogen krakle ich eine Tageszeitung. In großen Lettern prangt dort »Gürpener Nachrichten«. Auf der Titelseite ist ein Exklusiv-Interview abgedruckt mit Rennfahrerlegende Ralf Heidberg, dem bekanntesten Sohn unserer

Stadt. Das Interview wurde eigens in Monaco geführt, und zwar von niemand anderem als Karl Pohlmann, dem neuen Chefredakteur der Zeitung. Das gesamte Blatt hat eine ganze Reihe neuer innovativer Rubriken, angefangen von »Leser lesen«, in der einfache Zeitungsabonnenten von ihren Lieblingsbüchern berichten. Es gibt die neue Serie »Ausflugsziele am Nordrhein«, deren erste Folge den Eifelhof vorstellt. Sehr beliebt ist die Rubrik »Geschissen wird immer: Leser fragen, Willi Seibock antwortet«, Lebensberatung mit gesundem Menschenverstand und unverfälscht in rheinischem Platt. Zudem erscheinen regelmäßig Artikel über »Superhelden des Alltags«, die Kolumne »Unsere Promis« aus der Feder von Gastautorin Elsi Boffels sowie »Zeitzeugen berichten« mit Erinnerungen älterer Mitbürger. (Eine Gesprächspartnerin ist meine Mutter, die von den Ostermärschen der 80er-Jahre erzählt.) Außerdem gibt es nun die Spalte »Geschichten, die das Leben schrieb« über die tollsten Zufälle und Begebenheiten und an jedem Freitag die neue Bildreportage »… und ich« über den Alltag in gemischt nationalen Haushalten und Lebensgemeinschaften (mit Überschriften wie »Mein französischer Freund und ich« oder »Meine polnische Frau und ich«). Aber das Allerwichtigste bei allen Neuerungen: Die Leserzahlen der Zeitung steigen wieder.

Rechts neben mein Häuschen male ich einen Fußballplatz. Auf dem Feld rennt ein verkanntes Fußballtalent mit luftgepolsterten Schuhen, das ein Dreißig-Meter-Tor schießt, bejubelt von vielen Freunden und Bekannten. Am Spielfeldrand thront ein alter Herr, unverkennbar alter ostpreußischer Adel, den Eingeweihte als den Herrn von Bommelsbeck erkennen würden. Er ist mittlerweile 104 Jahre alt und zum Ehren-Maskottchen unserer Thekenmannschaft Santa Maria 104 ernannt worden.

Oberhalb des Fußballplatzes, riesengroß, lachen Kasperle, seine Großmutter, Grete und der König ins Bild. Denn mittlerweile gebe ich (nebenberuflich) Vorstellungen von Niedersachsen bis zur Pfalz. Neben meinen Kasperle male ich mit meinem Filzstift das Logo des WDR, denn in meiner Zukunft plant der Westdeutsche Rundfunk eine mehrteilige TV-Serie à fünfzehn Minuten mit Kasperle-Geschichten für das Vorabendprogramm. Aufmerksam geworden sind die Fernsehmacher auf mich durch meinen Erfolg beim Kleinbühnen-Schaustellertreffen in Köln, bei dem ich natürlich den ersten Preis gewonnen habe. Oberhalb des Puppenkönigs male ich eine Münze, auf die ein pauswangiges Gesicht geprägt ist und bei der es sich um den sogenannten Rheinlandtaler handelt. Diesen Taler verleiht mir in zwei Jahren der Landschaftsverband Rheinland für meine Verdienste um die Pflege der Mundart, denn Kasperles Oma flucht, lärmt und brabbelt im dicksten Dialekt rheinischer Provenienz, selbst dann, wenn ich im tiefsten Westfalen auftrete. Neben den Rheinlandtaler male ich den Schriftzug »GI«, denn in mittelfristiger Zukunft lädt mich auch das Goethe-Institut auf eine mehrwöchige Tournee durch ganz Europa, um in Auslandsinstituten, an deutschen Schulen und vielen Kultureinrichtungen Puppenvorführungen in deutscher Sprache abzuhalten. Ein Jahr später steht eine ähnliche Gastspielreise durch Südamerika an.

Zum guten Schluss male ich ganz oben rechts auf mein Bild, da, wo sich auf der Europakarte der äußerste Nordosten befinden würde, ein kleines Blockhaus am See, über dem eine Flagge mit skandinavischem Kreuz im Wind weht. Das Haus ist umstanden von vielen Fichten. Hier gibt es wirklich nichts außer Wäldern, Seen, einem Supermarkt und einer Tankstelle. Vor der Blockhütte sitzen mehrere Personen um ein Feuer versammelt und grillen Würstchen an zugespitzten Stöckchen.

Ich habe jegliches Gefühl dafür verloren, wie lange ich schon male, aber auf meinem großen Papierbogen ist langsam kein Platz mehr. Meine Zukunft ist jedenfalls voller Visionen, voller Träume und voller Leben. Da lehnt sich Mervi über meine Schulter.

»Malst du immer noch?«, fragt sie in schmeichelndem Ton und streicht mir durch die Haare.

»Ja ...«

»Jakob Klumpstadt hat schon zweimal gesagt, wir sollten zu unsere Plätze gehen.«

»Jetzt schon? Ich bräuchte aber noch einen zweiten Bogen Papier.« Ich drücke die Verschlusskappe auf meinen Filzstift, während Mervi neugierig meine Krakeleien betrachtet.

»Wer sind denn die hier?«, fragt sie mit einem ahnenden Lächeln und richtet ihren Finger auf das Haus in der Mitte meines Bildes.

»Dreimal darfst du raten!«

»Wie im Märchen?«

»Ja, wie im Märchen!«

In jedem Märchen darf man dreimal raten und zum guten Schluss wird das Rätsel gelöst und alle sind glücklich.

Mervis Blick wandert hinauf an den oberen Rand meiner Schatzkarte zu der Blockhütte am See mit der flatternden Flagge.

»Soll das die finnische Fahne sein?«

»Natürlich! Ein Ferienhaus am See. Und erkennst du nicht die Gegend?«

Mervi strahlt mich an. »Doch, ich glaub schon!«

# 52

# DIE ZUKUNFT HAT BEGONNEN

Langsam öffnet sich die gigantische Klappe der Autofähre, aus deren stählernem Bauch bald darauf Kolonnen von Pkw an den Hafen von Helsinki quellen. Mervi, Essi und ich haben damit das nächste große Etappenziel auf unserer ersten gemeinsamen Reise erreicht. Das Licht einer gleißend hellen Morgensonne strahlt uns in den Schiffsrumpf entgegen. Ich starte den Hybridmotor meines nagelneuen Toyota und fahre mit den beiden auf das finnische Festland hinaus.

Es ist Anfang August. Hier in Finnland geht die landesweit einheitliche Schulferienzeit schon allmählich ihrem Ende entgegen, aber in manchen deutschen Bundesländern haben die Sommerferien kaum begonnen. Ich bin jedenfalls in bester Urlaubslaune, nicht zuletzt, weil mein glorreicher zweiter Platz beim Kleinbühnen-Schaustellertreffen in Köln erst eine Woche zurückliegt.

»Guck, Karl«, gluckst Essi von der Rückbank, »das ist Finnland. Hier wohnen meine Oma und mein Opa.«

Das ist fast richtig. Genau gesagt haben wir bis zum Örtchen Karstula in der Provinz noch gute viereinhalb Stunden Autofahrt vor uns. Ich bin zum ersten Mal in Finnland und freue mich auf die Fahrt.

Der Hafen, die Fähre, die vielen Autos, die großstädtische Kulisse – das alles ist noch weit entfernt von stillen Wäldern, einsamen Seen und Holzhütten-Idylle. Mervi lotst mich als Beifahrerin sicher durch den Stadtverkehr.

Wir sind dem Hauptstadtgewimmel noch nicht ganz entronnen, als mein Mobiltelefon piepst. Ich drücke Mervi mein Telefon in die Hand und bitte sie nachzuschauen, von wem eine Mitteilung eingegangen ist.

»Von Samuel!«, meint sie. »Soll ich gucken, was er schreibt?«
»Ja, bitte.«

Mervi öffnet die Nachricht und liest vor: »Hallo Leute! Seid ihr schon heil in Finnland angekommen? Wir haben freudige Nachrichten!«

In meinem Namen schreibt Mervi zurück: »Ja, sind in Helsinki. Was gibt es Neues?«

Es dauert nicht lange und ein Piepston verrät, dass Samuels Antwort eingetroffen ist. Wieder schaut Mervi nach. Ihr entfährt ein »Hä?«, das mehr nach ungläubigem Entsetzen klingt als nach freudiger Überraschung.

»Was ist denn los?«, will ich wissen.

Mervi starrt mich mit weit geöffneten Augen an und grinst schief. Dann liest sie laut und jedes einzelne Wort betonend: »Wir kriegen Nachwuchs.«

»Was?« Vor Schreck donnere ich beinah meinem Vordermann gegen die Stoßstange.

»Was ist denn?«, meldet sich Essi neugierig von der Rückbank.

»Sam kriegt Nachwuchs«, lacht Mervi. »Sam und Alexandra, nehme ich an.«

Die sonst so pfiffige Essi ist diesmal überfordert: »Was ist Nachwuchs? Tut das weh?«

»Manchmal ja ...«, grummle ich und versuche mich auf den Verkehr zu konzentrieren. Dann fluche ich in mich hinein: »Sind die wahnsinnig? Ich will nicht Opa werden. Noch nicht!«

»Soll ich irgendetwas zurückschreiben?«, fragt Mervi.

»Ja, könntest du mir mit einem fiesen finnischen Fluch aushelfen?«

»Was ist Nachwuchs? Sagt doch!«, quengelt Essi. Ich sehe ihr ungeduldiges Gesicht im Rückspiegel. Sie will endlich wissen, was hier gespielt wird und warum ihre Mutter und ich so dumm in den finnischen Vorstadtverkehr hinausgucken.

»Nachwuchs bedeutet Kinder!«, klärt Mervi sie auf.

»Kinder? Kriegt Sam ein Kind? Etwa ein Karnevalskind?« Essi klatscht freudig in die Hände. »Werde ich dann Tante?«

»Das hängt davon ab, ob es ein Junge oder ein Mädchen ist ...«, knurre ich zynisch.

Mervi streichelt versöhnlich meinen Nacken. »Aber Karl. Kinder sind doch etwas Schönes.«

»Samuel hat noch nicht mal Abitur«, stöhne ich. »Das kann nur ein Witz sein. Könntest du bitte zurückschreiben: ›Willst du mich verarschen?‹«

»In diesem Ton?« Aber ohne lange auf meine Antwort zu warten, schreibt Mervi: »Ist das wahr?«

Kurz darauf die Antwort von Samuel: »Doch, kein Zweifel. Wir waren gestern beim Arzt. Es ist nur noch eine Frage von Wochen.«

»Was? Von Wochen? Das haut doch gar nicht hin! So lange ...«

Mervi tippt weiter auf meiner Tastatur herum.

»Was schreibst du ihm denn jetzt?«

Übereifrig vermeldet sie: »Ich habe geschrieben: ›Bitte um mehr Information!‹«

Die nächste Nachricht geht nach einundvierzig Atemzügen ein. Samuel schreibt: »Kein Zweifel: Davia ist in anderen Umständen.«

»Was? Wer?« Ich verstehe die Welt nicht mehr.

»Davia ist der Hund von Alexandra«, weiß Essi.

Mervi lacht hell auf. (Ich liebe ihr Lachen. Meistens jedenfalls.) Dann wendet sie sich nach hinten zu ihrer Tochter und verbessert sie: »Dann ist Davia aber eine Hund*in*!«

Dass es eigentlich Hündin heißen müsste, ist mir ziemlich egal!

»Feiern Hunde auch Karneval?«, fragt Essi unschuldig.

»Und wie!«, japse ich. Vor meinem geistigen Auge sehe ich brunftige Elche, brütende Schnee-Eulen und kopulierende Köter. Mein Sohn hat sich einen Spaß auf meine Kosten erlaubt, der Lump.

Mervi tippt bereits wieder auf meinem Telefon herum.

»Und was schreibst du jetzt?«

»Ich will wissen, ob der alte Dackel der Vater ist«, grinst sie.

Kurz darauf kommt Samuels Bestätigung: Professor Brinkmann alias Köttel, die alte Triefnase mit dem Hängebauch, steckt dahinter, dass Alexandras quietschfidele Terrier-Hündin trächtig ist. Und während Mervi lachend der Sonne entgegenblinzelt und Essi sich über Hundebabys freut, denke ich grimmig: »Was so 'n alter Dackel kann, kann ich auch!«

# 53

# DER HIMMEL ÜBER FINNLAND

Nachdem wir etwa die Hälfte unseres Weges nach Karstula zurückgelegt haben, türmen sich über uns graue Regenwolken auf und es beginnt leicht zu tröpfeln. Davon wollen wir uns aber unsere Stimmung nicht verderben lassen. Schließlich liegen zwei Wochen bei Mervis Eltern im finnischen Märchenwald vor uns. Wir sind bester Dinge, dass sich der Himmel bald wieder auftut. Bei einer kleinen Raststätte an der Landstraße, die mir wie eine Mischung aus Einkehrhütte und Imbissbude vorkommt, machen wir einen kurzen Stopp. Mervi möchte unbedingt etwas zu trinken kaufen. Ich halte auf einem kleinen Parkplatz, setze rückwärts in eine Parkbucht und stelle den Motor ab. Es herrscht kaum Betrieb, nur in einiger Entfernung steht ein Wohnmobil mit estnischem Kennzeichen.

»Ich bin gleich wieder hier, bleibt ruhig sitzen!«, sagt Mervi.

Da ich mich noch fit fürs Weiterfahren fühle und keine längere Pause brauche, habe ich nichts dagegen. »Okay, wir warten.«

Mervi springt aus dem Auto. Die paar Tropfen Regen können ihr nichts anhaben. Ich sitze hinterm Steuer und sehe ihr hinterher, wie sie durch den Regen zur Raststätte läuft.

Plötzlich brettert von hinten ein Motorrad heran. Es ist von der Landstraße auf den Parkplatz der Raststätte eingebogen, schießt an unserem parkenden Auto vorbei, verlangsamt kurz seine Fahrt – der Fahrer, ganz in schwarzes Leder gekleidet, wirft einen prüfenden Blick auf die fragwürdige Raststätte –, nimmt dann wieder Tempo auf und biegt mit laut aufheulendem Motor zurück auf die Landstraße. Aus unerklärlichen Gründen bricht mir der kalte Angstschweiß aus. Wie ein unheilvoller Schatten ist das Motorrad kurz darauf wieder verschwunden. Nur das Knattern des Motors verklingt noch leise in der Ferne. Ich sitze da, und obwohl nichts Besonderes geschehen ist, bin ich wie gelähmt. Ich starre nur in die Richtung, in die das Motorrad verschwunden ist. Mehrere Sekunden lang sitze ich wie unter Schock hinterm Steuer, ohne mich zu regen. Wie ferngesteuert stelle ich den Scheibenwischer an, der für ungetrübte Sicht auf die seltsame Raststätte und das Wohnmobil sorgt. Am unteren Rand der Scheibe ergibt sich zwischen den Wischblättern eine halbrunde Fläche, die regennass bleibt. Mir ist speiübel.

Essi berührt mich von hinten an der Schulter. Ich zucke zusammen, als würde ich hinterrücks überfallen.

»Schau mal, Karl«, sagt sie gut gelaunt, »auf der Fensterscheibe!«

»Was denn«, krächze ich mit belegter Stimme.

»Da unten. Das sieht aus wie eine Sonne. Eine Sonne, die aufgeht.«

»Ja.«

Ohne, dass ich sie habe kommen sehen, steht plötzlich Mervi wieder vor uns. Sie ist nur noch wenige Schritte vom Auto entfernt und trägt drei Flaschen mit Getränken und eine Tüte mit Lakritz im Arm. Sie lächelt. Mit der freien Hand öffnet sie die Beifahrertür und lässt sich erleichtert auf den Sitz fallen. »So, da bin ich!«

Erstaunt sieht sie mich an. »Was ist denn mit dir los? Du siehst ja ganz weiß aus.«

»Es geht schon wieder.« Ich atme mehrmals kräftig durch. »Wahrscheinlich habe ich nur Durst.«

»Bist du sicher? Wenn du willst, kann ich weiterfahren!«

»Nein, nein. Keine Bange. Nur ...«

»Nur was?«, fragt Mervi besorgt.

Nichts. Nur eine Erinnerung. Ich nehme einen Schluck aus einer Flasche mit stillem Wasser und es geht mir wieder besser. Dann starte ich den Motor und wir setzen unsere Fahrt Richtung Norden fort.

Essi hat recht, die halbrunde Fläche auf der Windschutzscheibe sieht aus wie eine aufgehende Sonne.

Als wir vom Parkplatz auf die Landstraße abbiegen, bricht die Sonne hinter den Wolken hervor. Es hat aufgehört zu regnen, der Himmel hat sich aufgetan.